KB068904

성공하는 정부를
위한 국정운영

: 민주적 공화주의 관점

권혁주 편

한국행정학회 | 한국행정연구원 | 박영사

참여연구진

연구관리책임자

조세현 연구위원(한국행정연구원)

연구책임자

권혁주 교수(서울대)

공동연구자

고길곤 교수(서울대) | 류 철 교수(KDI 국제정책대학원) | 박규성(고려대)
배수호 교수(성균관대) | 윤견수 교수(고려대) | 이강구 박사(국회예산정책처)
이민창 교수(조선대) | 이수영 교수(서울대) | 이창길 교수(세종대)
최창용 교수(KDI 국제정책대학원) | 한승주 교수(명지대)

연구참여자

임인선 연구원(한국행정연구원) | 조영섭 연구원(서울대학교 석사과정)
권현주 편집부장(한국행정학회)

연구운영실무협의회 위원 (가나다순)

배인명 교수(서울여대) | 오영균 교수(수원대)

발 간 사

대한민국은 정치적으로나 국정운영의 측면에서 커다란 시련과 도전에 직면한 바 있습니다. 수많은 국민들이 국정농단 사태에 대해 광화문 광장에 모여 항의하였고, 국회의 탄핵소추와 헌법재판소의 판결을 거쳐 대통령이 파면되는 상황에 이르게 되었습니다. 그러나 이와 같은 위기상황이 정치적 혼란과 사회·경제적 파국을 초래하지 않고 헌법적 절차에 따라 마무리 된 것은 정말 불행 중 다행이었습니다. 공정한 선거를 통하여 새 정부가 출범할 수 있었다는 점에 대해 모든 국민이 크게 안도하였습니다.

커다란 위기가 한 차례 지나갔지만 그러한 상황이 발생한 원인에 대한 심도 있는 분석과 대응방안의 모색을 통해 향후 정부의 역할과 운영방식을 재조명해야 할 때입니다. 이러한 맥락에서 한국행정연구원은 한국행정학회와 공동으로 KIPA－KAPA 정부혁신포럼을 운영하였습니다. 수차례에 걸친 포럼을 통해 「성공하는 정부의 운영」을 주제로 연구를 진행해 왔으며, 이제 그 결과를 출간하게 되었습니다.

이 연구에는 한국 행정학계의 중진 및 신진학자들이 참여하여, '민주적 국정운영과 관료적 책임성' 그리고 '성공하는 정부의 행정관리'라는 두 가지 하위주제에 대해 각각 연구를 진행해 왔습니다. 연구자들은 지난 정부에서 노정된 국정운영의 문제점이 단순히 그 시기에 국한된 것이 아니라 지난 30년간 민주화 이후 권위주의 발전국가 시기의 국정운영을 극복하고자 하는 노력과정에서 파생되어 온 것이라는 시각에서 연구를 진행해 왔습니다. 따라서 여기서 분석된 문제점과 대응방안은 앞으로 한국정부가 국정운영에서 성공을 거두기 위해 진지하게 고려되어야 할 것이라고 생각합니다.

지난 60년간 전쟁의 참화를 딛고 대한민국은 경제발전과 민주화 그리고 사회발전을 일구어 왔습니다. 그러나 이제 보다 성숙하고 책임 있는 국가로서 한 단계 더 발전하기 위해 모두가 애쓰고 노력해야 할 때입니다. 과거 정부의 행정관리와 공공정책에는 잘 한 점도 있고 문제점도 존재하는 것이 사실입니다. 더욱이 과거에는 꼭 필요한 것이었으나 시대적 환경이 바뀌고 국민적 요구의 변화에 따라 이제는 적절하지 않은 공공정책들도 존재합니다. 이 연구는 이와 같은 발전론적 시각에서 과거와 현재 그리고 미래에 대한 균형 잡힌 분석을 통하여 성공하는 정부를 위한 국정운영방안을 모색하고 있다는 데 큰 의의가 있습니다. 따라서 이번 연구의 결과물은 새 정부 국정운영 개혁의 방향성을 체계적으로 제시해줄 수 있을 것입니다.

이번 연구가 성공적으로 진행되기 위해 많은 노고를 아끼지 않으신 한국행정학회의 최흥석 회장, 구민교 연구위원장에게 감사드립니다. 연구책임을 맡은 서울대 권혁주 교수와 연구에 참여하신 고길곤(서울대), 류철(KDI School), 배수호(성균관대), 윤견수(고려대), 이민창(조선대), 이수영(서울대), 이창길(세종대), 최창용(KDI School), 한승주(명지대), 이강구(국회예산정책처), 박규성(고려대) 등 연구진과 연구과정에 참여하여 많은 도움을 준 서울대학교 행정대학원 조영섭 군에게 깊이 감사드립니다. KIPA-KAPA 정부혁신포럼 운영을 통해 연구의 발전과 확산을 위해 애써주신 박중훈 선임연구위원, 조세현 연구위원, 윤선영 초청연구위원의 노고에 감사드립니다.

2018년 2월

한국행정연구원 원장 정윤수

머리말

민주화 이후 30년 만에 벌어진 2017년의 정치 변혁은 대한민국의 정치와 행정에 또 다른 발전적 변화를 촉구하는 역사적 사건이었습니다. 국정농단 사건과 그에 연이은 정권교체를 목도하면서 우리는 대한민국의 국정운영 방식에 관해 스스로 많은 질문을 던지고 이를 곱씹어볼 수밖에 없었습니다. 과연 우리나라 국정운영에 무슨 결점이 있기에 그토록 심각한 국정농단이 광범하게 진행될 수 있었을까? 민주적이고 성공적인 국정운영을 위한 행정의 모습은 어떠하여야 할까?

한국행정학회는 이러한 취지에서 2017년 학술세미나의 주제를 "성공하는 정부"로 설정하여, 춘계기획세미나, 하계정기학술대회, 그리고 동계정기학술대회를 운영하였습니다. 국정운영의 분야별 발표와 토론이 이어지면서 분야별 핵심 이슈가 보다 명확해졌고, 각 이슈 영역의 인과적 맥락과 개선에의 지향점에 대한 생각도 보다 정리되어 갔습니다. 이 책에 포함된 하나하나의 장은 모두 저자들이 정성을 들여 작성하여 발표하고, 한 해 동안의 학술토론을 통해 다듬어진 것입니다.

"성공하는 정부"라는 제목에는 정부의 성공에 대한 우리 모두의 갈급한 마음이 담겨 있지만, 정부의 성공을 이야기하기는 쉽지 않을 것입니다. 오히려 어떻게 하면 정부가 실패할지를 알아내는 것이 옳은 접근방식일지 모릅니다. 그리고 정부의 실패는 정부가 적용한 제도와 정책 자체에 그 원인이 있기보다는 그가 추구하는 가치의 문제일 수도 있습니다. 이러한 맥락에서 저는 이 책의 편저자인 권혁주 교수께서 제1부 서론 이후의 논의를 두 부분으로 적절하게 구분하였다고 생각합니다. 즉, 본론의 전반부를 구성하는 제2부는 대한민국 행정부가 지닌 고유한 특성과 문제점을 행정의 책임성 그리고 민주공화적 국정운영의 각도에서 진단하는 장들로 이루어졌습니다. 그리고 제3부는 정부의 성공을 위한 행정관리제도 개선의 문제를 조직, 인사, 예산, 규제개혁 등의 측면에서 분야별로 다루고 있습니다.

개헌에 관한 논의가 진행되고 있습니다. 그 동안 진행되어온 개헌 논의의 핵심은 권력구조개편과 지방분권입니다. 그런데 열한 분 저자의 논의를 통해 새로이 깨달을 수 있던 것은 민주적 행정을 위한 헌법적 접근의 필요성입니다. 예를 들어, 상관의 불법적 지시와 민주주의에의 책임성 사이에서 공무원이 민주적 책임성을 택할 수 있는 권리와 의무에 관한 헌법 규정의 필요성입니다. 현 개헌 논의의 요체는 대한민국의 민주주의를 더욱 발전시키기 위해 1987년 헌법을 어떻게 수정해야 할지에 있습니다. 행정과 국민 그리고 행정과 정치권력의 관계는 헌법상으로는 과거의 권위주의 정권과 민주화 이후의 정권에서 서로 달라진 것이 없습니다. 저는 이 책에서 펼쳐진 논지가 행정으로 하여금 우리의 민주주의에 더욱 기여할 수 있도록 하는 헌법적 논의의 단초가 될 수 있기를 바랍니다.

　이 책이 나오기까지 여러분의 노고가 있었습니다. 이 책은 한국행정학회와 한국행정연구원이 공동으로 운영한 KIPA—KAPA 정부혁신포럼 연구에 기초하여 만들어졌습니다. 이와 관련하여 한국행정연구원의 정윤수 원장님을 비롯하여, 강정석 부원장님, 박중훈 선임연구위원님 등의 적극적 지원에 깊은 감사의 말씀을 드립니다. 한국행정학회 연구위원장으로서 이 연구의 기획을 맡아주신 구민교 교수님께 제 마음 속 깊은 고마움을 표합니다. 이 책의 집필에 참가하고 학술토론에서도 수고해주신 고길곤, 류철, 배수호, 윤견수, 이민창, 이수영, 이창길, 최창용, 한승주 교수님, 그리고 이강구 박사님과 박규성 군에게 행정학회를 대신하여 감사드립니다. 그리고 무엇보다도 이 연구의 책임을 흔쾌히 수락하고 기획과 집필에 많은 시간을 아낌없이 투여해주신 권혁주 교수님께 깊이 감사드립니다.

2018년 2월

제52대 한국행정학회 회장　최 홍 석

차 례

PART
3 성공하는 정부의 행정관리

PART
4   결론 [권혁주]

참고문헌

표 차례

그림 차례

PART

1

서 론

CHAPTER 1

성공하는 정부를 위한 국정운영 방안의 모색

권 혁 주

　　지난 60년간 눈부신 경제성장과 함께 대한민국은 민주화에도 성공하여 1987년 이래 민주적 선거에 따른 정부수립과 함께 수차례 여·야 간 평화적 정권교체를 이루어 왔다. 이와 더불어 복지국가 체제를 발전시켜 다양한 사회적 위험으로부터 국민들을 보호하고 있다. 이러한 대한민국의 성취는 세계의 많은 개발도상국에게 성공의 모델로 자리매김하고 있다. 개발도상국뿐만 아니라 우리보다 앞선 선진국들도 이러한 성과에 대해 매우 긍정적 시각에서 바라보고 있는 것이 사실이다. 선진국들이 사회문제로 부딪히고 있는 국민들 사이의 사회적 차별이나 불평등, 마약과 범죄와 같은 사회적 이탈 현상에 있어서도 우리나라는 세계의 여러 나라에 비해 훨씬 좋은 상황에 있다는 평가를 받고 있다. 이러한 성취를 기반으로 지난 2010년 대한민국은 경제개발협력기구(OECD)의 개발협력위원회(Development Assistance Committee)의 공식 회원국으로 가입하여 원조를 받던 나라에서 명실상부한 공여국가로 성장하였다. 이제 국제사회의 책임 있는 일원으로서 그 역할을 수행하고 있는 것이다.

　　그러나 이러한 성공의 기쁨을 만끽하기도 전에 우리는 새로운 사회적 도전과 정책적 과제에 직면하고 있다. 경제적 풍요와 기술발전으로 평균수명이 급격히 늘어나 얼마 전까지 모든 사람이 서로에게 인사처럼 건네던 '건강하게 오래 사시라'는 바람이 이제 현실로 나타났지만, 그 결과 우리는 은퇴 이후 긴 노년의 삶을 어떻게 살아갈 것인가에 대해 걱정해야만 하는 지경에 이르렀다. 우리나라의 65세 이상 인구의 빈곤율은 OECD 회원국가 가운데 최고수준에 이르고 있어 노년의 빈곤은 개인적으로나 사회적으로 커다란 문제가 되고 있다. 한편 생산성의 향상을 위해 유연한 노동시장 체제로 전환을 꾀했지만, 그 결과 많은 사람들이 비정규직이라는 불안한 경제생활을 하게 되었다. 또 많은 사람들이 일하면서도 가난의 위협에서 벗어나지 못하는 저임금 노동이 우리의 현실이 되고 있다.

이러한 불확실성의 시대에 최선의 역할을 수행해 국민에게 안녕과 풍요를 보장해야 하는 것이 정부의 역할이다. 정부는 원활한 국정운영과 효과적인 정책집행으로 이러한 과업을 수행해야 하는 것이다. 저성장 시대에서 빈부격차가 점점 더 심화되고, 세대 간의 갈등이 증폭되고 있는 상황에서 사회적 통합과 안정을 이루기 위해 효과적인 정부의 역할이 그 어느 때보다 절실히 요구되는 상황이다. 뿐만 아니라 지구 환경의 변화와 범세계적인 테러 위협으로 국제사회와의 원활한 협력이 한층 중요하게 부각되고 있으며, 이를 위해 한국 정부의 국제사회에서의 정책수행 능력도 제고되어야 하는 시점이다.

그러나 대한민국의 정부가 이러한 사회적 도전과 정책적 수요에 효과적으로 대응하고 있는가 하는 질문에 긍정적으로 답하기 어려운 것이 냉정한 현실적 판단이다. 오히려 2008년 세계 경제위기 이후 지속되는 경기침체에서 벗어나 돌파구를 제시하기는커녕 메르스와 같은 신종 전염병 확산에 속수무책이었고, 세월호 참사에서는 무책임과 무능력을 노정하기도 하였다. 이 정도의 능력 밖에 보여주지 못하는 정부가 진정 지난 60여 년간 경제성장을 주도적으로 이끈, 바로 그 대한민국 정부인가 하는 회의를 갖지 않을 수 없었다.

뿐만 아니라 2016년 후반 박근혜 대통령의 비선실세 국정농단 사태가 언론에 알려지고 그에 대한 수사가 진행되면서 대한민국 정부와 관료에 대한 신뢰는 땅에 떨어지는 지경에 이르렀다. 우리 헌법 제7조 1항은 "공무원은 국민전체에 대한 봉사자이며, 국민에 대하여 책임을 진다", 그리고 2항은 "공무원의 신분과 정치적 중립성은 법률이 정하는 바에 의하여 보장된다"라고 규정함으로써 공직자들의 책임성, 정치적 중립성을 천명하고 이를 위한 직업공무원제를 요구하고 있다. 그러나 박근혜 정부는 공무원의 정치적 중립성이나 전문성을 존중하기보다는 정치적 목적에 그들을 동원하는 데 급급했고, 이러한 부당한 지시에 관료들은 무기력하게 추종했던 것으로 드러났다.

경제발전과 민주화, 복지국가의 구축을 성공적으로 이룬 한국 정부가 이렇게 위기에 봉착한 이유는 무엇인가? 관료제의 책임성, 전문성, 정치적 중립성이 상실된 원인은 무엇인가? 이러한 문제를 극복하고 우리가 직면한 정책적 도전에 효과적으로 대응할 수 있는 국정운영 방안은 무엇인가? 이번 연구는 이와 같은 질문에 대답하기 위하여 민주적 공화주의라는 관점에서 민주화 이후 지난 30년간 한국 정부의 국정운영과 정부 관료조직의 정치적 중립성, 청렴성, 책임성에 대해 분석하고, 새로운 역할을 효과적으로 수행할 수 있는 정부의 조직, 인사 및 재정관리에 대해 분석하여 성공하는 정부를 위한 새로운 국정운영 방안을 모색하는 것을 목적으로 하고 있다.

이러한 연구를 수행함에 있어서 연구진들은 세 가지 이론적 가정을 공유하면서 출발하였다. 첫째, 한국 정부의 국정운영 기본원칙은 헌법 제1조에 명시된 바와 같이 민주적 공화주의이며, 앞으로 성공하는 정부의 국정운영을 위해서도 가장 기본적인 원칙으로 자리매김해야 한다는 것이다. 이 같은 관점에서 박근혜 정부에서 드러난 국정운영의 문제점뿐만 아니라 지난 30년간 국정운영에서 발생한 문제점들이 결과적으로 민주적 공화주의의 원칙들을 훼손하였던 것이 아닌가 하는 문제의식을 도출하였다. 민주적 공화주의의 제도적 원칙인 공무원의 정치적 중립성의 훼손이나 행정의 책임성 약화가 특정한 시기의 대통령이나 권력층의 권력남용으로 일시적으로 발생한 것이 아니라 지난 30년간 주기적인 정권교체에서 누적적으로 발생한 것이라는 문제의식에서 연구를 수행하고자 하였다. 또한 지속적으로 수행한 신자유주의 개혁에 따른 공무원의 책임성 약화도 그 원인이 될 수 있다고 보았다. 지금 한국 정부와 행정 관료제가 직면한 문제들을 분석하고 이에 대한 대안을 찾기 위해서는 민주화 이후 한국 정부를 조망하는 민주적 공화주의 시각이 필요하다.

한국행정학회 춘계기획세미나로 이 연구의 중간발표가 있었던 2017년 3월 10일 헌법재판소는 박근혜 대통령의 파면을 결정하였다. 만일 이 연구에서 제기한 국정운영의 문제들이 박근혜 정부에 국한된 것들이었다면 헌법재판소의 결정과 함께 더 이상 연구를 진행할 필요가 없었을 것이다. 그러나 이 연구에서 분석하는 국정운영 방안, 관료제의 책임성과 행정관리 등의 문제들은 박근혜 정부뿐만 아니라 민주적 공화주의의 관점에서 향후 새로운 정부에게도 중요한 정책적 과제이며 도전이라는 점에 연구진들은 의견을 같이 했다. 이러한 시각에서 문재인 정부가 들어선 이후에도 우리 연구진은 기본적인 연구의 문제의식과 방향의 변화 없이 연구를 지속했으며, 여기서 제시되는 연구결과와 정책적 제안들은 향후 한국 정부에게도 유효하다고 판단된다.

둘째, 한국 정부의 국정운영과 관료제 관리에서 제기되는 문제들은 처음부터 잘못된 정책이나 집행으로 발생한 것이 아니라 해당 정책들이 구상되고 시행되었던 각각의 국면에서는 적절하고 필요한 것들이 대부분이라는 관점이다. 이것은 하나의 발전론적 시각(developmental perspective)으로서 어떤 특정한 단계에서 적절한 정책이 그 다음 단계에서는 전에 비해 그 적절성이나 효과성이 매우 약화되거나 오히려 문제가 될 수 있다고 보는 것이다. 특히 한국과 같이 짧은 시기에 급격한 경제발전과 사회변화, 그리고 민주화를 겪은 나라는 여러 발전 단계를 단절적으로 이행하면서 그 이전 단계에서 적절했던 정책이 다음 단계에서 역효과를 발생시킬 가능성이 높다는 관점이다. 이러한 관점에서 볼 때 더욱 어려운 상황은 이전의 발전 단계에서 제기된 문제를 해결하기 위해 추진된 정책을 정부가 열심히 추구하면서 오히려 현재의 문제를 악화시키고, 그러한 현상을 쉽게 인식하지 못한다는 점이다. 사회문제나 공공의제를 해결하기 위해 정부가 정책을 적극적으로 추진하고 있지만 오히려 그 정책이 새로운 문제를 야기한다는 것이다.

셋째, 연구진들은 성공하는 정부의 국정운영 방안을 모색함에서 있어서 양적 성장에 치중했던 경제성장기나 공식적 제도 구축과 절차를 강조했던 민주화시기를 넘어 우리가 맞이하는 새로운 후기 산업사회에서는 보다 성숙한 국정운영의 원칙과 목표들이 필요하며, 민주적 공화주의 관점에서 그 대안을 찾아보자는 문제의식을 공유하였다. 예를 들어 공직에서 밤낮없이 근무했던 발전시기의 공무원은 조직의 한 구성원으로 상부의 명령에 따라 자기의 업무를 수행하는 사람이었다면, 효율적 성과를 창출하는 것을 강조했던 신공공관리 행정개혁의 시기에 공무원에게 중요한 것은 합리적인 의사결정이었다. 그러나 시민들의 기대수준이 매우 높고 다양한 기술적 변화가 급격히 이루어지는 새로운 시대의 공공성에 부응하기 위해서는 전문성과 투명성에 기초한 신뢰가 중요하다는 것이다. 또한 시민들에게도 시민적 덕성이 필요할 수 있다는 인식이다. 이와 같은 공공의 품성을 북돋는 조직문화는 무엇인지 탐구해 보자는 것이다. 성공하는 정부를 위한 국정운영에 가장 중요한 필요조건은 우리 헌법에 적시된 것처럼 민주공화주의에 따른 좋은 정부라는 것이 우리의 인식이다.

지금까지 설명한 문제의식과 이론적 관점에 기초하여 이 연구는 다음과 같은 가정에서 출발한다. 현재 한국 정부가 직면한 문제의 근원은 경제발전 시기의 권위주의 정부가 초래한 문제를 극복하기 위한 민주화 이후의 노력들이 그 유효성을 상실하면서 비롯되었다는 것이다. 그렇다면 민주적 공화주의 관점에서 새로운 시대의 전 지구적 기술적, 사회적 변화에 필요한 국정운영과 행정관리 방안은 무엇인가?

이 연구는 다음과 같이 커다란 두 개의 부분으로 구성되어 있다. Part 1 서론에 이어 Part 2는 민주적 국정운영과 관료적 책임성이라는 주제를 다루는데, 민주주의와 공화주의가 조화를 이루는 국정운영을 위해서는 정치적 민주주의와 함께 정부의 책임성이 매우 중요한 요소이기 때문이다. 이와 같은 책임성은 공무원 정치적 중립성, 청렴성으로 확보될 수 있으며, 이 주제들을 Part 2에서 다룬다. Part 3에서는 민주적 공화주의 관점에서 성공하는 정부를 위한 행정관리에 대하여 분석한다. 구체적으로 헌법의 원칙에 따라 정부를 구성하고, 공무원이 능력을 발휘할 수 있는 인사제도에 다루며, 민관협력이라는 관점에서 규제정책을 분석한다. Part 4에서 연구결과를 요약하고 이론적, 정책적 시사점을 논의한다.

구체적으로 Part 2 1장에서 권혁주는 민주화 이후 한국 정부의 국정운영 패러다임에 대해 분석을 시도한다. 국정운영 패러다임이란 국가정책의 방향을 정하고 이를 추구하기 위한 논리로서 효과적인 국정운영을 위해 필요한 논리적 체계이다. 여기서 민주화 이후 한국 정부가 권위주의 정치체제를 기반으로 한 정부주도의 경제성장이라는 발전국가를 극복하기 위한 대안으로서 제시한 국정운영 패러다임들이 일관성을 갖추고 있는지, 효과적인 결과를 창출했는지에 대해 내적 논리성, 정책적 일관성, 효과성의 관점에서 분석한다. 또한 이 장에서는 국정운영 패러다임으로 적용되었던 신자유주의나 신공공관리에 대한 대안으로서 민주적 공화주의의 가능성에 대해 이론적으로 논의한다. 또한 민주적 공화주의 관점에서 국정운영 방안으로서 정부구성의 논리, 관료제의 정치적 중립성, 책임성 등의 기본적 원칙과 방향에 대해 살펴본다.

Part 2 2장에서 한승주는 정권교체와 관료적 중립성에 대해 분석하고 있다. 한국의 민주화 이후 선거를 통해 7명의 대통령이 정부를 구성하였고 그 가운데 3번의 여·야 간 정권교체가 있었다. 이와 같은 민주주의 공고화와 함께 선출된 권력인 대통령과 국회의 행정 관료제에 대한 민주적 통제가 강화되었다. 그러나 역설적이게도 민주화 이후 공직자의 과도한 정치화가 초래되었다는 지적이 제기되고 있다. 한승주는 이 장에서 관료가 정책을 주도하던 권위주의를 넘어 민주화가 공고화되었는데도 공직자가 본연의 행정업무에 집중하지 못하고 정치화되는 이유는 무엇인가에 대해 논의한다. Part 2 3장에서 고길곤은 청렴한 정부와 미래의 국정운영에 대해 분석한다. 고길곤은 공공분야에서 부패에 대한 한국 국민의 인식은 매우 부정적인 데 비해 한국의 부패는 국제적으로 비교할 때 매우 양호하게 나타나고 있다는 불일치 현상을 설명하는 데서 논의를 출발하고 있다. 지금까지 한국 사회에 도입한 반부패 제도와 정책은 어떠한 성과를 거두었는지 평가해보고, 지금까지 반부패라는 관점에서 추구된 정책을 넘어 새로운 방향으로서 청렴성의 원칙에 대해 논의한다.

한국 관료제에 대한 권위주의 성찰을 시도하는 Part 2 4장에서 윤견수와 박규성은 시각을 과거로 돌려 개발연대의 공무원의 행정활동을 브리핑에 초점을 맞추어 분석한다. 브리핑 행정이란 상부에서 위계적으로 설정된 목표들을 어떻게 추진했는지 그 결과에 대해 간단·명료하게 보고하는 활동으로 권위주의 조직문화와 외형적 결과에 집착하는 결과주의를 초래한다. 이 연구는 급격히 변화하는 행정에도 불구하고 권위주의적 행정문화가 여전히 남아 있는 것은 아닌지 하는 문제의식에서 출발하고 있다. 방대한 역사적 자료에 대한 질적 분석을 통해 변화 속에서 권위주의 행정양태를 살펴보는 연구이다. 유교이론을 현대 행정학에 접목하는 연구를 꾸준히 수행해온 배수호는 Part 2 5장에서 수신론의 관점에서 정부 관료제에서 행정의 책임성을 톺아보고 있다. 이 장에서 배수호는 행정이론에서 제기되는 행정의 책임성에 대해 비교하고, 그것이 기초하고 있는 인간의 심성에 대한 이론적 관점들을 살펴보고 있다. 법적, 계층적, 전문가적 책임성과 같이 지금까지 논의가 주로 행정의 책임성을 규제하고 강제하기 위한 방안으로 제시되고 있는 것에 비하여, 공직자가 자신의 인격을 수양하고 완성하는 수양의 장으로서 행정에 임하는 성찰적 행정책임성에 대해 논의한다.

Part 3에서는 보다 구체적으로 민주적 공화주의 관점에서 성공하는 정부를 위해 조직의 정비, 인사관리 및 예산과정의 개혁, 규제개혁과 민관공동협력 등에 대해 분석하고 있다. Part 3 1장에서 이창길은 그 동안의 정부조직 개편을 상징성과 목적성의 관점에서 성찰하면서 앞으로 정부조직의 개편에서 지켜야 할 새로운 원칙을 제시하고 그에 따른 대안을 제공하고자 한다. 특히 이창길은 정부조직 개편의 원칙과 방향으로서 헌법의 가치와 내용을 제시한다. 정부조직은 우리 헌법에서 대한민국이 소중하게 생각하는 가치, 정부가 해야 할 일이라고 명시한 일을 잘 수행할 수 있도록 짜여 있어야 한다는 민주적 공화주의의 핵심적 논리이다. 예를 들어 헌법 119조 1항은 균형 있는 국민경제 성장 및 안정과 적정한 소득의 분배를 유지하는 것을 국가의 책무로 규정하고 있지만, 정부조직법 상에 나타난 기획재정부의 기능은 중장기 국가발전전략, 경제 재정정책 수립·총괄·조정 등으로 명시되어 있는 등 불일치 현상을 보여주고 있다. 이러한 문제의식에서 출발하여 이창길의 연구는 민주적 공화주의라는 헌법의 원칙과 가치에 충실한 정부조직을 구상해 보고 있다.

Part 3 2장에서 이수영은 계급제와 직위분류제의 비교를 중심으로 성공하는 정부를 위한 공무원의 인사관리에 대하여 논의하고 있다. 사람을 중심으로 하는 공직분류제가 계급제라면 일을 중심으로 공직을 분류하는 제도가 직위분류제이다. 1963년 공무원법 전면개정 이후 우리나라 공직인사관리 제도는 계급제를 중심으로 하되 직위분류제를 가미할 수 있는 체제를 유지해 오고 있다. 이 장에서 이수영은 행정의 수요에 따라 변천해온 공직인사관리제도를 연혁적으로 분석하고, 세계화의 심화와 과학기술의 급속한 발달로 고도의 전문성이 요구되고 국내적으로는 다양한 난제들이 제기되는 상황에서 정부 및 공무원이 국민과 소통하며 그들을 위해 일하는 민주적 공화주의를 실현하기 위해 필요한 인사관리 제도에 대해 살펴본다.

Part 3 3장은 견제와 균형이라는 관점에서 예산과정을 분석하고 있다. 이 절에서 류철, 최창용, 이강구는 재정권의 공정한 분배라는 관점에서 재정민주주의를 정의하고 이를 실현하기 위해서는 재정에 있어서 견제와 균형이 필요하다는 시각에서 한국의 예산과정을 비판적으로 고찰하고 있다. 이와 같이 재정에 대한 민주성, 책임성 확보는 민주적 공화주의의 핵심적 내용이라고 할 수 있다. 1990년대 말부터 최근까지 한국 정부는 국가재정운용계획의 도입과 하향식 예산편성 제도, 성과관리 체계, 그리고 디지털 예산회계 시스템 구축 등 4대 재정개혁을 정착시켜 왔다. 그렇다면 예산과정에서 견제와 균형이 잘 작동하고 있는가? 이에 대해 류철은 정부의 예산수립, 국회의 예산심의, 결산과정에 대해 분석하고 문제점을 해결하기 위한 대안을 제시하고 있다. 특히 이 장은 예산법률주의에 대해 검토한다.

Part 3 4장에서 이민창은 민주화 이후 한국 정부가 추진해온 규제개혁을 조망하고 규제개혁을 추진하는 데 있어서 효과적인 방안을 민관협력의 관점에서 모색하고 있다. 경제발전 시기에 효과적인 정책수단으로 활용된 규제가 남용되는 것을 막기 위해 여러 정부에서 규제개혁위원회를 설치·운영해 왔다. 이민창은 이와 같은 규제개혁위원회가 효과적으로 활동해왔는지에 대해 문제를 제기한다. 이 장은 중앙정부뿐만 아니라 지방정부의 규제개혁활동이 어떠한지 살펴보고 좀 더 명확한 규제개혁정책의 의미 및 효과적인 수단개발에 초점을 맞추고 있다. 민주적 공화주의 관점에서 규제는 국민의 자유를 제약하기도 하고 공동체의 삶을 위해 불가피한 것으로, 이것을 어떻게 관리하고 개혁하는가 하는 것은 매우 중요한 정책적 과제라고 볼 때 이민창의 연구는 더욱 중요하다.

　　Part 4 결론에서는 각 장의 연구에서 도출된 결론들을 요약하고 이러한 내용을 기초로 민주적 공화주의의 시각에서 미래의 성공하는 정부의 국정운영 방안에 대해 논의한다. 구체적으로 원활한 민주주의에 기반하여 국민들 사이의 갈등과 분열을 극복하는 사회통합을 향한 국정운영과 행정관리 방안에 대해 논의한다. 앞에서 논의한 바와 같이 우리가 제시하고자 하는 정책적 시사점은 단순히 국정농단 사태로 정권의 실패를 참담히 경험한 박근혜 정부만의 문제가 아니라 민주화 이후 지난 30년간 누적되어온 과제들에 대한 것이며, 문재인 정부뿐만 아니라 그 이후 정부에도 중요한 시사점을 제공하고자 한다.

민주적 국정운영과
행정의 책임성

민주화 이후 한국 국정운영 패러다임 분석과 새로운 방향 모색

권 혁 주

1 연구의 목적과 접근 방법

1960년대 이후 꾸준한 경제성장과 민주주의의 공고화로 대한민국은 이제 선진국의 대열에 합류하고 있다 해도 과언이 아니다. 이러한 성과를 이룬 한국에서 정책적 교훈을 얻기 위해 많은 개발도상국 정부와 국제기구들은 한국의 발전경험을 공유하고자 하고 있다. 그러나 지금까지의 성과와 외부의 칭찬에 만족하기에는 한국이 직면한 현실의 문제는 너무나 심각하다. 지난 10여 년간 한국 경제는 더 이상 주목할 만한 성장과 발전을 이루지 못하고 답보상태에 머물고 있다. 사회적으로는 계층 간, 세대 간의 대립과 반목 그리고 갈등에 시달리고 있기 때문이다. 박근혜 대통령 탄핵촉구와 반대를 각각 주장하며 개최된 촛불집회와 보수단체의 집회는 직접적으로 대통령 탄핵에 대한 이견을 표현하는 것이지만 그 기저에는 우리 사회의 소득 불평등, 노동 시장의 불안정성, 세대 간의 격차, 가족구조의 변화 등 사회구조적 문제가 자리잡고 있는 것으로 보인다.

전쟁의 폐허에서 빈곤을 극복하여 경제적 풍요와 정치적 민주화를 이룬 한국 시민이 안정과 평화를 향유하지 못하고 사회갈등으로 인해 고통 받고 있는 이유는 무엇인가? 물론 대부분의 사회들은 사회적 가치를 둘러싼 분배 갈등을 경험한다. 최근 영국의 유럽연합 탈퇴결정과 미국의 트럼프 대통령의 당선에서 보여주듯이 세계의 여러 나라들도 사회적 대립과 갈등으로 많은 문제를 겪고 있다. 이렇게 볼 때 후기 산업국가에서 제조업의 쇠퇴와 노동시장에서 이주 노동자와의 갈등과 같은 사회 구조적 변화가 공통적으로 사회갈등의 심화에 영향을 주고 있는 것으로 보인다 (Johnson & Mitchell, 2017: 13−14).

그러나 사회마다 각각 서로 다른 요인들이 사회적 문제의 원인으로 작용하고 있으며 그에 따른 정책대안도 다르게 요구된다. 한국은 박근혜 정부의 비선실세에 의한 국정농단 사태로 대통령이 탄핵소추되어 파면되는 등 심각한 정치적 위기를 경험하였다. 이로 인해 정부는 경제, 사회, 복지, 통일 분야 등 국가적 정책과제에 효과적인 대응을 하지 못하고 상당한 기간 동안 실질적으로 정지 상태에 놓여 있었다. 이러한 위기는 단순히 정치인 개인의 부정부패에 기인한 일회적 현상이라기보다는 보다 근본적으로 한국 정부의 국정운영 방식이 심각한 한계에 봉착하고 있기 때문이라고 볼 수 있다.

이러한 문제의식에 기초하여 이 연구에서는 민주화 이후 한국 정부의 국정운영 패러다임에 대해 살펴보기로 한다. 민주화 이후 역대 한국 정부들이 사회, 경제적 발전을 추구하면서 바람직한 국가의 역할을 어떻게 규정하고 정책을 추진해 왔는지를 국정운영 패러다임의 시각에서 살펴보기로 한다. 또한 이러한 국정운영 패러다임의 분석을 통해, 과거의 국정운영 패러다임이 현재 한국사회가 겪고 있는 사회적 대립과 갈등에 어떻게 영향을 끼치고 있는지를 살펴보기로 한다. 이러한 분석을 통해 대한민국이 겪고 있는 사회갈등을 해소하고, 보다 성숙한 사회로 발전하기 위한 새로운 국정운영 패러다임에 대해서 모색하기 위해 민주적 공화주의에 대해 논의한다.

1) 국정운영의 패러다임의 내용과 분석적 접근

분석에 앞서 국정운영 패러다임에 대해 이론적 측면에서 논의할 필요가 있다. 정부가 추구하는 기본적인 목표와 가치를 국정이념이라고 할 수 있다. 이러한 국정이념은 국민의 안녕, 경제적 풍요, 정치적 자유 등과 같은 가치를 내포하고 있으며 집권한 정치세력이 지향하는 바에 따라 다르게 나타날 수 있다. 민주주의 체제에서는 대다수 국민의 지지를 받은 세력이 집권하고, 그에 따라 그들의 국정이념도 국가적 목표로서 정당성을 갖게 된다. 임도빈(2008)은 역대정부 통치철학을 대통령을 중심으로 분석하였는데, 이는 국정이념에 대한 연구로 이해할 수 있다. 이렇게 정부가 정한 국정이념에 따라 국가정책의 방향을 정하고 이를 달성하기 위해 정책을 추진하는 데 있어서 전체적인 논리적 체계를 제공하는 것을 국정운영의 패러다임이라고 할 수 있다. 국정운영 패러다임은 다양한 정책행위자들에게 정책목적을 설정하고, 정책수단을 정해 이를 활용하는 방법 등 하나의 일관된 논리체계를 제공한다. 이와 같은 국정운영 패러다임의 짜임새와 일관성에 대한 논의를 통해 본 연구의 분석적 시각을 마련하고자 한다.

Lane(1987: 528－529)은 정책과정의 중요한 기본적 요소로서 정책목적, 정책수단, 정책행위자를 지적하는데 정책행위자가 설정된 목적을 달성하기 위해 정책수단을 선정하고 집행하는데 이론적 틀을 제공하는 것을 하나의 정책논리라고 제시한다. 설정된 정책논리 하에 정책과정이 운영됨에 따라 여기에 관계되는 정책행위자들은 하나의 일관된 이론적 토대에 기초하여 정책에 대해 고려하고 집행할 수 있게 되고 결과적으로 전체적인 정책과정의 효과성을 제고할 수 있게 된다. 그런데 정부는 하나의 정책분야가 아니라 다양한 분야에서 정책을 추진하기 때문에 이보다 더 포괄적인 논리체계가 필요하다. 즉, 하나의 정책분야에만 적용되는 것이 아니라 여러 정책분야에 걸쳐 적용되는 논리적 체계가 필요하며, 이것을 국정운영의 패러다임이라고 할 수 있다.

국정운영의 패러다임은 다음의 세 가지 중요사항에 대해 분명한 방향을 제시하여 국정운영 전반에 걸친 종합적인 이론적 체계를 제공한다(Hall, 1993: 279－280). 첫째, 국정운영 패러다임은 사회·경제적 가치, 시민의 권리와 의무 등에 대한 철학적, 정치적 가치를 실현할 수 있는 논리를 제공하여, 전체적인 국정목표와 방향에 따라 국가의 다양한 정책들이 하나의 일관된 방향을 공유하면서 추구할 수 있도록 하는 논리체계를 제공한다. 둘째, 국정운영 패러다임은 국가와 사회의 관계를 설정한다. 이를 통해 국가가 정책의 대상으로 삼고 구체적인 정책을 추진해야 하는 영역과 시민 개개인이나 민간기업 혹은 단체들이 스스로 결정하여 활동하는 영역을 설정하게 된다. 뒤에서 분석하는 바와 같이 한국의 맥락에서는 국가와 사회의 관계를 구체적으로 결정하는 관료제의 위상과 역할에 대한 시각과 논리를 내포하게 된다. 셋째, 설정된 국정목표를 달성하기 위한 정책수단을 선정하는데 일정한 기준들을 제시한다. 설정된 정책목표를 달성하기 위해 활용할 수 있는 다양한 정책수단이 존재하는데 그 가운데 어떠한 것이 가장 적절한 것인지는 과학적인 논리에 따라 결정되는 것이 일반적이다. 그러나 과학적 논리를 활용하더라도 여전히 몇 개의 선택 가능한 정책수단이 남게 되는데 이러한 상황에서 국정운영 패러다임에 따라 최종적인 선택을 가름하게 된다(Goodin, Rein & Moran, 2006: 8-9). 국정운영 패러다임은 단순한 논리체계라기보다는 구체적인 현실의 도전에 직면하여 정책을 운용하는 하나의 실질적 관리운영의 논리체계가 되어야 한다.

이러한 국정운영 패러다임을 통해 대통령에서부터 국무총리, 장관 그리고 중앙정부의 공무원, 일선현장의 공무원에게 이르기까지 다양한 정책행위자로 구성되어 있는 정부는 대체적으로 일관된 방향과 흐름을 가지고 정책을 운영할 수 있게 된다. 일반 국민들이나 사회단체, 기업 등도 이러한 국정운영 패러다임을 통해 정책방향을 이해하며 결과적으로 국가정책이 안정적으로 운용되는 데 기여한다.

국정운영 패러다임으로서 일관되게 정책운용에 적용된 가장 대표적인 사례로서 신자유주의에 따른 영국의 마가렛 대처 정부의 경우를 들 수 있다. 그러나 대부분의 정부들이 처음부터 이렇게 명확한 국정운영 패러다임을 가지고 국정을 운영하는 것은 아니다. 선거를 통해 정권을 잡는 과정에서 국정운영 패러다임이 형성되기도 하고 정부를 운영하면서 국정운영 패러다임이 모양을 잡아가기도 하는 것이다. 대부분의 정부와 정권의 최고 책임자들은 분명하고 체계적인 국정패러다임을 가지고 있다고 주장하지만, 현실적으로 국정운영 패러다임이 일관성을 결여하고 있거나, 실제로 국정운영 패러다임이 존재하지 않는 경우도 비일비재하다. 또한 국정운영에 있어서 일관되게 적용되지 못하여 국정운영 패러다임의 일관성이 매우 낮은 경우도 있다. 이러한 경우 정부는 정책에 혼선을 초래하고 결과적으로 국정운영에 실패하게 된다.

이제 실제 현실에서 국정운영 패러다임을 적용하고 활용하는 현상에 대해 어떻게 분석할 것인가에 대한 분석적 측면에서 논의해보자. 국정운영 패러다임의 내용을 파악하기 위해서 우선적으로는 정권의 최고 책임자와 해당 정부의 정치적 주장이나 수사를 통해 제시하는 내용을 일차적으로 활용할 수 있다. 그러나 보다 구체적으로 국정운영 패러다임에 대해 객관적으로 분석하기 위해서 그것이 국정에 어떻게 적용되었는가를 분석해야 한다. 따라서 본 장에서는 질적 연구에서 많이 사용되는 문헌에 대한 텍스트 분석보다는 이론적 관점에서 논리성 분석에 초점을 두고자 한다.

어떤 이론이 논리적 타당성을 가지려면 구성적 타당성, 내적 타당성, 외적 타당성 그리고 신뢰성을 가져야 한다(이종원, 2011: 4). 국정운영 패러다임도 일종의 이론적 구조로서 이러한 조건을 충족해야 할 것이다. 구성적 타당성의 측면에서 이 연구는 민주화 이후 집권하여 정책을 추진한 한국 정부의 국정운영 패러다임을 분석하기 때문에 구성적 타당성은 기본적으로 충족시킨다고 가정하고, 나머지 세 가지 조건을 다음과 같이 정하여 내적인 논리성과 정책적 일관성, 효과성이라는 분석의 기준을 활용하고자 한다.

첫째, 정권의 담당자들이 자신들의 국정운영 패러다임으로서 어떠한 철학적, 정치적 논리체계를 제시한다고 해도 그것이 내적인 논리적 적실성이 없다면 국정운영의 패러다임으로서 효과적으로 기능을 할 수 없기 때문이다. 예를 들어 신자유주의 국정관리 패러다임에서는 인간을 자신의 이익을 추구하는 합리적 개인으로서 설정하고 그에 따라 비용과 편익에 대한 의사결정을 중심으로 내적 논리체계를 구성한다. 또한 합리적 개인들이 자신들의 이해관계에 따라 선택하고 경쟁하면 사회적으로 가장 적절한 결과에 도달한다는 내적 논리를 제시한다. 이와 같은 일관된 내적 논리체계가 민주화 이후 정부들의 국정운영 패러다임에 존재하는지를 분석한다.

한편 국정운영 패러다임이 국정 전반에 걸쳐 적용되는 과정에서 전체적인 일관성을 가져야 한다. 어떤 정책분야에서는 국정운영 패러다임에 따라 정책목표가 선정되고 정책수단이 선정되어 추진되는가 하면, 다른 분야에서 적용되지 않는다면 정책적인 일관성을 가지지 못하고 있다고 할 것이다. 정책적 일관성을 가지지 못하면 정부의 관료들이나 사회적 행위자들에게 혼선을 가져오고 결과적으로 국정운영에 전체적 방향을 제시하는 국정운영 패러다임으로서 역할을 하지 못한다. 이러한 맥락에서 정책적 일관성을 두 번째 분석의 기준으로 설정하고자 한다.

국정운영 패러다임을 분석하고 평가하는 데 또 하나의 중요한 기준은 해당 국가의 국정전반을 이끌어 가면서 설정된 국정이념과 국가의 정책목표를 성취했는가 하는 성과의 측면에서 효과성의 관점이다. 국정운영 패러다임에 따라 정부가 정책을 추진하여 나타난 결과가 무엇인지 살펴봐야 한다. 그러한 정책을 집행하여 시대적 과제와 도전에 적절히 대응했는가 하는 관점에서 국정운영 패러다임을 평가할 수 있는 것이다. 아무리 국정운영 패러다임이 내적인 논리성과 외적인 일관성을 가지고 있다고 해도 현실에서 제기되는 도전과 과제를 풀어나가는 데 효과적이지 못할 수 있으며, 어떤 경우에는 그 결과가 오히려 사회적인 문제를 야기할 수 있다. 이렇게 된다면 그러한 국정운영 패러다임은 효과적이지 못하다고 판단할 수밖에 없다. 그런데 이와 같은 국정운영의 패러다임의 결과는 짧은 기간 내에 즉각적으로 나타나지 않는 경우가 많아 이러한 때에는 역사적으로 판단될 수밖에 없다.

2) 국정운영의 패러다임의 역사적 성격

그런데 국정운영 패러다임을 설정함에 있어서 대통령 후보나 정당과 같은 정치세력은 단순히 정책논리만을 고려하는 것이 아니라 선거과정에서 다양한 형식과 표현을 통해 자신들의 국정운영 패러다임을 제시하고 국민의 선택을 받기 위해 서로 경쟁한다. 유권자들은 이들 가운데 하나를 지지하게 되고 이러한 과정을 통해 국정운영 패러다임이 설정되게 된다. 이렇게 볼 때 국정운영 패러다임은 일종의 민주적 과정을 통한 사회계약을 통해 만들어지는 것이다. 또한 이러한 사회계약으로 인해 정부와 시민들 사이에 책임과 권한이 형성되는 것이다.

한편으로 어떤 정치세력이 제안하는 국정목표나 국정운영 패러다임은 국가가 처한 정치, 경제, 사회적 환경에 따라 영향을 받게 된다. 경제적으로 잘 발전된 국가의 국정목표나 국정운영 패러다임과 경제적, 사회적으로 여러 가지 문제에 봉착한 개발도상국이 선택할 수 있는 국정목표나 국정운영 패러다임은 다를 수밖에 없는 것이다. 또한 하나의 국가에서도 이전의 국정운영의 결과로 인해 경제적, 사회적 구조의 변화 및 다양한 파급효과가 나타나게 되며, 이후의 국정운영 패러다임은 이러한 역사적 경로에 따라 설정되게 된다. 한편으로 미래의 국정목표나 국정운영의 패러다임도 이러한 역사적 경로를 고려한 선택을 하는 것이 불가피하게 될 것이다. 이렇게 볼 때 국정운영 패러다임의 성립과 적용 그리고 성공적인 결과는 단순히 해당 정부의 영향만으로 결정되는 것은 아니라고 할 수 있다.

이러한 국정운영 패러다임에 대한 개념과 분석적 관점을 기초로 다음 절에서는 민주화 이후 한국 정부가 적용한 국정운영 패러다임에 대해 내적 논리성, 정책적 일관성의 측면에서 살펴보고, 그러한 국정운영 패러다임을 적용하여 나타난 사회적·경제적 결과를 분석하기로 한다. 이에 앞서 한국 정부의 국정운영 패러다임을 분석함에 있어서 하나의 준거 틀로서 발전국가 체제를 논의하고 이와 관련하여 이후의 국정운영 패러다임에 대해 논의하고자 한다. 그것은 발전국가 체제에서 창출된 경제적, 사회적 구조가 민주화 이후에도 한국 사회에 지속적인 영향을 주었기 때문이며, 이후 한국 정부들이 국정목표나 국정운영 패러다임을 설정함에 있어서 발전국가 체제를 비판적으로 극복하고자 하는 노력에서 출발하고 있기 때문이다.

　　논리적으로뿐만 아니라 정치과정을 통해 형성되는 국정운영 패러다임의 분석은 불가피하게 역사적이고 해석학적 성격을 띠게 된다. 이러한 이유로 객관적인 엄밀성에서 한계를 가질 수밖에 없는 것도 사실이다. 이러한 한계를 인식하면서 본 연구는 상호주관적으로 가장 핵심적인 역사적, 정책적 사례를 중심으로 분석을 시도하고자 한다.

2 국정운영 패러다임으로서 발전국가론과 대안들

　　1960년대 급속한 경제발전을 성취한 박정희 정부는 국가주도의 경제발전 정책을 추진하면서 나름대로 독특한 국정운영 패러다임을 구축하였다. 이 시기의 국정운영 패러다임은 국가가 경제발전을 주도하는 발전국가론으로 잘 설명된다. 5·16 쿠데타를 통해 정권을 잡은 박정희 정부는 국가가 주도하는 경제개발 5개년 계획을 수립하여, 먼저 수입대체 산업화를 추진한 데 이어 수출주도형 발전 정책을 추진하였다.

　　발전국가 패러다임에서는 경제성장이 정부 정책의 가장 핵심적인 목표이며, 이와 같은 정책목표를 달성하기 위해 정부는 전략적 개입을 추진하였다. 시장경제 체제가 기본적인 경제운영 원리로 작동하고 있었지만 공공재의 공급뿐만 아니라 정책목적의 달성을 위한 규제와 비공식적 간섭 등을 통해 정부가 정책적으로 경제성장을 견인하였던 것이다.

　　그런데 이러한 국가주도형 발전전략은 단순히 한국에서만 추진된 것이 아니라 1950－60년대 유엔 등을 통해 신생독립국의 발전전략으로 권고되었던 내용이다. 한국의 경우 유엔의 네이던 보고서를 통해 이와 같은 전략을 권고한 바 있다(UN Nathan Report, 1954). 국가주도형 경제발전론은 기본적으로 케인즈 이론에 따른 경제발전론에 기초하고 있으며, 사회경제적 기반시설과 사회의 다양한 경제주체가 성숙하지 못한 신생 독립국의 상황에서 효과적으로 경제발전을 추구하는 전략이었다. 이렇게 볼때 국가주도형 발전전략은 신생 개발도상국의 국정운영 패러다임으로 논리성을 갖고 있었다. 그러나 이러한 전략은 대부분의 개발도상국에서 효과적인 결과를 창출하지 못한 반면 한국을 비롯한 일부 국가에서만 성공을 거두었다.

그렇다면 한국에서 이러한 국가주도형 발전전략이라는 국정운영 패러다임이 성공을 거둘 수 있었던 요인은 무엇인가? 먼저 관료제가 역사적으로 전통을 가지고 확립되어 있었고, 1950년대 확대된 초중고와 대학교육을 통해 길러진 우수한 인재들이 국가 관료제로 유입되었기 때문이다. 특히 박정희 정부는 경쟁적 임용고시와 함께 관료의 정책적 몰입을 도모하기 위해 신분보장, 보수인상, 연금제도 강화 등의 조치를 취하였으며, 이를 통해 관료제의 능력은 급속히 제고되어 이를 통해 국가주도적 경제발전 정책을 추진하기 위한 필요조건을 확보하게 되었다(윤견수·박진우, 2016: 214). 정부의 행정·정책 관리적 요인도 작용하였는데, 국정운영과 정책조정의 측면에서 경제기획원 등과 같은 부처에서 장기적 발전계획을 수립하고 이를 각 부처가 수행하도록 조정하는 효과적인 정책조정 체계를 운영하였던 것을 꼽을 수 있다(Choi, 2014: 33). 뿐만 아니라 박정희 대통령은 수출진흥확대회의 등과 같은 중앙정부, 일선 정부부처 및 다양한 경제주체들을 정책토론 및 조정에 참여시켜 정책의 일관성을 확보하는 노력을 하였다. 한편 정부부처의 업무를 모니터하고 정책을 조정하기 위해 박정희 정부 이래 청와대의 참모조직이 급격히 확대되었다(Jung, 2014: 13).

또한 중앙정보부와 같은 국가의 정보, 감찰기관들이 정부의 각 부처를 감시하고 통제하였다. 이들 기관은 정부뿐만 아니라 사회의 다양한 단체 및 활동가를 감시, 통제하고 억압하였다. 박정희 정부가 유신체제를 구축하면서 권위주의적 체제의 성격이 강화되면서 정책조정 기능보다 정책적 통제와 정치적 억압 등의 기제가 두드러지게 되었다.

경제성장을 최우선 가치로 산업정책 등을 활용한 발전 지향적 정책을 추진하면서, 정부가 경제성장을 위해 특정 산업이나 기업을 전략적으로 선택하고, 이러한 선택과정에서 공정한 원칙에 의거하지 않고 자의적인 정책결정이 이루어졌다. 이렇게 선택된 기업들은 수출주도형 경제성장 전략에 따라 독점적 시장진입과 금융지원과 같은 다양한 정책적인 특혜를 받았다.

이러한 경제성장 우선 정책에 따른 발전주의 국가운영은 그 밖의 다른 사회적 가치들을 희생시켰다. 권위주의 정권은 노동자, 도시빈민 등 사회 기층세력의 경제적 요구를 묵살하고 그들의 정치적 참여를 제한하고 억압하였다(양재진, 2005: 3). 산재보험과 의료보험과 같은 사회정책을 도입함에 있어서도 사회적 권리나 평등의 가치를 실현하기 위한 방안으로 실시되기보다는 경제발전을 위한 정책적 도구로 활용하였다(권혁주, 2007: 77; 안병영·정무권, 2007: 24). 특히 유신체제와 함께 진행된 중화학 중심 공업화를 추진하면서 임금억제를 위한 노동탄압은 더욱 심해졌다.

이렇게 정치적 탄압에 기초한 경제성장 우선정책을 추진하면서 박정희 대통령이 내세운 논리는 '경제 제일주의' 원칙이었다. 이러한 경제 제일주의는 경제적 빈곤을 탈피하는 것이 가장 긴급한 국가적 과제이고 이러한 빈곤탈피가 이루어진 이후 그 밖의 다른 과제들을 추진한다는 단계론적 논리에 기반을 둔다. 이러한 단계론적 논리는 다음과 같은 특징을 갖는다. 첫째, 한국사회라는 공동체가 극심한 빈곤과 외부적 위협 속에서 생존하기 위해 불가피한 선택이라는 논리를 내포하고 있다. 어떤 공동체가 절박한 위기의 상황에 직면했을 때 그 위기를 극복하고 공동체의 성원이 모두 공존하기 위해서는 가장 생존 가능성이 높은 성원을 우선 지원하고, 그가 생존의 기반을 확보했을 때 다른 성원들을 지원한다는 논리이다. 이러한 생존의 논리가 적용되기 위해서는 성원이 서로 유대관계를 형성하고 함께하는 공동체라는 전제가 필요하다. 둘째, 이러한 단계론적 생존논리는 공동체에서 먼저 선택적 지원을 받은 사회적 성원이 다른 성원에 대한 사회적 의무를 배태하게 된다. 공동체 성원의 공존이라는 사회적 의무가 발생하게 되는 것이다. 경제 제일주의에 따른 이러한 사회적 의무는 이후의 한국 사회의 불평등의 심화라는 점에서 다시 논의하기로 한다.

한편 발전국가 패러다임은 박정희 정부뿐만 아니라 이후의 전두환, 노태우 권위주의 정부에서도 활용되는데, 경제발전을 위한 정부의 주도적 역할이라는 기본적 특성 외에 권위주의적 정치체제와 선택적 친화성을 갖는 것이 사실이다. 이러한 맥락에서 민주화 이후 한국 정부에서는 권위주의를 청산하는 관점에서도 발전주의 국가 운영의 패러다임을 극복하고자 하는 노력이 이어지게 된다.

발전국가론에 대한 대안으로서 신자유주의 국정운영 패러다임을 제시할 수 있다. 신자유주의적 국정운영 패러다임을 현실에 적용한 가장 대표적 사례로서 영국을 들 수 있다. 1979년 집권한 영국의 마가렛 대처 수상은 개인의 자유와 시장의 효율성에 대한 신념을 기초로 한 신자유주의 이론을 중심으로 작은 정부와 시장중심의 국정운영 패러다임을 갖고 강력한 개혁을 추진하였다(King, 1987). 신자유주의는 시장에 의한 자원의 배분이 가장 효율적이며, 정부의 개입은 경제적으로 비효율적이고 정치적으로 시민의 자유를 억압한다고 보았다. 대처의 영국 정부는 이러한 국정운영 패러다임에 따라 영국 항공, 전력 등 국영기업을 민영화하였으며, 효율적인 정부운영을 위해 다양한 개혁 프로그램을 실시하였다. 뿐만 아니라 당시까지 영국 공공정책에 강력한 영향을 끼치고 있던 노동조합과 정치적 대결을 불사하면서 그들의 정책적 요구를 좌절시키기도 하였다.

　정부운영의 측면에서는 경쟁을 통한 성과를 제고하는 신공공관리 기법들이 개발, 적용되었다. 예산배분에 따른 성과를 강조하고, 공무원들에게 성과에 따른 보상제도를 도입하였으며, 공공기관들 사이의 협력과 조정을 위해 시장기제를 도입·활용하였다(Pierson, 1998: 159). 이 같은 정책들은 장기적으로는 문제점을 노정하기도 했지만, 마가렛 대처 수상 정부는 분명하고 일관된 국정운영 패러다임으로 정부가 추진하는 정책목표를 효과적으로 수행할 수 있었다. 수상에서부터 일선 공무원까지 마가렛 대처 정부가 추진하는 국정운영 패러다임을 명확하게 이해하고 정책 수행에 가이드라인으로 활용했던 것이다(정정길 외, 2017: 60). 이렇게 정부의 개입에 부정적이고 시민의 자유와 시장의 효율성을 강조하는 신자유주의적 국정운영 패러다임은 발전국가 국정운영 패러다임과 아주 대조적이며, 이에 따라 중요한 대안으로 제시될 수 있다.

　한편 국정운영 패러다임으로서 협력적 거버넌스도 하나의 대안으로 제시되고 있다. 국정운영에 있어서 정부가 주도적으로 정책을 추진하기보다는 다양한 사회적 행위자들이 참여하여 다양한 사회적 가치와 이해관계 속에서 서로 설득과 타협을 통해 국정을 운영한다는 대안이다(정용덕, 2001: 730). 다양한 사회적 행위자들이 이해관계의 조정을 통해 정책을 결정하고 집행하며, 참여와 협력을 강조한다는 점에서 사회적 갈등을 해소하고 관리하는 대안적 국정운영 패러다임으로 제시되고 있다. 또한 과거처럼 정부가 모든 정보를 독점하던 시대를 넘어 다양한 사회적 행위자들이 정보와 기술적 능력을 소유하게 됨으로써 정부도 불가피하게 이들을 대등한 파트너로 인정할 수밖에 없다는 점도 협력적 거버넌스의 필요성을 강화시키고 있다. 그러나 협력적 거버넌스는 국정운영 패러다임으로 적용하기에는 한계점을 내포하고 있는 것이 사실이다. 먼저 다양한 사회적 이해관계자가 정책결정과 집행에 참여함으로써 정책의 책임성과 투명성이 모호해지는 문제가 있다(Fukuyama, 2016: 96). 또한 협력적 거버넌스는 정부가 다른 사회적 이해관계자와 소통하고 협력하는 것을 강조하는 반면 정부조직의 내적인 운영에 대해서는 논리적 체계를 제공하지 않는 약점이 있다.

끝으로 국정운영의 패러다임으로 새롭게 제시되고 있는 것이 민주적 공화주의이다. 이것은 민주주의 국가에서 권력의 원천인 시민들의 정치적 권리의 보호뿐만 아니라 정당한 행사를 핵심적 내용으로 한다. 또한 주권자로서 시민들의 참여와 통합을 강조하고 이를 위해 경제적 형평성과 사회적 권리를 중요한 정책가치로 설정한다. 민주적 공화주의에서는 민주주의 원칙에 따른 정치과정을 강조함과 동시에 정치공동체의 통합을 강조하며 헌법에 기초한 법치주의 국민에게 봉사하는 정부를 중요한 제도적 요소로 삼는다. 이 글에서는 민주화 이후 국정운영 패러다임을 분석하고 향후 새로운 대안으로서 민주적 공화주의를 좀 더 자세히 논의하고자 한다.

3 민주화 이후 개혁과 국정운영 패러다임

1) 문민정부의 과거청산과 신자유주의 국정운영

이 절에서는 민주화 이후 한국 정부가 추진한 개혁과 국정운영의 패러다임을 분석하고 그 사회적 결과에 대하여 논의한다. 먼저 김영삼 정부는 1990년 노태우 대통령이 주도한 3당 합당에 참여하여 여당 후보로서 김영삼 대통령이 당선되어 출범하였지만 1961년 제2공화국 이래 처음으로 민간인 출신 대통령이라는 점을 강조하면서 과거 권위주의 정권과 차별성을 강조하였다. 박정희 정부 이래 전두환, 노태우 정부로 이어지는 군부정권의 폐해를 청산하고 새로운 민주주의 정치질서를 만들고 (김형준, 2007), 경제적으로 민간의 자율성이 우선하는 시장경제를 구축하겠다는 것이 김영삼 정부의 국정의 목표였다. 따라서 다음의 박재윤 경제특보의 발언에서 나타나듯이 김영삼 정부는 국정운영 패러다임으로서 발전주의 체제를 극복하고 시장경제에 따른 신자유주의 패러다임을 적용하겠다는 것을 분명히 했다.

"과거 권위주의체제하에는 정부의 계획과 통제가 경제발전의 힘이자 바탕이었으나 민주주의체제에서는 국민의 자발적인 참여와 창의력이 발휘될 때에만 경제가 활성화될 수 있다. … 이와 같은 신경제의 실현을 위해서는 구시대적인 행정조직을 효율적으로 개편하고, 이를 통해 행정·재정·금융제도의 전면적인 개혁이 단행되어야 할 것이다." (국민일보, 1992.12.22.)

김영삼 정부는 집권하자마자 바로 군부 내의 비공식적 결사체인 하나회를 해체하여 군부 엘리트들이 정치 세력화하는 것을 차단하였다. 전두환, 노태우 두 전직 대통령을 내란과 부패혐의로 기소하여 법의 심판을 받도록 하는 등 과거와 분명한 단절을 시도하였다. 군부 엘리트의 해체와 함께 김영삼 정부는 정치인과 관료들의 정경유착과 같은 부패에 대해서도 강력한 개혁정책을 실시하였다. 부패가 심했던 박정희 정부 말기와 전두환, 노태우 정부에서 권력을 행사한 정치권의 인사들과 재계의 정치적 유착관계를 파헤치고, 부당한 방법으로 재산을 축적했던 고위인사들을 숙청하였다. 이러한 과정에서 다수의 사법부, 입법부, 행정부의 고위직 인사가 부정 축재, 탈세 등으로 처벌을 받았다. 또한 김영삼 정부는 공직자 재산 등록 및 공개제도를 도입하여 공직자의 탈법, 부패 등을 제도적으로 막고자 하였다(안문석, 1995: 47). 김영삼 정부의 이러한 과거청산과 공직사회에 대한 반부패 청렴 정책은 일반 국민들로부터 대대적인 지지를 받았다.

또한 김영삼 정부는 작은 정부를 구축하기 위해 1993년과 1994년 두 차례 정부조직을 개편하였다. 장·차관의 수를 줄이고 중앙정부의 공무원을 1,000여 명 이상 감축하는 등 작은 정부를 위한 개혁을 실시하였다. 부처의 수를 줄이기 위해 상공부와 동력자원부를 통상산업부로, 교통부와 건설부를 통합하여 건설교통부를 설치하였다. 한편 새로운 기술적 환경에 대응하기 위해 우편업무를 담당하던 체신부를 개편하여 정보통신부로 하여금 정보통신 업무를 맡도록 하였다. 또한 정부와 사회의 관계를 재정립하고 관료와 전문가 위주의 정책기획과 집행을 지양하기 위해 행정과정을 쇄신하고 규제를 완화하는 개혁을 실시하였다. 1993년 행정쇄신위원회를 설치하고 6,000건의 규제를 개혁하였으며, 1997년에는 규제개혁위원회를 설치하여 규제개혁을 적극적으로 추진하였다. 한편 경제기획원에 있던 공정거래위원회를 총리실로 이관하여 독립성을 강화시키면서 시장의 공정성을 제고하고자 하였다.

시장중심의 국정운영 패러다임에 필요한 핵심적인 제도라는 관점에서 가장 주목해야 할 김영삼 정부의 개혁은 금융실명제와 부동산실명제이다. 이 두 제도는 권

위주의 유산과의 단절과 공직사회의 부패방지라는 과거 청산의 목적을 가지고 도입
되었으나, 금융과 부동산 거래에서 시장경제 질서를 확고히 하는 제도적 기반을 마
련했다는 점에서 매우 중요한 경제적 함의를 갖고 있다. 금융실명제는 금융거래를
실명으로 하는 제도로서 이를 통해 금융거래가 투명해지고, 금융소득에 대한 정당한
조세를 부과할 수 있도록 하여 시장의 공정성을 제고하게 된다(이천표, 1994: 157). 김
영삼 정부는 또한 1995년 부동산실명제를 입법화하여 시행함으로써 부동산 거래에
있어서도 실명으로만 거래하도록 하였다. 현재의 관점에서 뒤돌아 볼 때 이 두 제도
를 통하여 시장의 거래가 투명해지고 보다 공정한 조세가 가능해지도록 하여 한국
경제가 한층 더 성숙한 모습으로 발전해나가는 데 크게 기여하였다고 평가할 수 있다.

이렇게 보면 권위주의적 정부와 단절을 시도한 김영삼 정부는 국가주도의 경제
성장을 위한 발전주의 체제에 대한 대안으로 정부와 관료의 권한을 축소하고 민간
의 자율적인 경제활동을 제고하는 국정운영 패러다임을 적용하였다고 평가할 수 있
다. 권력 남용과 부패 근절은 과거에 대한 청산이라면 경제활동의 자율과 투명성은
미래 경제성장에 대한 것으로 당시에 전 세계적으로 영향력을 확대하던 신자유주의
개혁과 일맥상통하는 것이다(임도빈, 2008). 이렇게 볼 때 김영삼 정부는 국정운영의
패러다임에 있어서 내적 논리체계를 일관되게 구축한 것으로 평가된다.

그러나 김영삼 정부가 신자유주의적 국정운영 패러다임을 정책적 일관성을 가
지고 효과적으로 추진했다고 보기는 어렵다. 정부조직 개편에서 김영삼 정부는 경제
기획원과 재무부를 통합하여 재정경제원을 설치하였고, 장관을 부총리 급으로 격상
시켰다. 이러한 통합에는 과거 국가가 주도적 역할을 한 발전주의 체제에서 핵심적
인 역할을 했던 경제기획원을 폐지한다는 것으로 이해할 수 있으나 기획과 재정을
통합하는 초대형 경제부처를 만들어 오히려 정부가 정책적으로 더 많은 영향력을
행사하게 되는 결과를 가져왔다. 김영삼 정부는 결국 정부가 정책을 기획하고 주도
하는 발전주의적 국정운영을 답습했다. 집권하자마자 '신경제 100일 계획'을 추진하
였는데 이것은 과거 정부주도의 경제정책과 크게 다르지 않는 것이었다. 실제로 100
일 계획의 내용을 보면 '정부에 의한 산업육성', '생필품 가격의 관리'와 '시장 자율에
의 회귀' 등 서로 상반되는 것을 포함하고 있었는데(강광하, 2000: 314), 이것은 국정
운영 패러다임의 정책적 일관성이 약했다는 점을 보여주는 것이다.

김영삼 정부의 국정운영 패러다임은 효과성의 측면에서 실패를 경험한다. 김영

삼 정부에서 발생한 성수대교 붕괴 사건, 삼풍백화점 붕괴 사건은 김영삼 정부의 허술한 국정운영을 보여주는 사례들이다. 그러나 가장 극명하게 김영삼 정부의 국정운영의 실패를 보여주는 것은 1997년 발생한 한국의 IMF 금융위기이다. 이는 경제자유화의 일환으로 추진한 금융시장의 개방과 이에 대한 정부의 감독 및 관리의 실패로 인해 금융시장의 급작스런 불균형으로 발생한 위기로서 치명적인 정책실패의 결과이다. 당시 금융위기를 겪었던 국가들에 비해 한국의 부채부담이 크지 않았다는 점도 이러한 상황을 잘 설명해 준다([표 2-1] 참조). 민간에서 저금리의 외채를 단기에 조달하여 고금리의 장기대출에 사용하는 등 민간 외환시장의 불균형을 정부가 적절히 관리하고 감독하지 못해서 발생한 것이 금융위기의 직접적 요인이 되었는데, 결국 1997년 경제위기는 신자유주의적 국정운영의 실패를 여실히 보여주는 예이다. 김영삼 정부는 발전주의적 국정운영 방식을 청산하고 시장중심의 신자유주의적 국정운영 패러다임을 도입하였지만 그것은 일관성 있게 추진되지 못하였고, 효과성의 측면에서 실패를 겪은 것으로 평가된다.

표 2-1 **국가별 외채부담**

	한국	인도네시아	타일랜드	멕시코
국민소득대비 부채비율	25%[1]	57%	35%	70%
수출대비 채무 이자비율	5.8%[2]	30.9%	10.2%	24%

1. 1997
2. 1996년 기준
   그 외 국가 1995년 기준
출처: World Bank, (1997), Chang, H. (1998: 1556)에서 재인용.

2) 국민의 정부와 구조조정, 생산적 복지

1997년 외환위기의 상황에서 진행된 대통령 선거에서 김대중 후보가 당선되면서 한국 민주주의 역사상 처음으로 여당에서 야당으로 정권교체가 실현되었다. 최대의 국가적 위기 상황에서 집권한 김대중 정부는 경제위기 극복을 국정목표로 설정하고 노사정의 양보와 타협을 통해 필요한 정책을 추진하는 전략을 선택했다.

경제위기를 극복하기 위해 김대중 정부는 4대 개혁을 설정하고 이를 적극적으로 추진하였는데, 금융개혁, 기업구조조정 및 지배체제 개선, 노동시장 개혁, 공공부문 개혁 등이 4대 개혁과제이다. 이와 같은 4대 개혁은 발전주의 체제에서 비대해진 금융부문과 방만하게 운영된 재벌 등 기업의 지배구조를 개혁함과 동시에 1987년 민주화 이후 성장한 노동부문, 공공부문에 대한 구조조정을 목적으로 하는 것이었는데, 궁극적으로 이 개혁과제가 지향하는 것은 시장중심의 경제운용에 필요한 경제구조를 구축하는 것이었다. 이렇게 볼 때 김대중 정부의 국정운영 패러다임도 신자유주의적 기조를 가지고 있다고 평가할 수 있다.

김대중 정부는 IMF 경제위기가 금융부문의 무책임한 외환도입과 기업에 대한 방만한 여신운용에 따른 금융위기로 촉발된 것이기 때문에 금융개혁과 기업구조개혁을 가장 시급히 시행되어야 하는 과제로 설정하였다. 김대중 정부는 금융시장 구조조정을 위해 150조 규모의 기금을 조성하여, 새로 설치된 한국예금보험공사, 한국자산관리공사를 통하여 집행하였다(Lee & Han, 2006: 314). 구조조정을 위한 총괄·조정은 금융감독위원회가 담당하도록 하였다. 기업의 지배구조 개선을 위해 극히 적은 수의 주식으로 기업을 지배하고, 시장에 중대한 영향을 끼치는 현상을 방지하기 위해 대주주의 책임을 강화하고, 소액주주의 권한 행사를 보장하는 개혁을 실시하였다(장하준·신장섭, 2003: 270 – 271).

김대중 정부에게 가장 어려운 과제는 노동시장 개혁이었다. 이는 1980년대 말 노동자 대투쟁을 통해 확보된 노동자의 권리를 축소하는 것으로 이전의 김영삼 정부가 시도하였으나 실패한 것이었다(이영환·김영순, 2001). 김대중 정부가 추진한 노동시장 개혁은 기업경영의 이유로 근로자를 해고하는 것이 용이하도록 하는 것과 기업이 직접 노동자를 고용하지 않고 다른 회사가 고용한 노동자를 파견을 받아 일하도록 할 수 있게 하는 것을 포함하는 노동시장의 유연화 정책이었다. 이와 같은 노동시장 유연화 정책은 경제위기를 극복하기 위한 정책이었지만 신자유주의적 국정운영 패러다임에서 핵심적인 내용을 구성하는 것이었다. 이렇게 볼 때 김대중 정부의 국정운영 패러다임은 신자유주의적 기조를 중심으로 내적 일관성을 확보하고 있었다고 평가된다.

그런데 이러한 김대중 정부의 노동시장 개혁은 안정된 고용계약을 가지며 노동조합을 통해 직업의 안정성을 확보한 정규직 근로자와 현실적으로 이와 같은 보호를 받지 못하는 비정규직, 일용직 근로자로 노동자가 나누어지게 되는 노동시장의 이중 구조를 초래하였다(양재진, 2003b: 412). 발전주의 체제에서는 권위주의 정권이 노동자에 대한 억압을 통하여 임금을 통제하고 그것을 기초로 수출주도형 산업화를 추진했다면, 김대중 정부는 노동시장의 이중 구조를 통하여 임금을 통제하는 방식을 취한 것이다.

김대중 정부의 노동시장 개혁은 정부의 일방적 추진이나 시장의 자발적 결정이 아닌 사회적 합의기구인 노사정위원회를 통해 이루어졌다는 점에서 과거 권위주의적 국정운영 방식과는 차이가 있으며, 이것은 일종의 조합주의적 의사결정 방식이라고 볼 수 있다. 노사정위원회는 노동시장의 개혁과 함께 실업자와 빈곤층에 대한 보호대책을 함께 추진할 것을 합의하여, 정부는 고용보험을 확대하고 더 많은 사람에게 실업수당을 지급하였다. 그런데 김대중 정부는 경제위기로 인한 실업과 빈곤대책에서 머물지 않고 '생산적 복지'라는 국정이념을 설정하고 대폭적으로 복지정책을 확대하였다. 국민기초생활보장법을 도입하여 빈곤층에 대한 지원을 사회적 권리의 차원으로 격상시켰으며, 직역과 지역 등 전국적으로 분리되어 있던 의료보험조합을 국민건강보험 공단으로 통합하였다. 또한 IMF의 권고에도 불구하고 공적연금 민영화를 추진하지 않고 국민연금제도를 확대했다.

이렇게 김대중 정부가 복지정책을 적극적으로 확대하게 됨에 따라, [그림 2-1]이 보여주는 것처럼 이후 사회복지분야에 대한 정부의 재정지출이 지속적으로 증가하게 된다. 이와 같은 복지정책은 정책은 정부가 추진했던 신자유주의적 개혁정책을 추진하기 위한 방편으로 활용되었을 뿐 근본적으로 보편적 복지국가를 추진하는 것은 아니라는 비판이 존재하기도 하나(조영훈, 2002), 매우 빈약했던 복지정책을 확대하고 내실을 다지는 것으로서 김대중 정부의 생산적 복지 정책은 한국의 복지국가 발전에 기여했다고 평가하는 시각이 존재한다(김연명, 2001).

이러한 김대중 정부의 복지정책의 확대는 국가 역할의 확대를 의미하는데, 이것은 과거 발전주의 국정운영 패러다임에서 정부가 지시, 통제, 규제를 통해 정책을 추진하는 것에 비해 국민에게 필요한 복지를 제공하는 역할을 확대했다는 점에서 커다란 차이가 있다. 반면에 경제위기 극복과정에서 김대중 정부가 국정운영 패러다임으로서 설정한 신자유주의 논리와도 맥락이 다른 정책방향이었다.

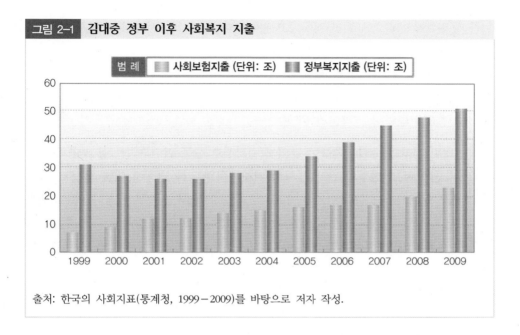

그림 2-1 김대중 정부 이후 사회복지 지출

범 례 ■ 사회보험지출 (단위: 조) ■ 정부복지지출 (단위: 조)

출처: 한국의 사회지표(통계청, 1999 – 2009)를 바탕으로 저자 작성.

그런데 공공부문의 개혁에서 김대중 정부는 신공공관리론에 입각한 개혁정책을 추진하는 상반된 모습을 보였다. 김대중 정부에서 있었던 1차 정부조직 개편에서 재정경제부와 기획예산위원회를 분리함과 동시에 예산청을 설치했고, 2차 개혁에서는 예산청을 기획예산위원회로 통합시켰다. 정책집행을 담당하는 기관들을 책임행정기관으로 변화시켜 민간에서와 마찬가지로 국민을 고객으로 상정하고 서비스 품질을 향상시키려는 정책을 추진했다. 이와 같은 정책은 영국의 대처 정부가 추진한 전형적인 신공공관리 정책이라고 볼 수 있다. 3차 행정개혁은 정부 부처 간의 정책조정을 위해 부총리 제도를 도입하는 것이었다.

이렇게 볼 때 김대중 정부의 국정운영 패러다임은 정책적 일관성이 뚜렷하지 않은 것이었다. 신공공관리적 행정개혁을 통해 정부를 개혁하고 시장중심의 신자유주의 경제정책을 추구하는 한편 국민기초생활보장 제도의 실시와 국민건강보험을 통한 의료보험 통합 등 복지를 확대하고 재정지출을 증가시키는 두 가지 상반된 정책방향을 추진하였다. 이렇듯 김대중 정부는 각각의 정책분야에서 서로 다른 정책방향을 적용하는 등 하나의 일관된 국정운영 패러다임을 가지고 있었다고 보기 어렵다. 이것은 IMF 경제위기 상황을 극복하고 한국 경제를 다시 성장의 길로 되돌리기 위한 실용주의적 필요에 의한 것이라고 평가된다. 한편 노동시장의 이중구조와 복지 국가의 확대와 같은 김대중 정부의 개혁은 이후 한국 사회의 구조에 커다란 영향을 끼치게 된다.

3) 참여정부의 신공공관리 개혁

김대중 정부의 수립이 여·야 간의 정권교체로 한국 민주주의를 공고히 하는 이 정표였다면 노무현 정부의 탄생은 사회 기층세력의 '기득권층에 대한 도전'이 승리 한 것으로 평가되기도 한다(안병영·정무권, 2007: 31). 노무현 정부는 참여 민주주의를 국정이념으로 삼고, 이를 위해 국가균형발전, 정부혁신을 국정목표로 설정하였다. 노무현 정부의 이러한 목표를 달성하기 위해 국가가 적극적인 역할을 수행한다는 국정운영 패러다임을 적용하였는데(류석진, 2014), 이는 시장의 자율성을 가장 중요 한 원리로 하는 신자유주의 국정운영 패러다임과는 차이가 있는 것이다. 노무현 정 부는 국민의 국정참여와 지역균형과 같은 국정목표를 이루기 위해 국가의 적절한 역할이 필요하다고 판단했던 것이다(참여정부 국정브리핑, 2009: 25).

그런데 노무현 정부는 집권 이후 현실적 정책문제를 풀어나가는 것뿐만 아니라 과거사 규명을 위한 법제정, 국가보안법 개정 등 과거 권위주의 정부에서 있었던 인 권 피해를 구제하고 그에 대한 책임을 가리는 정치적 현안에 전력을 다했다. 그러나 이러한 정치적 입법은 사회의 다른 정치적 세력들의 강한 반대에 부딪혀 커다란 진 전을 이루지 못했고 이로 인해 전반적으로 정책이 지연되는 결과를 초래했다. 뿐만 아니라 노무현 정부가 지역균형 정책의 핵심으로 설정하고 추진하였던 행정수도 이 전은 헌법재판소의 위헌 판결로 인하여 크게 수정되어 행정복합도시로 그 성격이 바뀌어 정부가 계획한 정책의 일관성이 크게 훼손되었으며, 이에 따라 사업의 추진 도 지체되는 결과를 초래하였다. 더욱이 2004년 대통령이 선거법 위반과 관련해 탄 핵소추되고 헌법재판소에서 탄핵심의를 받는 60여 일 동안 대통령의 권한이 정지되 는 초유의 상황을 맞이하였다(고건, 2013). 이러한 법률적, 정치적 사건으로 인해 국 정운영에 많은 어려움을 겪을 수밖에 없었다.

그럼에도 불구하고 노무현 정부는 국정운영 패러다임으로서 정부혁신을 가장 강조하면서 다양한 개혁과 혁신을 추진했는데, 정부가 필요한 역할을 다하기 위해서 는 정부 조직을 효율적으로 만드는 것이 필요하다는 인식에 기초하고 있다. 노무현 정부의 혁신 정책의 구체적인 내용을 보면 신공공관리 이론에서 강조하는 성과와 경쟁중심의 인사정책, 총액배분 예산자율 편성, 내부시장제도 등인데 이 제도들은 공무원들도 모두 자신의 개인적 이익을 위해 행동한다는 개인주의적 합리주의에 근거한 것들이다. 이렇게 볼 때 노무현 정부의 국정운영 패러다임은 내적으로 이질적 요소들이 내포되어 있었다. 다음의 인용에서도 그것이 잘 드러나고 있다.

> "제일 황당하게 느끼는 것이 참여정부에 '당신 신자유주의 정부지?'라고 말하는 것이다. 또 한쪽에서는 '당신 좌파 정부지?'라고 말하는 것이다. … 그런 의미에서 참여정부는 '좌파 신자유주의 정부'다." (참여정부 국정브리핑, 2009: 31)

참여정부를 표방한 노무현 정부는 다양한 정책행위자를 국정운영에 참여토록 하면서 균형발전, 지방분권 등을 추진하였다(김병섭, 2007). 지방분권을 위해서 노무현 정부는 정부의 다양한 권한을 중앙정부에서 지방정부로 이전하고, 이에 필요한 재원을 분권교부세를 신설하여 지원하였다. 그러나 권한이양에 따른 필요재원을 충분히 확보할 수 없었던 지방정부에게 오히려 지방분권은 행정적 부담만 떠넘기는 결과를 가져왔다는 지적이 제기되었다(배인명, 2011). 전체적으로 노무현 정부는 정부운영에 있어서 신공공관리적 접근과 사회적으로 국가의 적극적인 역할을 강조하는 국정운영을 추진하였다는 점에서 국정운영 패러다임의 내적 일관성이 높지 않은 것으로 평가된다.

그러나 노무현 정부에게 가장 어려운 문제로 제기된 것은 사회적 불평등과 양극화 현상의 심화였다. 김대중 정부에서 단행한 노동시장 개혁으로 형성되기 시작한 노동시장의 이중구조가 점점 고착화되기 시작했고 이로 인한 사회계층 간 격차가 점점 심화되면서 정부에게 커다란 부담으로 작용하기 시작하였다. 그러나 노무현 정부는 이러한 이중구조의 고착화와 중간계층의 감소로 발생하는 사회적 양극화 현상에 대해 적절히 대응하지 못했다. 특히 이 시기에 저소득층과 최고소득층의 일자리는 증가한 반면 중산층이 가지는 일자리는 점점 축소되어 사회적 양극화가 발생하였고 이러한 현상은 노무현 정부가 추구하는 사회적 평등이나 균형발전에 상충되는 것이었다(전병유·김복순, 2005: 37).

표 2-2 정규직·비정규직 사회보험 가입 비율

	국민연금		국민건강보험		고용보험	
	2001	2007	2001	2007	2001	2007
임금소득전체	51.8	62.6	54.3	63.9	46.9	55.6
정규직	92.7	98.8	94.8	99.3	80.0	83.6
비정규직	19.3	33.9	22.2	36.8	20.7	33.3

출처: 김유선(2001, 2007)을 바탕으로 저자 작성.

　　복지정책의 측면에서 참여적 복지를 천명한 노무현 정부는 김대중 정부부터 성장하기 시작한 복지를 계속 확대해 나갔다. 저출산, 노령화 현상에 대응하여 유아 및 아동에 대한 돌봄을 확대하고 고령층의 노인들의 필요에 적절히 대응하기 위해 장기요양보험 제도를 추진하였다. 그러나 노무현 정부는 노동시장의 이중구조로 인해 발생하는 사회적 보호의 양극화에 대해서도 적절히 대응하지 못했다. [표 2-2]에서 보는 바와 같이 정규직과 비정규직 간의 사회보험의 가입에 있어서 극명한 차이를 보이고 있다. 이와 같이 소득 불평등의 심화와 함께 정규직과 비정규직의 차이가 발생하게 됨으로써 노무현 정부는 핵심적인 지지계층에게 실망감을 주게 되었다. 이로 인해 이어지는 대통령 선거에서 한나라당의 후보였던 이명박에게 정권을 내어주게 되는 결과를 맞게 되었다.

　　요약하면 노무현 정부는 참여와 지역균형, 사회적 형평성 제고를 위해 정부가 필요한 역할을 수행하고 그에 따라 정부 조직도 혁신을 통해 지속적인 변화와 발전을 해야 한다는 논리에 따라 국정운영 패러다임을 활용했다고 판단된다. 이렇게 볼 때 노무현 정부의 국정운영 패러다임은 내적 논리성의 측면에서 이질적 논리가 혼합되어 있던 반면, 정책적 일관성은 뚜렷하게 갖고 있었던 것으로 판단된다. 그러나 노동시장의 유연화, 금융 부문의 개방화 등 이전 정부에서부터 추진한 정책들로 인해 발생한 소득분배의 악화, 노동시장의 이중구조 및 양극화 현상에 대해 적절히 대응하지 못했다. 노무현 정부는 이러한 문제를 해결하기 위해 적극적인 정부의 역할을 강조했지만 그 성과는 뚜렷하지 못했던 것으로 평가된다.

4 국정운영 패러다임의 혼선과 정치적 위기

노무현 정부에 이어 여·야 간의 정권교체로 이명박 정부가 성립하였다. 이명박 정부는 선진 일류국가를 건설한다는 국정이념을 설정하고 활기찬 시장경제를 구축하고 세계 선진국과 어깨를 나란히 하면서 글로벌 사회에서 선도적 역할을 하겠다는 것을 약속했다. 이전 김대중, 노무현 정부가 강조했던 복지정책에 대해서는 중요한 정책적 강조를 두지 않고 시민들이 능동적으로 복지를 추구하고 정부는 이를 지원한다는 것으로 하여 그 기조가 약화되었음을 알 수 있다.

실제로 이명박 후보는 대통령 선거에서 7·4·7 공약(7% 경제성장률, 국민소득 4만 불, 세계 7대 강국)을 내세우고 이를 달성하겠다는 공약으로 대통령에 당선되었고, 이를 위해 4대강 개발(한반도 대운하 사업), 해외자원 개발 등과 같은 정부의 재정사업을 통한 경제성장을 추구하였다. 또한 대기업 감세와 규제완화 같은 기업 활성화 정책을 통해 경제성장을 유도하려 하였다. 국정이념과 목표를 추구하기 위한 이명박 정부의 국정운영 패러다임은 정부가 주도적인 역할을 했던 발전주의적 패러다임과 상당히 유사한 것으로 평가할 수 있다. 이명박 정부는 2008년 법인세 기본 과세구간을 1억 원에서 2억 원으로 상향하여 해당 구간의 세율을 13%에서 11%로, 다음 과세구간의 세율을 25%에서 22%로 낮추었다(임경석, 2012: 81). 소득세를 낮추는 것과 대비하여 법인세를 인하한 것은 개인보다 기업에 방점을 두는 것으로 기업을 통한 급속한 경제성장을 추구하는 논리로 이해된다.

그런데 이명박 정부의 초기였던 2008년 미국의 뉴욕에서 촉발된 세계 금융위기로 인해 세계 경제가 침체되기 시작하면서 이명박 정부의 이러한 국정운영 방식은 의도했던 경제성장을 가져오지 못했다. 이어서 미국산 쇠고기 수입과 관련되어 대규모 촛불시위로 인해 정부의 정책은 더욱 어려움을 겪게 되었다. 결국 2008년 한국의 경제성장률은 2.3%를 기록했고, 세계경제 위기가 휩쓸고 지나간 2009년에는 0.3%에 머물렀다.

이와 같은 이명박 정부의 국정목표 달성의 실패는 세계 경제위기와 같은 외부적 요인에 의해 영향을 받은 점이 크지만 한편으로 국가의 재정사업을 통해 경제를 성장을 촉진하는 것이 과거와 같은 효과를 거두지 못하게 하는 경제적 구조의 변화에 기인한 것이기도 했다. 예를 들어 4대강 사업과 같이 정부재정을 통한 대규모 사회간접자본 사업도 과거와 같이 고용을 유발하는 등의 경제적 파급효과가 크게 나타나지 않았다. 이것은 건설사업도 더 이상 과거처럼 승수효과가 큰 노동집약적 산업이 아니라 자본집약적인 사업으로 그 성격이 변모했기 때문이다. 또한 해외자원개발사업을 추진했던 이명박 정부는 세계 경제위기와 함께 지구환경의 오염과 지속가능성의 문제에 봉착하면서 녹색성장으로 내용을 변경하기도 했는데 정책환경의 변화에 따라 처음 의도한 바와 같이 국정운영 패러다임이 운용되지 못했다는 점을 보여준다.

　　이러한 문제에 봉착한 이명박 정부는 임기 후반부에서부터 공정사회와 동반성장이라는 새로운 국정이념을 제시하기 시작했다. 이와 같은 변화는 소득 불평등, 노동시장의 양극화와 같은 한국 사회의 사회적 불평등과 계층 간의 갈등을 해소하기 위한 대응이라고 판단된다.

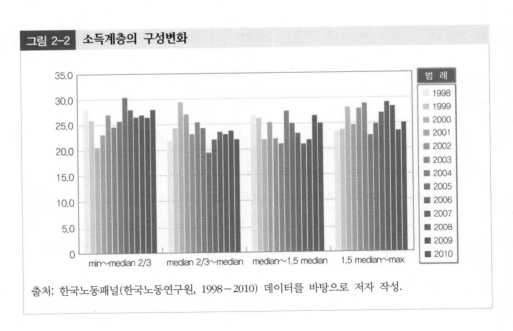

그림 2-2　소득계층의 구성변화

출처: 한국노동패널(한국노동연구원, 1998-2010) 데이터를 바탕으로 저자 작성.

　　[그림 2-2]는 한국의 소득계층을 중위소득(소득 50분위)을 중심으로 양분하고 이를 다시 저소득층(중위소득 3분의 2 이하)과 하위 중간소득층(중위소득 3분의 2에서 중

위소득)으로 나누었으며, 같은 방식으로 상위소득층을 상위 중간소득층, 고소득층으로 나누었다. 이를 통해 알 수 있는 것은 저소득층의 비중이 점점 증가하고 하위 중간소득층이 점점 감소하고 있다는 것이다. 이명박 정부는 이러한 문제에 대응하기 위해 국정운영 패러다임을 바꾸었지만 현실적으로 어떠한 변화를 가져오지는 못했다. 요약하면 이명박 정부의 국정운영 패러다임은 발전국가 논리에서 공정사회 논리로 급격한 변화를 거쳤고 이에 따라 시간적 차원에서 국정운영 패러다임의 일관성이 낮다고 하겠다.

이러한 맥락에서 2012년 치러진 대통령 선거는 사회적 양극화 해소와 고용불안으로부터 국민을 보호하기 위한 복지정책을 중심으로 선거쟁점이 형성되었다. 야당이었던 민주당은 2010년 지방교육감 선거에서 무상급식을 통해 선거에서 상당한 효과를 보고 이를 복지국가 전반에 걸쳐 적용하는 보편적 복지를 선거에 가장 중요한 공약으로 제시했다. 이에 대응하여 새누리당 박근혜 후보도 국민행복을 공약으로 생애 맞춤형 복지를 내세웠다. 또한 야당의 주장에 맞서 무상급식과 기초연금도 주장하였다. 또한 선거에서 경제민주화라는 공약을 내세우면서 경제적 집중현상을 개선하고 기업의 지배구조를 개선할 것을 약속하였다. 이와 같은 박근혜 후보의 정책은 경제성장을 통한 부의 창출과 이를 통한 분배를 주장했던 이명박 정부와 상당히 거리가 있는 것이었다.

그러나 선거에서 승리한 박근혜 정부는 선거에서 공약한 내용을 변경하거나 선거에서 내세우지 않았던 정책을 추진하는 급격한 입장 선회를 보였다. 예를 들어 소득하위 70%의 65세 이상 노인들에게 모두 동일하게 지급하기로 했던 것을 국민연금을 포함한 소득과 연계하여 지급하기로 정책을 바꾸었다. 이러한 구체적인 정책사항뿐만 아니라 대통령 선거에서 공약으로 내걸었던 경제민주화 등은 정부 출범이후 국정목표에서 사라졌으며, 창조경제라는 새로운 국정이념을 도입하는 등 국정목표와 중요 정책에서 급격한 변화를 가져왔다.

박근혜 정부가 추진하여 실질적인 개혁성과가 있었던 것은 공무원연금 개혁이었다. 박근혜 정부는 세월호 침몰사고 이후 공공부분 개혁의 일환으로 공무원연금개혁을 추진하였다(권혁주, 2015). 정부가 추진하던 재정안정화를 위한 모수개혁에서 구조개혁으로 정책방향을 급선회하여 공무원연금의 구조와 지급률을 궁극적으로 국민연금과 동일하도록 개혁한다는 것이었다. 그러나 공무원연금과 국민연금이 전제하고 있는 소득수준의 차이, 퇴직금 제도의 존재 여부, 제도의 성숙도 차이 등으로 인해 구조개혁을 하려면 복잡한 고려가 필요했다. 뿐만 아니라 공무원연금은 공무원의 정치적 중립성과 경제적 자유의 제한 등 관료제를 운영하기 위한 필수적 제도로서 국정운영에 있어서 제도개혁의 파급성이 매우 큰 것이었다. 박근혜 대통령의 개혁에 대한 강력한 요구에도 불구하고 국회 선진화법으로 개혁이 지연될 수밖에 없었는데, 불가피하게 국회에 여야가 참여하는 공무원연금 특별위원회를 구성하고 여기서 합의된 바에 따라 박근혜 정부가 처음 계획했던 것과는 다르게 공무원연금 개혁은 모수개혁으로 마무리되었다.

공무원연금 개혁 이후 박근혜 정부는 노동시장 개혁을 다음의 개혁과제로 제기하였는데, 이 개혁은 정년연장에 따른 고연령층에 대한 임금피크제의 도입과 정규직에 대한 해고를 용이하게 하는 유연성 제고 방안을 골자로 하였다. 저임금, 고용불안정과 사회보장 미비 등 비정규직에 대한 문제는 그대로 둔 채 정규직에 대한 해고를 용이하게 하는 개혁으로 노동계에서는 강하게 반대하는 정책이었다. 노동시장 개혁안도 국회의 반대로 법제화가 이루어지지 못하고 표류하는 상황을 맞이하게 되었다. 그런데 일련의 선거공약의 폐기 및 변동과 개혁입법 추진과정의 난맥으로 인해 박근혜 정부의 국정이념, 국정목표에 혼선을 초래하는 문제가 발생하였다. 더욱이 국정을 운영하고 이끌어 가는 논리체계로서 국정운영 패러다임이 명확히 제시되지 못하는 현상이 대두되었으며, 이로 인해 국정에 많은 혼선이 발생하게 되었다.

이러한 상황에 2016년 말 갑작스럽게 대통령 비선실세의 국정농단과 국정운영에서 박근혜 대통령의 무능력과 무관심이 노출되고, 재벌에게 뇌물을 강요하거나 직업 공무원들에게 퇴직을 강요하는 등 헌법위반 사례로 인해 국회에서 탄핵이 발의되고 결국 파면되는 지경에 이르게 되었다.

5 성공하는 정부를 위한 국정운영 패러다임: 민주적 공화주의

지금까지 민주화 이후 한국 정부의 국정운영 패러다임의 내적 논리성과 정책적 일관성 그리고 효과성에 대해 논의하였다. 권위주의적 정치체제를 배경으로 하는 국가주도형 발전주의 국정운영 패러다임을 극복하기 위해 작은 정부를 지향하고, 시장의 자율성을 높이는 국정운영 패러다임을 추구했던 김영삼 정부는 권위주의 과거청산에는 성과가 있었으나 시장자율에 맡기는 국정운영을 시도하다 IMF 경제위기를 초래하는 등 크게 실패했다. 경제위기를 극복하기 위해 다양한 개혁을 추진하고 이를 위해 복지국가를 확대하기 시작했던 김대중 정부는 신자유주의 개혁을 국가주도로 추진하면서 복지국가를 확대하는 이중적인 성격을 나타냈다.

'좌파 신자유주의'라는 표현처럼 내적으로 이질적인 요소를 가지고 있던 노무현 정부의 국정운영 패러다임의 외적 일관성은 높은 것으로 나타났다. 그러나 소득분배의 악화와 사회적 양극화의 심화로 정책 효과성에서는 취약했다. 이명박 정부는 국가의 재정수단을 통한 경제성장이라는 발전주의 국정운영 패러다임을 시도하였으나 세계 경제위기 등으로 크게 성공하지 못했고 임기 후반에 공정사회라는 국정목표로 전환하면서 시간적 관점에서 정책적 일관성이 크게 약화되었다. 박근혜 정부는 국정운영의 패러다임을 상실하고 대통령이 탄핵소추를 당하여 파면되는 등 초유의 국가적 정치적 위기를 초래하였다.

이렇게 국정운영 패러다임의 변화와 좌절 속에서 한국 정부의 국정운영에 핵심적인 세 가지 문제점이 제기되고 있다. 첫째, 민주화 이후 한국 정부들은 발전주의 국정운영체제를 극복하려고 새로운 국정운영 패러다임을 시도했지만, 정책의 일관성과 효과성이 높지 않았다. 오히려 발전주의의 또 다른 측면으로 대통령에게 권력이 집중되는 권위주의 현상은 여전히 존재하고 있다는 사실이다. 오히려 대통령을 중심으로 한 청와대에 권한이 집중되는 모습은 점점 심화되어 왔다. 이와 같은 현상은 단순히 권력집중이라는 정치적 현상이라기보다는 국정운영 패러다임이 일관성을 가지지 못함으로 인해 대통령과 그를 보좌하는 청와대에서 각 부처가 수행하는 모든 정책사항에 일일이 개입하게 된 현상으로 어쩌면 불가피한 결과인지도 모른다. 내적 논리성이 뚜렷한 국정운영 패러다임에 따라 범정부적으로 일관되게 정책이 집행된다면 이와 같은 현상은 발생하지 않을 수 있기 때문이다. 대통령 국정목표와 국정운영 패러다임에 따라 정부의 정책을 조정하는 역할을 해야 하는 국무총리, 재경부 장관, 행정안전부, 국무조정실장 등의 장관들의 재임기간이 많아야 1년을 겨우 넘기는 정도로 정책조정 기능이 약화되어 있다. 이로 인해 청와대 비서실의 정책통제가 강화되고 대통령의 권한 집중과 정치적 책임의 집중현상도 불가피하게 되었다.

국무총리의 경우 헌법 86조에 명시되어 있는 국무위원 추천권이나 해임건의권을 실질적으로 행사하는 경우가 거의 없어서 국무총리로서 행정을 통할하는 헌법적 정책조정 기능을 거의 행사하지 못하고 있다. 따라서 그의 실질적인 정책조정 기능을 기대하는 것은 매우 어려운 일이다. 이렇게 볼 때 선거를 통한 정부구성이라는 거시적인 민주주의는 공고화되었지만, 권위주의적 국정운영이라는 과거의 패러다임을 극복하고 새로운 패러다임을 제시하고 적용하는데 실패한 것이 분명하다. 그런데 최근 대통령의 권력집중 현상과 더불어 국회의 권력도 강화되면서 대통령과 국회가 권력을 두고 대결하는 모습이 대두되고 있으며, 이러한 와중에서 공무원과 관료제도 정치화되는 양상을 보이고 있다. 과거부터 이어지던 권위주의 문제와 더불어 국가권력 간의 대립이 중첩되어 나타나고 있다.

둘째, 민주화 이후 국정운영의 결과로서 지속적인 사회 계층 간의 대립과 갈등이 심화되고 있다는 점이다. 소득분배에서 불평등의 심화와 함께 중산층이 축소되는 현상으로 인한 사회적 양극화 현상이 심화되고 있다. 노동시장 유연화 정책으로 인한 노동시장의 이중구조와 그에 따른 고용불안 및 사회적 위험의 증대가 중첩되면서 사회적 갈등을 악화시키고 있는데 이러한 현상에 대한 국가정책이 효과적으로 대응하지 못하고 있다. 이렇게 사회적 대립과 갈등이 심해지게 되면 불가피하게 공공정책의 효율성과 효과성이 낮아지게 되고 사회적 생산성도 하락하게 되어 궁극적으로 한국 경제발전에도 부정적인 영향을 끼치게 된다.

셋째, 민주화 이후 한국 정부들은 발전주의 국정운영 패러다임을 극복하기 위해 신자유주의 국정운영 패러다임과 같은 차별적인 대안을 적용하여 운영하려 했지만, 정책적 일관성을 갖고 국정을 운영하는 데 실패했다는 것이다. 국가주도적 정책수행은 경제침체나 위기와 같은 중요한 고비 때마다 재활용되었지만 그 효과가 뚜렷하지 못하였다. 시장중심의 경제운영이라는 국정운영 패러다임을 제시하면서 이러한 정부주도의 경제정책이 빈번해 국정운영 패러다임의 혼선을 초래하게 되었다.

그렇다면 미래의 성공하는 정부를 위한 국정운영 패러다임은 어떠해야 하는가? 권위주의의 극복, 사회적 갈등의 효과적 관리, 그리고 국정운영 패러다임의 혼선을 막고 정책적 일관성을 확보하기 위해서 민주주의와 공동체의 통합을 기본적 원칙으로 하는 민주적 공화주의 국정운영 패러다임을 설정하는 것을 제시하고자 한다. 지금까지 국정운영 패러다임이 국가의 주도적 역할과 시장의 자율성을 강조하는 발전주의와 신자유주의를 중심으로 두 가지 대립적 논리에 근거하고 있었다면, 민주적 공화주의는 이 같은 대립논리를 넘어서 사회적 대립과 갈등을 통합으로 이끌고 대한민국을 사회적으로 보다 성숙한 나라로 만들고 경제적으로 풍요로운 나라로 만들 수 있는 대안적 국가운영 패러다임이라고 판단된다. 이에 대한 구체적 내용은 철학적, 정치적, 경제적 관점에서 앞으로 논의되어야 할 것이다. 그러한 논의의 출발점으로서 민주적 공화주의를 구성하는 핵심적 논리를 우선적으로 살펴보자.

　　민주적 공화주의에 따르면 국가는 모든 권력의 원천으로서 주권자로서 시민을 존중하며 인간의 자유와 공동체의 번영을 추구한다. 또한 민주적 공화주의에 기초하여 국가는 주권자인 시민들이 합의한 헌법 등의 기본원칙과 규율을 통해 공동체의 질서를 유지한다(Arendt, 1958; Pettit, 1997). 신자유주의 이론이 국가의 간섭이 없는 소극적 자유를 강조하는 것에 비해, 공화주의는 공동체에 필요한 규칙을 존중하여 필요한 간섭을 인정하고, 주인으로서의 자유인 비지배로서의 자유를 강조한다. 신자유주의적 관점에서 인간은 자신의 이익을 위해 합리적 행동을 하는 매우 단순한 이기주의적 존재이지만, 공화주의 관점에서 인간은 이와 같이 자신을 위한 경제적 행동뿐만 아니라 미적 가치를 추구하며, 또한 공동체를 통해 삶을 살아가는 정치적 동물이기 때문이다(Arendt, 1958). 특히 국정운영에 참여하는 사람들은 자신의 경제적 이해를 위한 이기적 행동이 아니라 공동체를 위한 정치적 행동을 해야 한다는 정치적 덕성을 강조한다. 따라서 공화주의는 정치적 공동체를 구성하고 운영하는 국가의 역할을 강조할 수밖에 없다. 이러한 공화주의적 시각에서 국가는 공동체 성원인 시민의 자유를 위해 적절한 정책을 취할 필요가 있으며, 시민들 또한 공동체의 성원으로서 적절한 규범을 준수하면서 자신이 추구하는 삶을 사는 것이 바람직하다. 민주주의와 공화주의에 따른 국정운영은 경제발전을 위해 개인의 희생을 강요하는 권위주의적인 발전국가 체제나 공동체는 고려하지 않고 지나치게 개인주의를 강조하여 사회적 불평등과 갈등을 초래한 신자유주의적 패러다임에 대해 새로운 대안이 될 수 있다고 본다. 한편 공동체의 성원 간의 협력과 공동의 노력을 강조한다는 점에서 민주적 공화주의는 협력적 거버넌스와 유사하지만 정치공동체의 핵심적 제도로서 국가의 역할을 강조하고 그에 따른 관료제의 책임성을 중시한다는 점에서 공화주의의 차별성은 뚜렷하다.

　　그렇다면 국정운영 패러다임으로서 민주적 공화주의는 어떠한 내용을 포함하고 있는가? 이에 대해서는 앞으로 더 많은 연구와 논의가 필요할 것이지만 본 연구에서는 다음과 같은 시각에서 새로운 국정운영 패러다임의 방향을 제시하고자 한다. 첫째, 국정운영에서 권위주의를 탈피하기 위해서는 국정운영 패러다임을 입헌적 민주주의 원칙에 따라 운영해야 한다. 민주적으로 선출된 정부라고 해도 그 권한을 권위주의적으로 행사하는 것을 지양해야 한다. 특히 대통령은 헌법에 명시되어 있는 민주주의 원리와 규범을 충실히 준수하며 국정을 운영하여야 한다. 정부를 구성하는 각 부처들을 헌법에 명시되어 있는 통치의 원칙과 정부의 역할과 의무에 충실하도록 구성하고 헌법적 가치를 추구하도록 정부조직을 만드는 일이 매우 중요하다. 또한 대통령이 국정을 관리함에 있어서도 국무총리의 행정통할을 위한 권한을 존중하고, 각 부처의 장관들도 그들의 권한을 행사하도록 자율성을 부여해야 한다. 정부가 교체되면 수많은 정부 및 국영기업의 책임자들 또한 교체되는데, 이들을 임명하는 절차가 법적으로 엄연히 존재하지만 대부분 실제 임명은 대통령이나 정부의 실세가 해온 관행도 시정되어야 한다. 이러한 관점에서 본 서의 공저자인 이창길이 헌법의 원리에 따른 정부조직 개편방향을 모색하는 것은 매우 의미있는 시도이다.

둘째, 국가 관료제를 운영함에 있어서 민주주의와 공무원의 정치적 중립을 확고히 하는 것이 필요하다. 민주주의에서 정권이 교체되면 정부가 추진하는 국정목표를 위해 관료들은 정책을 수립하고 추진해야 한다. 그렇지만 관료들의 책임성은 '정권을 획득한 정치세력과 정치인들은 국정이념을 민주적·헌법적 가치의 테두리 안에서 추구한다'는 전제를 필요로 한다. 우리 헌법 제 7조 1항에 명시된 "공무원은 국민전체에 대한 봉사자이며, 국민에 대하여 책임을 진다"는 조항은 바로 이러한 공화주의에서 관료제의 성격을 명시하고 있는 것이다. 정책을 추진하는 관료들도 부처의 이해에 매몰되는 관료정치에 집착하지 않고 국민전체에 봉사한다는 입장에서 업무를 수행해야 한다. 그러나 민주화 이후 반복된 정권교체 과정에서 관료제의 정치화가 훼손되어 온 것이 사실이며, 이와 같은 문제를 극복하고 정치적 중립성과 책임성을 확보하는 것이 매우 시급하다.

셋째, 여기서 보다 강조하고자 하는 것은 공동체 성원 간의 조화와 타협을 강조하는 공화주의 국정운영을 통해 사회통합을 이루어야 한다는 점이다. 한국 사회의 급속한 경제성장과 구조조정, 그 과정에서 국가의 자의적인 선택이 승자와 패자를 결정하면서 공정성과 정당성 그리고 협력과 공생의 사회적 규범이 심각하게 흔들리고 있다. 이러한 생존만능주의, 물질주의는 결국 시민들에게 공동체의 성원으로서 살아가는 도덕 감성보다는 어떻게 하든 원하는 것만 얻으면 된다는 결과주의를 불어넣었고 이로 인해 거의 모든 정책 쟁점에 대해 양보와 타협이 없는 첨예한 대립이 발생하고 있다. 이러한 대립의 와중에서 후기 산업사회가 요구하는 성숙한 민주주의 사회를 이루기는 매우 어려울 수밖에 없기 때문이다.

그렇다면 사회통합을 이루기 위한 민주적 공화주의 국정운영 패러다임에 따라 대두되는 정책적 과제는 무엇인가? 첫째, 시민 한 사람, 한 사람을 주권자로서 존중하여야 한다. 따라서 국가는 시민 개개인이 빈곤이나 그 밖의 사회적 곤란으로 인해 타인에게 예속되는 것과 마찬가지로 불안한 삶을 사는 일이 발생하지 않도록 해야 한다. 이러한 기본적 조건이 충족될 때 주권자로서 개인은 공동체의 삶 속에서 필요한 사회적 덕성(arte)을 갖추어 나갈 수 있을 것이기 때문이다. 이러한 관점에서 보편적 복지국가의 추구를 위한 국가의 역할을 강조할 수 있다. 이와 함께 정부에서 공적업무를 담당하는 공직자들도 수신을 통해 공적 덕성을 함양해야 한다. 이렇게 볼 때 그 동안 행정학을 비롯한 사회과학에서 합리적 개인으로서 인간을 환원하고 오직 자신의 이익만을 추구한다는 관점에서 관료의 행태를 이해하는 이론적 가정에도 많은 반성이 필요하다. 관료들이 어떻게 하면 공적 덕성을 함양할 수 있는지에 대한 논의로서 수신론을 강조하는 본 서의 배수호의 연구는 이런 맥락에서 그 의미를 찾을 수 있다. 둘째, 다양한 가치와 취향을 가진 사회의 다양성을 인정하여야 한다. 이러한 다양성 속에서 질서를 유지하고 조화를 찾기 위해 국가는 필요한 법과 규칙을 준수해야 하며, 법체계의 최상위에 존재하는 헌법적 가치를 존중해야 한다. 셋째, 경제적 발전에 대한 국가주도 혹은 시장 중심의 이분적인 패러다임을 극복하는 새로운 접근이 필요하며, 국가는 승자와 패자를 결정하는 역할이 아니라 공정한 시장의 규칙을 관철시키는 역할을 수행해야 한다. 대기업, 중소기업, 자영업 등 다양한 경제주체들이 공화주의적 패러다임 속에서 공존하도록 노력하는 것이 필요하다는 것이다.

민주적 공화주의에 따른 국정운영 패러다임을 적용하게 되면 지금까지 경험한 발전주의와 신자유주의적 국정운영 패러다임에 비해 경제적 측면에서도 더 효율적이고 더 높은 성장을 도모할 수 있을 것이다. 특히 한국의 경제수준과 구조가 국가주도적 정책으로 성장을 도모하기보다는 개인과 기업의 창의성과 기업가 정신에 따르는 것이 더욱 효과적이라는 점은 분명하다. 또한 오로지 시장에서 경쟁을 통해 승자와 패자를 가리는 신자유주의적 정책으로는 끊임없는 사회갈등을 유발하게 되어 결국 경제적으로 효과적이지 못할 것이기 때문에, 공정한 규칙과 함께 사회적 약자와 시장에서 경쟁에 뒤처진 시민들에게 재기의 기회를 주는 민주적 공화주의 국정운영이 경제적으로도 효율적일 것이라고 판단된다.

CHAPTER **2**

정권교체와 관료제의 정치적 중립

한 승 주

1 문제 제기

정부는 공직자의 정파적 선호가 공무(公務)에 영향을 미쳐 정치적 불공정을 일으키지 않아야 할 정치적 중립(neutrality)의 책임을 진다. 선출된 정치권력에 대한 정부 관료제의 정치적 중립은 민주적 공화주의의 핵심 요소이자 정부 성공의 필수 조건이 된다. 주기적으로 교체되는 정부의 국정운영은 현실적으로 상당한 정치사회적 갈등과 혼란, 혼선을 발생시킬 수 있기에 헌법가치의 유지와 정책적 일관성, 정치적 공정성을 확보하기 위해서는 정부 관료제의 정치적 중립이 중요하다.

행정부 내부에서 본다면 정부 관료제의 중립 책임은 정치관료(선출직 및 정무직)에 대한 직업관료(경력직)의 중립 의무이다. 직업관료에게 정치관료의 지시를 수행할 책임과 지시의 공정성을 판단할 책임이 동시에 부여된 것이다(박천오, 2011b: 28−31; 윤견수·한승주, 2012: 239−241; Cooper, 1990/2013: 125−133; Thompson, 1985: 555).

대통령의 강한 권력과 의회정치의 늦은 발전이라는 한국 정치 상황은 직업관료에게 조직 상부의 지시를 정치적으로 공정한 것인지 판단하여 중립을 견지할 책임보다는 지시를 충실히 집행하고 효과적으로 성취할 책임을 더 강조해왔다. 무엇보다 권위주의 정치체계의 오랜 집권이 이어지면서 직업관료는 이념적·정파적 혼란을 경험할 가능성이 적었다. 집권 정부의 정책적 요구가 이념적으로 편향되었더라도 국가발전의 이데올로기화(경제성장, 국가안보 등)로 파당성을 인식하기 어려웠을 것이고,

보수 여당의 기반(지역 등)과 유사한 고위직 관료를 임명하여 정권과 직업관료의 이해관계가 일체화 되었으며, 정치권력의 교체 없는 장기집권으로 정치변동에 따른 지시의 정파적 공정성을 판단해야 할 기회나 필요가 거의 없었던 것이다(박종민·윤견수, 2015: 37-40; 최장집, 2010). 하지만 1987년 민주화 이후 선거를 통한 주기적 정권교체 —7개의 정부, 3번의 여야 간 정권교체— 가 발생하면서 정부 관료제는 본격적으로 변화하는 정치적 환경 속에 놓였다. 다양한 정치사회적 요구에 직면한 가운데, 집권당과 관료기구의 동질성이 깨지면서 주기적으로 교체되는 조직적 주인(정치관료)과 신분이 보장되는 대리인(직업관료) 사이의 관계가 재설정되어야 했다.

지난 30여 년간 정치권력은 행정개혁을 무력화 시키는 관료제 권력을 비판하며 개혁의 대상이라고 목소리를 높이고 관료제에 대한 정치적 통제를 강화해왔다(강원택, 2014: 69-72: 박천오·주재현, 2007: 228-229; 양재진, 2003a; 이종수, 2009: 31; 주재현, 2009). 그에 비하여 직업관료가 정치적 중립자로서의 책임과 역할을 수행하기 위한 제도 구축은 크게 미비했던 것으로 보인다. 최근 문화체육관광부의 '블랙리스트' 사태를 보면[1] 관료제가 대통령과 정치권력의 파당적 요구를 저항 없이 수용하는 문제가 대두되면서 정치도구화된 것이라는 우려가 높다.[2] 직업관료가 부당하다고 판단되는 지시에도 인사상의 불이익을 피하거나 인사상의 기회를 잡기 위하여 침묵하며 부응하고 있다는 것이다. 공직자가 정치적 공정성을 판단하고 구현하기 위한 적극적 행동을 수행하지 못한다면 공직자의 정치적 중립 책임은 왜곡되었다고 의심될 수밖에 없다.

이렇게 정권교체를 거듭하면서 정부 관료제가 바람직한 중립의 책임을 다하지 못하여 불공정한 국정 운영이 발생되었다면 그 과정을 분석할 필요가 있을 것이다. 따라서 본 장은 정권교체와 정부 관료제의 관계를 정치적 중립성의 측면에서 고찰하는 것을 목적으로 한다. 그간 발생한 정권교체는 정부 관료제에 어떤 영향을 미쳤는가? 정권교체로 인해 정치관료와 직업관료 사이에 어떤 갈등이 발생했는가? 그러

---

1) 박근혜 정권 동안 문화체육관광부 내 건전콘텐츠티에프(TF)에서 정부 정책에 반대하거나 야당인사를 지지하는 문화예술인 명단을 작성하여 정부 보조금 지원 대상에서 배제한 사건.

2) "(블랙리스트를 주도한 고위직들은 실무진에게) '생각하지 마라, 판단은 내가 할 테니, 너희는 시키는 대로만 하라'는 식의 이야기를 공공연하게 했다...(양심에 반하는데도) 그런 지시에 따른 실무자들이 모든 책임을 져야 한다면 너무나 가혹한 일이다... 더 이상 공무원이 소신과 양심을 어겨가며 영혼 없는 공무원이 될 수밖에 없는 상황이 되지 않도록, 공무원의 정치 중립을 지킬 수 있도록 제도를 개선해야 한다." (유진룡 전 문체부장관. 연합뉴스, 2017.1.23.)

한 정치적 갈등에 관료제는 어떻게 대응하였는가? 그러한 관료제의 대응이 정치적 중립성 차원에서 어떤 결과를 낳았는가? 이런 식의 정권교체가 계속 된다면 직업관료의 정치적 중립은 어떻게 될 것인가?

이를 위해 관료제의 정치적 중립 책임에 관한 이론적 논의를 살펴본 후, 정권교체와 관련된 관료제의 갈등을 다룬 20여 년간의 언론보도를 자료로 하여 갈등의 내용과 관료제의 대응 양태를 질적 분석하고, 그 결과를 정치적 중립측면에서 고찰하였다.

2 관료제의 정치적 중립 책임

1) 정치주체로서 관료제의 정치적 중립성

(1) 배태된 정치성의 두 측면

근대 정부의 행정은 정당정치로부터 분리된 영역에서 이뤄지는 것으로, 그러한 행정은 안정적이고 전문적인 공공서비스를 제공할 것으로 기대된다. 그러므로 직업관료로 구성되는 정부 관료제의 정치적 중립(political neutrality)은 당연하고도 절대적인 규범으로 전제된다. 그러나 관료제의 정치적 '중립'이 곧 관료제의 비(非)정치성, '정치 없음'을 의미하지 않는다(Caiden, 1996: 20−21; Overeem, 2005: 313−315; Svara, 2001, 2006: 954−956). 관료제는 원리 상 정치적 속성이 강하게 배태될 수밖에 없고 오히려 일정한 정치성이 필요하기에, 정치적 중립은 관료제로부터 정치성을 제거하는 것이 아닌 정치성 사이의 균형을 의미하는 중립일 것이다.

관료제 정치성의 원천은 행정수단을 점유하고 공적 자원을 배분하는 권한의 독점과 반복된 업무처리를 통해 구체화된 지식과 기술을 점유한 관료제의 역할과 지위이다(Weber, 1947). 이러한 관료제의 원리로 인해 권력성과 도구성이 배태된 것인데, 두 속성은 배타적으로 구분하기 곤란한 유사성·순환성이 있으나, 발현의 양태와 처방이 다르므로 구별할 필요가 있다.

권력성은 직업관료가 국민을 대상으로 공적 권위를 행사하는 지위로부터 나온다. 관료제 권력은 정책 환경, 대중의 지지, 전문지식, 응집력, 리더십 등 여러 요소로부터 기인할 수 있다(Meier, 1993). 공권력의 행사자인 직업관료는 특정 직무에 오래 근속하면서 확보된 우월한 정보력과 처리기술에 근거해 스스로 판단하고 행위할 수 있는 역량과 영역을 가진다. 이러한 재량의 많고 적음이나 재량행사의 옳고 그름에 관한 논쟁은 있을 수 있으나, 관료가 개인의 독립적 판단과 결정권을 행사할 수 있다는 것 자체를 부정할 수는 없다(Thompson, 1985: 556; 오재록, 2008; 오재록·전영한, 2012). 직업관료가 가진 권력성이 과소하다면, —재량 권한이 부족하다면— 침묵하고, 동조하고, 형식주의적인 행태를 보일 수 있고, 과잉되었다면 관료제가 독자적 권력체가 되어 정치적 통제의 밖에서 사적 이익을 추구할 수 있다.

반면 도구성은 대의제 민주주의 체계에서 관료제가 부여받은 기본적 역할로부터 나온다. 직업관료는 국민이 선출한 정치적 대표의 지휘에 따라 정책결정을 지원하고 집행할 역할을 맡고 있다(Wilson, 1887). 관료제가 선출된 정치권력의 도구라는 속성은 정치성의 한 측면으로 파악할 수 있다. 정치의 도구는 '도구'이므로 정치성을 가지지 않는다고 여겨질 수 있으나, 정치권력의 도구라는 역할의 성실한 수행을 위해 발휘하는 적극성은 결과적으로 정치적 활동이 될 수밖에 없다. 직업관료의 도구성이 과소하다면 정치권력을 따르지 않으므로 관료제 존재의 이유를 부정하는 셈이고, 과잉되었다면 정치권력의 요구를 맹목적으로 따르며 특정한 정치세력의 정파적 집행기계가 될 수 있다.

권력성과 도구성이라는 정부 관료제의 정치적 속성은 제거할 수 있는 것이 아니라 관료제의 본질이다. 관료제는 탈정치의 전문영역이어야 한다는 기대에 부응하고자 배태된 정치성을 무시하거나 없앨 수 없고, 바람직하지도 않다. 관료제는 정치성을 가진 주체이므로 그 정치성이 과잉 혹은 과소되지 않는 적절한 균형을 추구해야 할 책임이 있는 것이다.

(2) 정치성 과잉의 통제: 정치적 중립 책임

관료제는 배태된 정치성으로 인하여 정치성의 균형을 추구해야 할 책임, 정치적 균형의 책임을 부여받는다. 이상적인 균형점에서 벗어난, 관료제 권력성의 과잉과 과소, 관료제 도구성의 과잉과 과소로 인해 나타나는 문제는 곧 관료제의 각종 병리현상일 것이다.3) 정치성의 균형 추구는 관료제 전반에 걸친 상당히 넓은 범위

---

3) 도구성이 과소하고 권력성이 강한 불균형 상태에서는 관료제의 정치세력화가 가능하여 부처 이기주의, 사익추구, 자기도취, 책임정치의 저해 등이 나타날 수 있다. 도구성과 권력성이 모두 과잉된 상태는 정치권력의 도구로서 맹종하는 것이

의 책임 논의이지만, 관료제의 '정치적 중립'에 관한 이론과 제도는 주로 관료제의 정치성 '과잉'을 통제하려는 의무로 전개되어 왔다.

　　정치성의 균형을 추구할 책임의 이론적 근거로는, 관료의 직업전문가적 행위의 무와 정치적 대응의무가 제시되었다. 직업전문가주의(professionalism)는 관료의 도구 성 과잉을 통제하는 근거로, 정치적 대응의무(political responsiveness)는 관료의 권력 성 과잉을 통제하는 근거로 전개되었고, 직업관료는 정치권력의 요구를 충실히 집행 하며 정치적 통제 아래 있어야 하면서도 그 정치적 공정성을 판단하여야 할 의무를 부여받은 것이다(Aberbach & Rockman, 1994: 461-463; Kernaghan, 1986: 640-642).

　　오랫동안 많은 관료제 이론가들은(Downs, 1967; Mosca, 1939; Niskanen, 1971) 관 료제의 권력성에 주목하고 과잉 권력화된 관료제가 국민과 국민이 뽑은 정치관료의 정치적 통제 밖에서, 개혁을 거부하며 스스로의 이익을 추구할 것을 경계해왔다. 관 료제의 응집력과 전문성 등으로 인해 필연적으로 과잉된 관료정치 상황으로 —선출 직 포획과 기만 행태 등 — 흐르게 될 것이라는 우려가 이어져온 것이다. 이 관점에 서는 관료제가 국민이 선출한 정치관료를 향한 정치적 대응성을 높이는 것이 정치 적 중립 확보의 방안이 된다.

　　한편, 직업관료가 정치권력과의 관계에서 과잉 복종과 순응으로 불합리하거나 불공정한 지시를 무비판적으로 수용하는 과잉 도구화 문제도 심각하게 우려되었다 (Arendt, 1963/2006; Cooper, 1990/2013; Young, 2011/2013). 직업관료의 인사권을 가진 선출직 및 정무직의 비합리적 지시를 기계적으로 구현하는 문제, 선출직에 의한 과 도한 엽관적 인사 운영과 조직 장악으로 관료제의 능동성을 해치는 문제가 대두된 것이다. 선출직이 국민으로부터 위임된 정치적 정당성을 명분으로 과도하게 파당적 인 국정운영을 전개할 때, 이를 견제하기 위해 직업관료에게 전문가적 윤리와 시민 적 의무가 요구되며 이것은 관료제의 정치적 중립을 확보하는 방안이 된다.

　　이러한 두 측면을 종합할 때, 정치적 중립 의무는 스스로 정치세력화되지 않으

곧 관료제의 사익추구로 이어지는 정치행정의 단일권력화, 민주적 통제가 어려운 거대 권력으로 등장할 수 있다. 도구성과 권력성이 과소한 상태는 관료제가 정치권력에 의해 효과적으로 통제되지 않으면서도 적극적인 권력을 행사하지도 못하여 형식주의, 무사안일, 태만 등이 나타날 수 있다. 도구성이 과잉되었고 권력성이 과소한 불균형 상태에서는 정치권력에 맹목적으로 복종하며 무비판적 순응, 가치판단의 배제, 조직침묵 등의 문제가 발생가능하다. 다시 말해, 오랫동안 비판받았던 관료제의 병리 현상은 관료제의 불균형한 정치성에서 나타나는 문제로 설명될 수 있다.

면서 정치적 지시의 공정성을 판단하고 발언해야 할 의무가 된다. 정치적 중립은 관료제가 권력적 기반을 활용하여 정치세력화(권력화)되려는 '적극적 정치화'를 통제하는 것이며, 동시에 정치도구로서의 역할만을 강조하려는 '소극적 정치화'를 통제하는 것이다. 특정 정권, 정당, 정파, 정치이념 등에 편듦 없이 공평한 행정권을 수행함으로써 안정적이고 전문적인 행정을 제공할 수 있다는 이상적인 기대를 실현해야 할 의무인 것이다.

2) 제도화된 정치적 중립 의무

정치적 공정성을 판단하고 발언하면서도 스스로 정치화되어서는 안된다는 이중적 요구는 어떻게 제도화되었는가? 정부는 정책의 일관성을 확보, 관료의 부적절한 정치적 이익을 방지하기 위해, 관료의 고용을 보장(job security)하고 관료의 정치화를 막기 위한 각종 규제를 제도화하고 있다. 앞서 살펴본 관료제 정치성의 두 측면을 고려할 때, 정치적 중립을 위한 제도적 조치 역시, 적극적 정치화의 통제 —과잉된 행정권력화 통제— 와 소극적 정치화의 통제 —과잉된 정치도구화 통제— 라는 두 측면에서 이뤄질 수 있다.

한국 정부 관료제에서 관료제의 적극적 정치화를 통제하는 대표적인 제도는 직업관료의 정당 활동, 선거 개입, 집단행동 등의 금지이다. 이러한 적극적 정치활동을 제한하는 것이 현재 정치적 중립 제도의 핵심을 이루고 있다. 헌법 제7조2항의 '공무원의 신분과 정치적 중립성은 법률이 정하는 바에 의하여 보장된다'는 규정 아래 국가공무원법 제65조와 지방공무원법 제57조에 따라 '공무원은 정당이나 그 밖의 정치단체의 결성에 관여하거나 이에 가입할 수 없고, 선거에서 특정 정당 또는 특정인을 지지 또는 반대하기 위한 행위를 하여서는 안된다'고 규정되었다. 또한 국가공무원법 제66조와 지방공무원법 제58조는 '공무원은 노동운동이나 그 밖에 공무 외의 일을 위한 집단 행위를 해서는 안 된다(사실상 노무에 종사하는 공무원 예외)'고 규정하였고, 공무원의 노동조합 설립 및 운영 등에 대한 법 제4조는 '노동조합과 그 조합원은 정치활동을 금지' 하며, 공직선거법 제9조는 '공무원 기타 정치적 중립을 지켜야 하는 자는 선거에 대한 부당한 영향력의 행사 기타 선거결과에 영향을 미치는 행위를 하여서는 안 된다'고 규정하고 있다. 이러한 규정들은 직업관료가 정치세력이 되거나 적극적인 정치활동을 할 것에 대한 두려움에 근거하여 적극적 정치화를 통제하는 제도들이다.

반면, 관료제의 소극적 정치화를 통제하기 위한 제도는 직업관료의 정치적 권리의 보호, 부당한 지시에 대한 저항 의무 등으로 볼 수 있다. 헌법 제7조 1항의 '공무원은 국민 전체에 대한 봉사자이며 국민에 대하여 책임을 진다'는 규정이 공무원의 직업전문가적 의무의 근거 조항으로, 국가공무원법 제59조에서 '공무원은 국민전체의 봉사자로서 친절하고 공정하게 직무를 수행하여야 한다'고 언급되고 있다. 또한 부당한 지시에 대한 저항 의무는 공무원 행동강령 제4조에서 '공무원은 상급자가 자기 또는 타인의 부당한 이익을 위해 공정한 직무수행을 해치는 지시를 하였을 때에는 당해 상급자에게 사유를 소명하고 지시에 따르지 않을 것'을 밝히고 있다. 대법원 판례(대판99도636, 1999.4.23.; 대판87도2358, 1988.2.23.)도 공정한 직무수행을 현저히 해치는 부당한 지시에 대해 복종의 의무가 없다고 밝히고 있다. 그러나 직업관료의 정치도구화를 막기 위한 이러한 의무는 정치적 중립의 의무로 명시적으로 표현되지 않고 공무원의 윤리 및 책임으로 표현되어 왔으며, 상대적으로 추상적·선언적으로 규정됨으로써 규정의 해석을 통해서 의무가 도출되어 왔다.

이에 따라 직업관료의 소극적 정치화를 통제하기 위한 권리의 보호나 부당한 지시에 대한 거부권이 충분히 제도화되었다고 보기 어렵다. 지시의 복종 의무(국가공무원법 제57조)나 법령의 준수 의무(국가공무원법 제56조)가 법령 상 강조된 것에 비하여(김정인, 2017: 8), 불복할 의무에 대한 명확한 법적 규정이 존재하지 않아서 정치적 외압으로부터 관료의 보호나 복종 거부로 인한 불이익으로부터의 보호 조항은 선언적 수준으로 보인다. 한 예로, 공무원 복무규정 제3조 2항은 '공무원은 집단·연명으로 또는 단체의 명의를 사용하여 국가의 정책을 반대하거나 국가정책의 수립·집행을 방해해서는 아니된다'로 규정하고 있어서 정파적 공정성을 판단할 직업관료의 역할을 매우 제한하고 있는 반면, 정치적으로 불공정·부당한 명령에 대한 불복종의 의무는 행정규칙과 판례를 통해서 해석될 뿐 법률 조문으로 명시화되어 있지 않다. 여러 선행연구들도 현재 법률 상 표현된 정치적 중립은 공무원의 정치활동 제한의 근거 규정으로 활용될 뿐 정치적 권리를 보호하는 근거 규정으로 적용되지 못한다는 한계를 지적하고 있다(윤견수·한승주, 2012: 241; 임재홍, 2006: 241; 정영태, 2010: 72-74).

현재 제도화된 정치적 중립 의무는 직업관료의 적극적 정치화를 통제하는 것에 초점을 둠으로써 직업관료의 정치활동, 정치참여 등 정치적 권리를 공익을 위해 제한하는 개념으로 축소되었고, 직업관료의 소극적 정치화를 통제하는, ―정치적 공정성을 적극적으로 판단해야 할― 의무를 직접적으로 규정하거나 규정의 실효성을 확보하는 데에는 제도화 수준이 매우 약한 상황으로 판단된다.

정치적 중립의 의무가 불균형하게 제도화됨으로써 우려되는 점은 정치적 중립의 의무가 불균형한 제도에 맞춰 축소·왜곡 인식될 수 있다는 점이다. 관료제의 권력화를 제한하는 조치들에 비하여 관료제의 정치도구화를 제한하는 조치가 미흡한 상황에서 직업관료는 정당활동이나 선거개입, 집단행동 등을 하지 않았다면 정치적 중립 의무를 충분히 수행하고 있는 것으로 인식하기 쉽다. 사유 없는 맹종을 정치적 중립을 훼손하는 행위로 인식하지 못함으로써 정치적으로 불공정한 지시 수행임에도, 자신은 중립 의무를 어기지 않았다는 자기합리화가 가능할 수 있다(한승주, 2016: 128-129). 정치적 중립 의무는 적극적 정치화를 통제하는 동시에 소극적 정치화도 통제하는 양 축으로 구성되었으므로, 정치적 중립 의무를 직접 규정하는 제도 역시 이를 명시화 하여야 정치적 중립에 대한 왜곡된 인식을 막을 수 있을 것이다.

표 2-3 제도화된 정치적 중립 의무

구분	내용	규정
적극적 정치화 통제	• [정치적 중립 의무로서 직접적 명시 규정] – 정당활동, 선거개입, 집단행동 금지	헌법 제7조2항, 국가공무원법 제65, 6조, 지방공무원법 제57, 8조, 공무원노동조합설립및운영법 제4조, 공직선거법 제9조
	• [정치적 중립 의무와 관련 규정] – 복종의 의무, 국가정책 반대 및 집행 방해 금지	국가공무원법 제57조, 국가공무원복무규정 제3조2항
소극적 정치화 통제	• [정치적 중립 의무와 관련 규정] – 국민 전체에 대한 봉사의무, 공정한 직무수행 의무 – 부당한 지시에 대한 저항의무	헌법 제7조1항, 공무원행동강령 제4조, 대법원판례

출처: 저자 작성.

3) 직업관료의 정치적 중립 행태

(1) 정치적 중립의 딜레마와 관료의 대응

관료제가 정치로부터 독립적인 동시에 종속적이어야 하는 의무는 이중 구속의 딜레마로 표현되기도 하였다(박천오, 2011b; Etzioni-Halevy, 1983/1990: 126). 정치적 중립 의무의 두 측면으로 인한 '정치적이면서도 비정치적이어야 한다'는 모순적인 규범, 다시 말해 정치적 대응 의무와 전문가적 행위 의무 사이에서 균형 있는 태도를 취할 책임은 개별 관료에게 갈등을 부여할 수 있다. 관료의 갈등은 '정치권력의 지시가 정파적으로 불공정하다고 판단될 때 직업관료는 어떻게 대응해야 하는가?'에 직면할 때 증폭된다.4) 행정부 내부의 상하관계에서 정치적으로 편향된 것으로 판단되는 지시에 직면할 때, 직업관료는 복종(충성)할 것인가, 거부(항의)할 것인가?

Thompson(1985: 557-559)은 정치적 지시에 불만을 가진 관료는 중립의 윤리 (ethic of neutrality)에 따라 복종과 사임(obey or resign) 중 하나의 선택을 해야 하지만, 현실의 관료는 지시에 대한 불만을 사임으로 표출하긴 힘들다고 지적한다. 그리고 사임을 대신하는 관료의 불만표출 방식을 네 가지로 구분하였다. 첫째, 조직 안에서 해당 정책을 집행하는 가운데 업무의 변경을 요구하는 것으로, 반대하는 정책에 적극적으로 참여하지 않지만 조직 절차에 따르는 범주에서 반대를 표명하는 것이다. 그러나 관료 개인은 조직에 길들여지기 마련이라서 결국 의도와 달리, 반대하는 정책의 수행을 돕는 결과로 흐를 수 있다. 둘째, 자신의 반대를 조직 외부로 표출하는 방식으로, 정책에 대한 반대 서명에 참여하거나 반대 성명을 발표하는 양태이다. 이런 대응은 그 사안의 정당성이 매우 중요하여 조직 외부에 호소했을 때 널리 수용될 수 있는지에 따라서 선택해야 한다. 직업관료가 민주적으로 선출된 공직자를 반대하려면 관료들의 편협한 의견이나 이익을 주장하는 것이 아니라는 확신을 대중에게 주어야 정당성이 확보될 수 있다. 셋째는, 조직 내부에서 지시 수행을 방해하는 방식인데, 정책수행에 필요한 업무나 지식을 넘겨주지 않으면서 정책에 반대하는 외부자에게 정보를 넘겨주는 양태이다. 하지만 이러한 대응은 단기적으로 가능할지

---

4) 정치적 중립은 정치와 행정의 관계에 관한 문제이므로 문제의 발현이 조직 차원에서는 국회-행정부, 정당-행정부, 개인 차원에서는 대통령-장관, 대통령-관료, 장관-관료, 장관-의원, 의원-관료 등 다양할 수 있다(이송호, 2016: 130). 그러나 본 연구에서는 행정부 내부에서 대통령 및 장·차관 등 정치관료와 직업관료의 관계에 초점을 맞춘다.

모르나 조직은 곧 담당자 교체를 통해 대처할 것이므로 지속적으로 큰 영향을 주기 어렵다고 평한다. 넷째, 은밀한 방해 전략으로, 허가받지 않은 폭로 및 비공개된 내부 고발이 그 대표적인 예이다. 다른 기관, 언론, 대중 등에게 문제라고 판단하는 사안에 관한 정보를 유출하는 것이다. 이밖에도 사임으로 대응하기 어려운 현실에서 불만을 표현하는 양태는 조직 내외에서 다양할 수 있을 것이다.

또한 Golden(1992)은 주요 관료제 연구들이 직업관료를 자신의 정치적 상사에게 저항할 수 있는 존재로 가정해 왔지만 현실은 협조적인 행태를 보인다며 '복종과 거부'라는 대응만으로는 현실을 충분히 설명하기 어렵다고 보았다. 레이건 행정부 시절, 두 연방기관이 레이건 정부의 통제(presidential control)에 대해서 보인 대응을 이탈(exit), 저항(voice), 충성(loyalty), 태만(neglect)으로 구분해서 두 기관의 대응 차이를 밝혔으나, 공통적으로 두 기관 모두 대통령의 관료제 통제 시도에 대해서 논쟁·집단행동·폭로와 태업 등의 저항(voice)적 대응은 활발하지 않았으며 정책결정 전 단계에서 논쟁하는 정도에 그쳤다.

반면, Bolton, Figueiredo & Lewis(2017)의 최근 연구는 1988년부터 2011년까지 연방정부의 공무원들이 정치적 지향이 다른 정부가 집권했을 때 사임을 선택하는 정도를 분석한 결과, 정무직 공무원뿐 아니라 경력직 공무원의 경우도 정부교체 첫 해에 평균 이직률이 증가하였다고 밝혔다. 특히 이직률의 부처별 차이가 발견되었는데 공화당 정부가 집권했을 때 진보적 성격을 띠는 업무를 다루는 부처(복지, 환경 등)의 공무원 이직률이 보수적 업무를 다루는 부처(국방, 치안 등)에 비해 더 높았다. 이 결과는 정치적 지향이 다를 때 직업관료가 사임을 선택할 가능성이 크다는 발견이었지만(Weisband & Franck, 1975), 개방형 인사관리 체계인 미국 정부에서 나타난 것이므로 폐쇄형 인사관리 체계가 기반인 한국 정부와는 다를 가능성이 높다.

정치적으로 부적절하다고 여겨지는 지시에 직업관료가 공직자로서의 다양한 책임에 따라 저항할 의도가 있는가를 살펴본 국내의 몇몇 연구들은, 관료가 지시의 공정성 판단에 따른 딜레마를 인식하는 수준이 낮고, 일부는 저항의 의도가 높게 나타나기도 했지만 대체로 이탈보다는 복종 혹은 조직 내부에서의 소극적 저항 양태를 선택함을 확인하고 있다(주재현·한승주, 2015; 주재현·한승주·임지혜, 2017).

이러한 결과에 따르면 전문직업적 의무와 정치적 대응 의무의 길항 작용을 통해서 찾아야 하는 정치적 중립은 직업관료의 현실 속에서 정치적 대응 의무를 선택하는 것으로 편향되리라고 짐작된다. 앞서 살펴본 대로 현재 제도화된 정치적 중립 의무가 적극적 정치화를 제한하는 것을 부각하고 소극적 정치화를 막는 것은 미흡한 상황임을 함께 고려한다면, 직업관료가 자신에게 내려온 지시의 정파적 공정성을 적극적으로 판단하고 저항하기 어려울 것으로 짐작된다. 하지만 관료제의 대응이 외부에서 파악하기 쉽지 않고 복종의 양태를 보이면서도 사익 추구를 은밀히 행할 가능성도 있으므로 쉽게 판단할 수는 없다.

아래의 [그림 2−3]은 Thompson(1985)을 참고하여 재구성한 것으로, 정치적으로 부적절한 지시에 직면한 관료의 대응 유형이다. 지시를 공정한 것으로 판단한다면 복종하겠지만 그렇지 않다고 판단하면 그 불만은 그럼에도 '복종', 그러므로 '사임'뿐 아니라 내부논쟁 유발, 외부표출, 내부적 방해, 외부 정보유출 등 행태가 가능하며 이러한 행태는 이탈, 저항, 충성, 태만의 분류로 볼 때, 저항과 태만의 방식이 혼재된 것으로 볼 수 있다.

그림 2–3 직업관료의 정치적 중립 대응 유형: 행정부 내 상하관계의 맥락

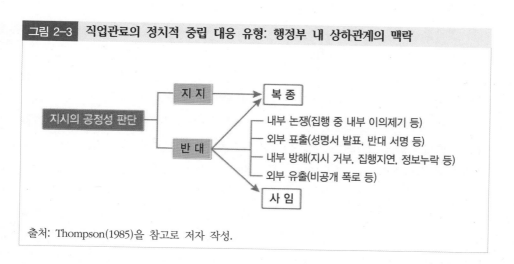

출처: Thompson(1985)을 참고로 저자 작성.

(2) 정권교체와 직업관료의 대응 가능성

그렇다면 정권교체 상황에서 직업관료의 정치적 중립 행태는 어떻게 나타날 것인가? 교체된 집권정부는 관료의 복종과 충성을 요구하며 정치적 압력을 행사한다. 신분·고용 상의 안정을 보장받는 직업관료는 정치관료의 주기적 교체를 겪으면서 그들을 지나가는 '손님', '정치적 철새'로 여기고 자신들을 조직의 주인으로 인식할 수 있기 때문에 정치권력은 집권 초기부터 관료제에 대한 정치적 통제를 위한 여러 방식을 동원한다(박천오·주재현, 2007: 223-225). 정치적 지배세력의 변화에 따라서 기존 정책의 틀이 크게 변화하면서(안병영, 2001: 33-37), 변화된 정책에 대한 재빠른 충성을 확보하기 위한 관료제 통제는 더욱 요구된다. 정권교체에 따른 특정 분야의 정책이 실제로 크게 변화하는가에 관한 이견은 존재하지만(이병량·황설화, 2012), 집권한 정치권력이 요구하는 정책변화에 대한 관료제의 '묻지마 충성'은 당연시 되고 있으며, 관료제가 다른 선호·의견을 가지는 것은 정치적 저항이며 통제해야 할 문제로 인식되는 것이다.

우리의 경우 대표적인 정치적 통제 방식으로 대통령비서실 강화, 조직개편, 충성도 중시인사, 당정협의, 성과관리제도의 강화 등이 활용되어 왔으며(양재진, 2003a), 그 외에도 다양한 공식·비공식적 통제 방식이 활용 가능할 것이나 대체로 조직구조를 개편하고 인사교체의 방식(권경득·이현출, 2001)이 동원된다. 그런 이유로 정치적 이념 차이가 큰 정당 간 잦은 정권교체는 관료제의 정치적 통제를 지속적으로 강화하는 결과를 낳을 수 있다.

정권교체에 수반되는 이러한 압력과 통제는 필연적으로 관료제와의 갈등을 수반한다(안병만, 2001; 안병영, 2001). 이러한 갈등은 정권교체 환경 아래서 발생하는 당연한 과정이므로 그 자체로 심각한 사건이나 문제라고 할 수 없다.[5] 그러나 직업관료가 집권정부와 어떤 측면에서라도 다른 입장을 표명하는 것이 정치적 행위로 인식된다면 갈등이 크게 표출되거나 관료의 이견이 적극적으로 드러나기는 쉽지 않다. 만약 관료의 이견이 기존 정권의 입장과 유사하다면, 기존의 정권에 편향되어(기존 정치이념에 지나치게 충성하여) 새 정권에 대응하지 않는 것으로, 다시 말해 정치화된 관료제로 비판을 받을 것이다. 관료의 정치적 중립 의무는 지시의 정치적 공정성을 판단하면서도 지시의 복종 의무를 다해야 하는 이중적 의무이지만, 이중 의무에 직면한 직업관료에게는 '복종'이 합리적 선택이 되어 행정부 내부 상하관계에서 정치적 중립은 과잉된 정치도구화, 소극적 정치화의 방향으로 흐를 가능성이 크다.

---

5) 민주화 이후, 관료제의 무사안일, 복지부동 등을 지적하고 개혁에 대한 저항에 초점을 맞추며 관료의 정치적 순응을 어떻게 확보할 것인가를 주로 연구해왔기에 관료제에 대한 정치적 통제에 관한 연구는 여러 편이 산출되었다(박천오·주재현, 2007; 양재진, 2003a; 이송호, 2016; 이종수, 2009; 주재현, 2009). 하지만 관료제의 무력한 복종, 사유 없는 충성의 문제를 우려하며, 관료의 전문가적 윤리에 따른 행위자로서의 가능성을 주목하고 적극적인 발언을 요청하는 연구는 미흡하며 비교적 최근의 일이다(김병섭·김정인, 2014; 박천오, 2016; 임의영, 2014).

직업관료의 선택을 고위직과 중하위직으로 나누어 추론해본다면, 고위직 직업관료는 정책결정권한이 크고 정무적 판단을 주로 요구받기 때문에 정치관료와 밀접한 관계를 형성한다. 고위직 직업관료는 집권정부의 정치적 이해관계에 기여하는 방식을 받아들이라는 외압의 가장 전면에 서 있으며, 자신의 업무평가와 인사조치 권한을 가진 정치관료의 지시를 거부하기 쉽지 않다. 특히, 이들은 자신의 남은 임기를 고려할 때, 집권정부의 임기 내에서 승진 기회를 잡지 않으면 —다음 정부의 정권 교체가 불확실하므로— 더 이상의 승진이 어려울 수 있다. 따라서 집권정부의 의도에 맞춰 복종하는 것이 자신에게 합리적인 선택이 될 것이다. 중하위직 관료의 경우는 상부의 지시에 복종하는 것이 추후 정치적 불공정성 시비에 휘말리더라도 계층적 책임을 다했으므로 책임을 회피할 근거가 있지만, 지시를 거부하는 것은 판단의 공정성을 자신이 증명해야 하는 부담을 지게 되고 당장의 복종 의무 위반에 대한 제재, 불이익을 피할 보호 조치의 미흡으로 인해 개인이 져야 할 부담이 매우 크다. 따라서 개인적 책임을 피하고 조직적 책임 뒤로 숨을 수 있는 복종은 위험기피적인 직업관료들에게 합리적인 선택이 된다(김정인, 2017: 8). 특히 순환보직체계에서 직무전문성이 부족하여 지시의 공정성 판단의 근거나 확신이 부족할 수 있고 외부로부터 지지를 얻을 전문가 집단의 지원도 기대하기 어려운 한국 정부의 현실을 고려하면(한승주, 2017: 26) 현 정권에 이익이 되는 지시에 복종할 가능성이 더 크다.

정권교체로 발생하는 조직개편, 인사교체, 정책급변 등 관료제에 가해지는 정치적 영향에 대하여 직업관료는 성실히 수용하면서도 그 공정성을 끊임없이 판단하고 때로는 문제를 제기해야 할 판단의 주체여야 한다. 그러나 현실에서 불공정한 지시에 불복종하고 공개적으로 발언하는 주체적 대응은 결코 쉽지 않고 오히려 정치적 행위로 비판받을 우려가 큰 것이다.

그렇다면 민주화 이후 5년 주기의 정부 정권 교체가 이뤄졌고 약 10년을 간격으로 정당 간 정권교체가 발생한 한국의 상황은 관료제에 어떤 정치적 갈등을 발생시켰고 그 속에서 직업관료는 어떻게 대응했는가를 살펴볼 필요가 있다. 추론대로 과잉된 정치도구적 대응으로 편향되었는지, 아니면 스스로의 이익을 추구하는 과잉권력의 정치세력으로 행동했는지를 거시적으로 확인하려는 것이다. 불균형한 정치성을 확인하여야 그에 따라 정치적 균형과 중립을 회복하기 위한 처방이 가능하기 때문이다.

3 연구방법

정권교체[6]는 조직개편, 인사교체, 정책변화를 수반하므로 이 세 차원에서 이뤄진 지난 20여 년간의 정치적 압력과 통제 상의 논리와 방식을 분석한다. 이러한 압력과 통제가 야기한 관료제와의 갈등이 어떻게 드러나고 진행되었는지를 살펴볼 것인데, 정치관료와 직업관료 사이의 갈등이 풀려가는 양상 및 그 특징을 통해서 관료제의 정치화 혹은 정치적 중립 양태에 관하여 파악이 가능하기 때문이다. 정치적 중립과 관련해 발생한 사건을 분석하는 것이 아니라 정권교체로 야기된 갈등을 중립성의 차원에서 해석하는 것이 목적이다. 관료제의 대응 양태는 앞서 Thompson (1985)과 Golden(1992)이 제기한 유형을 참고하여 분석에 적용하였다.

분석 기간은 김영삼 정부와 김대중 정부의 교체가 진행된 1998년 1월 1일부터 박근혜 정부 4년차였던 2016년까지 12월 31일까지이다. 분석 대상은 이 기간 동안 언론에 보도된 행정부 내의 정치관료와 직업관료의 갈등을 다룬 기사인데, 한국언론진흥재단의 기사통합검색시스템(www.bigkinds.or.kr)에서 제공하는 13개 중앙지 및 경제지의 정치기사를 대상으로 하였다.[7]

우선, 해당 기간 동안 행정부 내부의 정치관료(대통령, 대통령비서실, 장차관 등 선출직 및 정무직 공무원)와 직업관료(경력직 공무원) 사이 갈등을 다룬 기사를 1차 검색하고 이들 사이의 갈등이 크게 조직개편, 인사교체, 정책변화에 관한 것임을 발견하여, 세 차원별로 해당 갈등 기사를 재분류하였다. 정권교체로 인한 조직개편, 인사교체, 정책변화에 대하여 행정부 내부에서 정치관료와 직업관료 사이에서 발생한 갈등을 다룬 기사로부터 이들 사이에 갈등이 언제 어떤 상황에서 나타났으며 어떤 논리와 방식으로 진행되고 어떠한 특징이 드러났는지를 내용 분석하였다.

정권교체로 발생한 관료제 내부의 갈등을 외부에서 심층적으로 파악하기란 쉽지 않으며 기사를 통한 분석도 많은 한계를 가진다. 언론매체의 관점으로 평가된 갈등의 원인 및 양태에 관한 내용은 갈등의 본질과 크게 다를 수 있다. 또한 직업관료의

---

6) 정권교체는 여당과 야당 간의 교체를 의미하지만 여기서는 정부 교체의 의미로 확장해서 사용한다.

7) 기사 수집에 동원된 검색어로는 정권교체, 인사교체/조치/개혁, 조직개편/구조개혁, 정책변경/급변, 공무원/관료, 고위공직자/1급 공무원/실국장급 공무원, 갈등/항명/저항/거부/파동/파문/포획/일괄사표/전보/좌천/퇴직 등이다.

개별적 대응을 파악하기 어렵고, 사례별로 기사에서 다뤄진 대상에 따라 분석이 개별 단위 관료에서 특정 부처로 다르게 나타난다. 그럼에도 관료제의 정치적 갈등과 대응 양태를 분석할 수 있는 현실적 접근이 매우 제약된 상황에서 진행할 수 있는 분석이라는 나름의 의미를 주장할 수 있을 것이다.

4 정권교체와 관료제의 정치적 갈등과 대응

1) 조직개편의 갈등과 관료제의 대응

조직개편은 정권교체로 인한 국정관리 이념 및 정책 우선순위의 변경을 반영하는 구조적 처방이다. 따라서 집권한 정치권력에게는 정부의 혁신의지와 국정운영의 방향을 보여주는 상징이지만, 부처에게는 이해관계를 크게 변동시키는 사건이 된다. 그로 인해 조직개편을 둘러 싼 부처의 반발은 정권교체 초기에 반복되는 풍경이 되었다. 개편의 목적은 행정과 정부조직의 효율성 제고, 정책추진의 효과성 제고, 행정수반의 통제력 강화, 정책 우선순위의 재조정, 전략적 편의 등이 제시되며 일반적으로 이러한 목적을 모두 추구한다(박천오, 2011b: 6). 특히 조직개편을 통해 관료조직의 권력 기반을 재조직화함으로써 관료제의 탈권력화가 가능하며 새 정권의 정치적 힘을 과시해 관료제의 복종을 유도할 수 있다(Peters, 1995: 313-314. 양재진, 2003a에서 재인용). 한국 정부의 조직개편의 특징은 역대 정권별로 차이가 있으나 공통점으로, 첫째, 체계적인 진단과 이해관계자 소통이 미흡했고, 둘째, 집권정부의 개혁의지의 표명과 상징으로 추진되었으며, 셋째, 개편원안이 추진과정에서 정치적 타협에 의해 변했다고 평가된다(문명재, 2009; 박대식, 2009; 박천오, 2011b: 15-16; 양재진, 2003a; 임주영·박형준, 2017).

이렇게 정치적 상징과 관료제 통제의 목적으로 5년마다 대규모로 개편 과정이 되풀이되었다. 대체로 집권 초 1차 개편의 규모가 크며 그 후 추가 개편의 규모와 범위는 정권별 차이는 있으나 집권 초 1차 개편에 비해 적었다. 김대중 정부 동안 3차례, 노무현 정부 6차례, 이명박 정부 5차례, 박근혜 정부 2차례가 이뤄졌으며8)

---

8) 김대중 정부 1차 1998.2.28., 2차 1999.5.24., 3차 2001.1.29., 노무현 정부 1차 2004.3.11., 2차 2004.9.23., 3차

지나치게 자주 조직개편이 발생했다는 평가를 받고 있다(문명재·이창원, 2008; 박중훈·조세현, 2017: 402－418; 안병만, 2001: 7－11).[9]

이에 따라 정부교체 때마다 공직사회 초미의 관심사는 조직개편으로 인해, 소속 부처가 받는 영향을 최소화하려는 것이었고 이를 위한 각종 정치적 행위(특정 인수위 위원에게 개별적 접촉을 통한 로비, 분과별 소관부처 현안보고에서 부처 입장 주장, 부처의 개편안 반대 입장을 정리한 자료를 언론 등 외부 배포)가 나타나면서, 집권 전에 정치권력과 관료제의 갈등이 두드러졌다.

기사를 통해 관료제의 대응을 살펴보면, 주로 정권 출범 전, 대통령직인수위원회 활동 기간에 집중되었는데, 통폐합 및 기능축소가 언급되는 부처들이 인수위원을 대상으로 적극적인 설명과 설득 활동을 전개하였다. 부처의 인수위 업무보고 자리가 각 부처의 반발이 드러나는 장이었는데 인수위에 파견된 공무원들이 개편안에 대한 소속 부처의 불만과 반발 논리를 적극 표명하는 방식이었다.

김대중 정부에서는 IMF로 인해 공무원 정원감축과 맞물려 개편논의가 이뤄지는 가운데 폐지가 논의되던 내무부가 인수위 업무보고에서 내무부 폐지 및 축소 불가 입장을 전달했고 차관이 내무부 존속 이유를 역설하였으며, 공보처는 공보처 폐지에 따른 입장 자료를 배포하고 공보처의 존속과 문화부와의 통합 방안을 역으로 건의하였다. 특히, 조직개편으로 인한 갈등 사례는 이명박 정부 초기인 2008년과 박근혜 정부 초기인 2013년에 집중되어 있다. 대부처주의 작은 정부를 표방한 이명박 정부는 부처 통합의 범위가 넓을 수밖에 없었으므로 관련 부처들의 로비가 상당했고 이것이 인수위원 간의 갈등으로 심화되기도 하였다(한국경제, 2008.1.12.). 박근혜 정부의 조직개편에 대한 부처의 반발도 적지 않았다. 2013년 인수위의 조직개편안에 통상업무를 외교부에서 산업통상자원부에 넘긴다는 내용이 포함되자 외교부는 개편안의 위헌성까지 지적하면서 반발하기도 했다(경향신문, 2013.2.4.).

또한 정부 조직개편을 위한 공청회에는 부처 산하단체, 관련단체 등 이해관계자들이 참석하여 개편안의 철회를 주장하는 집단행동이 나타나기도 하였다. 당시 보훈처의 축소개편(청급 격하) 논의에 대해 상이군경회, 전몰군경유족회, 미망인회 등

2004.12.30., 4차 2005.3.24., 5차 2005.7.22., 6차 2005.12.29., 이명박 정부 1차 2008.2.29., 2차 2010.1.18., 3차 2010.6.4., 4차 2010.12.27., 5차 2011.7.25., 박근혜 정부 1차 2013.3.23., 2차 2014.11.19.

9) 정부조직관리정보시스템, https://org.moi.go.kr/org/external/chart/index.jsp (검색일, 2017.6.14.)

일부단체 회원들이 개편을 반대하며 공청회장에서 소란을 피우기도 하였고, "폐지가 유력한 부처들은 국장급 간부의 지휘 하에 10여 명씩 몰려와 토론자들의 발표내용을 일일이 메모한 뒤 부처에 보고했으며 자기 부처에 유리한 발언이 나올 때는 박수를 치기도 했다."(경향신문, 1998.1.17.). 조직개편에 관련된 단체의 집단행동 방식은 종종 나타났는데, 2011년 '국방개혁 307계획'으로 불린 국방개혁안도 개편조치로 장성의 수가 15% 이상 줄어들 것이라는 우려로 예비역 장성들의 반발이 있었는데 국방부가 예비역 장성들을 내세워 개혁안에 대한 반대를 우회적으로 표출하였다고 의심받았던 사례이다.

이러한 부처의 반발은 집권한 정치권력에게는 관료제가 기득권 보호를 위한 반개혁적 행위로 인식되었다. 김대중 정부 인수위에서는 "일부 파견공무원들의 경우 본연의 임무를 망각한 채 인수위 활동을 소속 부처에 비밀보고하는데 열중, 오히려 인수위 활동을 방해하고 있다"면서 "이런 공무원들은 원대 복귀시킬 것이라고 경고했다"(세계일보, 1998.1.10.). 노무현 정부 인수위에서도 노무현 대통령 당선인이 업무보고 자리에서 "앞으로 커질 부처도 있고 줄어들 부처도 있고 업무를 재조정해야 할 부처도 있을 것", "어떻게 개편할지는 장관과 공무원들이 고민을 해달라, 내놓을 것을 먼저 내놓고 꼭 필요한 것을 요구해 달라", "교육인적자원부 출범 후 교육과 인적자원관리, 두 가지 기능에 걸맞은 역할을 했느냐" 등 문제제기를 하면서 부처의 이기주의에 경고성 발언을 했다(경향신문, 2003.1.23.). 이명박 대통령도 당선인 신분으로 "소수의 조직, 특히 주요한 부처에 있는 사람, 요직에 있는 인사들 중에 더더욱 시대변화를 따라가지 못하는 사람들이 있다"며 "(일부 공직자들이) 조직적이지는 않지만 그래도 반변화적인 자세를 취하는 것은 바람직하지 않다", "여러분은 자신의 부서의 이익을 지키기 위해 여기 나와 있는 것이 아니다. 인수위 파견이 특별한 페이버(favor 혜택)가 있는 것도 아니다"라고 비판의 목소리를 높였다(국민일보, 2008.1.13.).

조직개편으로 정권의 의도를 구현하려는 집권한 정치권력과 기득권을 뺏기지 않으려는 직업관료 사이의 치열한 공방이 벌어질 수밖에 없다. 대통령의 개혁 방향을 담은 조직개편으로 손해를 보는 부처가 적극적인 로비를 벌이는 관료정치의 장이 펼쳐지면서 직업관료의 정치적 행위는 여실히 행사될 수 있다. 조직개편의 정치적 압력에 관료제의 대응 양태는 부처 단위에서 반발하였고, 인수위 업무보고 자리를 활용하며, 때로는 외부의 관련단체를 통해 불만을 표출하기도 하였다. 이러한 부처의 대응으로 조직개편의 내용이 변경되기도 하였다. 내무부를 없애겠다는 김대중

당선자의 공약과는 달리 산하조직을 그대로 유지한 채 총무처까지 넘겨받아 행정자
치부로 확대된 내무부의 경우는 부처의 뛰어난 로비능력의 결과라고 평가되기도 하
였다. 박근혜 정부 집권 2년차에는 세월호 사건의 책임을 묻는 2차 조직개편안이 제
시되었는데 안전행정부에서 분리하기로 결정되었던 조직 기능이 결국 안행부에 그
대로 남도록 수정되자 안행부의 치열한 로비 결과라고 여겨졌다(문화일보, 2014.5.29.).
덧붙여 정권초기에는 인수위와 해당 부처가 갈등하지만 정권 말기에는 레임덕 상황
에서 조직규모가 다시 증가하거나 원상 복귀되는 경향이 있다. 강한 반대 속에서 이
뤄진 이명박 정부의 15부처 체계와 조직감축 조치도 정권 말기에 오히려 조직규모
증가로 나타났다(김근세·허아랑, 2015). 정권교체에 따라 발생하는 조직개편에 대해
—정치가 관료제를 압도하는 시기인 집권 초반에도(박재완, 2016)— 부처의 반발은
부분적으로 드러났고 경우에 따라 실효성이 있었으리라고 추론할 수 있다.

한편, 이러한 집권 초반, 적극적 반대 의견 표명 등 내부 논쟁 방식과 외부 표출
방식으로 대응하지만, 인수위의 개편안이 결정된 이후로 갈등 표출이 이어지지 않아
서 개편결정이 완료된 후에는 순응 양태로 나타났다. 인수위와의 관계에서 부처가
동등할 수 없는(김병준, 2016) 관계임을 고려하면 자연스러운 결과일 것이다.

표 2-4 **조직개편의 갈등과 관료제의 대응**

시기	주요 갈등 사례	관료제의 대응
김대중 정권	• 1998년 정부조직개편의 부처 통폐합, 인원 축소 부처의 반발	• 내부 논쟁 – 인수위 업무보고 시 부처의 반대입장 표명 – 인수위원 대상으로 개편의 부당성 로비 – 집권 초 개편안 확정 전까지 불만이 외부로 표출되나 확정 후 수용 • 외부 표출 – 관련단체의 시위 등
노무현 정권	• 2003년 정부조직개편안에 관한 인수위와 부처의 갈등	
이명박 정권	• 2008년 정부조직개편에서 대부처로 통합되는 부처의 반발 • 2011년 국방개혁안에 대한 국방부 및 관련단체의 반발	
박근혜 정권	• 2013년 정부조직개편에 대한 외교부의 반발	

출처: 저자 작성.

2) 인사교체의 갈등과 관료제의 대응

한편, 정권교체에 따른 인사교체에서 두드러진 특징은 1급 공무원으로 대표되는 고위직 직업관료 교체가 관행화된 것이다. 정무직의 교체는 당연할 수 있지만 그 외에 고위직 직업관료들이 정권과 함께 교체되고, 국정이 비판을 받을 때 정치적 책임을 지고 교체되는 등 정무직화 되었다고 볼 수 있었다.

집권 정부는 관료제에 대한 정치적 통제를 위해 충성도 위주의 인사를 수행하여 관료제를 장악하고 국정과제의 효과적 수행을 도모한다. 양재진(2003a)의 연구에 의하면 김대중 정부 초반기를 기준으로 중앙정부의 100대 요직에 호남 출신의 관료 비중이 증가한 것을 밝히면서 정권교체와 함께 충성도 중시 인사가 적극적으로 활용되었다고 밝혔다. 권경득·이현출(2001)의 연구도 정권교체로 행정엘리트 충원 양태의 변화가 발생하였음을 주장하였다. 고위직 직업관료 인선을 통해 관료제를 통제하려는 방식은 오랫동안 광범위하게 활용된 전통적 기제인 것이다.

기사를 통해서 드러난 특징적인 인사교체의 방식은 집권 초, 1급 공무원의 일괄 사표를 받고 선별 수리하는 방식이었으며, 사표를 제출하는 것이 교체된 정권에 대한 '도리'로 정당화되고 있었다. 고위직 직업관료의 '물갈이' 관행은 정권 교체 후 특정 부처의 실국장급 일부를 대상으로 이뤄지던 인사조치 수준이었으나 점차 확대된 것으로 보인다. 노무현 정권부터 특정 부처의 1급 공무원 '일괄사표' 방식으로 갈등이 대두되었고, 이명박 정권 들어서는 교체되는 부처의 폭이 확장되어 국책기관장까지 교체 갈등이 확대되었다. 박근혜 정권 들어서도 부처의 1급 공무원 인사에 대한 일괄사표는 이어졌다.

노무현 정권은 집권 첫 해인 2003년 3월 행정자치부, 해양수산부 1급 공무원 전원의 사표 제출을 받으며 "정권이 바뀌었는데 고위공직자가 모두 그대로 자리에 앉아 있을 수는 없는 것"이며 "1급은 물러나는 것이 관례"라는 입장이 언론에 보도되었다(서울신문, 2003.3.3.). 김영삼 정권 때부터 집권 초기 고위직 직업관료의 상당수가 교체되어 왔지만 "후배기수의 승진 방식으로 선임기수의 퇴진유도 방식을 사용했던 것이며(한겨레, 2008.12.22.) 이와 같이 일괄사표를 받은 전례는 역대 정부에서 없었고", "직업공무원의 꽃인 1급에 올랐지만 코드불일치 판정을 받으면 나가야 하는 딱한 처지가 된다"는 공직사회의 불만이 보도되고 있었다(경향신문, 2003.3.25.). 이명박 정권에서는 1급 공무원 교체가 더욱 확산되었다. 국무총리실, 농림수산식품부,

교육과학기술부, 국세청 등에서 1급 공무원 일괄사표를 냈으며 청와대에 근무하는 기능직 공무원까지 교체되었고, 주요 공기업과 공공기관, 국책연구기관장까지 재신임을 묻는다며 일괄사표가 요구된 것으로 알려졌다(경향신문, 2008.4.16.). 당시 이명박 대통령의 발언을 보면, "공무원이 움직이지 않는다", "생각이 다르면 병이 나고 그러면 홍보효과도 떨어진다"며 고위직 직업관료에 대한 불신을 드러냈다. "교육부 간부들이 과거 관행과 의식에 젖어 새 정부의 교육철학에 적극 동조하지 않는다"(국민일보, 2008.12.16.), "좌파공무원이 교육개혁을 방해한다", "청와대 및 인수위 참여인사들은 개혁을 거부하는 관료들의 완강한 저항이 교육개혁 부진의 큰 원인"(국민일보, 2009.1.12.)이라는 발언을 볼 때 공무원의 정치적 성향이 정책집행을 방해하고 있다는 판단으로 보인다(내일신문, 2008.12.24.). 이렇게 관료집단의 저항으로 판단함에 따라 1급 공무원 일괄교체, 305개 공공기관 가운데 240곳에 기관장 교체 추진하는 등(한겨레, 2008.5.25.) 측근을 인선하는 '낙하산 인사'를 시행한 것이다. 한편, 박근혜 정권에서는 집권과 동시에 부처의 실·국장 인사를 보류할 것을 지시하면서 "정부가 원활하게 출발하려면 핵심 전력인 실·국장 인사 대상자를 철저히 검증해야 한다"는 것이 이유였고, 집권 2차에 1급 공무원 일괄사표가 이뤄졌다(국민일보, 2014.4.3.).

또한 임기 중반에 국정 난맥이 발생했을 때 국정책임으로서 1급 공무원 교체가 나타나고 있었다. 정책실패의 책임을 고위직 공무원의 정치이념이 대통령과 맞지 않는 문제로 바라보고 책임을 묻는 것이다. 이명박 정권 3년차인 2010년에도 지식경제부의 16개 국장급 자리가 교체되었고 농림수산식품부의 1급 공무원 일괄사표를 받았으며 국토해양부는 1급 8명 중 4명이 사표를 냈고 집권 마지막 해인 2012년에도 1급 줄사표는 이어졌다. 박근혜 정권 2년차인 2014년에는 국무총리실과 해양수산부 1급 공무원 일괄사표, 문체부 1급 간부의 일괄사표 등이 진행되었다.

정부교체 때 1급 공무원 교체가 관행화되었으며 정책지연 및 실패 등 국정운영에 대한 비판을 고위직 공무원의 책임으로 귀인하면서 1급 공무원 일괄교체 방식이 점차 확산된 것이다. 정권이 교체되고도 1급 공무원들이 물러나지 않으면 '뻔뻔한 것'으로 몰아가는 정치권의 발언이 나올 정도로 고위직 직업관료의 교체는 관행이며 도리라고 표현되었다. 이명박 정권의 인수위에서는 정권교체를 "훼손된 국가정체성의 복구"로 표현하면서 "걸림돌을 치워야" 하며 공무원을 "정권 친위대로 돌려놓아야 한다"는 발언이 나오기도 하였다(한겨레, 2008.12.17.). 고위직의 인사조치를 통해서 조직 장악력을 높이는 정치적 통제 수단이 자리 잡은 것이다.

이러한 인사교체에 대한 관료제의 대응은 앞서 조직개편과 달리 가시적인 반발 양태가 발견되지 않아 순응에 가까워 보인다. 관료제 역시, 정권이 교체되면 1급 공무원의 교체는 이뤄질 수밖에 없는 것으로 보는 것이다. 고위직 직업관료의 임기가 정권과 함께 한다는 인식은 정치권력 뿐 아니라 직업관료 사이에서도 받아들여진 관행이 되었다. 이를 추론할 수 있는 현상 중 하나가 고위직 직업관료의 자발적 퇴직(의원면직) 추이이다. 아래의 [표 2-5]와 [그림 2-4]에서 보듯이 고위직의 자발적 퇴직률이 정권 말기에 오르는 것을 알 수 있다.10) 다양한 이유가 있을 것이나 고위직 공무원 스스로가 자신의 임기와 정권의 임기를 일치하여 인식하고 있을 가능성도 크다. 구 정권의 마지막 해에 고위직 공무원의 자발적 퇴직이 증가하고 새 정권 첫 해에 1급 공무원 일괄사표가 관행화된 것은 분명 정권교체가 관료제의 인사 측면에 미친 중요한 영향일 것이다.

표 2-5 **고위직 공무원(1-4급)의 의원면직 비중 변화(일반직)**

%	2005	2006	2007	2008	2009	2010	2011	2012	2013	2014	2015
고공단 (1~2급)	8.58	9.2	11.5	5.8	7.5	6.4	9.5	6.9	6.5	4.3	3.8
3급	1.66	1.75	3.04	0.25	1	2.2	2.5	3.8	1.8	1.4	1.3
4급	6.5	6.88	8.75	5.2	6.8	8.3	12.6	15.4	13.8	8.5	9.1
1~4급 (합)	16.74	17.83	23.29	11.3	16.3	16.9	24.7	26	22.1	14.2	14.3

출처: 인사혁신처 정기인사통계(2005-2015)

(http://www.mpm.go.kr/mpm/info/infoStatistics/hrStatistics/statisticsAnnual/?boardId=bbs_000 0000000000037&mode=list&category=&pageIdx=)를 바탕으로 저자 작성.

(검색일, 2017.6.14.)

---

10) 직급에 따른 공무원 의원면직 자료가 2005년부터 제공되고 있어서 이전 시기를 작성할 수 없었다.

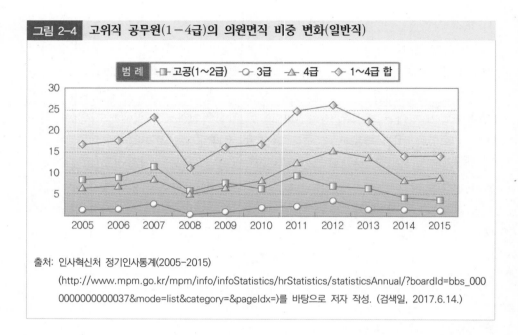

그림 2-4 고위직 공무원(1-4급)의 의원면직 비중 변화(일반직)

출처: 인사혁신처 정기인사통계(2005-2015)
(http://www.mpm.go.kr/mpm/info/infoStatistics/hrStatistics/statisticsAnnual/?boardId=bbs_000
0000000000037&mode=list&category=&pageIdx=)를 바탕으로 저자 작성. (검색일, 2017.6.14.)

　　반면, 인사개혁에 대한 부처의 저항이 특정 부처에서 발생하기도 하였는데, 검찰항명으로 불리는 반발이 김대중 및 노무현 정권 동안 세 차례 발생하였다. 1999년 심재륜 고검장 징계에 대한 검찰의 반발, 2003년 법무부가 검사장급 이상 검찰고위간부의 기수를 크게 낮추는 서열파괴 인사안을 통보하자 검찰간부들이 법무장관에게 철회를 주장하는 집단행동, 2005년 형사소송법 개정 등에 관한 사법개혁안에 대하여 검찰 수사권의 무력화 반발 등이었다. 이 중 2003년과 2005년의 검찰 반발은 인사 관행과 업무 권한의 유지를 목적으로 했다는 점에서 기득권을 지키기 위한 조직적 반발로 볼 수 있다. 또한 2006년 2월에는 하위직 경찰공무원이 간부급인 경위까지 근속 승진할 수 있는 경찰공무원법 개정안에 대해 대통령이 거부권 행사입장을 밝히자 30여 명의 하위직 경찰공무원들이 집단반발하며 대통령을 상대로 헌법소원을 제기하기도 하였다. 그러나 외부로 표출된 이러한 반발은 검찰, 경찰 등 특정 권력부처에 한정되었고 부처의 이해관계에 밀접한 영향을 주는 경우에만 나타났다.

표 2-6 인사교체·개혁의 갈등과 관료제의 대응

시기	주요 사례	관료제의 대응
김대중 정권	• 1999년 법조비리 관련 고검장 징계에 대한 검찰의 반발	• 복종 - 정권초기 1급 공무원 일괄사표 제출 관행화. 국책기관장급까지 확대 → 표출된 반발 없음. • 외부 표출 - 특정부처(검찰, 경찰) 에서 인사 조치에 대한 집단행동.
노무현 정권	• 2003년 검찰인사에 대한 검찰의 반발 • 2003년 행정자치부, 해양수산부 1급 공무원 일괄사표 제출 • 2007년 건교부 1급 공무원 5명 일괄사표 제출 • 2006년 경찰공무원법 개정안 거부와 관련한 경찰의 반발	
이명박 정권	• 2008년 총리실, 농림부, 교과부, 국세청 1급 공무원 일괄사표 제출 • 2008년 국책연구기관장 일괄사표 제출 • 2008년 청와대 기능직 공무원 60명 교체 • 2010년 지경부, 국토부 1급 일부 교체, 농림부 1급 공무원 일괄사표 제출	
박근혜 정권	• 2014년 복지부, 해수부, 기재부 1급 일괄사표 제출 • 2014년 문체부 1급 일괄사표 제출	

출처: 저자 작성.

3) 정책변화의 갈등과 관료제의 대응

정권교체 이후 정치권력과 직업관료 사이의 갈등은 정책의 방향을 두고 나타났는데, 경제부처, 건설부처, 교육부처 등 정권의 주요 국정과제와 밀접하게 관련된 특정 부처를 중심으로 정책갈등이 발견되었다. 경제개발 분야에서는 경기부양에 대한 관점 차이, 외교안보 분야에서는 대북정책에 관한 관점 차이, 교육 분야에서는 엘리트 교육에 대한 관점 차이 등이 대표적이다.

정책 갈등은 정권별로 차이가 있는데 [표 2-7]에서 보듯이 노무현 정권에서 다수의 사례가 발생되었다. 노무현 정권 첫 해인 2003년에만 교육행정시스템 재검토에 결정에 대한 교육부의 반발, 이라크 파병 결정에 대한 국가인권위원회의 반대 의견 발표가 있었으며, 2004년에는 청와대의 외교안보 정책방향에 대한 외교부 공무원의 비난 발언 사건, 미국과 용산기지 협상 과정에서의 이견과 정보유출, 서해북방한계선 교신내용 보고누락이 군의 의도적인 정보유출로 의심되는 사건이 있었다. 2005년에는 사법개혁추진위원회의 개혁안에 대한 검찰의 반발이, 2007년에는 1.11

대책으로 불리는 부동산 대책마련 과정에서 건교부 및 재경부 관료들과 청와대의 갈등이 발생하기도 하였다. 정권 마지막이었던 2008년 2월에는 로스쿨 탈락 대학 일부구제에 방침에 대해 청와대와 교육부총리 사이의 마찰이 발생하였다. 노무현 정부 동안 벌어진 대통령 및 청와대와 관료조직 사이의 마찰을 청와대는 대통령 권위에 대한 관료사회의 도전으로 인식한 것으로 보인다.

한편 이명박 정권에서는 2008년 교육 분야의 핵심 공약을 내세웠던 역사교과서 수정, 교원평가제, 영어공교육 강화 등에 대해 사회적 논란이 발생하면서 교과부의 내부적 우려 표명이 있었고, 감세와 규제완화 법안에 대해 세수감소를 우려한 관련 부처의 이견이 있었다(한국일보, 2008.4.28.). 이에 대해 이명박 정권은 이러한 갈등은 부처의 특정 이념에 편향된 정견에 의한 것이라고 주장하였고 '좌파 공무원' 등의 발언을 하면서 이념적 논쟁을 일으켰다. 정책에 대한 비판은 공무원 복무규정 상 금지되므로 공무원의 '항명'이 되고 '엄단' 해야 할 대상이 된 것이다.

박근혜 정권에서는 2013년 기초연금정책을 둘러싼 청와대의 정책방향과 복지부 사이의 의견 충돌이 있었고 복지부 장관이 사퇴하는 사건이 발생하였다. 또한 대통령의 규제 철폐 요구에 비해 더딘 관료제의 집행에 대해 대통령의 비판 발언이 이어졌지만, 가시적인 갈등으로 확대되지는 않았다.

관료제의 대응을 보면, 정책적 관점의 차이를 쟁점으로 가시화 하지는 않았지만 보고 누락, 정보 유출, 집행 지연, 내부 논쟁 등 다양한 대응 방식이 발견되었고, 갈등의 대부분이 노무현 정권 때 두드러졌다. 사례별 차이는 있으나 군과 외교부의 보고 누락은 당시 집권정부의 정치이념에 대한 고위직의 불신과 반발에 근거한 당파적 대응으로 비판되었다. 사법개혁 및 경찰법 개정의 경우는 부처의 이해관계 차원의 반발로서 기득권 상실에 대한 반발 양태였다. 그 외, 정책에 관한 판단 차이는 조직 내부에서 우려를 표명하는 방식이었으며 특별한 정책적 이견을 제기하는 체계적 노력은 발견하기 어려웠다.

또한 정책 갈등의 주체는 부처 내에서 장관과 직업관료가 아니라, 청와대와 직업관료로 나타나고 있어서 해당 정책의 주체로 장관이 부각되는 경우는 발견하기 어려웠다. 이례적으로 2013년 복지부 장관이 기초연금정책에 대해 청와대에 이견을 표명하고 사임하였던 사례가 있다. 장관을 통해 부처 내부의 갈등으로 전개되기보다는 청와대와 부처 사이의 갈등으로 전개되고 있었다.

정책견해의 충돌이 발생했을 때, 정치관료 측에서는 정책방향에 맞추지 않으려는 관료조직의 정치적 행위를 부처의 의도적인 정보유출, 현안에 대한 늑장대응, 불성실한 설명 등으로 보면서 반개혁적 활동으로 비판하였다. 종종 '항명'으로 표현되었고 민주화 이후 정치세력의 개혁의지를 관료집단이 무너뜨린다, 정책역량이 부족한 선출직이 관료집단에 의지할 수밖에 없으니 관료가 개혁을 무력화 시킨다는 주장으로 연결되었다. 대통령 권위에 대한 도전(노무현 정권)으로 받아들여지거나 좌파 공무원의 저항(이명박 정권)으로 규정되면서, 정책적 견해의 충돌은 정치화된 관료제의 권력 행사로 비판 받는 경향이 컸다.

표 2-7 정책변화의 갈등과 관료제의 대응

시기	주요 갈등 사례	관료제의 대응
김대중 정권	• 2001년 의약분업 책임에 대한 복지부의 반발	• 내부 논쟁 – 우려 표명 • 외부 표출 – 반대 표명, 소 제기 • 내부 방해 – 보고 누락, 집행 지연 • 외부 유출 – 비공개 정보의 유출
노무현 정권	• 2003년 교육행정시스템 재검토 결정에 대한 교육부의 반발 • 2003년 이라크 파병에 대한 국가인권위의 반대의견 • 2004년 서해북방한계선 교신내용 보고누락에 대한 군의 정보유출 갈등 • 2004년 외교노선에 대한 외교부 공무원의 비난 발언과 대미협상 과정의 정보누출 • 2005년 사법개혁(형사소송법 개정)에 대한 검찰의 반발 • 2006년 경찰공무원법 개정안에 대해 경찰공무원의 대통령을 상대로 헌법소원 제기 • 2007년 부동산 정책(1.11대책)에 대한 건교부, 재경부의 이견 표출 • 2008년 로스쿨 탈락대학 구제에 대한 교육부의 반발	
이명박 정권	• 2008년 감세, 규제개혁 법안에 대한 관련 부처의 이견 • 2008년 교육정책(역사교과서 수정, 영어몰입교육 등)에 대한 부처 내부 이견 표명	
박근혜 정권	• 2013년 기초연금정책에 대한 복지부의 반발	

출처: 저자 작성.

5 정치적 중립성 측면의 고찰

정권교체로 인한 조직개편, 인사교체, 정책변화에서 선출권력과 직업관료제 사이에 발생했던 지난 20여 년간의 갈등 특징을 살펴보았으며 이 절에서는 이러한 갈등이 관료제의 정치적 중립성에 미친 영향을 고찰한다. 정권교체로 인해 관료제가 경험한 이러한 갈등이 직업관료가 정치적 지시에 복종하면서도 정치적 공정성을 판단하고 발언할 정치적 중립의 의무를 수행하려는 의지에 미쳤을 영향을 살펴보려는 것이다.

그간의 조직개편이 합리성보다는 정치적 상징과 관료제 통제 목적으로 추진되었고(문명재, 2009; 문명재·이창원, 2008), 정권 초기마다 대규모 개편이 반복된 결과, 관료제는 부처의 기득권을 뺏기지 않으려는 정치적 활동으로 대응했는데, 조직존속 및 확장의 논리를 만들어 인수위를 대상으로 적극적인 설득 작업을 펼쳤고 때로는 외부로 반발을 표출하였다.

개편에 대응하여 부처는 부처 변동이, 곧 자신의 승진 등 경력 변동으로 연결되므로 조직생존을 위한 방어 논리를 만들고 설득하는 비공식적 정치활동을 전개할 수밖에 없다. 정권 말기에 부처별로 조직개편에 대항할 나름의 대안과 논리의 개발 작업(연구용역 등)이 공공연하게 이뤄졌고, 집권정부의 인수위에 영향력을 미치기 위한 비공식적 방법을 동원하였다. 조직개편안이 결정되기 전까지 부처마다 벌이는 부처생존을 위한 치열한 정치활동은 정치권 중요 인사에 대한 접촉과 설득으로 이어질 수밖에 없고 부처와 정치권력 사이의 부적절한 정치적 거래, 부처 고위직의 정치화 가능성도 배제할 수 없다. 관료 통제와 국면 전환을 위해 잦은 개편을 추진한 결과, 역설적이게도 관료사회는 이에 대응하려 부처 차원의 정치적 활동이 늘어난 셈이다. 합리성이 낮은 잦은 조직개편과 조직생존의 욕구가 강한 관료제가 맞물리면 직업관료의 정치화 가능성을 높일 수 있는 것이다. 이런 면에서 잦은 조직개편으로 발생되는 직업관료의 정치적 행위는 선출권력에 의해 유발된 정치화로 평가될 수도 있다.

인사교체 측면에서는 정권교체 시 1급 공무원 교체가 관행화되었고, 국정쇄신을 위한 교체도 관행화되었다. 일부 부처를 중심으로 1급 공무원의 일괄사표-선별

수리가 이뤄지는 것이 당연하다는 인식이 확산되었고 교체 범위가 점차 넓어지고 있다. 노무현 정권 때 시작되어 이명박 정권 때 공직기강 확립 명분으로 국책기관장 전반으로 교체가 확산되었고 박근혜 정권 때는 집권 2년차에 일괄사표를 제출 받는 등 1급 공무원은 실질적으로 정무직으로 운영되었다. 집권한 정치권력은 고위직 공무원이 스스로 사표를 쓰지 않고 남아 있는 것은 '뻔뻔한 것'이며 새 정권의 공약 실현에 부담이 되는 '걸림돌'이라고 인식하였다. 이전 정권의 통치를 잘못된, 비정상의, 훼손된 것으로 전제하는 상황에서 기존 정책집행의 수뇌부였던 고위직은 '부역자'로 보일 수밖에 없고 직업관료에게 엽관적 인사 조치를 취하는 것은 정당한 인사 조치였을 것이다. 이러한 인사 조치에 대해 고위직 직업관료는 전임 정권의 임기에 맞춰 퇴직하거나 신임 정권의 요구에 맞춰 일괄 사표를 제출하는 등 사실상 정무직화된 고위직 인사조치를 관행으로 수용하는 것으로 보였다. 인사권한에 대한 관료의 저항은 현실적으로 쉽지 않기에, 논쟁이 될 수 있는 엽관적 인사 조치임에도 저항보다는 사임의 방식으로 대응한 것이다.[11]

고위직 업무의 정무적 특성을 감안하면 어느 정도 엽관적 인사 조치는 수용될 수 있다. 그러나 부실한 공약의 문제, 정권의 국정운영 역량 부족 등의 문제를 고위직 직업관료의 정치적 이념 및 정치적 태도의 문제로 전환시키는 것은 책임 전가일 수 있다. 정부교체 때 1급 공무원 교체가 관행화되고 교체 범위도 점차 확산되며, 일괄 사표 제출의 방식으로 국정난맥의 책임을 묻는 것은 공직사회에 정치권력에 부합하려는 기회주의적 행동을 유발하거나 전문가적 판단을 보류하고 침묵하는 정치도구화 양상을 심화시킬 우려가 크다. 인선의 특별한 기준이 없고 장관이 아닌 청와대가 인선의 주체가 된 상황은 더욱 그렇다. 특별한 기준 없이 진행되는 일괄사표 -선별수리라는 의례는 관료에게 정치권에 '줄을 대려는' 유인을 만들 수 있고 정치도구화가 될 우려가 크다. 고위직 관료가 엽관인사 관행을 수용하면 정치관료의 지시에 대한 공정성 여부를 판단하고 책임 있게 전달할 실국장급에 해당하는 관료제의 상층부가 흔들릴 수 있다. 이미 이들은 성과평가체계를 통해서 국정과제에 대한 성과책임을 지고 있으며 이들의 성과평가는 상당히 정치성을 띨 수밖에 없다. 그럼

---

11) 그럼에도 검찰의 경우, 대통령의 인사 조치에 공개적·집단적 반발 사례가 있었는데, 관료제의 권력기반이 이례적으로 강한 검찰의 특수성으로 보인다. 이 측면에서 관료제의 과잉권력화 우려는 관료제 일반이 아니라 특정한 권력부처에 한정하여 제기될 수 있을 것이다.

에도 정치적 분위기 쇄신을 위한 일괄사표를 통한 집단책임을 묻는 것은 공직사회 흔들기이며 선출권력에 대한 정당한 대응성 확보수단으로 보기 어렵다. 또한 고위공무원의 정치적 교체가 행정의 국민에 대한 대응성을 높였는가를 기준으로 평가하여도 긍정적으로 평가하기 힘들 것이다. 최근의 사태를 감안하면, 적어도 대통령에 대한 민감성은 크게 높였을지 모르나, 정작 국민을 위한 공익 관점의 전문가적 판단과 발언은 크게 위축되었다고 판단할 수밖에 없다.

한편, 정책변화 측면에서 정치관료와 직업관료 사이에 이견은 경제, 외교안보, 교육, 복지 등 특정한 부처에서 두드러졌는데 정권의 국정과제와 밀접하고 권력부처로 불리는 경우에 주로 편중되었다. 갈등은 노무현 정권에서 집권 기간 내 빈발하였으나 그 후 이명박, 박근혜 정권에서는 집권 초기 정책 방향에 대한 한두 건의 갈등 사례가 발생하였다. 직업관료의 정책 이견은 비공식적으로 정보유출이나 대응지연 등으로 나타나기도 해 정치관료에게는 기만적 행위거나 정권에 대한 부정으로 여겨졌다. 선출직 및 정무직의 '항명'이나 '엄단'과 같은 발언으로 볼 때 그러한데, 노무현 정권은 대통령 권위에 대한 도전으로, 이명박 정권은 정파적·이념적 저항으로 인식하는 것으로 보였다.

그동안 이러한 충돌에서 우위는 정보와 지식을 가진 직업관료라고 보는 입장이 강한 편이었고 때로는 '관료 필승의 법칙'으로 불리기도 하였다(한국일보, 2008.2.12.). 정보를 독점하고 훈련된 정책기술자인 직업관료에게 선출권력이 의지할 수밖에 없다는 것으로 "노무현 정권은 강력한 개혁의지로 출범했지만 밥그릇 지키기에 나선 직업관료의 벽을 뚫지 못했고, 이명박도 기업인 출신 대통령의 개인적 경험으로 모피아로 불리는 재무관료를 멀리했지만 결국 그들에게 포위되어서 대기업 중심 성장 전략을 밀어붙였다"(한국일보, 2013.1.20.)는 평가가 대표적이다. 갈등 사례를 봤을 때도, 일부 부처의 보고 누락 행태는 당파적 의도를 의심할 만 하였다.

그러나 부처는 부처의 업무성격과 이해관계에 따라 나름의 가치와 관점이 있을 수 있고 대통령의 정책방향과 충돌할 수 있다. 그리고 직업관료의 이견이 당파적 의도를 품은 발언인지, 전문가적 판단에 따른 발언인지는 현실적으로 구별하기 어렵다. 이런 상황에서 정치관료는 관료집단의 이견을 당파적·부처이기적 발언으로 비난하고 강경한 대응 의지를 나타낸 것이며, 관료집단의 이견 역시 체계적 내부 논의로 발현되기보다 대체로 지연, 정보 유출, 보고 누락 등 태만과 기만의 행태로 표출함으로써 이견의 적절성이 논의될 기회를 가지지 못하였다.

정권교체 때마다 기존 정권에서 수행된 정책을 부정하는 통치가 지속되고, 정책에 대한 관료의 이견이 정치관료에게 항명하는 권력행사로 여겨지는 한, 관료가 지시의 정치적 공정성을 적극적으로 판단하려는 주체적 행동은 매우 어렵기에 정치적 중립 의무는 왜곡될 가능성이 크다. 정책적 이견이 있는 직업관료에게 중립적 대응이란 무엇인가에 관하여 주목해야 할 것이다. 앞서 살펴본 대로 직업관료의 정치적 중립 의무는 정책과정에서 전문적 판단을 투입하는 것이 한 축을 이룬다. 이종수 (2009: 9-10)는 직업관료의 당파정치(partisan politics)와 정책정치(policy politics)를 구분하고 정책에 대한 정책정치의 역량이 필요하다고 주장한다. 당파적 중립성의 규범은 어느 정도 확립되었지만 민주화 이후 정치영역을 향한 대응성이 상당히 강조되면서 관료의 정책적 중립성은 위축되었다고 판단하였다(이종수, 2009: 31). 다시 말해, 관료의 정책적 이견은 공식적으로 소통되거나 설득이나 합의로 풀려갈 기회를 얻지 못했고 그 결과는 직업관료의 전문가적 판단에 따른 적극적 의견 개진의 의지를 꺾어 침묵을 낳고 과잉된 정치도구화로 나타났을 우려가 크다. 대통령 한마디에 정책방향이 급변하는 문제12)에 대한 문제의식이 확산되는 것을 통해 간접적으로 뒷받침될 수 있다.

이렇게 정권교체로 인한 갈등과 대응을 정치적 중립의 측면에서 해석할 때 현재 가장 우려되는 바는 직업관료가 정권의 도구로 전락하여 영혼 없는 행동을 할 가능성이다. 관료제가 사익을 추구하며 정치적 통제 밖에서 작동하는 권력체가 되었다는 우려보다는, 정치적 공정성을 판단하는 주체로서 사유하지 않고 지시의 기계적 집행자로 행동할 것이 우려된다. 하지만 직업관료는 정치의 도구가 아니라 도구를 든 장인이며 국정과제 실현과정에서 협업해야 할 동반자이며, 정치권력과 행정권력 사이의 관계는 어느 정도 긴장이 있어야 바람직하다. 이러한 긴장을 제도화하여 세련되고 안정되게 만들어야 하기에, 행정권력의 전문성에 대한 존중 없이 이전 정권

---

12) 여름전력수요를 낮추기 위해 누진제가 필요하다는 산업통상자원부 에너지자원실장의 발언이 대통령이 새누리당 지도부 오찬에서 가정용 전기요금의 누진율을 낮추기로 했다는 결정으로, 이틀 후 산업부는 '주택용 누진제 요금 경감 방안'을 내놓았던 것을 들 수 있다. 이외에도 대기업 집단기준 상향 조정에 대한 공정거래위원의 입장 변경, 설악산 케이블카 설치사업에 대한 환경부의 부결에서 재추진으로 변경되는 등 많은 사례에서 부처의 입장급변이 발견되고 있으며 이것은 대통령의 결정만 바라보는 신복지부동이라고 비판되는 있다(한국일보, 2016.8.15.).

이 쓰던 자원으로 취급하고 보복적·징계적인 대우를 하는 것은 위험하며 직업관료의 분열, 판단중지와 침묵을 낳을 우려가 크다.

6   결론: 제도적 차원의 제언

민주적 공화주의에서 공직자는 시민적 대합의인 헌법 가치를 기준으로 행동해야 한다. 부처나 개인의 이익에 따라 행동하지 않으려는 각성과 노력이 정치적 중립이며, 이를 위해 공직자는 정치적 공정성의 판단 주체로서 서야 한다. 정치적 중립은 관료들의 정당활동이나 선거개입을 금지하는 의무라는 좁은 시각에서 벗어나, 명령과 지시가 품고 있는 정파적 불공정성을 끊임없이 판단하고 문제를 제기해야 하는 공직자의 책임으로 전환될 필요가 있다. 정치적 중립을 직업관료의 적극적 정치화를 통제하는 것으로만 좁게 해석하는 것을 넘어서야 하는 것이다. 그러나 현재 제도는 선거개입, 정당활동 등 당파적 활동 금지만을 정치적 중립 의무라고 명시하여, 정치적 공정성을 결정하고 집행할 의무를 충분히 담고 있지 못하다. 이론적, 윤리적으로는 정치적 중립을 이중의 의무로 규정하면서도, 현실 제도에서는 적극적으로 판단하고 행위할 의무는 간접적·선언적 규정이며 해석을 통해 도출되니 규범성이 약하다. 그 불균형으로 인해 관료는 적극적 정치활동을 하지 않았으니 정치적 중립을 지켰다고 합리화 하면서 정치적으로 불공정한 지시에도 복종하게 된다. 관료의 과잉권력화를 통제하기 위한 제도는 여전히 필요하지만, 현재 미흡한 과잉도구화 통제제도를 보강하여야 복종 편향이 완화될 수 있을 것이다.

무엇보다, 정권교체의 환경에서 직업관료가 정권과 다른 정책견해를 표출하는 것은 복종 의무의 위반이며 항명인지, 정책에 대한 직업관료의 의견이 선출된 정치권력과 충돌할 때 이를 어떻게 해결할 것인지에 관한 숙고가 필요하다. 상호간 의견충돌의 한 이유는 분명 직업관료의 이기적 행태, 반개혁적 성향일 수 있으므로 ─ 조직개편 시 부처 이기주의적 저항이나 인사교체에 대한 무기력한 수용 행태 등 ─ 통제가 필요하지만, 직업관료의 전문직업적 판단에 대한 선출권력 측의 존중도 필요하다. 정권교체로 급변하는 정책을 집행하는 것을 관료의 숙명으로 덮어둘 수만은 없다. 또한 상호간 정책적 견해를 나눌 수 있는 제도의 운영 없이, 특히 부당한 정치권력의 지시에 직업관료 개인이 윤리적으로 행동할 것을 요구하는 것도 비현실적이다. 따라서 직업관료가 선출된 정치관료와 다른 정책적 선호를 가지는 상황을 관료권력의 발현으로 두려워하기보다는, 정치적 공정성의 판단 노력으로 바라보고 이견이 공식적으로 표출·토론되며 합의될 수 있는 제도의 마련이 요구된다.

그간 우리는 고위직 공무원의 정치적 대응성을 높이고 관리적 전문성을 높이기 위한 방향에서 제도를 운영하면서(김연수·김근세, 2007) 직업관료의 정치권력화를 막기 위한 정치적 통제 장치를 강화해온 면이 크다. 최근의 사태는 그러한 방향에서 나타난 과잉된 모습으로 볼 수 있기에 이를 다시 수정하고 중립성이라는 동태적 균형을 찾기 위해서는 직업관료의 전문직업적 의무가 강화되어야 하며 이러한 방향에서 제도 마련이 요구된다. 관료의 정치적 판단을 공식화하고 성숙한 판단이 이뤄지도록 돕고, 판단에 따른 행위로 불이익을 받지 않게 보호해야 한다. 다시 말해 관료의 불복종을 의무화하고 지원하는 제도가 필요하다. Thompson(1985)은 시민 불복종이 특정한 상황 아래서 —예를 들어 불복종이 공개적 행동이며, 비폭력적, 불의에 대한 저항이며, 다수가 공유하고, 합법적 수단의 시도 이후에— 정당화되는 것처럼, 공직자의 책임을 극대화하기 위한 목적으로 이들의 불복종을 제도적으로 보장할 필요가 있다고 주장한다. 행정부 내부에서 직업관료의 정치적 중립성을 온전히 실현하기 위해서는 복종하지 않을 의무를 명시적 법규로 밝히고 직업관료의 불복종 제도화를 고민해야 할 것이다. 우선, 정치적 중립의 책임을 개인 차원에서 조직 차원의 책임으로 만드는 제도가 필요해 보인다. 공직자 개인이 개별적으로 업무 지시의 정파성을 판단할 경우 불이익을 받을 것이라는 불안으로 인해 계층적 책임 뒤에 숨으려 할 것이기 때문에 개인의 윤리의식, 용기에만 기댈 수 없다. 업무의 정파적 공정성을 조직 내·외부 인사가 참여해 심사하는 제도를 마련하면 개인은 업무의 공정성 심사 요청을 통해서 면책의 기회를 얻게 되고, 조직 차원에서 공정성 심사를 진행하여 중립성 판단이 조직 차원의 책임이 될 것이다.

근본적으로는 정책 현장의 전문가로서 부처가 추진하는 정책에 대한 스스로의 평가가 전문가적 평가로서 권위를 얻을 수 있어야 할 것이다. 관료들의 정책정치의 공간을 확보하기 위해 사업타당성 검토 등을 제안했던 선행의 주장(이종수, 2009)도 한 가지 방안일 것이다. 정치적 편향으로 매도되지 않는, 존중받을 수 있는 전문가적 견해를 형성하고 소통하는 것이 중요할 것이며 이것이 고위직 공무원의 주요 역

할이 되어야 할 것이다. 이를 위해서는 장·차관을 중심으로 한 부처 정무직과 직업
관료 사이의 소통과 그 결과에 권위가 있어야 하고, 한편으로는 장관의 권한 강화,
그리고 실국장급에 대한 청와대의 인사개입 통로를 줄여야 한다. 정권교체의 환경
속에서 선출권력과 직업관료 사이의 갈등을 조정하고 함께 정책방향을 결정하는 제
도의 마련으로 직업관료의 정치적 균형을 강조해야 할 때이다.

CHAPTER **3**

청렴한 정부와 미래의 국정운영

고 길 곤

| 1 | 서 론 |

    청렴은 민주적 공화정과 같은 정치체제가 유지되기 위한 사회의 기본 가치이다. 시민과 정부가 높은 수준의 공적 윤리 의식을 바탕으로 공공가치를 구현해나가는 과정이 전제되지 않는 이상 민주적 공화정의 이상은 실현되기 어렵기 때문이다. 이러한 이유로 청렴은 성공하는 정부의 핵심적인 가치이고 정책문제라고 할 수 있다. 본 장에서는 성공하는 정부가 되기 위해서 처벌지향적인 반부패 정책에서 긍정적 행동의 확산이라는 청렴 정책으로의 전환을 할 필요가 있음을 제시하고자 한다. 또한 청렴정책에 있어 시민 인식 개선과 행동 개선의 정책을 구분하여야 함을 제시하고자 한다.

    부패에 관한 연구는 부패를 어떻게 정의할 것인가에 대한 개념적인 문제에서부터 부패의 수준이 어느 정도인지와 같은 측정상의 문제, 부패의 영향과 효과에 대한 문제, 부패를 어떻게 통제할 것인가에 대한 정책과 제도적 수단에 대한 문제 등으로 다양하게 진행되어 왔다(김은경 외, 2015; 박광국·류현숙, 2009; Heidenheimer & Johnston, 2002; Lambsdorff, 2006; Rose-Ackerman, 2006). 이러한 연구들이 지속적으로 진행되어 왔다는 것은 부패라는 사회적 병리 현상에 대해 다양한 진단과 처방이 존재한다는 것을 의미할 뿐만 아니라 그간 제시되어온 반부패 정책의 한계를 시사한다. 그 결과 "부패가 한국에서 만연할 뿐만 아니라 한국의 반부패 정책은 실패하였다"라는 주장이 사실로 받아들여지고 있다. 이 주장은 여러 가지 문제를 초래하고 있다.

먼저, 부패의 문제는 행정책임과 공직윤리의 문제로 귀결된다. 부패는 공무원이 어떻게 행동해야 할지에 대한 국민의 규범적·법적 기대를 위반한 행위이며, 이러한 책임 위반행위는 궁극적으로는 공직자 윤리의 문제이기도 하다. 따라서 행정책임과 공직윤리를 확보함으로써 부패를 줄일 수 있다는 자명한 결론에 도달하게 된다. 이러한 접근은 근본적으로는 의무론(deontology)의 입장에서 부패를 이해한다. 즉, 부패행위가 초래하는 사회적 편익이나 비용, 혹은 부패의 규모에 관계없이 이를 '윤리적'으로 잘못된 것으로 이해한다. 물론 부패문제는 당연히 윤리적인 문제이지만, 부패수준에 대한 측정이 없이 단순히 개인의 윤리적 문제로 부패를 단순하게 이해하는 경우 부패문제를 정의하고 반부패 정책을 설계하고 집행하는 것은 한계가 있을 수밖에 없다.

즉, 행정책임과 공직윤리가 확보되지 못하는 데는 무수히 많은 원인이 있고, 이를 확보하기 위한 정책수단들도 다양한 경로를 통해 그 효과가 발생하며 그 크기도 상이할 수밖에 없다. 단순히 의무론적으로 부패의 문제에 접근하게 되면 부패가 초래하는 비용과 편익의 크기 문제는 더이상 논의의 대상이 되기 어렵고, 부패수준은 중요한 연구문제가 되지 않는 한계를 갖게 된다.

한국의 반부패 정책은 단편적 의무론적 접근을 벗어나 구체적으로 부패의 부정적 효과를 줄이고 통제하려는 노력을 제도화하는 과정이었다. 2001년 부패방지법 제정 이전에서도 공무원 직무에 관한 범죄는 이미 1953년 형법의 뇌물죄 규정에 포함되기 시작하였고, 각종 법령을 통해 부패행위는 통제됐다(김유근·안수길, 2016).[1] 2011년 공익신고자보호법을 비롯하여 2016년의 부정청탁 및 금품 등의 수수에 관한 법률 또한 법령에 따른 반부패 행위 통제의 노력이었다. 또한, 2001년 부패방지위원회가 반부패 정책을 담당한 중앙행정기관으로 설치되고 이후 국가청렴위원회 및 국민권익위원회로 변천하는 과정에서 제도화된 반부패 기구를 통한 부패 통제의 노력

---

[1] 김유근·안수길(2016: 11~12)에 따르면 현재 부패와 관련된 법령으로는 「공직자윤리법」, 「부패방지 및 국민권익위원회의 설치와 운영에 관한 법률」, 「부정청탁 및 금품등 수수의 금지에 관한 법률」과 가중처벌법률들로는 「특정범죄 가중처벌 등에 관한 법률」이나 「특정경제범죄 가중처벌 등에 관한 법률」, 부패재산의 환수와 관련해서는 각 법률에 산재하는 몰수·추정규정들 외에 「공무원범죄에 관한 몰수 특례법」, 「부패재산의 몰수 및 회복에 관한 특례법」, 그리고 「범죄수익은닉의 규제 및 처벌 등에 관한 법률」을 비롯하여 64개의 법률이 있는 것으로 나타나고 있다.

도 진행되었다. 시민과 함께하는 반부패 노력은 부패행위신고, 행동강령위반신고, 공익신고, 청탁금지법위반신고에 이르기까지 다양한 신고제도로 운용되고 있다. 이처럼 우리나라의 반부패 정책은 다른 선진국 못지않게 틀을 갖추어가고 있다.

하지만 반부패 제도와 정책이 다양하게 발전되어 왔음에도 불구하고 여전히 한국의 부패수준에 대한 우려는 매우 크다는 인식과 함께, 반부패 정책의 효과성에 대해서도 부정적인 견해가 일반적이다. 최근 부정청탁 및 금품 등 수수에 관한 법률의 입법과 실행 과정에서 많은 논란이 존재했음에도 불구하고 국민이 적극적인 지지를 보낸 것은, 법의 실질적 효과에 대한 의문에도 불구하고 부패를 척결하고자 하는 법의 취지를 지지한 것이라고 볼 수 있다. 이러한 배경에서 한국의 부패수준이 높다는 인식은 당연한 '사실'로 받아들여지고 있다.

본 장은 부패라는 현상은 실존하는 존재일 뿐 아니라 시민들의 인식을 통해 형성된(constructed) 존재임을 전제한다. 이러한 가정하에서 부패에 대한 인식과 실제 수준에 대한 간격이 존재하며, 부패원인도 상이하게 접근될 수 있음을 제시하고자 한다. 이를 바탕으로 반부패 정책도 시민의 부패인식을 개선하는 정책과, 실제 부패 행위를 줄이는 정책으로 구분하여 접근해 볼 수 있음을 지적하고자 한다. 특히 부패 인식과 행위는 단순히 공직자 관점에서만 접근해서는 안 되며, 시민이 부패의 피해 자이자 또한 유발자라는 점을 고려한다면 민간부패의 문제가 적극적 정책의제로 대두될 필요가 있음을 지적하고자 한다. 마지막으로 기존 정책이 부패라는 예외적이고 병리적 현상에 중심을 둠에 따라 다수의 청렴하고 책임감 있는 공직자에 대한 국민의 인식이 약화되고 있음을 지적하면서 반부패 정책은 청렴한 공직자에 대한 사회적 존경을 높이는 방향으로 나아가야 할 필요성을 제기하고자 한다.

2 부패에 대한 인식과 경험의 차이

본 장에서는 한국 청렴 정책의 역설적인 현상, 즉 경제발전과 민주주의 발전뿐만 아니라 행정의 투명성 향상의 노력이 진행되었고 반부패 정책이 꾸준히 도입되었음에도 한국의 부패 수준은 개선되지 않고 있다는 주장을 논의하고자 한다. 과연이 주장이 타당한지를 실증적으로 살펴보면서 한국의 부패수준과 현황에 대한 잘못된 인식이 청렴정책의 방향을 잘못 설정할 수 있음을 제시한다.

1) 한국은 과연 부패한 국가인가?

한국이 부패한 국가라고 주장하는 연구들은 국제비교, 시민인식도, 그리고 언론보도에 바탕을 두고 있다. [그림 2-5]는 부패수준의 국제비교에 가장 널리 사용되는 Transparency International의 CPI 지수의 추이를 나타내고 있다. 이 추세를 살펴보면 한국의 부패수준은 지난 10년간 큰 개선이 없을 뿐 아니라 국제적 순위도 40위권에 머무는 것으로 나타나고 있다.

그림 2-5 국제지수에 나타난 우리나라 부패인식 수준의 변화

주: 점수가 높을수록 청렴도가 높음.
출처: Transparency International(https://www.transparency.org/news/feature/corruption_percepti ons_index_2016)을 바탕으로 저자 작성(검색일, 2017.5.1.).

CPI의 측정상의 문제점에 대해서는 여러 논문에서 이미 제기되고 있으나 각국의 시민 인식을 직접 측정하지 않았기 때문에 국가 간 비교에서 한계가 있다. 이를 잘 보여주는 것이 GCB(global corruption barometer)이다. 국제투명성기구에서 각국의 시민을 대상으로 부패 인식을 측정한 결과를 살펴보면 연도별 편차도 매우 크며

2013년의 경우 [표 2-8]에서 확인할 수 있듯이 우리나라의 경우 공무원의 부패는 오히려 높지 않다는 결과도 나타나고 있다.

표 2-8 Global Corruption Barometer(2013)에서 나타난 한국의 부패 수준

지표	교육	사법	경찰	공무원/공무수행사인	의료
국제평균	41	56	60	57	45
표준편차	20	22	23	18	19
한국값	30	38	35	36	21
Rank	34	26	10	18	15

*출처: Transparency International(https://www.transparency.org/gcb2013)을 바탕으로 저자 작성 (검색일, 2017.5.1.).

　시민의 행정분야와 사회 전반의 부패에 대한 인식은 더욱 심각한 수준이다. [그림 2-6]은 공무원과 일반 시민에게 행정분야와 사회전반의 부패 여부를 측정한 국민권익위원회 부패인식도 조사결과를 보여주고 있다. 지난 10년 동안 대부분의 연도에서 시민들이 행정분야와 사회전반에 걸쳐 부패했다고 인식하는 비율이 50%를 웃돌고 있다. 2016년의 경우 약 52% 정도의 시민이 행정분야나 사회전반이 부패했다고 생각하고 있다. 다만, 공무원들에게 행정분야와 사회전반의 부패 여부를 물었을 때 행정분야에 대한 부패 수준은 매우 낮다고 응답하고 있으며 사회전반의 부패 수준은 행정분야보다 더 높다고 인식하는 것으로 나타나고 있다. 시민의 높은 부패 인식 수준은 다른 조사에서도 동일하게 나타난다. 2014년도 서울대학교 행정대학원의 정부 역할과 범위 및 삶의 질에 대한 연구조사 결과를 보면 10점 만점으로 측정한 설문조사(N=5,940)에서 정부가 부패했다고(0점에서 4점) 응답한 비율이 49%로 그렇지 않다고(6점에서 10점) 응답한 비율 26.7%보다 월등히 높은 것으로 나타나고 있다. 기업인과 자영업자를 대상으로 한 한국행정연구원의 부패실태조사 결과도 유사하게 나오고 있는데 2014년의 경우 약 57% 정도가 공무원들이 직무수행과 관련하여 금품/향응/편의 등을 수수하는 행위가 심각하다고 응답을 하고 있다.

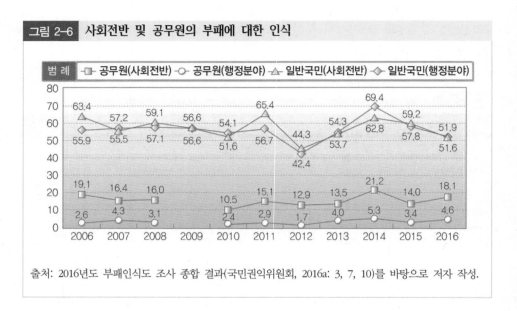

그림 2-6 사회전반 및 공무원의 부패에 대한 인식

출처: 2016년도 부패인식도 조사 종합 결과(국민권익위원회, 2016a: 3, 7, 10)를 바탕으로 저자 작성.

[그림 2-7]에서처럼 언론에서 언급되는 부패, 청렴, 뇌물의 언급 횟수 역시 지속해서 증가하고 있다. 특히 2006년 이후 부패와 관련된 기사는 꾸준히 증가하는 것으로 나타나고 있다.

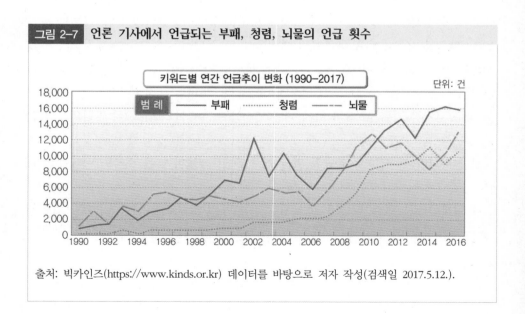

그림 2-7 언론 기사에서 언급되는 부패, 청렴, 뇌물의 언급 횟수

출처: 빅카인즈(https://www.kinds.or.kr) 데이터를 바탕으로 저자 작성(검색일 2017.5.12.).

국제지수와 시민인식, 그리고 언론을 통해 나타난 부패의 심각성과 달리 부패경험, 부패적발 등을 통해 나타난 부패수준은 전혀 다른 양상을 나타낸다. [그림 2-8]은 민원인을 대상으로 한 금품, 향응, 편의 등의 제공 경험이 있는지를 측정한 국민권익위원회의 외부청렴도 조사결과이다. 이 결과에 따르면 2014년의 경우 부패경험이 있는 민원인은 약 1.7%로 이중 금품 제공률은 0.70%p, 향응 제공률은 0.73%p, 편의 제공률은 0.24%p인 것으로 나타났다.[2] 그리고 2014년 이전 경우를 살펴보더라도 [그림 2-8]처럼 1%대에 머무르고 있는 것으로 나타나고 있다. 한편 제공된 금품, 향응, 편의의 규모를 통해 부패경험의 심각성을 살펴볼 수 있는데 2014년의 경우 금품제공자의 58.3%가 30만 원 미만이고 향응 제공자도 51.2%가 30만 원 미만인 것으로 나타나고 있다. [그림 2-9]는 공공기관 직원을 대상으로 부패경험을 조사한 결과로 인사관련 금품 등을 직접 제공한 경험률은 1% 미만으로 매우 낮게 나타나고 있다. 다만, 위법하거나 부당한 지시에 의한 예산집행이나 업무지시의 비율은 높은 것으로 나타나고 있다.

그림 2-8   국민권익위원회 외부청렴도 부패경험 조사 결과

단위: %

2002 4.1
2003 3.5
2004 1.5
2005 0.9
2006 0.7
2007 0.5
2008 1.2
2009 0.6
2010 1.1
2011 0.8
2012 1.0
2013 0.7
2014 1.7

출처: 공공기관 청렴도 측정결과(국민권익위원회, 2009: 6, 2015: 13)를 바탕으로 저자 작성.

---

2) 권익위에서는 부패경험을 응답자 본인의 직접 경험 이외에도 응답자 본인이 아닌 친지, 동료 등 주변 사람들의 금품, 향응, 편의제공 경험을 측정하고 있다. 이 간접 경험률은 2014년 1.1% 정도로 낮게 나타나고 있다.

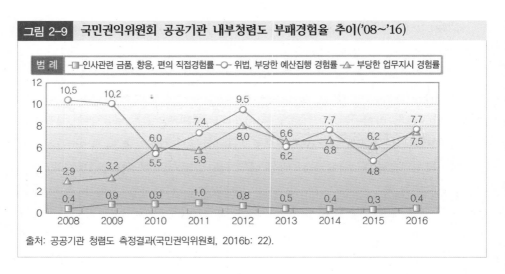

그림 2-9 국민권익위원회 공공기관 내부청렴도 부패경험율 추이('08~'16)

출처: 공공기관 청렴도 측정결과(국민권익위원회, 2016b: 22).

유사하게 자영업자와 기업인을 대상으로 한 한국행정연구원의 부패실태조사 결과를 살펴보면 2016년의 경우 약 1.9%의 응답자가 금품 등을 제공하였다고 대답을 하였고, 대부분 식사/술 접대이며 제공된 금액도 30만 원 미만이 가장 많이 차지하고 있다. 이와 유사하게 [그림 2-10]과 같이 국민권익위원회에서 측정한 부패경험 수준도 2016년을 보면 3.5%로 낮게 나타나고 있으며 전체적으로 부패경험은 줄어들고 있음을 알 수 있다.

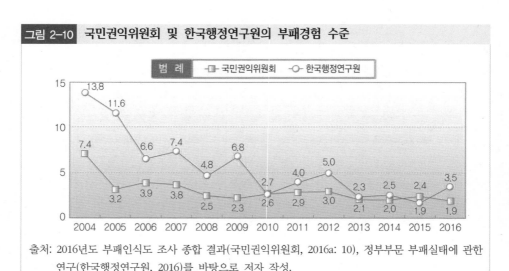

그림 2-10 국민권익위원회 및 한국행정연구원의 부패경험 수준

출처: 2016년도 부패인식도 조사 종합 결과(국민권익위원회, 2016a: 10), 정부부문 부패실태에 관한 연구(한국행정연구원, 2016)를 바탕으로 저자 작성.

　　실제 부패가 적발된 건수를 살펴보기 위해 대검찰청의 「범죄분석」의 뇌물죄 기소건수를 살펴보면3) [그림 2-11]에서 나타나고 있듯이 전체적으로 뇌물죄 기소건수가 최근 들어 감소하고 있으며 2013년의 경우 509건으로 나타나고 있다. 한편, 금품·향응 등의 수수로 인해 공무원 행동강령 위반행위로 징계를 받은 경우는 2013년 경우 725건에 달하고 있다.4)

그림 2-11　공무원 뇌물죄의 추세(대검찰청)

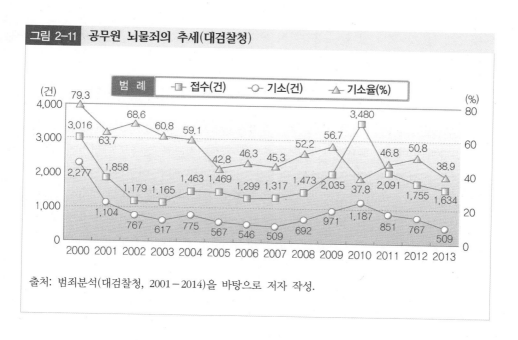

출처: 범죄분석(대검찰청, 2001-2014)을 바탕으로 저자 작성.

　　부패 측정에 대해서는 많은 회의론이 존재하고 있는 것이 사실이다. 특히 검찰의 기소건수 같은 자료는 부패수준을 과소 측정하는 경향이 있다. 하지만 한국의 법치주의 발전 수준을 고려하다면 이러한 과소측정 경향은 점차 줄어들고 있다. 전체적으로 부패 관련 기소건수가 줄어들고 있는 추세를 고려하면 한국 부패수준이 감소 추세에 있다고 판단할 수 있다. 지금까지 한국의 반부패 정책의 귀무가설은 "공무원이 부패했다"이다. 하지만 이 귀무가설이 타당한지에 대한 근거는 충분하지 않다.

---

3) 대검찰청 범죄분석 자료에서 포함되는 공무원은 국가공무원, 지방공무원, 국회공무원, 법원공무원, 교육청 공무원, 기타 공무원을 모두 합한 값이다.

4) 국민권익백서(국민권익위원회, 2014).

이상의 결과를 종합해보면 매우 중요한 시사점을 확인할 수 있다. 첫째, 행정부의 일반적인 부패 수준에 대한 시민의 인식은 매우 부정적이지만 실제 금품 등의 제공행위의 경험(직접 혹은 간접) 수준은 상대적으로 낮은 것으로 나타나고 있다. 물론 자신의 부패행위를 솔직하게 응답하지 않는 설문 응답자의 태도 때문이라고 생각할 수 있으나, 자신이 아닌 주변 사람들의 금품 등의 제공행위를 경험했는지를 물었을 때도 그 경험률이 높지 않은 점을 고려한다면 시민의 높은 부패인식은 실제 경험을 바탕으로 한 것이라기보다는 비경험적 요인을 반영하고 있음을 시사한다. 따라서, 시민들의 정부부패에 대한 부정적 인식이 왜 비경험적 요인에 의존하는지는 반부패 정책 설계에서 중요한 쟁점이 된다.

둘째, 공무원 행동강령 위반이나 대검찰청의 뇌물죄 통계를 살펴보더라도 전체 국가공무원의 수를 약 60만 명으로 가정하더라도[5] 0.08% 정도가 이를 위반하는 것으로 나타나고 있다. 이 비율을 가지고 부패수준이 절대적으로 낮다고 단정짓기 어렵지만 최소한 부패가 만연하고 있다는 주장을 지지하기는 매우 어렵다.

셋째, 시민의 인식과 부패 실제 간의 간격은 정부 반부패 정책의 대상이 변해야 함을 시사한다. 부정청탁 및 금품 등 수수의 금지에 관한 법률은 전통적인 형태의 부패, 즉 금품 등의 수수에 초점을 맞추고 있다. 하지만 위 분석에서도 나타나듯이 금품 등 수수 자체가 만연된 행위라고 보기 어렵다. 정부가 법을 통해 금품 등 수수를 규제하더라도 이를 추가적으로 줄일 수 있는 불법행위의 규모는 실제 크지 않으며, 오히려 상당한 규제비용을 부담할 수 있음을 시사한다. 즉, 반부패 정책의 대상이 되는 부패 행위가 시민들의 뇌물이나 금품 수수만이 아닐 수 있음을 시사한다. 따라서 정부는 시민들이 부패가 만연하고 있다고 생각하는 원인을 찾아내서 이를 해결하는 데 정책 우선순위를 두어야 할 것이다.

2) 시민은 왜 정부가 부패했다고 생각하는가?

시민들이 정부가 부패했다고 인식하는 것을 단순히 인식 오류라고 가정하는 것은 매우 잘못된 접근이다. 부패가 심각하다고 생각하는 시민은 자신이 실제 부패행위의 당사자가 될 가능성이 있을 때 실제 행동으로 옮길 가능성이 있기 때문이다(고길곤·이보라, 2012). 또한, 정부가 부패했다고 믿는 시민이 많아질수록 정부에 대한

---

5) 지방공무원까지 합하면 100만 명 이상이 된다.

신뢰가 떨어지고 갈등조정자로서 정부의 임무를 수행하기 어렵게 된다.

　　부패원인에 대한 매우 다양한 연구들이 제시되고 있으나, 일반적인 인식과 부패경험이 있는 사람의 인식을 구분할 필요가 있다. 먼저 부패의 원인에 대한 일반적인 인식을 살펴보자. 서원석(2014)은 2000년부터 2014년까지의 연도별 공직부패 발생 요인에 관한 연구를 종합한 결과를 [표 2−9]와 같이 제시하고 있는데 [표 2−9]에 따르면 가장 중요한 요인으로 나타나고 있는 상위 5개 요인을 보면 업무처리상의 관행, 비리공직자에 대한 관대한 처벌, 공직사회 내부의 상납관행, 공무원 개인의 윤리의식 부족, 그리고 사회전반의 부조리 풍토로 나타나고 있다. 부패원인에 대해 시민들이 대부분 관행과 윤리를 원인으로 제시하고 있다는 것은 부패 문제를 문화의 문제로 인식하는 경향이 강하다는 것을 시사한다.

표 2−9　자영업자와 기업가들이 응답한 공직부패 발생요인

분야	개별요소	요소별 비중												
		00	01	04	05	06	07	09	10	11	12	13	14	평균
업무 환경 측면	업무처리상 관행	1	4	1	2	1	1	3	1	1	1	1	2	1
	사회전반의 부조리 풍토	2	3	5	5	7	3	6	7	7	4	3	3	5
	시민들의 이기심	6	7	7	6	3	4	5	5	5	5	4	8	7
	사적인 관계의 작용	10	15	12	10	8	7	7	6	4	7	7	4	9
행정 제도 측면	행정규제·기준의 비현실성	4	10	9	12	6	9	9	9	9	8	8	9	10
	행정기준·절차의 모호성과 불명확성	7	14	15	9	12	10	8	11	11	10	9	10	13
	업무처리 관련 정보제공 미흡	11	16	14	14	10	11	12	12	10	15	14	14	15
	부당한 처분 등에 대한 대응수단 미비	8	12	13	13	9	8	13	8	8	9	11	12	12
공직자 인적 측면	공무원의 낮은 보수수준	9	11	11	15	14	14	18	17	18	17	17	17	17
	공무원 개인의 윤리의식 부족	4	6	3	1	2	6	2	3	6	6	5	7	4
	공직사회 내부의 상납관행	3	1	2	4	4	2	4	4	2	3	6	6	3
	담당 공무원의 임의적 업무처리	12	9	10	7	13	12	14	14	15	16	16	16	16
	공무원의 지나친 자의적 재량권	–	–	–	–	–	16	16	16	13	13	11		8
부패에 대한 통제 측면	공직 내부의 통제기능 미약	–	5	6	8	11	13	10	12	14	11	10	12	11
	민간역할의 미비	–	13	16	16	16	16	17	17	17	18	18	18	18
	사정기관 활동의 비효과성	–	8	8	10	15	15	15	15	12	14	15	15	14
	비리공직자에 대한 관대한 처벌	–	2	4	3	5	5	1	2	3	2	2	1	2
	비리공직자에 대한 짧은 징계시효	–	–	–	–	–	–	11	10	13	12	11	5	6

출처: 서원석(2014: 553).

하지만 부패원인에 대한 이런 일반적 인식과 달리 부패경험이 있는 사람들에게 상대적으로 중요한 요인은 기대이익인 것으로 나타나고 있다. 고길곤·조수연(2012)은 부패에 대한 경제적 합리성, 제도적 차원, 문화적 차원의 변수 중 어느 변수가 부패경험 유무에 영향을 주는지 분석하였다. 그 결과 기대이익이 가장 중요할 뿐 아니라 연도와 관계없이 지속적으로, 통계적으로 유의미한 것으로 나타나고 있다. 즉, 부패경험에 여부 대한 확률비(오즈)는 기대이익에 대한 기대가 한 단위 증가할 때 1.59배 더 증가하는 것으로 나타나고 있다. 이 결과는 기대이익이 부패 의향에도 유의미하게 영향을 미친다는 결과(고길곤·이보라, 2012)와도 일치한다.

서울대 행정대학원의 2014년 정부의 역할과 삶의 질에 대한 국민인식조사 결과를 살펴보면 5점 만점에서 3.3점으로 공직자에게 금품·향응 등을 제공할 경우 이전보다 업무처리가 잘 된다고 나타났다. 한국행정연구원의 부패실태 조사결과를 보더라도 [그림 2-12]처럼 금품제공의 보편성과 필요성, 만연성에 대해 높은 수준의 인식이 있었다. 이러한 결과들을 살펴보면 금품 등을 제공하면 기대이익이 존재한다는 시민들의 인식이 매우 강하게 존재한다고 할 수 있다. 2016년의 경우 57.3%의 응답자가 금품제공이 긍정적인 영향을 미친다고 생각하고 있다.

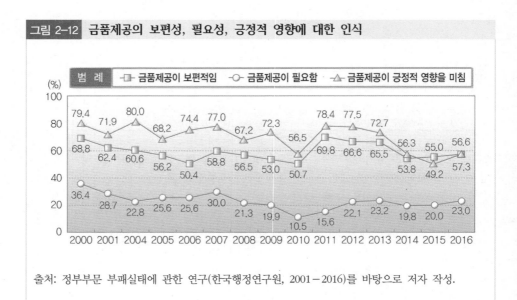

그림 2-12 금품제공의 보편성, 필요성, 긍정적 영향에 대한 인식

출처: 정부부문 부패실태에 관한 연구(한국행정연구원, 2001-2016)를 바탕으로 저자 작성.

이 결과를 종합하면 금품 등의 제공과 같은 부패행위에 주로 영향을 주는 것은 기대이익이고, 부패 만연도 인식에 영향을 주는 것은 관행이나 윤리의식, 그리고 처벌수준과 같은 요인임을 알 수 있다. 앞에서 부패인식과 실제 경험과의 차이가 존재한다는 점, 부패의 원인에 대해서도 일반적 부패 만연도의 원인과 부패행위의 원인이 다르게 인식되고 있다는 점을 종합해보면 반부패 정책은 부패행위를 줄이기 위한 정책과 부패인식을 개선하는 정책이 함께 추진되어야 함을 시사한다.

3 우리나라 반부패 정책의 변화와 방향

1) 반부패 정책의 역사적 변화

우리나라의 반부패 정책은 오랜 기간에 걸쳐 지속적으로 변화해왔다. 반부패 정책의 변화의 큰 틀을 보면 1970년대에는 주로 경미한 부패를 중심으로 반부패 캠페인 형식의 정치적 접근이 일반화되어 있었다. 이 시기에는 강력한 국가권력을 바탕으로 반부패 운동이 진행되었으나 정치인들이나 고위 관료에 대한 처벌은 스캔들 형식으로 표면화되었을 뿐 이에 대한 적극적 통제는 제대로 시행되지 못하였다. 민주화 초기인 1990년대에는 정치부패를 반부패 정책의 대상으로 포함하기 시작하였다. 1993년 금융실명거래 및 비밀보장에 관한 긴급재정경제명령이 실행된 후 1994년 공직선거 및 선거부정방지법이 도입됨에 따라 불투명한 금융거래 아래 행해지던 부패와 정치자금 및 선거와 관련된 부패행위를 통제할 수 있는 토대를 마련하였다. 2000년대에 들어서는 반부패 정책이 대통령 개인의 의지에 의존하기보다는 체계적인 법률과 제도에 의해 진행될 수 있는 토대가 마련되었다. 특히 2001년 오랜 논란 끝에 부패방지법이 제정되고 비록 수사권을 갖지는 못했지만 독립적인 반부패기구의 기초가 될 수 있도록 2002년 대통령 직속 부패방지위원회가 설치되고 2005년에는 국가청렴위원회로 발전하게 된다. 이러한 노력의 결과로 2000년대 중반까지 우리나라의 부패수준은 감소하는 추세로 전환하게 된다. 특히 시민참여를 강조함에 따라 내부고발자 보호제도를 확충하게 된다. 이명박 정부에 들어 국가청렴위원회가 국민권익위로 바뀌면서 반부패기구가 행정심판 기구와 통합됨에 따라 독립적 반부패

기구의 성격이 약화되었다는 비판이 제기되었다. 박근혜 정부에서는 부정청탁 및 금품등 수수 금지에 대한 법률이 제정되고 공익신고자보호법의 개정을 통해 공익신고자에 대한 보호를 강화하였다. [표 2−10]은 한국의 주요 반부패 정책의 변화와 효과를 제시해주고 있다. 이 표에서 확인할 수 있듯이 한국은 매우 다양한 반부패 정책을 오랜 기간동안 도입해왔으며 반부패 정책 대상도 일선 공무원부터, 정치인에 이르기까지 다양하다. 앞에서 측정한 공무원의 부패 수준의 변화는 광범위한 반부패 정책의 결과로 해석할 여지가 충분히 있다.

표 2-10 한국의 주요 반부패 정책의 변화

역대정부	주요 반부패 공약	실현 여부
김영삼 정부 (1993~1998)	• 공직자윤리법 개정 • 금융실명제실시 • 부동산실명제 실시 • 공직선거및선거부정방지법제정(1994) • 공직자재산등록 제도도입 • 부정방지대책위원회 설치 • 정보공개법 제정 • 정치자금법 개정, 영수증 교부, 정치자금 수입지출 선관위 보고(1994) • 정치자금법 개정, 지정기탁금제 폐지, 처벌규정, 국고보조금의 정책개발비 지출 20% 이상(1997) • 특정범죄가중처벌법 강화(국회 직원 기밀 누설, 지방세 횡령 시 가중처벌, 공기업 간부직원 적용확대)	• 종래의 적발·처벌 위주에서 부패의 근원을 차단하기 위한 기본적인 반부패 제도가 도입 • 부패문제를 국정운영의 최우선 과제로 인식하고 추진 • 대통령 중심(상층부)의 개혁 • 법, 제도 중심의 반부패 정책 • 과거 부패에 대한 사정 • 정치자금 등 정치부패에 집중 • 금융실명제 실시 • 각종 불필요한 행정규제와 권위적인 행정관행이 사라지지 않아 부패통제에 한계가 있었음
김대중 정부 (1998~2003)	• 부패방지법 제정 • 자금세탁방지 관련법 제정 • 공무원행동강령 제정 • 부패방지위원회 설치 • 내부고발자보호제도 운영 • 공공기관청렴도 측정 • 국민감사청구권 • 인사청문회법 제정 • 범죄수익은닉의규제및처벌등에 관한 법률 제정	• 이 시기 반부패시책의 기본방향은 부패문제를 적발·처벌이 아닌 시스템적으로 해결한다는 것 • 반부패시책을 범정부차원에서 종합적이고 체계적으로 추진 • 다양한 법과 제도의 실시 • 부패방지를 위한 법의 제정과 전담조직의 설치 • 내부 고발자 보호제도 마련 • 인사 청문 법제화

역대정부	주요 반부패 공약	실현 여부
	• 특정범죄가중처벌법 강화(수뢰금액 및 법정형강화) • 공직선거및선거부정방지법 개정, 지역선관위선거부정감시단 설치, 후보자 납세실적 및 전과경력 제시(2000)	• 청렴도 측정 • 반부패시스템을 구축하고 운영 : 반부패관계기관협의회 운영, 부패방지계획 수립·운영, 제도개선 권고제도, 청렴도 측정제도 • 행정정보공개제도 • 행정실명제 강화 • 공직자 윤리제도 : 공직자 행정강령 제정(2003)
노무현 정부 (2003~2008)	• 국가청렴위원회 설치(전 부방위) • 대통령소속 반부패관계기관협의회 설치(2005) • 중장기 부패방지 로드맵 마련 • 부패행위 개념 확대(부패강요 등) • 법령상 부패유발요인 평가 • 부패방지 통합정보시스템 구축 • 신고자 신분보장 강화 • 주식백지신탁제도 • 재산등록 시 고지거부 허용 제한 • 재산형성과정의 소명 • 불법정치자금등의몰수에관한특례법 • 인사 청문대상 전 국무위원, 헌법재판소 재판관, 중앙선관위원으로 확대 • 전자적 정보공개 도입 • 외부인 중심 정보공개심의회 강화 • 재정신청범위 전면 확대(2008) • 정치자금법 개정(2004; 법인의 정치 자금기부 금지, 회계책임자 지출권, 고액 정치자금 기부자 공개 등) • 사면법 개정(2007), 사면심사위원회 설치 • 특정범죄가중처벌법 강화(양형 현실화 등) • 공직선거및선거부정방지법 개정(2004; 후보자, 배우자 등 납세실적 5년으로 확대. 납세, 병역, 전과기록 유권자에게 발송) • 공직선거및선거부정방지법 개정, 선거부정감시단 상시운영 등(2008)	• 국가차원 부패방지정책 추진 위하여 총괄협의기구 설치 • 부패방지 종합계획 수립 • 부패를 청렴개념으로 확대 • 이해충돌 방지 관련, 백지신탁제도 도입 • 인사 청문 및 검증제도 강화 • 정보공개제도 강화 • 재정신청범위 전면 확대 • 정치관계법 개정

역대정부	주요 반부패 공약	실현 여부
이명박 정부 (2008~2013)	• 추천직 금통위 위원의 재산등록, 공개 • 부패방지법 폐지 • 종전의 부패방지기구인 국가청렴위원회와 고충처리위원회, 행정심판위원회 등 기능 통합 • 제도개선 권고의 대상과 실적 대폭 확대 • 특정범죄가중처벌법 강화(뇌물 사범에 대해 징역형 이외 수뢰액의 2~5배 벌금 병과) • 고위공직자 청렴도 평가모델 개발(고위공직자 개인 청렴도 측정제도 도입 추진) • 공직신고자 보호법(2011)	• 이전 정부의 반부패시책을 보다 심화시키는 한편, 부패 유발, 생산성 향상 저해, 국민 불편 유발 등 선진화를 저해하는 낡고 비효율적인 제도 개편에 초점 • 국가청렴위원회 폐지(→국민권익위원회로 대체) • 공익신고자보호법 제정 • 징계위원회 구성 다양화 • 공직기강 확립방안 마련(성 관련 비위와 음주운전에 대한 징계 강화) • 금품비위 이외의 기타 비위에 대한 징계사유의 시효를 연장하는 방안 마련 • 강등제도 신설(해임과 정직 사이에 강등 신설, 08.12.31. 국가공무원법 개정) • 징계시효 3년으로 연장(2012.3.21. 국가공무원법 개정) • 행정비위행위 징계시효를 3년에서 5년으로 연장 • 징계부가금 제도 도입 • 징계위원회 운영 개선 • 공공기관과 거래과정에서 비리를 행한 기업의 명단과 제재내용을 정부조달 사이트에 게재하여 공공기관 발주 대상에서 제외 • 청렴도 측정기능 강화 • 경제성장의 발목을 잡는 부패, 고충관행 개선 • 3대 부패취약분야 개선: 건설공기업 민간위탁/인증
박근혜 정부 (2013~2017)	• 공익신고자보호법 개정: 공익신고 대상 확대, 내부신고자 보호강화, 신고자의 책임감면 범위 확대 • 부정청탁 및 금품등 수수의 금지에 관한 법률(2016)	• 부정청탁 및 금품등 수수의 금지에 관한 법률 도입을 통해 예방적 금지 정책의 강화 • 공직자 청렴교육 강화 • 신고자 불이익 조치 예방 강화 및 보·포상금 지급 확대

출처: 장지원(2013: 45)을 바탕으로 저자 작성.

4 부패행위를 줄이기 위한 제도와 정책

우리나라의 반부패 정책의 변화를 살펴보면 이미 매우 다양한 정책이 개인, 기관, 사회·문화 수준의 부패를 줄이기 위해 법률과 제도뿐만 아니라 청렴문화 및 공직윤리 강화를 위한 다양한 정책수단을 사용해왔음을 알 수 있다. 이러한 노력에도 불구하고 반부패 정책에 대한 정책들 또한 매년 제안되어 온 것도 사실이다. 한국행정연구원이 매년 발간하는 정부부문 부패실태에 관한 연구보고서는 부패현황을 진단하고 반부패 정책을 제안해왔다. [표 2−11]은 이러한 제안의 내용을 정리한 결과이다. 각 연도별로 초점을 맞추고 있는 부패 유형도 다르지만 제안된 부패 정책도 변화하고 있다. 하지만 전체적으로 정당공천이나 행정관리 시스템의 개선과 같은 행정시스템과 제도의 개선에 대한 것이 주를 이루며, 개인 수준에서는 공직윤리강화와 실효성있는 처벌을 강조하고 있으며 사회 수준에서는 사회전반의 윤리의식 확립과 청렴교육의 필요성이 주를 이루고 있다. 주목할 만한 것은 제안된 정책은 새로운 정책이라기보다는 기존의 제도나 정책이 갖고 있는 문제점을 보완하는 형태가 대부분이라는 점이다. 예를 들어 인사문제, 내부고발자 보호 문제, 행정내부통제 문제와 관련된 제도들은 반복적으로 제시되어 온 대안으로 실효성을 높이기 위한 수단과 집행의 질을 높이기 위한 노력의 일환으로 이해할 수 있다. 따라서, 우리나라의 반부패 정책은 혁신적인 반부패 정책이나 획기적인 제도개선을 추구하기보다는 기존의 제도를 개선하여 부패의 가능성을 줄이고, 부패 적발과 처벌의 수준을 높이는 데 초점을 맞추고 있다고 할 수 있다. 하지만 앞에서 지적하였듯이 부패경험과 가장 관련 높은 변수는 기대이익이라는 점을 고려한다면 기대이익을 낮추는 행정의 투명성 강화를 위한 정책을 강화해나갈 필요가 있다.

표 2−11 반부패 정책 제안의 변화

연도	반부패 정책 제안
2011	1. 자치단체장 책임행정구현 　− 단체장 위법 직무행위에 대한 제제, 징계제도도입 　− 기초자치단체장의 임명을 시, 도지사가 하도록 하는 제도 개선 　− 단체장 임기 개시 전 교육, 연수실시 의무화
	2. 기초단체장(지방의원) 정당공천 방식 개선

연도	반부패 정책 제안
	– 깨끗하고 돈 안드는 선거시스템(예: 싱가포르)
	– 기초단체의 경우 정당공천제 폐지 방안 검토
	3. 지방공무원 인사제도 개선
	– 보은인사 금지 및 비서, 보좌 인력의 정원기준 모델 제시 필요
	– 지방인사위원회 기능 강화: 인사위원회 구성원 pool제 도입
	– 위법 인사행위 등에 대한 강력한 조치
	4. 청렴 정보 관리시스템 제도 도입
	– 감사원, 행정안전부, 검찰청, 경찰청, 국민권익위원회 및 내부감사기관 간 체계적이고 종합적인 통계자료 구축 및 자료 관리 필요
	– 중앙 각 부처는 물론 지자체도 상호 간에 부패실태 확인 및 벤치마킹 가능하게 해야 함
	5. 일상감사 및 IT기반 상시모니터링 확대
	6. 행정정보공개 확대 및 웹 공익제보 구축
	– 국민 정보접근성 제고
	7. 뇌물공여자 처벌 및 공직윤리 강화
	– 뇌물공여자 대상 가시적 처벌 수준 높임으로써 관행상 공여행위를 줄일 필요
	– 공무원행동강령, 공직자 재산등록, 퇴직공직자 취업제한제도, 청렴마일리지, 청렴인사제 등 강화
	8. 법조인의 전문역량 및 윤리강화
	9. 독립적 반부패기구 설치
	10. 시민옴부즈맨 네트워크 구축
2012	1. 현재 조직 대폭 재정비
	– 현재와 같이 고충처리 기능과 부패방지 기능 통합되어 있는 것은 개선 필요
	– 과거의 독립적 감시와 수사의뢰기능 회복
	2. 국민권익위원회 실시 "공공기관 종합청렴도 조사" 실질적 강화
2013	1. 행정투명성 및 정보공개 강화
	2. 내부고발 제도 실효성 강화 및 공익신고제 제도 활성화
	– 김영란법 입법 조속 입법화 필요
	3. 국민권익위원회 소속변경 및 기능강화
	– 권익위를 국무총리 소속에서 대통령 소속으로 조정, 중립성 확보 필요
	– 조사권 부여
	4. 행정기관 내부통제 강화
	– 기관장의 인식과 노력 선행하여 기관별 대응 필요
	– 업무 제도, 절차, 업무영역 뿐 아니라 조직문화 개선까지 염두해 두어야
	– 자율적 내부통제 제도는 지방분권 및 이념에 부합
	5. 입법, 사법부의 자체통제 노력 강화
	6. 지자체에 대한 감시 강화
	– 외부감사기관(감사원, 안행부), 시민단체

연도	반부패 정책 제안
	7. 청렴정보관리시스템제도 도입
	8. 공직윤리–반부패정책의 일관성 확보 – 현재 "공직자윤리법"과 "부패방지 및 국민권익위원회 설치와 운영에 관한 법률"은 소관부처 달리하여 운영 – 공직자윤리법 개정 필요 – 공직자 재산신고 고지거부제도 폐지
	9. IT기반 확대로 취약분야 비리 근절
	10. 이해충돌 있는 공직자 취업 제한 확대
	11. 대국민 홍보 및 교육 강화
2014	정책대안부분 없음
2015	1. 행정투명성 및 정보공개 강화
	2. 행정기관내부통제 강화
	3. 내부고발자제도 실효성 강화 및 공익신고제 제도
	4. 교육훈련 및 성과평가에 공무원 청렴부분 강화
	5. 대국민 홍보 및 교육 강화
	6. 정책일관성 확보
2016	1. 국가 부패수준 및 실태 인식/측정방법에 대한 심도있는 논의 필요 – 인식과 경험 간의 유의미한 상관성 존재하지 않음 – "인식이 높으면 실제 부패수준 심각"의 논리를 정당화 하기 위해 양자간 관계 고찰 필요
	2. "정부부문 부패" 혹은 "공직부패" 명확한 정의 필요 – "권력형 정치부패"와 "행정부패" 간의 개념혼돈으로 인해 공직사회가 부패한 집단이라 오도되는 것에 대한 시정 필요 – 중하위직 공무원들보다 고위 공직자들과 정치인 및 기업인들 연계하여 나타나는 권력형 비리 예방과 근절에 더 초점을 둘 필요
	3. 다차원적 경로통한 종합적 접근 필요(개인적, 조직적, 시스템 제도 운영측면) – (개인) 윤리, 청렴교육 내실화, 유년시절부터 모든 국민대상 청렴관련 교육 등 윤리의식 체화 – (조직) 의식개혁, 조직 내 청렴문화 확산, 행정정보 투명 공개 및 이의 제도화, 규제방식 아닌 기관 간 반부패 협약, 협력방식의 공직/행정윤리 제고 위한 방안의 학습 및 공유노력 확산 필요 – (시스템, 제도) 부패발생 경로, 원인 고려 사전예방조치, 부정부패 지위고하 막론 일벌백계, 엄정 법 집행
	5. 내부고발제도 근본적 개선 – 조직을 떠난 후에도 생계 유지할 수 있는 수준의 실질적 지원 필요
	6. 청탁금지법 수정 보완 필요 – 대국민 커뮤니케이션 강화, 실효성 있는 기준 및 전략개발

출처: 정부부문 부패실태에 관한 연구(한국행정연구원, 2001–2016)를 바탕으로 저자 작성.

　　반부패 정책을 담당하고 있는 국민권익위의 핵심 활동을 살펴보더라도 혁신적 반부패 정책을 추구하기보다는 전통적 접근을 심화시키는 방향으로 전개하고 있음을 알 수 있다. 2015년 국민권익백서와 그 이전의 백서를 살펴보면 국민권익위원회는 주로 법률제정(부정청탁 및 금품 등의 수수 금지에 관한 법, 공공재정 부정청구 등 방지법(안), 공직신고자 보호법 개정 등), 각급 기관의 자율적 청렴 실천(청렴도 조사, 부패방지 시책평가, 청렴 컨설팅 지원, 부패영향평가), 공익신고자 제도(부패 신고 접수 및 처리, 공익신고자 보호 보상) 공직자 행동강령, 반부패 청렴교육 같은 활동이 핵심임을 알 수 있다. 또한 [표 2−12]는 연도별로 국민권익위원회가 제시한 주요 활동결과로 법령제정, 자율적 청렴 정책 지원, 공익신고 제도 및 공익신고자 보호, 공직자 행동강령, 반부패 청렴교육, 부패영향 평가 등의 활동을 하고 있음을 알 수 있다.

표 2−12　국민권익위원회의 연도별 주요 반부패 활동

년도	내용
2012	1. 청렴 컨설팅과 청렴실천 성공사례 만들기 − 컨설팅 전담인원 한정으로 파급효과 제한적, 청렴컨설팅을 '청렴실천 성공사례 만들기' 시책으로 전환 2. 반부패, 청렴시책 우수사례 발굴, 확산 − 청탁문화 근절 위한 청탁등록시스템 도입: 공직자가 내·외부로부터 청탁받을 경우 청탁 내용과 청탁자 등을 소속기관에 신고 − 우수사례 경진대회 3. 반부패 추진 유공자 및 모범기관 포상
2013	1. 각급 기관 자율 청렴 노력 − 청렴 성공 프로젝트 추진: 청렴도 낮은 기관을 청렴 선도기관으로 육성 위해 선정 2. 청렴교육 및 홍보 − 공직자, 학생 대상 청렴교육 − 일반국민 대상: 반부패 의식 확산 국민참여 프로그램 운영(대학생 청렴전문가 육성 프로그램, 청렴코치 육성 프로그램) − 공직자용, 일반국민용 청렴교육 콘텐츠 개발 3. 국제공조, 국제학술대회 개최
2014	1. 정부합동 복지부정 신고센터운영 − 복지 예산 확대에도 불구, 사업자 부당, 불법적 수급사례 발생하여 복지제도 효율성, 형평성 침해

년도	내용
	– 복지분야 부정수급에 대한 종합관리 및 현장점검 상시 추진
	1. 반부패 청렴정책 추진지침 수립 및 전달
	– 부정청탁 금지 및 공직자 이해충돌 방지법 제정 추진
	2. 공공재정 부정청구 등 방지법 제정 추진
	3. 공익신고자 보호법 개정
2015	4. 각급기관 자율적 청렴실천 노력
	– 공공기관 청렴도 측정
	– 공공기관 부패방지 시책 평가
	– 부패취약기관 청렴컨설팅 지원
	– 부패영향 평가
	5. 부패, 공익침해 신고센터 운영
	6. 비위면직자 취업제한 제도 운영
	7. 부패조사점검팀 운영
	8. 부패행위 신고자 보호, 보상제도
	9. 공직자 행동강령
	10. 공익신고심사 및 보호지원
	11. 복지, 보조금 부정 신고센터 운영
	12. 반부패 청렴교육
	– 청렴 집합/사이버 교육, 찾아가는 초, 중 청렴교실, 청렴콘텐츠 공모사업 운영
	13. 행정심판제도

출처: 국민권익위백서(국민권익위원회, 2010－2016)를 바탕으로 저자 작성.

지금까지 추진 및 제안되고 있는 반부패 정책의 내용을 보면 주로 부정적 행위를 예방, 적발, 처벌하는 데 초점이 맞추어져 있음을 알 수 있다. 하지만 한국의 부패는 그 절대적 수준의 심각성보다 국민에게 인식되어진 부패수준이 심각하다는 점이 더 중요하다. 따라서 국민이 왜 부패가 심각하다고 인식하는지, 국민의 부정적인 인식을 완화할 수 있는 정책 접근이 중요한 상황이다.

또 하나의 시사점은 반부패 정책의 제도화가 오랫동안 진행됐다는 점이다. 새 정부가 들어설 때마다 부패척결을 주장하면서 부패가 만연한 이유가 적절한 반부패 정책이 존재하지 않기 때문이라는 단순한 생각을 하고 접근한 경우가 많았다. 하지만 위에서 살펴본 바와 같이 우리나라의 반부패 정책은 지속적으로 제도화 되었으며 그 범위도 예방, 감시 및 적발, 그리고 처벌 단계에서 개인, 제도, 문화 수준에 이르기까지 매우 광범위하다. 따라서 우리나라의 부패가 만연한 이유를 단순히 제도나 정책의 미비로 단순화해서는 안 될 것이다.

5 반부패 정책의 방향

국민의 부패인식과 경험의 차이, 반부패 정책의 변화, 그리고 최근 제시되고 있는 각종 반부패 정책과 정부의 핵심적인 반부패 활동의 내용을 살펴보았다. 그 결과 우리나라의 반부패 정책은 정부가 부패했다고 생각하는 국민의 부패인식과 관련된 정책과, 실제 부패행위를 줄이는 정책이 동시에 추진되어야 할 필요가 있음을 확인하였다. 또한, 이미 많은 반부패 정책이 시행되고 있는 상황에서 새로운 제도를 추가적으로 도입함에 따라 기대되는 한계편익(marginal benefit)이 제도집행 및 순응에 따른 한계비용(marginal cost)을 초과할 가능성이 커지고 있는 상황으로 변화하고 있음을 알 수 있다. 이 절에서는 구체적인 반부패 수단보다는 핵심적인 정책방향을 중심으로 논의하고자 한다.

1) 부패에서 청렴으로: 부패인식 개선을 위한 정책

동일한 정책도 생각의 틀(frame)에 따라 전혀 다른 접근이 가능하다. 지금까지 반부패 정책은 "부패가 만연하다" 혹은 "매우 심각하다"라는 가정에서 시작되었다. 그러나 한국의 각종 부패 관련 통계를 보면 부패 수준은 심각한 수준에서 점차 제도적 통제가 가능한 수준으로 많이 줄어들고 있는 것으로 나타나고 있다. 비록 적발되지 않은 부패를 고려하더라도 부패가 만연하거나 매우 심각하게 사회 전체에 지나치게 비효율을 끼친다는 증거는 발견하기 힘들다. 따라서 정부의 반부패 정책은 부패 중심의 접근 방식에서 청렴 중심의 접근으로 변화해 나가야 한다. 청렴 중심의 정책은 크게 네 가지 측면에서 기존 반부패 정책의 접근방식과 차이를 보인다.

첫째, 정부는 부패한 공직자로 구성된 곳이 아니라 청렴하고자 노력하는 공무원들로 구성된 집단이라는 인식을 전제로 정책을 진행해야 한다. 부패행위가 만연하다고 전제된 반부패 정책은 정부가 부패하다는 시민의 인식을 강화할 가능성이 크다. 또한, 우리나라의 대다수 공무원은 소명의식을 가지고 공직가치에 봉사하는 경우가 많으므로 이들을 잠재적 부패행위자로 가정하는 것은 바람직하지 않다. 따라서, 청렴한 다수의 공무원이 그 가치를 지켜가는 행정의 모습을 시민들에게 보여주기 위한 정책을 설계하고자 하는 것이 청렴 중심 접근의 정책이다.

둘째, 청렴 중심 정책의 내용도 부패를 줄이는 것뿐만 아니라 청렴을 증진하기 위한 정책을 중시해야 한다. 부패를 줄이기 위한 정책의 한계편익보다는 청렴을 증대시키는 한계편익이 더 클 수 있다. 다수의 공무원이 청렴하다면 이들의 만족도를 높일 수 있는 정책의 편익이 소수의 부패한 공직자를 처벌함으로써 얻을 수 있는 정책의 편익보다 크다고 할 수 있다. 또한, 청렴한 공직사회를 만들기 위한 노력은 단순히 부패를 줄이는 활동에 국한되지 않는다. 시민의 신뢰를 회복하고, 적극적인 지지를 얻어내고자 하는 활동, 공직가치를 지속적으로 발견하며 이를 지켜가려는 활동 등도 청렴한 공직사회를 만들기 위한 노력의 일종이다. 따라서, 부패와 같은 부정적인 병리현상에 초점을 맞춘 정책을 운용하기보다는 달성하고자 하는 바람직한 상태를 지향하는 정책이 바람직하다고 할 것이다. 예를 들면 부패행위자를 적발하여 기관의 청렴도 점수를 감점하는 것보다는, 청렴한 공직자를 발굴하여 시민들에게 알리고 기관의 청렴도 점수를 높여주는 정책을 청렴 중심 정책에서는 더 선호한다.

셋째, 청렴 중심 정책은 시민에 의해 정책 성공 여부가 평가된다. 부패를 줄이는 정책은 정부에 대한 부정적 시각을 갖지 않게 하는 위생요인(hygiene factor)은 될 수 있지만, 정부에 대한 긍정적 시각을 촉진하기는 쉽지 않다. 공직자의 청렴 수준을 높이는 활동은 단지 부정적 행동을 하지 않는 것에 머무르지 않고 시민들이 인정할 수 있는 긍정적인 활동을 수행하는 것을 의미하기 때문에 청렴 정책에 대한 평가는 시민을 중심으로 이루어질 수밖에 없다. 예를 들면 청렴 공무원 추천제는 시민에 의해 청렴한 공무원을 판단할 수 있도록 하는 접근방법이라고 할 것이다.

넷째, 뇌물과 금품 등 제공 중심의 반부패 정책의 탈피이다. 우리나라의 공무원 징계에 관한 2015년 통계를 보면 부패 관련 사건을 보면 공금유용, 공금횡령, 금품 등 향응 수수에 의한 징계는 전체 2,518건 중 228건으로 10%에 미치지 않는 것으로 나타나고 있다. 대부분 징계는 복무규정이나 품위 손상, 직무유기와 같은 행위와 관련이 있음을 알 수 있다. 비록 언론과 정치인들은 금품과 관련된 부패 문제에 민감하지만 실질적으로 더 많은 관심을 기울여야 하는 것은 공무원의 공정한 복무태도,

업무지시 및 예산 사용의 정당한 사용 같은 행위라고 볼 수 있다. 따라서 청렴 중심 정책은 금품과 관련된 행위를 통제하는 데 정책의 우선순위를 두기보다는 행정의 투명성과 책임성을 확보하기 위한 활동에 더 관심을 기울여야 한다.

2) 제도 도입을 넘어서 연계와 심화로

부패 연구에서 흔히 발견되는 오해는 반부패법이나 독립적인 반부패 기구 혹은 반부패 정책이 부재하기 때문에 부패가 만연하다는 생각이다. 물론 많은 개발도상국은 제대로 된 반부패 시스템을 갖추지 못한 경우가 많다. 하지만 적지 않은 나라에서는 유사한 반부패법과 제도 및 정책을 갖추고 있음에도 불구하고 부패 문제가 심각한 것으로 나타나고 있다. 부패가 개인, 조직, 민간과 공공, 그리고 사회문화에 걸쳐 다양한 요인에 의해 발생한다는 점을 고려한다면 단일 제도나 정책만으로 문제를 해결할 수 없음은 매우 당연하다.

우리나라의 반부패 정책은 매우 광범위하다. 공직윤리를 통한 개인 수준의 통제, 부서, 부처 수준의 감찰 기관에 의한 내부통제, 행정절차에 의한 통제, 감사원의 통제, 경찰 및 검찰 등의 사법기관에 의한 통제, 언론과 시민사회에 의한 통제 등 매우 다양하다. 청렴 교육만 해도 각 공공기관, 국민권익위, 학교, 언론 등 다양한 주체에 의해 수행되고 있다. 이 정책과 제도는 특정 유형의 문제를 해결하기 위해 도입되는 경우가 많고, 다른 정책과 연계되지 않은 채 계획되고 집행되는 경우가 많다. 그 결과 반부패 정책이 조직의 경직성을 심화시키고 정책 순응비용을 높인다. 또한, 규제정책의 성격을 가진 반부패 정책은 그 효과성이 의심되더라도 폐지되지 않고 지속하는 경향을 보인다.

따라서, 새로운 청렴이나 반부패 정책을 만드는 것 못지않게 기존의 정책을 종합하고, 조정하고, 연계성을 강화하여 정책효과성을 높일 수 있는 거시적 정책평가가 필요하다. 이러한 평가가 선행되지 않은 채 새로운 정책만 추가하면 기대한 효과를 얻기 힘들다. 따라서 정부가 바뀔 때마다 반부패 정책을 제시하는 데 초점을 맞추는 경향이 있다. 하지만 기존의 반부패 정책 시스템을 종합적으로 점검한 후 불필요한 정책을 폐지·축소·통합하여 기존 정책 효과성을 높인 후에 새로운 정책을 도입하는 것이 바람직할 수 있다.

한편 기존 정책의 발전적 심화 전략에 많은 관심을 기울일 필요가 있다. 반부패 정책은 일시에 그 성과가 나기 쉽지 않기 때문에 오랜 시간에 걸쳐 정착되는 경우가 많다. 2016년 도입된 「부정청탁 및 금품 등 수수의 금지에 관한 법률」도 불완전한 측면이 많다. 따라서 기존의 정책을 무의미하게 반복적으로 적용하기보다는 어떻게 발전적으로 심화할 것인가에 대한 고민을 바탕으로 정책이 수정되어야 한다. 청렴도 측정 조사의 사례를 보면 이러한 수정 노력이 지속되고 있음을 알 수 있다. 예를 들어 청렴도 측정을 위해 설문 문항을 추가하기도 하고 제거하기도 하면서 2002년부터 청렴도 조사의 정확성은 높아져 왔다. 하지만 단순히 청렴도를 측정하기보다는 이 조사 결과를 어떻게 활용하여 청렴 수준을 높일 것인지에 초점을 맞추어 청렴도 조사를 심화 발전 시킬 방안을 고려해야 한다.

3) 반부패기구 도입

우리나라 반부패 정책과 관련되어 오랫동안 쟁점이 되어왔던 것이 독립적인 반부패기구 설립 여부이다. 김대중 정부에서 부패방지법이 통과되면서 반부패 관련 정책을 담당하는 독립적인 반부패기구 설립을 위한 노력이 진행되었다. 하지만 위원회 형태의 단일 조직으로 존재하다가, 이명박 정부에 정부조직 개편 결과 소청심사 기능과 옴부즈맨 기능, 반부패 정책 관련 기능이 결합된 국민권익위가 탄생하였다. 2008년부터 현재까지 국민권익위 위원장이 2대 위원장인 이재오를 제외하고는 모두 법률가 출신이라는 점은 국민권익위가 소청심사 기능과 처벌 위주의 반부패 정책에 경도되고 있다는 점을 시사한다고 해석할 수 있다.

이러한 상황에서 강력하고 독립적인 반부패기구의 필요성에 대한 주장이 증가하고 있다. 하지만 실제 고민을 해야 할 것은 반부패기구 자체가 아니라, 반부패기구의 기능과 역할, 신설 조직의 역량에 대한 고민이다.

앞에서 지적하였듯이 부정부패 행위만에 초점을 맞춘다면 이를 예방, 적발, 처벌할 수 있도록 부패사건 수사권 부여와 같은 문제가 핵심 쟁점이 되겠지만, 청렴 정책을 적극적으로 추진하는 반부패기구 설립에 관심을 둔다면 독립적 수사권보다는 정책 역량 확보가 더 중요한 문제가 된다. 특히 정치인들의 부패를 청렴 정책의 핵심 방향으로 설립한다면 반부패기구에 독립적인 수사권 부여는 필수적이며, 정치적 독립성을 확보할 수 있는 방향으로 나아가야 할 것이다. 이와 달리 청렴 중심 정책 추진을 개별 부처 수준에서 자율적으로 수행할 수 있다면 새로운 반부패기구를 도입할 필요성은 크지 않을 수 있다.

4) 정부에서 시민사회로, 통제에서 자율성으로

우리나라의 반부패 정책은 주로 공공부문의 부패에 초점을 맞추어왔다. 하지만 공공부문의 부패의 상대방은 시민과 민간기업인 경우가 대부분이다. 공공부문은 각종 반부패 정책을 통해 부패의 통제가 어느 정도 제도화되었지만, 민간기업의 부정부패 행위에 대한 통제장치는 전적으로 기업에 의존하고 있다. 그 결과 민간부패의 수준이 어느 정도인지를 파악하기도 어렵고, 금품 등의 제공행위나 불공정 행위가 만연하지만 이에 대한 통제가 제대로 이루어지지 못했다. 그 결과 아무리 공공부문의 부패가 통제되더라도 민간부문의 부패가 통제되지 못하면 사회 전반의 부패 만연도에 대한 시민의 인식은 개선되기 어렵고, 민간에서 발생하는 일이 당연히 정부에서도 발생할 것이라는 잘못된 인식을 가질 가능성이 크다.

싱가포르를 비롯한 많은 국가는 반부패 기구가 공공부문뿐만 아니라 민간부문의 부패를 다루고 있다. 예를 들어 미국 해외부패방지법(Foreign Corrupt Practices Act, FCPA)의 경우 기업의 뇌물제공 행위에 대해 형법상 처벌 이외에도 증권거래국(SEC)에 의해 처벌하고 있다. 이때 각 기업이 부패방지 절차를 제대로 만들어 놓고 이를 집행했는지가 중요 쟁점이 된다. 즉, 반부패 노력은 점차 정부 차원에서 민간기업 차원의 문제로 확대되고 있음을 보여준다. 따라서, 민간부문의 부패를 어떻게 통제할 것인지가 중요한 정책문제로 대두되고 있다. 민간부문의 부패 문제를 해결하기 위해 부패행위가 발생한 민간기업의 정부 사업 참여제한과 같은 강력한 조치를 취하는 정책을 도입하면 정부가 민간기업의 반부패 정책에 직접 개입을 하지 않으면서도 자율적인 반부패 노력을 유도할 수 있을 것이다.

반부패 정책은 시민사회의 협력 없이는 성공하기 어렵다. 적지 않은 부패사건의 적발이 공익신고자의 제보로 가능해졌고, 시민사회와 언론의 감시 역할이 없다면 부패의 통제는 더욱 어렵게 될 것이다. 반부패 정책의 성공을 위해서는 민간부패에 대한 적절한 통제가 필요하며, 시민의 청렴 정책의 지지가 필수적이라고 할 것이다.

5) 정치부패

우리나라 시민의 정부에 대한 부패 관련 인식이 부정적인 가장 큰 이유 중의 하나는 반복적으로 제기되는 고위 공무원 혹은 정치인에 의한 부패사건이다. 정치부패는 주로 선거나 조직관리를 위한 정치자금 마련과 관련되어 발생하는 경향을 보여왔다. 선거공영제 도입으로 이런 유형의 정치부패가 많이 감소하였지만, 여전히 정치인들의 부패행위가 적발되고 있다. 이러한 정치부패는 정책이나 행정시스템으로만 해결하기 어렵다.

또 다른 유형의 정치부패는 지역구민이나 이해관계인의 민원을 부탁받아 청탁 알선하는 행위이다. 이 경우 항상 금품 등이 매개되는 것은 아니며 정치인 입장에서는 민원인의 의견을 공무원에게 전달하고 공무원은 이것을 정치적 압력으로 판단하고 일을 처리하는 예도 많이 발생하고 있다.

정치부패를 통제하기 위해서 정당 내부에서 정당공천방법을 개선하고, 윤리위원회 기능을 강화하는 내적 통제 방안부터, 국회의원의 영리목적의 겸직 금지나 이해충돌 및 로비에 대한 대처방안, 정치자금 제도의 개선과 보완, 국회 보좌관과 정치인의 부정행위 감시 시스템, 공직자 재산변동 관리, 사면법, 고위공직자 수사 전담기구의 신설 등에 이르기까지 다양한 대안들이 제시됐다. 정치부패에 대한 통제는 정치적 의지 없이는 불가능하므로 현행 국민권익위 중심의 반부패기구는 제한적인 역할을 할 수밖에 없다. 또한, 정치부패를 정치적 목적에 의해 자의적으로 통제하려는 시도는 반부패 정책의 정당성에 의심을 받게 된다. 결국, 정치부패 통제를 위해서는 강력한 정치적 지지와 권한을 부여받은 독립적 반부패기구의 필요성이 크다고 할 수 있다.

위에서 제시한 대안들은 다른 반부패 정책과 유사하게 부패행위를 줄이고자 하는 소극적 접근(low road approach)이다. 이와 달리 청렴한 고위 공무원과 정치인들을 언론이 적극적으로 발굴하고 이들이 정치자금이나 이해청탁 혹은 민원에서 벗어날 수 있도록 하는 제도들을 지속적으로 마련하는 적극적 청렴 정책(high road approach)이 더욱 필요하다고 할 것이다.

반부패 정책은 부패행위라는 명확한 정책대상이 있다. 부패를 넘어서 청렴을 증진시키는 정책을 추구하게 되면, 정책 모호성이 발생되어 부패통제를 어렵게 할 가능성이 있다는 주장도 가능하다. 즉, 청렴의 개념인 행정윤리의 일반 개념이기 때문에 반부패 정책이나 기구에서 다룰 수 있는 문제가 아니라는 관점이다. 그러나 부패통제 자체가 목적이 아니며 궁극적인 목적은 청렴한 행정이기 때문에 반부패 정책은 청렴 정책으로 전환하여 개인부터 정책, 행정시스템을 종합적으로 이해하는 접근이 필요하다. 이 경우 부패에만 초점을 맞춘다고 하더라도 실제로 반부패 정책은 인사정책, 재정정책, 조직관리 등과 연관되어 집행될 수밖에 없다. 궁극적으로 반부패 정책은 행정관리와 통합되어 접근해야 한다. 이런 점에서 청렴을 중심으로 공직윤리와 행정책임의 접근이 부패를 중심으로 한 접근보다 사회 전체의 공익을 증진시키는데 더 바람직하다고 할 것이다.

CHAPTER **4**

한국 관료제 권위주의에 대한 성찰:
개발연대의 브리핑 행정을 중심으로1)

윤견수 · 박규성

1 들어가는 글

　권위주의는 서열과 승진에 대한 집착과 이에 대한 강박적인 행태를 설명하기 위한 개념으로, 계서적 질서 속에서 윗사람이 아랫사람에게 아랫사람으로서의 자세와 태도를 요구하는 것(윤견수, 2015: 18)을 의미한다. 권위주의 문화 아래서 관료들은 상관이나 권력이 강한 자에게 약하고, 부하나 권력이 약한 자에게 강한 태도를 취하게 된다(박동서, 1997: 51).

　본 장은 개발연대로 불리는 박정희 시대의 행정을 관통하는 '브리핑 행정'이라는 개념을 통해 한국 관료제의 권위주의를 성찰하는 것을 목적으로 한다. 문화나 심리 등 익숙한 접근방법 대신 행정 기술인 브리핑에 초점을 맞춘 것은, 권위주의를 조직 내 구성원들과의 상호작용을 통해 학습된 결과(Altemeyer, 1981, 1988, 1996)이자 동일한 정체성을 공유하는 조직으로서 관료제 내부에서 나타나는 현상(Duckitt, 1989, 1992)으로 바라보기 때문이다.

　본 장은 박정희 시대에 일상화되었던 브리핑 행정이 오늘날 관료제 내의 권위주의적 문화가 강화·유지되는 데 기여했다고 본다. 브리핑이 당시 관료제 내에 통용되는 행정 기술이자 관료의 자질로 받아들여지면서 자연스럽게 관료제 안에서 하

---

1) 이 글은 2012년 한국행정학회 동계학술대회에서 발표된 "박정희 시대의 관료제: 계몽과 동원(윤견수)"의 일부를 발전시키는 과정의 글이다.

향적이며 연역적인 관점을 내재화시켰다. 이러한 구조 속에서 공무원들은 상부의 권위에 순응하고, 상관의 입맛에 맞는 보고를 하는 것이 성공으로 이어진다는 점을 학습했기 때문이다. 민주화와 시장화로 상징되는 한국 사회의 변화에 따라 관료제에도 분권적이며 성과 지향적인 관리를 위한 시도가 거듭되어 왔지만, 오늘날 관료제에서 권위주의 행정 문화가 지속되는 것은 브리핑 행정의 유산인 것이다.

박정희 시대 행정은 경제발전이라는 지상목표 아래 구조화된 각종 계획을 수립, 집행하는 것을 의미했으며, 각 계획에는 단계별로 설정된 목표와 그 목표를 달성하기 위한 수단과 기한이 정해져 있었다. 이런 계획을 수립, 집행하는 과정이 기획이고, 기획에 따라 설정된 계획과 그 목표에 따라 현황과 계획을 일목요연하게 보고하는 행위가 브리핑이다. 당시 브리핑이 행정 기술이자 관료의 능력으로 인식되는 상황에서, 관료는 실제 현장보다는 수치화된 목표를 달성하는 데 초점을 맞추고 브리핑의 성공을 좌우하는 상관의 눈치를 보는 데 집중하게 된다. 이러한 과정 속에서 관료의 사고방식 내에 권위주의와 형식주의가 내재화되었다는 것이 이 글의 주장이다.

글의 순서는 먼저 브리핑이 당시 행정 기술이나 관료들의 자질로 자리잡게 된 배경이 무엇인지 당시 관료제를 구성한 사람을 중심으로 박정희 시대 관료제의 특징을 정리한다. 이후 질적 자료 분석을 위한 연구방법론을 제시하고, 당시 신문 기사를 바탕으로 박정희 시대 브리핑 행정을 들여다본다. 그 다음으로 브리핑 행정과 권위주의, 형식주의와의 관계를 검토한다. 마지막으로는 논의를 요약하고 함의를 제시한다. 주장을 뒷받침하기 위해 본 절은 박정희 시대(1961.5.~1979.10.)에 발간된 신문기사 디지털 아카이브를 대상으로 문헌연구를 수행하고, 추가로 당시 발간된 정부 자료와 관료들의 회고록 등을 검토하였다. 박정희 시대 20여 년에 걸친 대량의 자료를 분석하기 위해 NVivo 11을 보조적으로 활용하였다.

2 브리핑 행정의 기반: 박정희 시대 관료제의 특징

'브리핑(briefing)'은 요점을 중심으로 간추린 보고 내지 설명이나 그런 보고와 설명을 위한 문서나 모임을 의미하며, 주로 군대에서 지휘관을 위한 작전이나 상황

설명에 활용되어 온 의사소통 기술이다. 그런데 박정희 시대를 대표하는 기술관료였던 오원철은 박정희 시대를 '브리핑 행정시대'라고 불러야 할 정도로 브리핑의 중요성이 컸으며, 브리핑 제도를 이해하지 않고는 그 시대의 행정을 이해할 수가 없다 해도 과언이 아니라 단언한다(오원철, 2010). 그의 말처럼 관료제 내부에서 브리핑이 광범위하게 활용된 이유는 무엇보다 당시 군인들이 관료제 내부에 대거 유입되면서 군에서 활용되던 브리핑이 관료들의 행정 기술로 받아들여졌던 데서 찾을 수 있다.

이한빈(1967)은 50년대를 거치면서 사회 내 주요 세력으로 대학을 중심으로 한 지식인 집단과 한국전쟁 이후 근대화된 군인 집단이 등장하고 있다고 분석했다. 그에 따르면 이들 두 집단은 경제조사 및 기획제도에 대한 지식을 가지고 있었으며 5·16 군사정변 이후 공식적으로 관료제 안에 들어와 세력을 형성하기 시작했는데, 그 예로 대학 졸업자가 국·과장급에 적극적으로 진출하고 관리기술을 강조하던 미군의 전통을 습득했던 군 출신들이 서서히 세력을 형성하기 시작했다는 것을 든다(이한빈, 1967: 12-16). 특히 1951년부터 1961년까지 6천여 명의 장교들이 선발되어 미국의 여러 군사학교에서 리더십 교육을 받기 위하여 파견되었는데, 이 과정을 거치면서 관리 지식을 가르치는 군사학교 제도가 더 강화되었다(이한빈, 1969: 207-211).

군인들이 관료제에 유입된 경로는 크게 두 가지였다. 하나는 5.16 군사정변 직후 정변을 주도한 장교들이 군사정부의 고위직에 임명된 것이다. 정변 직후(1961.5.~1963.12.) 군사정부는 공무원 중 상당수를 병역기피자, 축첩자, 미필자, 부정행위자, 정치관여자 등의 이유로 숙정하고 그 자리를 젊은 장교들로 채웠다. 조석준(1968: 223-224)에 따르면, 당시 공무원 총원의 약 10%인 3,300여 명의 군인을 공무원으로 파견하고, 그로부터 2, 3개월 후 325명의 관리도 파견했으며, 이것이 공무원의 세대교체 효과를 가져왔다는 것이다. 또한 당시 중간관리층 장교 약 500명이 연락단이라는 이름으로 각 부처에 파견하여 장관 비서실 국장과 과장으로 임명되면서 국가재건최고회의와의 연락기능을 수행하고 1962년 3월까지 205명만 군에 복귀하였다. 많은 군인들이 그대로 부처에 남아있었던 것이다. 1964년 통계에 따르면 당시 2급 이상 공무원 590명 중 22%에 달하는 132명이 군사정부에 의해 임명되어 제대한 사람이었다.

다른 하나는 '유신사무관'으로 불리던 중간관리자로서, 유신 이후 사관학교 출신 장교들이 대거 실무자급인 5급 사무관으로 임용된 것이다(김미나, 2004: 99-101). 유신사무관 제도는 1976년 3월 박정희의 지시로 만들어져 1987년까지 지속되었는데, 정규 사관학교 출신의 군 장교들을 소정의 특채시험을 통해 5급 사무관으로 채용하는 것이었다. 여기에는 군 내부의 인사적체를 해소하여 제2의 쿠데타를 예방하려는 현실적인 목적도 있었지만, 군 출신의 젊은 장교들을 공직의 중간관리자 이상의 공직에 임용함으로써 유신 이후 행정력 확대를 위한 인재 확보의 목적도 있었다. 군사정변 직후의 유입이 주로 고위직을 대상으로 했다면 유신사무관 제도는 군인들이 중간관리자까지 들어오는 길을 만들어 주었고, 결과적으로 관료제에 군대문화가 정착·유지되는 데 큰 영향을 미쳤다.

군인관료와 함께 박정희 시대에 새롭게 등장한 집단은 고등교육을 받은 기술관료였다. 이한빈(1967)에 따르면 1965년 당시 중앙부처 과장급 간부 약 절반이 40세 이하였고, 31~40세 관료의 약 73%가 대졸 이상 학력에 이들 중 30%가 해외 교육훈련 경험을 갖고 있었다. 또한 31~40세 관료 중 1/4~1/5이 군 출신이었으며 이들은 교육기관을 통해 관리에 대한 전문가적 지식을 보유하고 있었다. 이처럼 군인관료의 유입과 동시에 민간 출신 관료들의 연소화, 지성화가 이루어졌던 것이다. 특히 군사정부는 여느 부처와 달리 경제기획원만은 경제개발의 선도기관으로서 외부의 간섭에서 자유롭게 독립적인 기능을 수행하도록 보장하였다. 다른 부처 고위직에 군 출신 관료를 임명하는 와중에도 경제기획원만은 업무의 다양성을 관료에 대한 유인으로 유지하기 위해 예외로 두었다(조석준, 1968). 조석준은 그 근거로 군사정부 기간(1961.5. 16.~1963.12.31.) 동안 나머지 부처는 대부분 장군과 대령급 장교를 장관으로 임명했지만 경제기획원, 재무부, 문교부, 공보처는 민간 출신이 4/5이었으며, 연락단으로 파견되었다가 잔류한 군인관료가 경제기획원, 법무부, 원자력원에는 없었다는 사실을 들었다.

군인관료와 기술관료라는 두 신흥세력 외에 박정희 시대 관료제를 구성했던 다른 하나의 세력은 과거 일제 강점기 시대의 관료들이었다, 이들은 식민지 조선과 만주국에서 관료로 일했다. 광복 후 이승만 정권이 면죄부를 주었기 때문에, 이들은 해방 이후 중앙과 지방의 고위직 관료로 쉽게 신분을 바꿀 수 있었다. 당시 전직이 관료 출신인 사람들은 대부분 일제 시대 관리로 간주해도 무방할 것이다. 예컨대 1971년 경상남도 행정조직을 분석한 연구에 따르면 일제 강점기 관료 출신 국장들이 요직에 있었고, 이들은 일제 강점기 행정에 대한 향수를 반상회 조직을 통해 표현하고 있었다(조석준, 1971). 전문지식만 가지고 있으면 일제 강점기 관료로 일했던 경력을 크게 문제 삼지 않았고, 나중에는 그 경력이 세탁되기도 했다. 예를 들어

1963년 민간인 출신으로 제3공화국 첫 내각의 내무부장관에 임명된 엄민영을 언론에서 소개할 때, 구주제대 법과를 나와 일제 때 한때 도(道) 국장과 군수를 지낸 인물로 언급하기도 하고(경향신문, 1963.12.19.), 시카고대·대학원 졸업, 고등문관시험 합격, 경희대 법과대학장으로 소개하기도 했다(동아일보, 1963.12.13.). 동일한 인물인데 소개된 경력은 전혀 달랐던 것이다.

　　박정희 시대 관료제가 군인관료, 기술관료, 일제 강점기 관료들로 구성되었다면, 어떻게 이질적인 세 집단 간 융합이 가능했을까? 당시 공무원제도를 설계하고 인력을 충원하는 임무가 총무처에 맡겨졌었는데, 초대 총무처장관 이석제와의 면담 결과를 통해 흥미로운 사실을 발견할 수 있다(이병량·주경일·함요상, 2004). 첫째, 처음 그가 주력했던 일은 각 부처에 법제관을 두고 2년 남짓한 기간 동안 조선총독부령 등 근간이 되었던 일제 강점기 시대 법령들을 한글로 뜯어고치는 작업이었다. 그런데 우리나라 현실에 맞게 정비하기보다 일본 것을 그대로 번역했기 때문에 일제 강점기 시대의 법원칙이나 해석에서 크게 달라진 것이 없었다. 여전히 일본의 영향력이 대한민국의 관료제를 지배하고 있었다는 증거이며, 일제 강점기 시대 관료 출신들은 이런 법령들에 친숙했을 것이다. 둘째, 관료조직을 정비하면서 군의 TO(Table of Organization) 제도를 참고해 부서별 정원을 결정하고, 발생하는 결원만큼 공개채용으로 인원을 선발하게 하여 공무원 정원제도를 확립하였다. 마찬가지로 군에서 사용하던 인사고과 시스템을 정부에 도입하고, 육군대학에서 시행한 문제은행 방식을 활용하여 공직 시험 제도의 공정성을 확보하려 하였다. 이런 시도는 군대에서 이미 시행하고 있는 것들이었기 때문에 군 출신 관료에게 익숙한 방식이었다. 셋째, 1963년 4월 실적주의 원칙에 따른 임용, 직위분류제 도입, 인사관리기관 설립, 소청심사제도 도입 등의 조치를 통해 인사의 독립성과 공정성을 보장하는 내용으로 <국가공무원법>을 개정하였는데, 이 과정에서 공무원의 정치적 중립 확보와 신분 보장을 통한 현대적 직업공무원제도 확립을 기치로 내세웠다(경향신문, 1963.4.3.). 이는 미국의 인사행정제도를 수입한 것으로, 새로운 지식인들에게 공직에 대한 매력과 자부심을 갖게 만드는 중요한 요인으로 작용했을 것이며, 아울러 이들이 전문가로서 공직에 유입되는 길이 열렸음을 의미한다. 이렇게 군사정부에 의해 만들어진 제도들은 당시 관료제를 구성한 세 집단인 군인관료와 기술관료, 일제 강점기 관료들에게 아주 낯선 것만은 아니었다. 제도가 각 집단을 전적으로 수용한 것은 아니었지만,

그렇다고 어느 한 집단을 특별히 배척하지도 않을 만큼 적정한 수준에서 운용되었다(윤견수, 2012: 540).

세 집단 간 융합이 가능했던 데에는 제도적 측면 못지않게 이들이 일하는 방식이 크게 다르지 않았다는 점도 중요했다. 군 출신 관료들은 작전계획 등 합리성에 입각한 계획을 입안하고 집행하는 데 익숙했으며, 일찍이 미군을 통해 선진화된 관리기술을 전수받았고, 브리핑을 통한 업무 수행에 매우 익숙했다. 기술관료 역시 그들이 습득한 관리기술과 지식을 바탕으로 기술합리성에 따라 계획을 수립하고 추진하는 일처리 방식을 받아들이는 데 큰 문제가 없었다. 일제 강점기 출신 관료들 역시 품의(稟議)제도2)에 익숙해 있었기 때문에, 수직적 소통을 통한 의사결정과 이에 따른 일사불란한 업무 수행에 문제 없이 적응할 수 있었다.

군 출신 최고통치자인 박정희의 리더십 역시 세 집단에게 쉽게 받아들여졌을 것이다. 박정희 스스로 일제 강점기 시대 만주국의 경험을 가지고 있는 군인 출신으로 현실주의, 목적주의, 군수식 경영에 입각해 국정을 운영하였다. 박정희는 현지 점검과 민정시찰을 통해 '일하는 대통령'의 이미지를 유지하기 위해 노력했고, 월례경제동향회의나 수출진흥확대회의 등 주요 회의를 정기적으로 직접 주재하는 등 실무를 챙기는 모습을 보였다. 언론에서 본 박정희는 의욕적인 리더였으며, 왕성한 정력으로 많은 난제들을 과감하게 풀어나간 지도자였다(경향신문, 1967.7.1.). 구체적인 목표와 계획을 설정하고, 추진 상황을 확인·점검하는 군 지휘관 스타일의 박정희 리더십은 당시 관료들이 일하는 방식과 크게 다르지 않았다.

3 | 연구 방법론

박정희 시대 브리핑 행정의 의미와 오늘날 한국 관료제에 남긴 유산을 살펴보기 위해 이 글이 채택한 자료는 당시 발간된 신문기사다. 다양한 매체 중 신문을 선

---

2) 품의(稟議)제도(ringi)는 말 그대로 (상관의 재가를 얻기 위해) 의논을 드린다는 의미로 상관의 결재를 받기 위해 아래로부터 위로 각 단계의 승인을 받으면서 관련 부서의 합의를 얻는 제도를 뜻한다. 품의제도의 유래는 정확하게 확인되지 않지만, 동아시아의 가족주의, 집단주의의 영향을 받았다고 인식하고 있다(조석준, 1984).

택한 이유는 당시 관료제가 어떻게 작동하였으며, 관료들이 어떻게 브리핑 행정에 적응해 나갔는지를 설명하려는 연구 목적에 가장 적합한 자료이기 때문이다. 신문이라는 매체를 통해 전달되는 이야기는 지식인들을 통해 재구성된 당시 사회상에 대한 지식이면서, 정부가 기꺼이 대중에 공개를 허락한 내용이다. 또한, 오늘날과 달리 당시 신문기사는 사회 전반에 영향력을 미치는 주된 언론 매체로서 기능했다는 점을 종합적으로 고려한 것이다.

자료 검색을 위한 키워드는 '브리핑', '기획', '차트', '보고' 등을 사용하였으며, 자료의 범위는 박정희 시대로 상징되는 1961년 5월 16일부터 1979년 10월 26일까지로 한정하였다. 네이버 뉴스 라이브러리에 수록된 경향신문, 동아일보, 매일경제 신문기사 중 키워드와 관련된 기사를 추출하여 표집하였으나, 이 과정에서 해외에서 발생한 사건에 대한 기사나 브리핑 사실만을 언급하는 단신기사, 그리고 기자들을 대상으로 하는 브리핑에 대한 기사들은 제외하였다. 연구 목적 상 브리핑이라는 개념을 관료제 내부에서의 의사소통 수단으로 제한할 필요가 있기 때문이다. 이렇게 표집된 기사들은 체계적인 분석을 위해 신문명, 날짜, 제목을 붙여 Excel을 통해 정리하고, 질적 자료 분석 소프트웨어인 NVivo 11로 자료화하였는데, 연도별로 표집된 기사 건수는 아래 [표 2−13]과 같다.

표 2-13 **연도별 기사 건수**

(단위: 건)

구분	61*	62	63	64	65	66	67	68	69	70	71	72	73	74	75	76	77	78	79*	합계
경향신문	3	44	33	9	26	37	32	40	35	20	29	15	9	8	15	9	13	9	12	398
동아일보	6	40	22	12	21	21	22	48	24	15	21	12	6	10	2	–	–	7	15	304
매일경제	–	–	–	–	–	26	39	41	43	46	36	19	23	13	21	19	28	20	30	404
합계	9	84	55	21	47	84	93	129	102	81	86	46	38	31	38	28	41	36	57	1,106

*1961년은 5월 16일부터 연말까지, 1979년은 1월 1일부터 10월 26일까지.
출처: 네이버 뉴스 라이브러리(http://dna.naver.com)의 자료를 기초로 저자 작성(검색일, 2017.4.30.).

브리핑 행정에 대한 신문기사 수는 60년대 중후반에 가장 많고 박정희 집권 후기로 갈수록 그 수가 감소한다. 시간이 지나면서 브리핑 행정 관련 기사 수가 감소하는 이유는 첫째, 브리핑이 관료제 내부의 일상적인 이벤트로 인식되면서, 대통령 연두순시 등 정례화된 브리핑은 여러 건을 하나의 기사로 병합 보도하는 경우가 잦

아졌기 때문이다. 둘째, 집권 후기로 갈수록 대통령의 순시 및 시찰 기사 수가 감소했다. 브리핑은 순시·시찰에 따라 이루어지는 경우가 많았기 때문에, 대통령의 순시 내지 시찰 횟수가 줄었다는 것은 그만큼 신문을 통해 보도되는 브리핑의 수가 줄어든다는 것을 뜻한다. 한편 신문 종류별로 비교하면 경향신문과 동아일보 등 종합지에 비해 상대적으로 늦은 창간에도 불구하고 매일경제의 브리핑 관련 기사 수가 많은 편인데, 경제지로서 경제부처 수준에서 이루어지는 브리핑을 그만큼 더 상세하게 보도하고 있어서였기 때문일 것이다.

신문 기사에 더하여 정부 발간 자료와 관료들의 회고록 등을 분석 과정에서 보조 자료로 활용하였다. 대중에 대한 정보 전달을 주된 목적으로 하는 신문기사의 특징을 감안하면, 브리핑이 어떻게 당시 주된 행정 기술이자 관료의 자질로서 활용되었는지를 이해하는데 부족한 측면이 있기 때문이다.

원자료는 연구자의 내용 분석을 통해 선택적으로 코딩되었다. 내용의 분석 단위는 신문 기사 중 브리핑, 기획, 차트보고 등 브리핑 행정과 관련된 내용이다. 코딩은 주어진 원자료에서 브리핑 행정이 갖는 의미를 밝히기 위한 과정으로, 자료 안에서 브리핑 행정과 관련된 다양한 개념들을 찾아 코딩하였다. 코딩 결과를 바탕으로 자료를 읽어나가면서 공통된 속성을 갖는 개별 코드들을 묶어나갔으며, 이 결과는 4장 마지막 페이지에 제시한 [표 2-21]과 같다. 자료들을 코딩하고 이를 점차 작은 단위에서 큰 단위로 묶어나가면서 브리핑의 도입(원인), 상황(맥락), 내용, 형식, 주체(관료), 결과라는 여섯 가지의 주요 범주로 요약할 수 있었다. 4절은 이렇게 도출된 범주를 중심으로 브리핑 행정의 성격과 유산을 정리한 결과다.

4 박정희 시대 '브리핑 행정' 들여다보기

1) 브리핑 행정의 도입(원인)

브리핑 행정, 차트보고제라는 말은 60년대 군사정부가 들어서면서 등장한 새로운 개념이자, 동시에 박정희 시대 행정을 대표하는 것이다(윤견수, 2012: 540). '브리핑 행정', '차트보고제' 등 당시 브리핑 행정을 지칭하는 단어가 5.16 군사정변 이후 등장했고, 박정희 사후 전두환 정권에서 공식적으로 사라졌기 때문이다. 브리핑 행정은 "간결이란 기능성의 장점으로 인해 도입되었던 차트보고제도 이제 그 기능상의 단점들 때문에 20년 만에 퇴진하게 되었다(동아일보, 1982.7.20.)"는 보도와 같이 박정희 시대에만 존재하는 개념이 되었다.

표 2-14 브리핑 행정의 도입(원인)

구분	사례
군사문화	"요즈음 지방에는 브리핑이라는 용어가 붐을 이루고 있다. 아마 군사정부가 들어서고 군대 내에서 즐겨 쓰는 상황설명이라는 것이 그대로 각 행정기관의 행정역량과 기획성과를 자랑하게 되는 데로 이식된 모양... (경향신문, 1962.2.19.)"
근대화	"... 브리핑 보드란 도표와 괘도가 있어 오는 이 가는 이에게 마을 사정을 한눈으로 알게 해준다. 더구나 기획제도가 엄해지고 철저해지면서부터 브리핑 보드는 재건기의 총아로 등장했다... (경향신문, 1962.2.19.)"

출처: 저자 작성.

　　브리핑 행정이라는 개념이 군사정변 이후에야 비로소 신문기사에 등장하는[3] 것은 군사정변을 통해 군인 관료들이 관료제 상층부를 장악하면서 군인 관료들에게 익숙했던 브리핑이 행정 기술로 수용되었기 때문이다. 당시 언론은 "60년대 신조어 가운데 하나가 브리핑인데, 5.16 이후 미국식 행정운영을 익혀온 군인관료들은 차트와 브리핑에 의한 행정기술을 보급했다. 말단 관리마저 차트를 잘 그리고 브리핑에 능숙하기 때문에 차트 행정, 브리핑 행정의 효과를 톡톡히 얻었다"고 묘사하여(동아일보, 1969.12.20.), 브리핑이 당시 새롭게 등장한 개념이자 군사문화의 산물임을 보여주고 있다.

　　한편 브리핑은 행정의 근대화를 상징하는 개념이기도 했다. 당시 언론에서 바라보는 군사정부의 브리핑 행정은 "낡은 행정질서, 체제, 습성을 버리고 능률과 합리화를 가져오는 것으로 '게으름이 몸에 밴 관리들'과 대비되는" 것이었다(경향신문, 1965.10.20.). 오재경 공보부장관은 "나는 처음 장관으로 들어 앉았을 때 정부의 차트 투성이에 질렸어요, 그러나 이제는 차트 없는 보고에는 아예 상대도 하지 않게 되었어요. 이건 결국 행정이 체계화되었다는 거예요(동아일보, 1962.2.8.)"라고 말했다. 당시 이러한 보도들은 당시 브리핑을 행정의 근대화 또는 체계화된 행정력의 상징으

---

3) 군사정변 이전까지 경향신문과 동아일보에서 행정부, 관료제와 관련된 브리핑을 언급한 기사는 단 한 건도 없었다.

로 인식했음을 보여주는 것이다.

2) 브리핑의 상황(맥락)

브리핑이 어떻게 활용되었는지 상황 내지 맥락을 살펴보면 크게 네 가지로 요약된다. 신문 기사에 등장하는 브리핑 상황은 크게 정보전달, 정책검토, 확인, 평가이다.

표 2-15 브리핑 상황(맥락)

구분	사례
정보전달	"... 26일이 일요일인데도 국·과장들을 상황실에 긴급소집해서 하오 2시부터 10시까지 브리핑을 청취하는 등 국고, 이재, 세관, 세제, 외환의 현황 파악에 여념이 없다(경향신문, 1969.10.27.)"
정책검토	"중학입시제를 폐지한 정부의 7.15단안은 지난 13일 밤 박정희 대통령이 권 문교를 비롯 관계관들을 불러 브리핑을 들은 후 재가 확정되었다고... (경향신문, 1968.7.16.)
확인	"대통령은 중앙정부에서 한결같이 내세우고 있는 증산영농 정책이 지방당국에 의해 제대로 옮겨지고 있지 않다는 점과 지방을 뒷받침하는 중앙의 조치 가운데 많은 미비점이 있다는 점을 아울러 지적하면서 각 면단위로 나가서 도에서 작정한 계획의 실천도를 하나하나 체크하겠다... (경향신문, 1964.3.6.)"
평가	"... 내각기획조정실 평가교수들을 2명씩 교대로 동반한 것은 도정 현황을 단시일 내에 종합적으로 파악하겠다는 김 총리의 의욕을 나타낸 것이라고 볼 수 있다. (경향신문, 1971.7.17.a)"

출처: 저자 작성.

브리핑의 일차적인 목적은 상급자에게 일목요연하게 정보를 전달하는 것이다. 따라서 브리핑은 상황 내지 현황을 파악하기 위한 정보전달의 맥락에서 활용되었다. 특히 국무총리나 장관 등 고위 관료들은 하급자로부터 브리핑을 받아 현황을 파악하고, 이를 바탕으로 대통령에 대한 초도 업무보고 브리핑을 준비하는 것이 관례였다. 예컨대 김종필 국무총리의 초도 지방순시를 다룬 보도는 총리가 각 도의 지세인구, 산업분포, 행정구역 등 일반현황까지 공부하는 기분으로 청취했다고 전한다(매일경제, 1971.7.17.). 다른 예로 박주병 보사부장관은 취임 직후 인터뷰에서 기자가 당시 사회적으로 민감한 노동문제에 대하여 질문하자 아직 노동문제에 대한 브리핑을 받지 못해 잘 모른다는 이유를 들며 언급을 회피하였다(경향신문, 1963.12.26.). 이러한 사례들은 당시 고위 관료들이 취임 직후 브리핑을 통해 업무 현황을 받는 것이 당연시되었음을 보여주는 것이다.

브리핑은 정책이 검토·확정되는 자리이기도 했다. 경제각의에 계류되어 미결상태에 있던 수출진흥종합시책은 대통령에 대한 브리핑을 통해 검토·확정되었고(동아일보, 1964.6.25.), 중학교 입시제도 폐지를 담은 '7.15 단안'은 박정희 대통령이 문교부장관 등 관계자들의 브리핑을 듣고 나서 최종 재가를 내렸다(경향신문, 1968.7.16.). 이처럼 중요성을 가지는 주요 정책들은 대통령에 대한 브리핑을 통해 최종적으로 확정되었다.

브리핑은 중앙의 시책이 지방에 얼마나 잘 수용되고 있는지, 상급자에 의해 결정된 사항이 얼마나 일선에 잘 전달되고 있는지를 확인하는 수단이기도 했다. 최고통치자인 박정희가 확인하는 행정을 강조하면서 순시와 시찰이 빈번했고 이 과정에서 브리핑이 이루어졌다. 박정희는 최고회의 의장 시절부터 자신의 시찰이 농촌의 실태 파악과 부흥책을 모색하는 데 있음을 강조했고, 직접 군수의 브리핑을 들으면서 농촌 시설을 살펴보았다(경향신문, 1962.2.17.). 1969년 6대 대통령 취임 2주년을 즈음한 신문기사는 대통령이 취임 후 2년 동안 366회의 출장과 87만여km의 거리를 다녀 평균 이틀에 한 번씩 지방에 나가있고, 하루 약 40여km를 다니는 등 대통령 현지 순시 및 시찰이 많았다는 점을 강조한다(경향신문, 1969.6.30.). 순시와 시찰이 많았다는 것은 그만큼 브리핑이 많았음을 의미한다. 집권 말기인 70년대 말에 이르면 대통령의 순시, 시찰 횟수가 줄어들었으나, 여전히 주요 공사의 기공·준공식에 참석하고, 수해·한해 등 재해 발생지역을 순시하면서 현황과 대책에 대한 브리핑을 직접 받았다.

당시 브리핑 행정을 이해하는 데 있어 가장 중요한 측면은 브리핑이 하급자에 대한 평가로 활용되었다는 것이다. 당시 신문기사 중 상당수는 브리핑에 대한 상급자의 평가를 포함하고 있었다. 예컨대 김종필 국무총리가 1971년 지방 순시에서 경제과학심의위원과 4명의 내각 기획조정실 평가교수들을 교대로 동반했던 것은 도정 현황을 종합적으로 평가하겠다는 의지 표현으로 받아들여졌다(경향신문, 1971.7.17.a). 김보현 농림부장관은 신임 수산청장과 산림청장으로부터 업무브리핑을 받았는데 대조적인 브리핑 실력에 서로를 바꿔 앉혀야 한다는 의견이 나오기도 했다(경향신문, 1971.7.17.b). 이처럼 브리핑은 상급자의 평가를 의미했으며, 브리핑이 일반화되었다는 것은 그만큼 평가가 일상적이었다는 사실을 보여준다.

브리핑이 평가였다는 사실은 브리핑을 치하나 보상의 의미로서도 활용했었다는 점에서도 확인할 수 있다. 대통령이 직접 브리핑을 청취함으로써 한편으로는 유공자를 치하하고 다른 한편으로는 자발적인 경쟁을 유도하였다. 1971년 이후 대통령에 대한 월간경제동향보고회의에 '새마을운동 성공사례 보고'가 추가되면서 성과를 거둔 우수 새마을지도자나 유공자, 군수, 이장 등이 직접 대통령 앞에서 성공사례를 보고하도록 한 것이 대표적인 사례다(강광하·이영훈·최상오, 2008: 108−109; 한승희·강태혁, 2014: 67−68). 박정희 대통령은 당시 '산림왕' 임종국에게 조림 실적을 직접 브리핑받은 후 상금을 수여하고(경향신문, 1972.4.12.), 새마을훈장을 받은 새마을지도자의 브리핑을 청취한 후 환담을 나누었다(경향신문, 1976.7.13.; 1978.9.8.). 대통령 앞에서 직접 브리핑한다는 것은 큰 명예로 받아들여졌다.

3) 브리핑의 내용

브리핑 기사를 통해 드러나는 브리핑 내용을 유형화하면 하급자로부터 상급자에게 현황과 계획을 보고하고 현안에 대하여 건의하였으며, 상급자가 하급자에 대한 지시와 지적이 이어지는 것이 일반적이었다. 간혹 브리핑 자리에서 새로운 아이디어가 논의되기도 하였다.

표 2-16 **브리핑 내용**

구분		사례
상향	계획	"… 이날 서 사장이 보고한 **사업계획**은 서독, 영국 등 6개국 차관단으로부터 7억 달러의 차관을 도입하여 연산 5백만 톤의 제출공장을 남해안 일대에 착공, 3년만에 완공시켜…(경향신문, 1972.3.20.)"
	현황	"경제기획원에서는 혁명 이후 **국내산업실태, 재정금융동향, 물가 생산 등 전반에 걸쳐 실태 및 각종 시책의 진행상황을 매주 월요일 최고회의에 브리핑**한 후 정부 시책의 유기적인 파악과 장기단기 시책의 효과 감별 및 대응책 강구에 기여키로… (경향신문, 1961.9.5.)"
	건의	"… 박대통령은 김전남지사의 **건의에 따라** 금년도 수산개발계획의 지원을 위해 소요자금 부족액을 추예안에 반영시킬 것이며… (경향신문, 1966.4.12.)"
하향	지시	"…이밖에 박대통령은 **10여개 항목에 달하는 구체적인 지시사항**을 들고 이를 강력히 실천에 옮기도록 상공부에 당부했다. 이 지시사항은 생활필수품을 확보하여 싼값으로 국민에게 공급하고… (경향신문, 1964.1.20.)"

구분		사례
기타	지적	"... 끝에 농업개발 및 지원자금계획에 대한 보고에 이르러서는 급기야 '도대체 당신이 하는 말은 무슨 이야기인지 반도 알아들을 수 없다.'고 따끔하게 일침을 가하고... (경향신문, 1969.1.15.)"
	아이디어	"... 국산 1호기 신고제라던지 저명인사의 가입적금 사후관리 철저, 반상회를 통한 교통사고안전의식 제고, 체신종사원의 정서순화운동 전개, 재미교포 과학자 상담센터 등 이색 아이디어가 많이 나왔다(경향신문, 1979.2.10.)"

출처: 저자 작성.

브리핑을 통해 하급자로부터 상급자에게 보고되는 것은 계획과 현황이다. 브리핑을 통해 업무계획, 사업계획, 건설계획, 개발계획, 설립계획 등 다양한 계획, 추진상황, 대책에 대한 보고가 이루어졌다. 박정희 시대의 연례행사와도 같았던 대통령 연두순시가 대표적이다. 매년 연초에 경제기획원을 필두로 각 부처 장관은 전년도 실적과 금년 시책을 보고했다. 박정희 시대 동안 지속적으로 이루어졌던 월간경제동향회의나 수출진흥확대회의 역시 경제 현황과 향후 계획에 대한 브리핑이 이루어지는 대표적인 자리였다(한승희·강태혁, 2014: 13–14). 브리핑을 통해 계획과 현황이 보고되었다는 것은 곧 브리핑이 사전에 설정된 목표와 수단에 따른 행위로 기획과 불가분의 관계에 있음을 의미한다.

브리핑은 상급자의 권위를 빌려 다양한 현안 문제를 해결할 수 있는 기회였기 때문에 브리핑 석상에서는 다양한 건의가 이루어졌다. 대통령의 도정 시찰 브리핑에서 김보현 전남지사는 수산개발계획 소요자금 부족, 제분, 주정, 냉동 등 공장 유치, 난청지구의 해결, 광주 목포 지역 수원지 연내 완공, 제방수문의 보수 등 다수의 건의를 했고, 대통령은 즉석에서 이들 문제를 해결해 주겠다고 약속했다(경향신문, 1966.4.12.). 전남·경남 지역 수해 및 복구상황을 시찰하기 위해 순천 및 진주시청에 들른 박정희 대통령은 시장과 군수의 브리핑을 청취하고 나서 건의사항 및 애로사항을 즉석에서 해결해 주어 관계 공무원과 주민들의 사기를 올려주었다(경향신문, 1979.8.31.).

보고에는 상급자의 지시와 지적이 뒤따랐다. 예컨대 1964년 상공부 연두순시에서 대통령은 생필품 저가 공급, 정찰제 장려, 국제시장 개척 연구, 고무신에 대한 고무 배정률 확대, 비누 가격 인하, 민간업자에 대한 빠른 봉사, 중소기업 지도육성, 물가앙등, 수출목표 달성, 어민에 대한 유류 직매 방안 등 10여 개 항목에 달하는 구체적인 지시를 하였다(경향신문, 1964.1.20.). 보고 사항이 상급자의 기준을 충족하지 못하는 경우에는 이에 따른 지적과 질책이 뒤따랐다. 1969년 농림부 연두순시 브리핑에서 대통령은 무슨 이야기인지 반도 알아들을 수 없다며 일침을 가하고 농협, 수협, 사련, 산련 등 산하 책임자들이 지금까지 무엇을 했는지 알 수 없다고 강하게 경고하기도 했다(경향신문, 1969.1.15.). 이런 지적은 부처와 소속 공무원들의 기강을 바로잡는 일종의 군기잡기로 비추어졌을 것이다.

간혹 브리핑 자리를 통해 새로운 아이디어가 제시되기도 했다. 외국 행정제도를 시찰하고 돌아온 서일교 총무처 장관은 홍콩의 관광정보센터와 업소를 연동하는 새로운 관광행정제도를 보고하고 대통령의 칭찬을 받았고(경향신문, 1972.6.29.), 신관섭 전매청장은 인삼 담배를 만들어 동남아에 수출하겠다고 보고해 수출에 관심이 많았던 대통령의 격려를 받았다(경향신문, 1967.1.7.). 1979년 연두순시에서 각 부처는 국산 1호기 신고제, 저명인사의 가입적금 사후관리 철저, 재미교포과학자상담센터 설치, 체신종사원의 정서순화운동 전개 등의 이색 아이디어를 보고하고, 대통령은 반상회에서 관계 공무원이 주부들에게 직접 기술 시범을 보인다는 아이디어를 제시하기도 했다(경향신문, 1979.2.10.).

4) 브리핑의 형식

연두순시, 월례경제동향보고, 수출진흥확대회의에서의 브리핑처럼 정례화된 경우를 제외하면 브리핑은 대부분 상급자의 순시 또는 시찰과 함께 이루어졌는데, 예고없이 이루어지는 경우도 많았다. 브리핑은 군대식의 경직된 분위기로 긴장된 자세로 임했으며, 관례에 어긋나지 않을 것을 요구받았지만, 슬라이드와 차트, 영화 등 다양한 보고 수단이 활용되어 보고 효과를 높이고자 하였으며, 브리핑 전에 장기간에 걸쳐 높은 수준의 준비와 예행연습이 수반되는 것이 보통이었다.

표 2-17 브리핑 형식

구분	사례
시기	"매월 초 경제기획원에서 열리는 월간 경제동향 브리핑은 여당 수뇌를 비롯 경제 각부와 관계기관 담당자가 모두 참석하여...(경향신문, 1967.6.28.) "박정희 의장은 24일 광주에서 특별 전용차편으로 상경하는 도중 예고없이 김제역에서 하차하여 낮 1시 10분 합승으로 김제군청에 들러 집무상황을 시찰하고 김윤철 군수로부터 군정에 대한 브리핑을 들었다... (경향신문, 1963.5.25.)"

구분	사례
수단	"...천연색 영화를 먼저 상영해놓고 브리핑하는 것은 경남의 경우이고, 브리핑자료를 널찍한 판자에 붙여놓고 회전식으로 하는 곳이 있는가 하면... (경향신문, 1967.2.8)" "각부는 대통령에게 보고를 끝낼때마다 **독특한 캐치프레이즈를 내걸었는데 소비자는 절약, 기업가는 합리화, 정부는 능률**(경제기획원), 국내자원개발, 쌀 3천만석 돌파(농수산부)... (경향신문, 1975.2.1.)"
연습	"... 고재일 장관은 연두순시를 처음 겪어보기 때문에 브리핑 4, 5일 전부터 일일이 자료의 자구를 직접 체크하고 3, 4회에 걸친 보고연습을 해 보는 등... (경향신문, 1979.2.6.)"
태도	"... 첫 브리핑에 모 사무관이 **남방샤쓰바람으로** 들어왔다고 조청장 자신이 이름을 묻고 적어 온순한 청장으로만 보았던 사람은 질겁을 하기도(경향신문, 1971.6.26.)."

출처: 저자 작성.

　　박정희 시대의 연례행사와 같았던 대통령 연두순시는 정례화된 브리핑의 대표적인 사례다. 연두순시를 통해 대통령은 각 부처 장관으로부터 현황과 당해연도 업무계획을 보고받고 지시를 내렸다. 중앙부처 브리핑이 끝나면 지방관서 브리핑으로 이어진다. 대통령이 직접 각 시·도를 순시했는데, 시장과 도지사가 각각 시정과 도정 현황과 함께 주요 시책에 대하여 보고하고 대통령으로부터 지시를 받았다. 각 부처의 연두순시는 전년도 말부터 준비가 시작되어, 보고는 1월 중에 마무리되었으며, 지방관서에 대한 순시는 보통 2월 중·하순까지 계속되는 것이 보통이었다.[4]

　　정례화된 브리핑을 제외하면 브리핑은 대부분 상급자의 순시와 시찰과 함께 이루어졌다. 박정희 스스로 확인행정을 강조하면서 순시와 시찰이 빈번했는데, 종종 불시에 이루어지는 경우도 많아 관료들을 긴장하게 만들었다. 박정희 의장의 전남순시 당시 송호림 전남지사는 곡성군 내 모범부락을 시찰할 것을 종용하였으나, 모범부락에 이르기 전 면사무소를 급습했다(경향신문, 1963.7.10.). 박정희 대통령은 충청남도 연두순시 후 예고없이 중앙공무원교육원을 시찰하여 현황과 계획에 대한 브리핑을 받았으며(경향신문, 1978.2.16.), 예고 없는 순시와 브리핑은 대통령만 그랬던 것이 아니다. 고재일 국세청장은 순시 일정을 사전에 발표하지 않고 불시에 방문,

---

4) 대통령 연두순시가 정례화된 브리핑의 대표적인 사례였음은 브리핑 관련 기사 건수를 월별로 비교했을 때, 대통령 연두순시가 이루어지는 1월 및 2월에 보도된 기사 수가 월등히 많다는 것에서도 알 수 있다.

〈경향신문 월별 기사 건수(건)〉

월	1	2	3	4	5	6	7	8	9	10	11	12	계
건수	80	69	28	27	27	31	39	23	31	13	14	16	398

일선 담당자들을 초긴장 상태로 만들었으며(경향신문, 1975.3.18.), 김수학 국세청장은 느닷없이 서울, 중부, 대전청과 교육원을 순시하고 브리핑을 받아 일선 직원들을 긴장시켰다(매일경제, 1979.1.15.).

브리핑은 '기억력 좋은 사람이나 지역의 장이 마을의 상황을 줄줄 브리핑하고, 도표에 나타난 항목을 다른 사람이 또박또박 가리키는'(경향신문, 1962.2.19.) 식으로 군대문화를 답습한 엄숙하고 경직된 분위기에서 이루어졌다. 이렇게 경직된 분위기로 브리핑이 진행되었던 것은 브리핑 자체가 군사문화에서 비롯된 것인데다 보고받는 사람 역시 대부분 군 출신이었기 때문에 절도있는 태도가 선호되었기 때문이다.

경직된 분위기 속에서도 상급자의 눈에 들기 위하여 다양한 보고 수단이 활용되었다. 예컨대 대통령 연두순시에서 각 부처는 제각기 아이디어를 짜내 다양한 보조방법을 동원했는데, 이는 대통령의 눈에 들기 위한 경쟁이기도 했다. 1975년 연두순시에서 경제기획원과 재무부, 농수산부는 브리핑 후 별도의 슬라이드로 시책 내용을 설명했고, 농수산부는 회의장에 개량종자 성장과정을 전시하고 고구마 등으로 만든 대용식품을 진열했으며, 상공부는 영화를 상영하여 대통령이 광부들의 처우개선책을 마련하도록 지시하는 성과를 거두기도 했다(경향신문, 1975.2.1.). 70년대 말 대통령 연두보고에는 각 부처별로 캐치프레이즈가 유행했다. 1978년에는 '1천억달러에의 도전', '전진하는 교육, 공부하는 학원, 긍지높은 국민', '5백억달러 수출 준비는 지금부터'(경향신문, 1978.2.4.), 79년에는 '건강하고 늠름한 국민', '전국민의 과학화' 등 해당 부처의 주요 계획 목표를 담은 슬로건이 제시되었다(경향신문, 1979.2.10.).

브리핑 준비를 위해서는 상당한 기간 동안 많은 노력이 필요했고 예행연습이 수반되는 것이 보통이었다. 황산덕 문교부장관은 브리핑 차트에 맞춰 짠 자료를 익히고 미심쩍은 대목은 관계 실·국장을 불러 일일이 설명을 들어 보완하는 등 취임 후 첫 브리핑에서 만점을 받기 위해 세심한 주의를 기울였다(경향신문, 1977.1.19.). 고재일 건설부장관은 첫 연두순시를 준비하면서 브리핑 4, 5일 전부터 자료의 자구를 직접 체크하고 보고연습을 3, 4회 해보는 등 세심하게 준비했다(경향신문, 1979.2.6.). 윤주영 문공부장관은 독자이기 때문에 노모를 모셔야 할 처지인데 모친이 사경을 헤맨다는 연락에도 브리핑 준비에 열중하다 연두순시 브리핑을 마치고서야 겨우 임종을 지킬 수 있었다(경향신문, 1972.1.18.).

대통령에 대한 브리핑만 그랬던 것은 아니다. 신임 경제기획원 장관에 대한 브리핑을 준비하기 위해 경제기획원 기획국 직원들은 새해 연초의 휴무에 대해서는 체념하여 아예 약속을 하지 않기도 했다(동아일보, 1978.12.29.). 건설부 간부는 신임 장관에게 브리핑할 자료를 만들기 위해 연휴에도 출근해야겠다 말했고(매일경제, 1978.12.25.), 이두희 증권거래소 이사장은 김원기 재무부장관의 연두순시에 대비하여 업무 브리핑 준비는 물론 신축공사장 시찰에 대비하여 공사현장의 환경정리를 지시하기까지 했다(매일경제, 1979.2.5.). 이처럼 브리핑 준비에 많은 노력이 들어갔던 것은 브리핑이 곧 평가였던 만큼 그 결과에 정책과 사업의 성패가 달려 있었으며, 동시에 브리핑 실력이 관료를 판단하는 중요한 자질요건이었기 때문이다.

5) 브리핑 주체로서 관료: 출세의 발판이자 관료의 자질

브리핑 실력은 관료의 능력을 판단하는 기준이자, 승진을 결정하는 평가 항목이기도 했기 때문에 당시 관료들은 브리핑 요령을 익히느라 바빴다. 군사정부 초기에는 차트 작성을 제대로 못해 근무태만으로 담당과장이 사표를 내야 했던 경우도 있었다(경향신문, 1962.2.19.). 70년대 중반에도 순시 중 대통령이 지위고하를 막론하고 업무현황에 대해 질문하기 때문에, 현황파악은 물론이거니와 브리핑 요령을 익히는데 고심한다는 보도가 나오기도 했다(경향신문, 1975.3.18.).

표 2-18 브리핑 주체(관료)

구분	사례
출세한 관료	"경제기획원 기획관리실장으로 있으면서 약 3년 반 동안 **대통령**에게 **월간경제동향브리핑**을 잘해 건설부 **차관**으로 **발탁**된 것은 그의 이런 실력을 증명하는 것… (동아일보, 1979.1.11.)
인사의 기준	"신임 고재일 청장이 계장급 이상 간부들을 한사람씩 모두 불러 **브리핑**을 통해 **인물평가**를 하고 있으며 이에 따라 **인사이동**을 하겠다는 인사방침을 밝혔기 때문… (경향신문, 1971.7.3.)"

출처: 저자 작성.

반면 브리핑만 잘하면, 그리고 브리핑 실력이 운 좋게 눈에 띄면 대부분 출세를 했다. 당시 대통령의 눈에 띄어 발탁되어 출세한 관료들을 소개하는 기사들은 대부분 브리핑 실력에서 그 이유를 찾는다. 김현옥에 이어 신임 서울시장이 된 양탁식은 대통령 앞에서 명 브리핑 실력을 뽐내어 내무부 기획관리실장 당시 박 대통령이 직접 철도청장으로 픽업했다는 에피소드를 남겼다(동아일보, 1970.4.17.). 새마을 운동을 본격적으로 시작할 무렵 김보현이 농림장관이 될 수 있었던 이유 역시 도백들 가운데 가장 차분하기도 했지만 그가 브리핑의 명수였기 때문이다(매일경제, 1970.12.21.). 청와대 경제수석이 된 서석준은 명석한 판단력을 지닌 정통 관료이자 브리핑의 명수였고(매일경제, 1979. 1.11.), 이규현 문공부 장관은 논리정연한 브리핑의 명수였다(매일경제, 1979.12.15.). 이후 여당의 중진 의원까지 되었던 황병태가 일개 경제기획원 과장 신분으로 대통령과 독대를 할 수 있었던 이유는 장기영 부총리의 신임을 받고 국장이 해야 했던 브리핑을 대신 한 후부터였다(황병태, 2011: 12).

브리핑 능력은 고위관료의 출세의 발판에서 그친 것이 아니라 공무원의 자질요건으로 인식되었고, 인사의 기준으로까지 활용되었다. 고재일 조달청장은 3백여 명에 이르는 대규모 내부인사를 단행하면서 직접 경험한 브리핑 실력을 인사의 중요한 기준으로 삼아 '인사 명수'라는 관록을 다시 한번 과시하였다(매일경제, 1970.3.3.). 반대로 상공부 국장급들 대부분이 브리핑에서 주요 정책과 관련된 수치를 제대로 암기하고 있지 못해 '숫자에 어두운 상공관리'라는 빈축을 사기도 했다(매일경제, 1970.9.15.). 이러한 사례들은 고위직뿐만 아니라 중·하위직 관료의 자질 요건으로 브리핑 실력이 중요하게 고려되었으며, 인사 기준으로 받아들여졌다는 것이다.[5]

6) 브리핑 행정의 결과: 권위주의와 형식주의

브리핑 행정에 대한 비판은 박정희 시대 당시부터 존재했다. 브리핑을 행정의 근대화와 체계화로 받아들이던 군사정부 시절부터 이미 "차트는 눈에 환각을 일으키고 브리핑은 말재주 있는 자가 행정을 지배하는 폐단을 가져오기 때문에 차트행정과 브리핑 행정을 시정해야 한다"(경향신문, 1963.3.1.)는 경계의 말들이 있었다. 공무원들은 브리핑 때문에 못해먹겠다고 비명을 질렀고(경향신문, 1965.10.20.), 사회적으로도 브리핑이 공허한 숫자로 메워진 채 몇몇 집권층의 자기만족에만 봉사하고 있다(경향신문, 1966.5.16.)는 등 비판이 거셌다. 공화당 중앙상위에서 김익준은 혁명

---

5) 정부관료제를 답습한 기업조직에서도 엔지니어링 사고와 브리핑 능력은 중요한 역량으로 받아들여졌다. 신문기사 속의 민간 엘리트들 중 대표적인 예로 신봉식 전경련 이사는 외국어에 능통하고 재정금융 이론에 밝았으며 브리핑의 명수였으며 (매일경제, 1977.5.25.), 강대호 제일은행 이사 역시 브리핑 명수로서 유능한 인물로 인정받았다(매일경제, 1975.5.21.). 이처럼 브리핑 능력은 기업 내부의 인사기준으로도 중요하게 고려되었다.

정부를 망친 것이 ABC(A는 군대, B는 브리핑, C는 차트의 약자)라고 비판해 군 출신들로부터 맹공을 받기도 했다(동아일보, 1969.12.20.).

표 2-19 브리핑 행정의 결과

구분		사례
권위주의	일방주의	"... 이들의 윤곽은 대통령 머릿속에 들어가 있기 때문에 주먹구구식 건의는 그 자리에서 묵살된다 (경향신문, 1966.5.30.)." "... 그러나 각계로부터의 의견청취보다는 재무당국의 세제개혁안에 대한 브리핑적 성격만이 강하게 부각되었고... (경향신문, 1967.8.23.)"
	'표경주의' (상관 눈치보기)	"... 브리핑 표(表)와 상사에 대한 아첨(敬)을 두고 '표경주의'라는 말이 있는데... (경향신문, 1972.2.8.)"
형식주의	현실과의 괴리	"맹목적인 계획 수행에서 오는 피상적인 성과와 관민간의 유리... (경향신문, 1962.2.19.)"
	답습	"... 사업계획이 오랫동안 되풀이해온 형식적이고 단순반복적인 타성을 벗어나지 못했다고 지적하고... (매일경제, 1978.1.25.)"
	낭비	"... 브리핑 차트 작성에 소요되는 노력에 비해 활용이 여의치 못하기 때문에... (매일경제, 1971.3.11.)"
	획일주의	"브리핑 내용이 천편일률로 규격화되고 사업성격도 지역적 특수성을 찾기 힘들었으며... (경향신문, 1971.2.20.)."

출처: 저자 작성.

브리핑이 권위적인 성격을 가졌다는 것은 브리핑과 관련된 기사 중 상당수가 관 주도의 일방주의를 지적하고 있는 데서 드러난다. 특히 민간인을 참석시킨 브리핑에서 이러한 경향이 두드러지는데, 세제 개혁안을 설명하기 위해 언론계 및 학계 대표들이 참석한 브리핑에서 재무부는 일방적인 설명으로 일관했고, 정부안이 손질 없이 통과되어도 무방하다는 인식을 강화시키는 데 활용하였다(경향신문, 1967.8.23.). 국회에 대한 정부 측의 일방적인 브리핑과 이에 대한 국회의원들의 불만들이 이어졌던 것도 비슷한 맥락이다.

브리핑은 상관을 위한 보고였고, 보고받는 사람에게 성패가 달려 있었다는 점에서 상관의 눈에 들기 위한 아첨과 아부로 이어지기 마련이다. 당시 언론은 이러한 경향을 브리핑표(表)와 상사에 대한 아첨(敬)을 합쳐 '표경주의(表敬主意)'라는 조어로 비판했다(경향신문, 1972.2.8.). 유기춘 문교부장관은 대통령에 대한 브리핑 자리에서

"천학비재(淺學菲才)한 소치로 각하의 뜻을 받들지 못해 부끄럽게 생각합니다. 둔마(鈍馬)와 같은 소직(小職)에게 계속 채찍질을 내려주시길 복망(伏望)하옵니다"면서 고개를 숙였다(경향신문, 1975.2.8.). 구자춘 서울시장의 연두순시 브리핑에서, C출장소의 소장은 건설중인 교량에 시장의 이름을 따서 명명하겠다는 말로 아부했다가 오히려 꾸중을 들었다(경향신문, 1976.2.7.).

브리핑 행정이 가져온 다른 문제는 형식주의, 즉 현장이 아닌 문서 중심의 행정이다(윤견수, 2012: 543). 중앙부처는 브리핑 때가 되면 브리핑이란 명목으로 국장들이 거의 대부분의 시간을 장관실에 머물러 있고, 브리핑 하나를 하기 위해 전 국의 직원들이 법석을 떨며 글자 하나까지 신경을 써야 했기 때문에, 브리핑 행정을 위해 실제 행정의 공백이 생길 수밖에 없었다(매일경제, 1971.3.11.). 국세청장의 지방순시 계획이 발표되자 일선 관서들은 본연의 세정업무보다 브리핑 차트 작성에 열띤 경쟁을 벌였다(매일경제, 1973.3.23.). 취임한 지 얼마 안 되는 도지사가 브리핑을 준비할 경우 브리핑 방식이 시나리오나 교과서를 낭독하듯 술술 읽어나가는 식이라 현황차트와 브리핑 내용이 엇갈리는 촌극을 벌이고, 각 도는 브리핑 쇼를 하듯 브리핑차트 작성에 신경을 써 경쟁적으로 총천연색 도표 등 겉모습을 꾸미는 데 바빠 자연스럽게 전시행정이 될 수밖에 없었다(매일경제, 1971.7.17.).

경쟁적으로 브리핑 차트를 작성하는 데서 발생하는 낭비도 만만치 않았다. 행정개혁위원회에서는 지시명령 통제 과정에서 브리핑이 과다하고, 작성에 소요되는 노력에 비해 활용이 여의치 못하기 때문에 개선해야 한다고 건의했고, 심지어 내무부에서는 정부의 종이 절약시책을 이유로 외부 시찰용을 제외한 모든 브리핑차트 작성을 금지하기까지 했다(경향신문, 1974.3.13.). 필요 이상의 차트제 실시로 인하여 시간과 정력의 낭비를 초래하였고, 무절제한 지시와 형식적인 보고, 허위 자료에 의한 통계의 부정확성 등 실체 없는 탁상 보고 경향이 많았다는 것이다(동아일보, 1962.6.8.). 5공화국 들어 전두환의 지시로 브리핑 행정이 공식적으로 정부에서 사라졌음을 알리는 아래 기사는 브리핑 행정의 폐해를 분명하게 보여준다.

"행정에 있어서의 차트 보고제가 당초 상사용이었다는 점에서 국민봉사보다는 상부의 눈치를 살피는 눈치행정을 부채질했고 차트의 필수요건인 간결성 또는 도식화가 요령주의, 편의주의 또는 전시 위주의 형식주의 행정행태로 잘못 표출됐다. 또 차렷 자세의 절도 있는 차트 브리핑 행태가 공무원 사회의 경직성을 심화시키는 한 요인이 되기도 하였다. 뿐만 아니라 차트 브리핑이 빈번해짐에 따라 각 부처는 차트작성을 위한 차트사까지 가외로 고용해야 하는 낭비를 초래 하기까지 했다(동아일보, 1982.7.20.)."

권위주의와 형식주의가 결합되면 획일주의로 발전한다. 획일주의는 관료제를 최고 통치자 1인의 의지에 복종하는 단일한 집단으로 만들어 최고통치자를 제외한 모든 사람을 규제한다. 박정희 사후 최규하가 대통령으로 취임한 이후 있었던 초도 순시에서 김옥길 문교부장관은 당시 관례였던 시나리오 작성과 브리핑 차트 준비 없이 간략하게 보고하려고 했다. 하지만 청와대에서는 차트 규격에서부터 시나리오 작성방법 등이 전 부처에 통일되게 짜여 있는데 문교부만 준비하지 않는 것은 받아 들일 수 없다고 거절해 문교부는 뒤늦게 종전의 방식대로 준비하느라 부산을 떨게 되었다(경향신문, 1980.2.8.). 장관 역시 브리핑 행정의 획일주의로부터 자유로울 수 없었던 것이다.

5 브리핑 행정의 유산: 권위주의와 형식주의의 강화

1) 브리핑 행정과 권위주의

그동안 권위주의 연구는 주로 행정문화의 측면에서 논의되어 왔다. 한국의 행 정문화 중 대표적인 속성인 권위주의 문화와 이로 인한 역기능인 권력 추구와 남용, 엘리트주의는 중앙 집권적인 역사를 가지고 있는 한국 문화가 개인의 심리를 통해 발현된 것이라는 설명이다. 김봉식(1968), 윤우곤(1975), 백완기(1975) 등 초기 행정문 화 연구들은 관료제 내 권위주의를 한국인의 의식구조와 가치관 등 심리적 요소를 중심으로 설명했었다. 반면 박천오(1990), 김호정(1994), 이환범·이수창·박세정(2005), 고현경·박현신·김근세(2007) 등 후기 연구들은 개인적 특성이나 사회문화의 영향으 로 단순히 설명하기보다는 구조적 산물이라는 점을 지적한다. 이러한 관점에서 권위 주의는 제도와 상황 아래 학습의 결과를 통해 강화되거나 약화될 수 있는 개념이다.

개발연대 브리핑 행정은 크게 두 가지 구조적 측면에서 권위주의를 강화시켰다. 첫째, 브리핑 행정은 연역적인 사고방식을 관료제 내부에 학습시켰다. 좋은 브리핑은 공학적 접근 방식을 바탕으로 한다. 공학적 접근 방식은 현장에서 접하는 문제를 해결하는 것이 아니라, 건축가가 건물을 짓는 것과 같이 특정한 미래의 상태를 미리 상정하고, 단계별 실행 방안을 마련하여 체계적으로 구현하는 것을 뜻한다(오원철, 2002: 259).

오원철(2010: 603)은 복잡한 경제문제를 해결하는 데 사용되는 공학적 접근 방식을 '엔지니어링 접근(Engineering Approach)'이라 말하고, 여기에는 계획의 청사진과 구체적 비전, 연차별 시행 계획이 포함되어야 한다고 말했다. 결국 브리핑 행정이 상정하는 이상적인 관료는 작전을 수행하는 군인과 마찬가지로 시간을 관리하고 물자를 동원하며 인력을 배치하는 엔지니어링 사고를 내재화한 엘리트를 의미하며, 엔지니어링 사고체계가 출세의 전형이었음을 뜻한다(윤견수, 2012: 542). 그런데 당시 AID의 기술훈련계획으로 공학적 사고 훈련을 받은 과학기술, 재정, 금융, 조세, 경제정책 전문가가 1953~76년 사이 4천여 명에 달했다. 브리핑 행정에 맞는 기획과 관리 지식을 갖춘 사람이 충분히 존재했고, 이들은 군대문화로 유입된 브리핑 기술과 결합하여 한층 세련된 엔지니어링 사고를 형성해 나갔던 것이다(윤견수, 2012: 541).

둘째, 관료들은 상급자의 권위를 이용하는 것이 성공과 직결된다는 점을 체험하게 되면서 권위주의를 내재화했다. 한정된 자원이 최고통치자에 의해 권위적으로 분배되는 상황에서 성공적인 브리핑은 사업의 성공과 개인의 출세로 연결되었다. 당시 각 부처의 주요 정책사업은 국·과장급에서 안을 만들고 장관의 결재를 거친 이후 대통령 브리핑을 통해 재가를 받아 확정되는데, 일단 대통령의 재가를 받은 사업은 대통령 관심사업으로서 사업 완성에 있어 필요한 다년간의 재원을 일시에 확보할 수 있었기 때문에 '목돈 사업'으로 불렸다. 제한된 자원을 차지하기 위한 부처 간 경쟁 속에서 최고통치자의 관심은 자원 배분에 있어서 절대적인 우선순위였고, 사업의 성공을 담보하는 것이었다.

반면 실패한 브리핑은 사업의 성격 자체를 바꾸어 놓기도 했다. 과학기술처에 의해 추진되었던 대덕연구학원도시 사업은 브리핑 실패를 계기로 연구단지 사업으로 축소되었고 청와대 비서실에 의해 사업이 '난도질'되었다(전상근, 2010: 227-228). 구자춘 서울시장의 일선 구청 업무순시 때 브리핑 차트의 내용과 전혀 다른 내용을 보고한 한 구청장의 경우, 주민 숙원사업을 해결하기 위해 서울시로부터 마땅히 받아야 할 재원을 받지 못하여 멍청한 구청장을 목민관으로 모신 덕택이라는 비아냥거림을 들어야만 했다(경향신문, 1976.2.7.).

이미 군사정부 시절부터 "중앙에서 말단부락에 이르기까지 확고한 기획하에 실시하고 그 결과를 심사분석하여 진행상황을 확인하는 것을 의미하는 것이 차트행정의 성과(동아일보, 1963.6.17.)"라고 했을 정도로 심사와 평가는 브리핑 행정 속에서 일상화되어 있었다. 이런 구조적 상황에서 관료들은 현장의 문제 해결보다는 상급자를 위한 브리핑에 집중하였고, 엔지니어링 사고가 관료제 내부에 깊숙이 뿌리내렸다.

권위주의는 브리핑 형식에서도 드러난다. 브리핑은 상관의 취향에 맞추어 듣기 좋은 문구와 멋있는 낱말로 채워졌고, 대부분의 상급자가 군 출신이었던 만큼 군대식 보고가 일반적이었으며, 철저하게 상관의 편의에 맞추어졌다. 이미 군사정변 직후부터 군인 장관의 입맛에 맞게 군대식의 차트로 만들어 보고했던 것이다(전상근, 2010: 162). 대표적인 사례로 대통령 연두순시 브리핑은 이미 전년도 11월부터 각 부처의 차관과 기획관리실장을 중심으로 준비되기 시작했고, 연말 이전에 골격과 시나리오를 작성해 청와대 관계 비서관의 검열을 받았다. 대통령의 연두순시 일자와 장소는 사전에 통보되는 것이 아니라 보고일에 임박해 공개되었기 때문에, 각 부처는 연초에 언제라도 브리핑을 할 수 있는 준비가 갖추어져 있어야 했다(전상근, 2010: 199). 구자춘 서울시장은 대통령 브리핑을 위한 차트를 14행에 맞추어 준비하였는데, 이는 한 면에 14행을 초과하면 조밀해 보이고, 12행이나 13행이면 엉성해 보인다는 것이 이유였다. 차트 한 장은 1분 동안 설명하고, 차트의 매수는 40장으로 차트당 1분씩 총 40분 동안 브리핑이 당시 관례였는데, 40분이 안 되면 성의가 없어 보이고 40분이 넘으면 지루하다는 이유에서였다(손정목, 1996: 104-105).

브리핑이 가지고 있는 권위주의적 성격이 강화되는 모습은 신문기사 속에 등장하는 기사에 포함된 브리핑의 성격이 점차 상급자 중심으로 변화한다는 점에서도 확인할 수 있다. [표 2-20]은 박정희 시대 경향신문[6] 기사를 군정기(1961~63년), 3공화국(1964~72년), 4공화국(1973~79년)의 세 시기로 구분해 브리핑 행정의 내용과 결과 범주를 포함하는 신문기사 수를 비교한 것이다.

---

6) 분석 대상인 세 신문 중 경향신문 기사를 특정한 것은 박정희 시대 20여 년 동안, 경향신문만이 중단 없이 발간되었기 때문이다. 동아일보는 1976, 77년에 표집된 기사가 없으며, 매일경제의 경우 1965년 창간되어 1966년부터 분석 대상에 포함된다.

표 2-20 시기별 범주 비교

(단위: 건)

범주			군정기 (1961~1963)	3공화국 (1964~1972)	4공화국 (1973~1979)
내용	상향 (아랫사람⇒윗사람)	현황	19	48	24
		계획	19	55	32
		건의	6	16	6
	하향 (윗사람⇒아랫사람)	지시	2	72	45
		지적	0	13	7
결과	권위주의		5	17	16
	형식주의		25	52	17
해당 기간의 전체 기사 수(건)			80	243	75

출처: 저자 작성.

브리핑 내용을 중심으로 살펴보면 상급자에서 하급자로의 지시 내지 지적 사항을 담고 있는 기사가 군정기 80건 중 2건(2.5%)에서 3공화국 243건 중 85건(35%), 유신 이후 75건 중 52건(69.3%)으로 그 비중이 급격하게 증가한다. 집권 후반기로 갈수록 브리핑에 대한 보도 내용이 상급자(박정희)의 지시와 지적, 평가를 중심으로 하고 있음을 보여주는 것이다. 마찬가지로 같은 기간 동안 권위주의와 관련된 범주를 담고 있는 신문기사도 각각 군정기 6.3%(5건), 3공화국 7%(17건), 유신 이후 21.3% (16건)으로 점차 증가하는 것도 브리핑의 권위주의적 성격이 강화되었음을 시사한다.

2) 권위주의와 형식주의

권위주의와 형식주의는 동떨어진 개념이 아니다. 관료가 상관을 위한 브리핑 차트 상 수치를 올리는 것에 만족하면, 목표달성을 위한 각종 조치는 현실에 접근하지 못하고 권위를 앞세우게 된다(매일경제, 1979.5.9.). 계수에 쫓겨 무리한 목표를 잡아놓고 이를 채워보려는 관의 강행군 탓에 계수상의 실적과 실제 실적이 달라진다 (경향신문, 1962.2.19.). 그런데 당시에는 무리한 목표 설정에 이은 목표의 조기달성과 초과달성이 일상적이었고, 따라서 무모한 목표 설정은 부정적인 것이 아니라 미덕으로까지 받아들여졌다.

형식주의는 제도와 현실 간 차이가 존재하는 상태를 의미한다(이종범, 1986). 행정학에서는 주로 형식주의를 관료제의 역기능과 관련하여 이해해 왔다. 일찍이 Merton(1957: 195-206)은 형식주의를 설명하면서, 경력을 중시하는 관료제의 특성상 규칙에의 순응을 요구하지만 변화된 상황에 대처하여 조직의 목표를 달성하기보다는 기존에 훈련된 행동과 절차를 따를 것을 요구하는 과잉동조(overconformity) 현상을 그 원인으로 지적했었다. 정홍익(1981: 232-233)은 Merton의 지적을 기반으로 형식주의를 다양한 조직 상황에 직면한 구성원의 적응 행동의 일환으로 바라보면서, 형식주의를 설명함에 있어서 개인 차원보다는 구조적 변수에 초점을 맞추어야 한다고 주장했다.

레드테이프(red-tape)는 이처럼 관료제 내 과도한 형식주의를 의미하는 개념이다. 번문욕례(繁文縟禮)로 번역되기도 하는 레드테이프는 "기능적으로 유효하지 않지만 조직에 준수할 부담을 주는 규칙, 규제, 절차 등"을 뜻하며(Bozeman, 1993: 283), 대체로 개혁되어야 할 관료제의 비효율성이나 이를 야기하는 과도한 구조적 제약으로 여겨져 왔다. Rainey, Pandey & Bozeman(1995)은, 레드테이프의 발생 원인에 대한 기존 논의들을 세 가지 가설로 정리했다. 첫째, '목표 모호성 가설(goal ambiguity hypothesis)'로 공공조직의 목표와 성과에 존재하는 모호성 때문에 결과 대신 투입과 집행 과정에서 구체적인 규정과 절차를 준수하도록 강조하면서 레드테이프가 나타난다. 둘째, '불안감 가설(insecurity hypothesis)'로 공공조직 관리자들이 자신의 계층적 권위를 강화하고 부하 직원에 대한 통제력을 높이기 위해 불필요한 규칙이나 절차를 만든다. 셋째, '기대 가설(expectancy hypothesis)'로 민간조직에 비해 효율적으로 관리할 요인이 부족한 공공조직 관리자들에게는 정치적 권한이나 예산팽창, 인력 증원 등 부수적 유인이 더 중요하고, 이를 추구하는 과정에서 레드테이프가 강화된다는 것이다. 결국 이러한 논의들은 공공조직의 특수성에 기반하여 권위주의와 형식주의가 서로 밀접한 관련을 가지고 있을 수 있음을 시사한다. 관료제의 구조적인 제약 속에서 상급자가 권위를 확인하기 위한 목적에서 형식주의를 강화하고, 하급자가 형식에 집착하면서 자연스럽게 상급자의 권위가 강화된다는 것이다.

형식주의는 상관의 눈에 들기 위한 관료들의 적응 행동을 통해 강화된다. 이 과정에서 상부로부터의 강요와 기관 간 상호 경쟁이 큰 역할을 한다. 1970년대 초 금융기관에서 양건예금이나 수표돌리기를 통해 예금숫자를 조작하여 예금 액수보다 훨씬 많은 숫자를 재무당국에 보고했다 적발되는 문제가 있었는데, 이는 재무당국의 강요와 각 은행 간 예금경쟁의 결과가 개인의 성적과 은행의 우열로 연결되었기 때문이다(경향신문, 1972.2.25.). 경부고속도로를 건설하면서 계획대로 공사 진척이 되지 않자 초조해진 이한림 건설부장관은 수시로 현장을 시찰하면서 공사를 독촉했다. 현장감독들은 차트와 브리핑을 통해 설명해 봐야 소용없음을 알고 장관에게 공사현장에 들어가 볼 것을 권했다. 정작 장관은 공사장에 들어가지 못하고 그제야 독촉하는 표정이 누그러지면서 수고한다는 말을 전했다(경향신문, 1970.7.6.). 이러한 사례들은 서류상의 목표 수치를 달성하는 데 집착해 현실을 도외시하는 관료의 행태를 분명하게 보여준다.

때로는 보고 내용이 상관의 입맛에 맞는 방식으로 조작되기도 했다. 상급자의 입맛에 맞는 야심찬 수치와 요란한 구호, 현란한 기술을 담은 브리핑으로 경쟁하다 보니 이 과정에서 조작과 과장이 발생하는 것도 놀랄 일이 아니었다. 이미 군사정부 시절 박정희 의장의 지방 순시에서부터 말단 기관이 맹목적인 계획 수행과 결과를 보고해 이에 대한 재교육과 각성을 촉구했었다(경향신문, 1964.10.5.). 하지만 박정희 시대 내내 근거가 없는 소설 같은 보고와(경향신문, 1962.2.22.) 엉터리 통계에 기반한 어물어물 브리핑이(경향신문, 1975.9.27.) 계속되어 그때마다 추궁과 질책이 뒤따랐으며, 심지어 대통령이 직접 브리핑 막대를 들고 차트의 과장된 숫자를 일일이 짚어나가면서 지적하기까지 했지만(경향신문, 1968.8.21.) 이러한 행태는 사라지지 않았다. 현실을 외면하면서까지 상관의 권위에 순응하려는 과정에서 형식주의가 강화되고, 보고를 조작·과장하면서까지 목표를 달성하려 경쟁하는 상황에서 상관의 권위는 더욱 강화된다. 이처럼 권위주의와 형식주의는 반복되면서 서로를 강화시켰고, 이러한 경험은 박정희 시대 내내 지속되었다.

6 나가는 글

브리핑은 박정희 시대 관료제에서 통용되었던 행정 기술이면서 동시에 관료의 자질요건이었다. 브리핑은 기획과 불가분의 관계에 있다는 점에서, 브리핑 행정은 당시 관료제가 경제성장이라는 청사진을 달성하기 위한 계획을 수립하고 계획에 따라 목표를 달성하는 연역적, 하향식 접근방법에 따라 업무를 수행했음을 보여준다. 브리핑을 이해하지 못하면 박정희 시대의 행정을 이해할 수 없다고 한 것은 이러한 이유에서다.

　브리핑 행정은 그 자체가 내포하고 있는 연역적 접근 방식과, 현실을 도외시한 채 수치상의 목표 달성에 집착하는 것이 출세에 도움이 된다는 것을 관료들에게 학습시킴으로써, 결과적으로 한국 관료제 내부에 권위주의와 형식주의를 강화시켰다. 그런데 박정희 시대에 전문성을 가진 기술관료가 관료제 내에서 주요 세력으로 등장했다는 2절의 설명을 감안하면 이러한 주장은 모순적인 것처럼 보인다. 하지만 당시 관료들의 역할이 최고통치자인 박정희가 가지고 있는 비전을 계획의 형태로 입안하고 집행하는 도구적 성격이었다는 점을 감안하면 기술관료와 권위주의는 더 이상 상호 배타적인 개념이 아니다. 당시 관료의 전문성이나 자율성은 최고 통치자에 의해 정해진 어젠다를 실행하는 범위 내로 제한되었던 것이다.

　결정권한이 최고통치자에게 집중되어 있었음은 박정희가 1970년대 초부터 경부고속도로, 포항종합제철 건설 등 주요 인프라 건설 사업을 직접 추진하면서 전문가와 관료, 국제기구(IBRD)의 반대에도 불구하고 직접 밀어붙여 성공시킨 예가 있었고, 70년대 중반 이후 중화학공업화를 위시한 대부분의 경제정책을 독단적으로 결정했던 사실과 무관하지 않다.7) 당시 대통령 관심사업의 추진과정 대부분을 경제수석비서관 오원철을 통해 직접 통제하였는데, 상공부 기술관료 출신인 오원철이 대통령 관심사업 전반을 통제했다는 것은 그 자체로 모든 결정권한이 박정희 1인에게 집중되었음을 보여주면서, 동시에 정책에 대한 접근 방식이 공학자나 기술자의 그것과 다름없었음을 시사한다.

　박정희 시대와 당시 관료제에 대한 양면적인 평가에도 불구하고 당시 관료제가 목표 달성을 위한 효과적인 수단으로 기능했던 것은 분명한 사실이다. 그런데 경제개발5개년계획으로 상징되는 국가 수준의 발전계획은 계획경제 국가들을 벤치마킹해 이전 정부에서 수립했었고, 정부기구 내 중앙기획을 담당하는 부처의 흔적은 이미 정부수립 직후부터 발견할 수 있다. 그렇다면 박정희 시대 관료제가 오늘날 갖는 의미는 무엇일까? 조희연(2007: 41)의 지적처럼 박정희 시대의 기여를 군대문화를 바

---

7) 1970년대 중·후반 이후 국무회의와 경제장관회의에서 안건 심사는 매우 형식화되었으며, 이는 이들 기관이 사실상 박정희가 사전적으로 결정한 것을 형식적으로 통과시키는 역할을 담당했다는 것을 의미한다(정정길, 1988).

탕으로 정부관료제를 통해 강력한 추진력을 발휘했다는 데서 찾는다는 데 동의한다
면, 브리핑 행정이 바로 군사정부가 관료제에 주입한 강력한 추진력이자 일하는 방
식일 것이다. 마찬가지로 당시 브리핑 행정이 요구하는 이상적인 관료는 강력한 추
진력을 가진 행동지향적 관료였으며, 그래야만 출세와 성공이 보장되었다(이종범·윤
견수, 1994: 283).

상부로부터 주어진 목표를 달성하기 위해 구체적 계획을 입안하고, 단계별로
추진상황을 점검·확인하며 평가하는 것이 박정희 시대 행정 스타일이었다. 박정희
시대의 경험은 관료들에게 전문성과 소신을 앞세워 자기주장을 내세우거나 일반 국
민들의 목소리를 행정에 반영하기보다는, 상급자의 권위에 순응하고 위로부터의 지
시를 비판 없이 실행에 옮기는 복종형 공무원이 출세에 유리하다는 것을 학습시켰
다(김영평, 1985: 120-121). 하지만 이러한 경험은 국민들과 복수의 이해관계자의 요
구에 부응해야 하고, 서로 다른 관계자들 간 조정과 타협이 필수적인 민주주의 행정
환경과는 잘 맞지 않는다.

1995년 지방자치가 시작되자 어떤 신문은 "지방자치가 실시되면 행정도 문서
행정 위주에서 현장에서 발로 뛰는 행정으로 바뀌게 될 것이다. 과거 임명직 단체장
은 문제의 해결보다는 중앙에의 보고가 일차적 임무였었다. 과거에 문제해결 능력보
다는 브리핑 능력이나 기획능력으로 발탁된 인사가 적지 않았던 것도 문서행정의
우위를 말해준다"고 지적했다(경향신문, 1995.7.4.). 박정희 시대가 마감된 지 이미 십
수 년이 지나갔지만, 브리핑 행정의 유산은 여전히 살아남아 현실과 유리된 탁상행
정으로 지속되었으며, 기획과 브리핑 능력이 관료의 자질로 인식되었던 것이다.

표 2-21 브리핑 행정의 코딩: 상위범주, 범주, 주요 개념

상위범주	범주		주요 개념
도입 (원인)	군대문화		군대 내에서 즐겨 쓰던 상황설명
	근대화		근대화 / 실용주의 / 행정의 체계화 / 효율화 / 브리핑 붐 / 두메산골에 브리핑실
상황 (맥락)	정보전달		업무파악 / 현황파악 / 공부하는 기분
	검토		시정실천방안 / 자금조달방안 / 세제개혁방안 / 단일변동환율제 / 공업지대 선정 / 브리핑을 통해 확정
	확인		현지출동 / 지방출장 / 순시행정 / 하나하나 체크
	평가		브리핑 경연 / 경쟁 / 즉석시험
내용	상향	계획	사업운영계획 / 신년도 사업계획 / 운영계획 / 개발계획 / 식량수급계획 / 구호 대책 / 시행방침 / 물가안정대책대일청구권자금사용계획 / 국민저축계획 / 수출계획 / 녹화계획 / 대미교섭안
		현황	국내경제동태 파악 / 교육현황 / 건설현황 / 도(시)정 현황 / 양곡현황 / 피해 현황 / 국민운동현황 / 사업진행상황
		건의	선처 요망 / 예산지원 / 건설 / 애로사항 해결
	하향	지시	지시 / 당부 / 추진 / 감독 / 계획 작성 / 설치 / 현지 조사
		지적	기합 / 꾸중 / 추궁 / 핀잔 / 일침 / 질책 / 군기잡기
	아이디어		인삼담배 / 새로운 관광행정제도 / 이색 아이디어
형식	시기		정례화 / 추진상황 점검 / 불시에 기습 / 순시(시찰) / 연두순시 / 초도순시
	수단		슬라이드 / 차트 / 미니 차트 / 캐치프레이즈 / 슬로건
	준비/연습		예상문제 암기 / 브리핑연습에 열중 / 자구까지 직접 체크 / 연휴 체념 / 밤샘 / 노모 위독에도 브리핑 준비
	분위기		군대식 / 남방샤쓰바람으로 지적
주체 (사람)	출세한 관료		기획과 브리핑에 남다른 재주 / 대통령 앞에서의 명 브리핑 / 브리핑과 골프에 능숙 / 판단력 좋고 브리핑 명수 / 브리핑에 능하고 수완가
	관료의 자질		근무평정의 기준 / (수치에 어두운) 무능한 관료
결과 (브리핑 행정의 유산)	권위주의		고압적 자세 / 표경(表敬)주의 / 일방적 변경 / 눈치 / 아부적인 보고 / 권위만 앞세운 / (의장이) 좋아하는 용어와 표현 / 결의 / 과잉충성 / 대통령 머릿속의 윤곽
	형식주의		실제와의 괴리 / 속임수 / 엉터리 통계 / 천편일률 / 답습 / 무성의 / 알맹이 없음 / 말재주 있는 자가 브리핑 행정을 지배 / 낭비 / 무사안일주의 / 허위사실 / 번드르르한 변명

출처: 저자 작성.

CHAPTER **5**

정부 관료제에서 행정의 책임성:
유학(儒學)의 수신론(修身論) 관점에서 톺아보기

배 수 호

1 들어가며

　　정부 관료제에서 행정 책임성을 확보하는 문제는 행정학 분야의 오래된 주제이면서 늘 현재적 의미를 강하게 띠고 있는 주제이기도 하다. 공공업무를 수행하는 공직사회에서 관료의 행정 책임성은 줄곧 학계, 정치계, 그리고 일반시민의 뜨거운 관심의 대상이다. 때로는 기대와 때로는 우려로 표현된다. 또한 행정이론과 행정현상을 연구하는 학자들에게 행정 책임성은 투자 대비 회수율이 그리 커 보이지 않는 연구주제이기도 하다.

　　지금 우리 사회에서만큼 '행정 책임성' 논란이 뜨겁게 제기되는 경우가 역사상 그리 많지 않으리라 생각한다. 공직사회는 일대 전환점에 직면하고 있고 목표지점을 잃은 채 우왕좌왕하는 모습이 역력히 보인다. 정부조직에 근무하는 관료들이 우리나라 최고의 엘리트들로 구성되어 있다는 것은 이견의 여지가 없어 보인다. 하지만 거기에 걸맞은 자부심, 책임의식, 공공성, 윤리성은 찾아보기 어렵다. 이 사회의 날개가 되어야 할 관료들이 추락하고 있는 오늘날의 위기상황을 어떻게 이해하고 어떤 해결방안을 모색하여야 할까? 관료의 행정 책임성을 어떻게 제고할 수 있을까?

　　이 연구에서는 관료 개인 차원에서의 윤리적 자율성과 책임성이 무엇보다도 강조되어야 함을 지적하고자 한다. 언제부터인가 우리에게 개인의 규범성, 윤리성, 자율성, 책임성은 낯선 단어가 되었고 생소한 주제가 되었다. 특히 오늘날 행정현상을 연구하고 이해하려는 우리 학자들에게 이것은 군이 다루고 싶지 않은 주제일지도 모른다. 그러나 '새는 한 쪽 날개만으로 창공으로 솟구쳐 오를 수 없듯이', 관료조직에서 행정의 책임성을 제고하기 위해서는 법적·제도적 차원에서의 책임성을 강조하는 것 못지않게 규범적·윤리적 차원에서 관료 개인의 책임성도 함께 중시되어야 한다. 또한 관료 개인의 윤리적 자율성과 책임성을 전제하지 않고서, 여러 차원에서의 행정의 책임성 —이를테면, 계층제적, 법적, 전문가적, 정치적 책임성— 의 실효성을 확보하기는 어렵다.

무엇보다도 이 연구는 오늘날 관료의 행정 책임성의 현주소를 진단하고 유학(儒學)의 수신론(修身論) 관점에서 공직사회에서 행정 책임성의 제고를 위한 고민과 논의를 시도한다. 유학사상은 스스로의 공부와 수양을 통해 '소아(小我)적 차원에서 대아(大我)적 차원으로 거듭나기'를 강조한다. 이 지점에서 유학의 수신론은 행정 책임성의 실효성을 확보할 수 있는 밑거름을 제공할 수 있으리라 본다. 부언하자면, 여타의 행정 책임성은 개인의 윤리적 자율성과 책임성이 전제되어야 비로소 가능할 것이다. 결국 관료 개인의 덕성을 함양하고 행정 책임성을 제고하는 것만이 우리 사회가 채택하고 있는 민주공화주의의 이념과 가치를 꽃피우고 민주공화체제를 공고히 할 수 있다.

이 연구에서는 우선 인간의 본성에 대한 동양사상의 두 가지 입장인 성선설(性善說)과 성악설(性惡說)을 간략히 소개하고, 오늘날 행정이론과 모형들에서 인간의 본성에 대한 가정이 어떠한지 살펴보고, 성선설의 입장에서 유학 수신론을 설명하고자 한다. 그런 다음, 행정 책임성의 개념을 상세히 고찰하고, 오늘날 공직사회에서 행정 책임성의 현주소를 진단하며, 이를 통해 '행정 책임성의 개념틀(framework)'을 제시하고자 한다. 나아가 유학의 수신론이 오늘날 공직사회에서 행정 책임성의 확보와 확충에 기여할 수 있는 바가 무엇인지를 보다 구체적으로 돌아보고자 한다. 특히 '관료의 존재 이유와 책임성 자각', '충신(忠信)으로서의 충(忠)', '자율적 자기규제와 자기통제 능력의 배양', '공직의 가치와 규범에 대한 성찰', '윤리적 딜레마 상황의 대처능력 함양' 등 다섯 가지 차원에서 밀도 높은 논의를 전개하고자 한다.

2 인간의 본성(本性)에 대한 가정과 유학(儒學)의 수신론(修身論)

1) 사람은 선(善)한 존재인가 아니면 악(惡)한 존재인가?

인간의 본성에 대한 가정과 이해는 인류 지성사에서 오랜 논쟁거리이다. 동양 사회에서 인간 본성에 대한 논쟁은 문헌상으로 적어도 거의 2,500년까지 거슬러 올라간다. 「孟子」에서 고자(告子)와 맹자(孟子) 간에 오간 성(性)에 대한 논쟁이 대표적이라 할 수 있다.

> "고자(告子)가 말하기를 '성은 고여 맴돌고 있는 물과 같다. 동쪽으로 터놓으면 동쪽으로 흐르게 되고 서쪽으로 터놓으면 서쪽으로 흐르게 된다. 사람의 본성은 선(善)과 불선(不善)으로 나누어지지 않음은 마치 물이 동(東)과 서(西)로 나누어지지 않음과 같다.' 맹자(孟子)가 말하기를 '물은 정말 동서의 구분이 없지만 상하의 구분도 없지 않은가. 사람의 본성이 선하다는 것은 물이 아래로 흘러내려가는 거와 같다. 사람은 (누구나) 선하지 않는 사람이 없고 물은 아래로 흘러 내려가지 않은 물이 없다. 지금 (누군가) 물을 쳐서 튀어 오르게 하여 이마 위로 높게 올라가게 하고 거꾸로 쳐올려서 산에라도 이르게 할 수 있으나 이것이 어찌 물의 본성이겠는가. 그 힘에 의해 그렇게 된 것이다. 사람이 불선(不善)하도록 할 수 있는데 그 본성 또한 이와 같은 것이다.' "[1]

위의 구문에서 보는 바와 같이, 맹자는 물이 위에서 아래로 자연스럽게 흐르듯이 인간의 본성은 원래 선하다는 것이다. 사람이 불선(不善)을 행하게 되는 경우는 사람의 본성이 본래 불선하기 때문이 아니다. 물이 외부의 힘에 의해 사람의 이마 위로 튀어 오르게 하고 산 위에라도 끌어올릴 수 있지만 이것이 물의 자연스런 모습이 아니듯이, 사람이 불선하는 경우도 있지만 이것은 사회적, 역사적, 경제적 상황과 여건, 가정의 환경과 같은 외부의 상황과 영향 속에서 나타나게 된다는 것이다. 이

---

1) 「孟子」〈告子章句上〉第二章. 告子曰 性猶湍水也 決諸東方則東流 決諸西方則西流 人性之無分於善不善也 猶水之無分於東西也 孟子曰 水信無分於東西 無分於上下乎 人性之善也 猶水之就下也 人無有不善 水無有不下 今夫水 搏而躍之 可使過顙 激而行之 可使在山 是豈水之性哉 勢則然也 人之可使爲不善 其性 亦猶是也.

에 반해 "고자(告子)는 고여 있는 물을 동쪽으로 터놓으면 동쪽으로 흐르고, 서쪽으로 터놓으면 서쪽으로 흐르게 되는 물의 특성에 비유하여 성무선악설(性無善惡說)을 주장한다. [중략] 성(性)은 본래 선하지도 않고 악하지도 않다"고 본다(배수호·최화인·홍성우, 2015: 340).

한편 순자(荀子)의 철학에서는 '인간의 본성은 악하다'고 가정한다. 여기서 악(惡)을 '이기심', '욕망' 등으로 이해하면 크게 틀리지 않을 듯하다. 「荀子」 <性惡篇>에서 다음 두 구문을 살펴보자.

"사람의 본성은 악한 것이니 그것이 선하다고 하는 것은 거짓이다. 지금 사람들의 본성은 나면서부터 이익을 좋아하는데, 이것을 따르기 때문에 쟁탈이 생기고 사양함이 없어진다. 사람은 나면서부터 질투하고 미워하는데, 이것을 따르기 때문에 남을 해치고 상하게 하는 일이 생기며 충성과 믿음이 없어진다. 사람은 나면서부터 귀와 눈의 욕망이 있어 아름다운 소리와 빛깔을 좋아하는데, 이것을 따르기 때문에 지나친 혼란이 생기고 예의와 형식이 없어진다. 그러니 사람의 본성을 따르고 사람의 감정을 쫓는다면 반드시 뺏게 되며, 분수를 어기고 이치를 어지럽히게 되어 난폭함으로 귀결될 것이다. 그러므로 반드시 스승과 법도에 따른 교화와 예의의 교도가 있어야 하며, 그런 다음에야 서로 사양하고 형식에 합치되어 다스려질 것이다. 그러므로 인간의 본성이 악하다는 것은 분명해 보이며, 그것이 선하다는 것은 거짓이다."[2]

"맹자가 말하기를 '사람이 배우는 것은 그의 본성이 선하기 때문이다.'라고 말하였다. 내 생각은 그렇지 않다. 그것은 사람의 본성을 제대로 알지 못해 본성과 작위의 구분을 잘 살피지 못한 때문이다. [중략] 맹자는 '사람의 본성은 선한데, 모두 그 본성을 잃기 때문에 악해지는 것이라.'라고 말하였다. 나는 그것은 잘못된 말이라고 생각한다. 사람을 본성대로 내버려두면 그의 질박함이 떠나고 그의

---

[2] 「荀子」 <性惡篇> 1. 人之性惡 其善者僞也 今人之性 生而有好利焉 順是 故爭奪生而辭讓亡焉 生而有疾惡焉 順是 故殘賊生而忠信亡焉 生而有耳目之欲 有好聲色焉 順是 故淫亂生而禮義文理亡焉 然則從人之性 順人之情 必出於爭奪 合於犯分亂理 而歸於暴 故必將有師法之化 禮義之道 然後出於辭讓 合於文理而歸於治 用此觀之 然則人之性惡明矣 其善者僞也. 순자(2008: 774-775).

자질도 떠나버려 선한 것을 반드시 잃어버리고 말 것이다. 이로써 본다면, 사람의 본성은 악한 것이 분명하다."3)

앞서 두 구문에서 말하듯이, 순자는 맹자와는 달리, 인간의 기본적인 욕망을 인정하면서 긍정한다. 순자는 '인간이 이기적이며 합리적 존재'라는 것을 인정하고 사회의 안정과 번영을 위해 예(禮)에 의한 교화를 중시한다.

순자에 따르면, 인간의 본성은 악하기 때문에 본성에 의지하여서는 큰 재앙을 초래할 수 있다고 강조한다. 스승과 법도에 따라 꾸준한 노력을 통해 올바른 습성을 쌓아나가야만 비로소 올바른 사람이 될 수 있다는 것이다.4) 따라서 꾸준한 노력과 올바른 습관의 형성을 통해서만 타고난 본성을 교화할 수 있다고 본다.5) 순자는 인간의 주체성을 대단히 긍정하고 강조하고 있다(윤무학, 2010: 110).6) 순자는 맹자와 같은 다른 유가철학자들과 마찬가지로, 법과 제도보다는 인물 중심의 개인적 수양과 통치를 강조하고 있다. 그럼에도 맹자와의 다른 점은 상대적으로 법과 제도도 함께 긍정하고 있다는 것이다.7)

---

3) 「荀子」〈性惡篇〉 3. 孟子曰 人之學者 其性善 曰 是不然 是不及知人之性 而不察乎人之性僞之分者也. [中略] 孟子曰 今人之性善 將皆失喪其性 故惡也 曰 若是則過矣 今人之性 生而離其朴 離其資 必失而喪之 用此觀之 然則人之性惡明矣. 순자(2008: 777-779).

4) 「荀子」〈儒效篇〉 15. 故人無師無法 而知則必爲盜 勇則必爲賊. 云能則必爲亂 察則必爲怪 辨則必爲誕. 人有師有法 而知則速通 勇則速威. 云能則速成 察則盡 辨則速論. 故有師法者 人之大寶也. 無師法者 人之大殃也. 人無師法則隆性矣 有師法則隆積矣. 而師法者 所得乎情 非所受乎性 不足以獨立而治.

5) 「荀子」〈儒效篇〉 16. 性也者 吾所不能爲也 然而可化也. 情也者 非吾所有也 然而可爲也. 注錯習俗 所以化性也. 并一而不二 所以成積也. 習俗移志 安久移質. 并一而不二 則通於神明 參於天地矣. 故積土而爲山 積水而爲海 旦暮積謂之歲. 至高謂之天 至下謂之地 宇中六指謂之極 涂之人百姓 積善而全 盡謂之聖人. 彼求之而後得 爲之而後成 積之而後高 盡之而後聖. 故聖人也者 人之所積也. 人積耨耕而爲農夫 積斲削而爲工匠 積反貨而爲商賈 積禮義而爲君子. 工匠之子莫不繼事 而都國之民 安習其服. 居楚而楚 居越而越 居夏而夏 是非天性也 積靡使然也. 故人知謹注錯 愼習俗 大積靡 則爲君子矣. 縱情性而不足問學 則爲小人矣. 爲君子則常安榮矣 爲小人則常危辱矣. 凡人莫不欲安榮而惡危辱. 故唯君子爲能得其所好 小人則日徼其所惡. 詩曰 維此良人 弗求弗迪 維彼忍心 是顧是復 民之貪亂 寧爲荼毒 此之謂也.

6) 「荀子」〈儒效篇〉 6. 我欲賤而貴 愚而智 貧而富 可乎. 曰其唯學乎. 彼學者 行之 曰士也 敦慕焉 君子也 知之 聖人也. 上爲聖人 下爲士君子 孰禁我哉. 鄕也 混然涂之人也 俄而竝乎堯禹 豈不賤而貴矣哉. 鄕也 效門室之辨 混然曾不能決也 俄而原仁義 分是非 圖回天下于掌上而辨白黑 豈不愚而知矣哉. 鄕也 胥靡之人 俄而治天下之大器擧在此 豈不貧而富矣哉. 今有人于此 屑然藏千溢之寶 雖行貸而食 人謂之富矣. 彼實也者 衣之 不可衣也 食之 不可食也 賣之 不可僂售也. 然而人謂之富 何也. 豈不大富之器誠在此也. 是杆杆亦富人已 豈不貧而富矣哉.

7) 특히 「荀子」〈君道篇〉을 참조하기 바란다.

순자의 인간 본성에 대한 가정은 한비자(韓非子), 이사(李斯)를 비롯한 법가철학 자들에게 계승된다. 법가철학자의 관점에서 보면, 인간은 본래 이기심을 추구하는 존재이므로 사회가 안정되고 발전하기 위해서는 인간의 이기심을 통제하여야 하는 데, 이는 오직 강력한 법과 제도의 제정과 함께 일관적이고 무정실주의적 시행을 주 문한다. 인간의 행위에 대한 포상과 처벌은 오직 제정된 법과 규정만을 따를 뿐 정 실주의적인 요소와 고려가 개입되어서는 안 된다는 것이다.

인간의 본성을 어떻게 바라볼 것인가에 따라 우리 사회에서 관료를 바라보는 시 각과 관점이 다르게 마련이다. 성악설의 관점에서 바라보면, 관료는 '이기적이고 합 리적인 존재'로서 자신과 조직의 이익을 추구한다. 따라서 관료가 자신이나 조직의 이익 극대화 경향에 따른 병폐를 사전에 방지하기 위해서는 법과 제도의 제정과 시행 이 필요하다고 본다. 한편 성선설의 입장에서는 관료 개인은 타인, 사회와 긴밀하게 연계되어 있는 존재라고 본다. 따라서 관료는 개인이나 조직의 이익보다는 '공익 (public interest)을 추구하는 이타적 존재'이다. 성선설의 입장에 따르면, 관료 개인은 모든 공공업무에 대해 성찰적·숙의적인 자세로 임하게 된다. 중국 송대에 체계를 갖 춘 성리학(性理學)에서는 맹자의 성선설 입장을 줄곧 견지하지만, 현실 정치와 국가체 제의 운영에 있어 법과 제도의 긍정성을 인정하고 채택하고 있다. 그럼에도 관료의 핵심 자질은 자기수양에 따른 인격의 완성을 중시한다. 바로 '내성외왕(內聖外王)' 사상이다.

오늘날 행정학의 주요 이론들은 정도의 차이는 있겠으나, 동양사상의 표현을 빌리자면, 성악설의 입장에 서 있다고 볼 수 있다. 이들 이론에서 인간은 '이기적이 고 합리적인 존재'임을 가정하고 있기 때문이다. 하지만, 그 정도의 차이는 분명 존 재하는 듯하다.

엄석진(2009: 25-35)은 행정 책임성의 개념과 유형을 설명하면서, 행정이론을 크게 네 가지로 나누어 보고 있다. 구체적으로 Weber와 Wilson을 비롯한 고전적 행 정이론, 신행정학(new public administration), 신공공관리론(new public management), 그리고 거버넌스(governance)이론이다. 먼저 고전적 행정이론에 따르면, 관료는 교육 과 실습을 통해 업무의 전문성을 갖추고, 헌법, 법률, 규칙 등에 근거하여 의무를 수 행하도록 하고 있다. 또한 조직 내 관료의 직위는 계층적인 위계질서 속에서 관료 개인은 자신의 상급자의 지시와 명령에 절대 복종하는 '상명하복'을 강조한다. Weber는 행정의 책임성을 확보하기 위하여 계층제적 조직 내에서 관료 개인에게

주어진 "몰인격적 질서에 복종하고 상관의 명령을 수행하는 도덕적 의무와 체계적
인 규율과 통제를 준수하는 자제심을" 심어주어야 한다고 주장한다(엄석진, 2009: 27).
그리고 Wilson은 행정의 책임성 확보를 위해 "계층제적 통제, 실적제(meritocracy),
명확한 법규와 절차, 전문화와 과업의 세분화, 명확한 명령계통의 확립" 등을 주장
한다(엄석진, 2009: 28).

　　사회적 형평성(social equity)을 강조하는 신행정학에서는 사회적 약자에 대한 배
려과 관심, 가치지향성(value−orientedness), 능동성, 대응성(responsiveness), 성찰성, 전
문가로서의 재량과 전문성 등을 중시한다. 신행정학의 관점에서 행정관료는 사회적
약자와 시민의 수요에 적극 반응하고 이들을 위한 가치지향적인 정책을 수립·집행
하며 공공서비스를 제공하여야 한다. 또한 관료 자신의 행위에 대해 항상 성찰적인
태도와 자세를 가져야 하며, 공직에 대한 소명의식이 적극 요구된다(엄석진, 2009:
29−30). 신공공관리론, 주인−대리인이론(principal−agent theory)과 같은 이론에서는
관료 개인은 '이기적이고 합리적인 존재'임을 명확하게 가정한다. 부언하면, 관료 개
인은 "자신이 가진 재량과 전문성을 통해 사회적 형평성을 추구하는 '선한 공복(公
僕)'이 아닌, 자신의 재량과 전문성을 무기로" 주인인 시민을 속이고 자신의 사익에
몰입하려는 "기회주의적 대리인(opportunistic agent)"이라고 본다(엄석진, 2009: 36). 이
러한 전제 속에서 행정의 책임성은 주인−대리인 간의 계약관계에 대한 책임으로 치
환된다. 명확하게 명시된 주인−대리인 간의 계약 속에서 대리인(관료조직 혹은 관료)
에게 권한과 재량이 부여되고, 업적 및 성과에 대한 책임을 묻게 된다. 공공선택론
(public choice theory), 예산극대화모형(budget maximization model)과 같은 이론과 모형
에서도 관료는 역시 '사익을 극대화하려는 존재'로 묘사된다. 따라서 관료가 행정의
책임성을 다할 수 있게 하는 방법은 법과 제도의 규정을 통해 부처 인원 및 예산 극대
화, 승진 등 관료의 기회주의적 행태(opportunistic behavior)를 방지할 것을 주문한다.

　　거버넌스이론은 환경, 복지, 재난안전과 같이 난해한(wicked) 사회문제와 집단
행동문제(collective action problem)를 해결해 가는데 다양한 이해관계자(stakeholder)
간의 참여를 통한 집합적 노력을 강조한다. 거버넌스이론에서도 인간은 '이기적이고
합리적인 존재'를 가정하고 있지만, 한편으로 이해관계자 상호 간의 인지와 존중, 네
트워크, 신뢰, 가치·관점·의견 등에서의 다양성 인정, 상호학습과 숙의과정, 성찰성
등을 강조한다(배수호·서정철, 2014; 이명석, 2002, 2010; 홍성만·이종원, 2009; Kooiman,
2003; Stoker, 1998).

동양사상의 관점에서 보면, 앞서 살펴본 행정이론과 모형들은 원칙적으로 성악설의 입장을 취하고 있는 것으로 보인다. 인간은 기본적으로 '이기적이고 합리적인 존재'라고 전제하기 때문이다. 인간의 본성에 대한 가정을 정도의 차이에 따라 도식화하면 [그림 2-13]과 같다.

그림 2-13 행정이론의 '성악설' 가정 정도

성악설(强) ⟵⟶ 성악설(弱)			
● 신공공관리론 ● 주인-대리인이론 ● 공공선택론 ● 예산극대화모형	● 고전적 행정이론	● 거버넌스 이론	● 신행정학

출처: 저자 작성.

이 연구에서는 인간의 본성에 대한 가정을 성악설보다는 성선설의 입장에서 접근하고자 한다. 그러나 성선설의 입장에서 보면, 인간은 하늘의 마음(天性)을 부여받은 존재이다. 뒤에서 보다 자세하게 논의하겠지만, 성선설의 입장에서는 혼탁한 여건, 환경, 상황 등에 가려진 자신의 선한 본성을 확인하고 본연지성(本然之性)으로 '되돌아가기' 위해 자반(自反)하고 성찰할 것을 주문한다. 성선설의 입장을 취하면, 관료에게 공직사회와 공직은 자신의 수양의 장(場)이며 인격완성의 방도이다.

2) 유학(儒學)의 수신론(修身論)

유학의 핵심사상은 수신론(修身論), 즉 자아수양론(自我修養論)이다. 우주만물과의 자리매김은 오직 나로부터 출발한다. 「大學」<經一章>의 팔조목(八條目)에 따르면, 격물(格物), 치지(致知), 성의(誠意), 정심(正心), 수신(修身), 제가(齊家), 치국(治國), 평천하(平天下)로 이어지는 과정을 통해 내 자신의 도덕적 자아실현과 자아완성에 도달하게 된다.[8] 내 자신이 바로 모든 관계 이를테면, 부모형제와의 관계, 이웃

---

8) 「大學」〈經一章〉. 古之欲明明德於天下者 先治其國 欲治其國者 先齊其家 欲齊其家者 先脩其身 欲脩其身者 先正其心

과의 관계, 지역공동체 구성원과의 관계, 점점 확장하여 우주만물과의 관계에서 중요한 시발점이 된다는 것이다(배수호, 2013: 7; 이동희, 2012; 한형조, 2009, 2012). 수신이 제대로 된 자만이 남과의 관계를 온전하게 확립할 수 있다. 공자는 "옛날의 학문은 자기수양을 위한 것이었으나 오늘날의 학문은 남에게 과시하기 위한 것"[9]이라고 비판하면서 유학사상의 근본은 바로 내 자신에게 되돌아가서 "도덕적 자아의 완성을 위한 인격수양인 위기지학(爲己之學)"임을 강조하였다(배수호, 2013: 7).[10]

유학의 수신론은 충서(忠恕), 중용(中庸), 극기복례(克己復禮), 수기치인(修己治人) 혹은 수기안인(修己安人), 추기급인(推己及人) 등으로 표현된다. 충서(忠恕)는 공자의 충신(忠信)이 밖으로 확장되어 나타나는 개념이다(최화인·배수호, 2015: 11−12). 이 때 충(忠)은 중(中)＋심(心)의 합성으로 "속에 있는 마음", 나의 진실된 마음이며, 서(恕)는 여(如)＋심(心)의 합성으로 나의 진실된 속마음이 밖으로 표출되어 "남과 나의 같은 마음"을 말한다(이기동, 2011: 154−155, 171−172). 충서(忠恕)를 실생활에서 실천하는 방식은 예를 들어, "자기가 하고 싶지 않는 바를 남에게도 강요하지 말라"[11], "나에게 시행하여 보고 원하지 않으면 남에게도 강요하지 말라"[12] 등으로 구체적으로 표현된다.

중용(中庸)은 "치우침이나 과부족함이 없는 떳떳한·알맞은 상태 내지 정도", "과(過)·불급(不及)이 없는 상태"를 의미한다(정경환, 2010: 46). 중용사상에는 타인과의 화합과 조화를 강조하는 '화이부동(和而不同)', '과유불급(過猶不及)', '불편부당(不偏不黨)', 편당(偏黨)과 패거리 문화를 경계하는 '긍이부쟁(矜而不爭)'과 '주이불비(周而不比)'를 들 수 있다. 「論語」＜子路篇＞에서 공자는 "군자는 타인과 화합하고 조화를 지향하지만, 같음을 지향하지 않는다. 소인은 똑같으나 화합하고 조화를 이루지 못한다"[13]고 하였다. 또한 「論語」＜衛靈公篇＞에서 공자는 "군자는 자긍심을 가지지만 다투지 아니하고, 무리들과 함께 어울리지만 편당을 만들지 않는다"[14]라고 하였

欲正其心者 先誠其意 欲誠其意者 先致其知 致知在格物 物格而后知至 知至而后意誠 意誠而后心正 心正而后身脩 身脩而后家齊 家齊而后國治 國治而后天下平.

9) 「論語」〈憲問篇〉. 子曰 古之學者爲己 今之學者爲人.

10) 이러한 유학의 수신론을 두고 최일범은 "유교적 개인주의", 드 베리(de Bary)는 "도덕적 개인주의(moral individualism)"라고 명명한다(최일범, 2009: 167−168).

11) 「論語」〈衛靈公篇〉. 己所不欲 勿施於人.

12) 「中庸」〈第十三章〉. 施諸己而不願 亦勿施於人.

13) 「論語」〈子路篇〉. 君子 和而不同 小人 同而不和.

14) 「論語」〈衛靈公篇〉. 君子 矜而不爭 羣而不黨.

으며, 「論語」 <爲政篇>에서 공자는 "군자는 널리 친하지만 편당을 만들지 않는다. 소인은 편당을 만들지만 널리 친하지 않는다"15)라고 하였다. 이렇게 중용사상 속에는 남에 대한 배려, 남과의 격의 없는 소통, 관용, 이질성과 다양성에 대한 인정·존중, 역지사지(易地思之) 등을 함유하고 있는 것이다(배수호·김도영, 2014: 88; 배수호·공동성·정문기, 2016: 281−282)

공자의 핵심사상인 인(仁)을 위한 수양방법을 제자 안연(顏淵)이 묻자 공자는 극기복례(克己復禮)를 강조하였다.

"자기를 이겨내고 예(禮)로 되돌아가면 인(仁)을 이루게 된다. 하루라도 자기를 이겨내고 예로 돌아간다면 천하는 인의 길로 들어설 것이다. 인의 길로 들어서는 것은 전적으로 내 자신으로부터 시작되는 것이지, 어찌 남으로부터 시작되는 것이겠는가?"16)

내 자신이 이기심, 욕망, 사리사욕으로 갇혀 있는 '거짓된 나'에서 벗어나고 극복하여 본래의 '참된 나'로 거듭나는 게 바로 극기(克己)이다. 극기에는 내 자신이 '고립된 자아'가 아니라 부모형제, 이웃, 지역공동체, 민족, 국가, 세계, 우주만물과 하나의 뿌리로 연결되어 있다는 깨달음이 동반한다(배수호, 2013: 8). 내 존재의 깨달음은 사회적 실천으로 이어져야 하는데, 이것이 바로 복례(復禮)이다. 공자는 제자 안연에게 인(仁)의 실천을 위해 사물론(四勿論)을 제시하였는데, "예(禮)가 아니면 보지도 말고, 듣지도 말고, 말하지도 말고, 움직이지도 말라"17)고 하였다. 여기서 "예는 타인에 대한 배려이자 타인과의 온전한 삶을 함께 이루고자 하는 공존의 지혜"로서 "예를 통해 인간 개인의 욕심과 사리사욕을 통제하고 절제하게"되는 것이다(배수호, 2013). 극기복례를 통해 내 자신은 '우리'로 발효되며 궁극적으로는 공존공생하는 "함께·더불어" 사는 삶(與民同樂)을 지향하게 된다(배병삼, 2012: 23−24). 이 세상의 모든 변화는 오직 내 자신으로부터 시작한다는 철저한 자각, 반성, 그리고 실천을 요구하는 것이다.

---

15) 「論語」〈爲政篇〉. 君子 周而不比 小人比而不周.

16) 「論語」〈顏淵篇〉. 克己復禮爲仁 一日克己復禮 天下歸仁焉 爲仁由己 而由人乎哉.

17) 「論語」〈顏淵篇〉. 非禮勿視, 非禮勿聽, 非禮勿言, 非禮勿動.

맹자는 공자의 사상을 충실히 계승·발전시켰는데, 공자의 '위기지학(爲己之學)' 정신은 「孟子」에서도 그대로 관철된다. 맹자에 따르면, "사람들은 늘 하는 말이 있는데, 모두 '천하국가'라고 한다. 하지만 천하의 근본은 나라에 있고, 나라의 근본은 집안에 있으며, 집안의 근본은 내 자신에게 있다."[18] 「大學」의 '수신―제가―치국―평천하'와 같은 논리로 모든 시작점과 출발점은 바로 내 자신이며, 자신의 성찰성에 따른 주체적인 실천으로부터 세상의 변화를 이끌어낼 수 있는 것이다(안외순, 2016: 142-143). 또한 공자의 인(仁)사상은 맹자에 의해 인의(仁義)사상으로 이어졌다. 맹자의 인의사상은 다음 구문에서 명확하게 보여준다.

> "인은 사람의 마음이요. 의는 사람의 길이다. (그럼에도) 사람들은 그 길을 버리고 따르지 않고 그 마음을 놓아버리고서 찾지 않으니. 슬프구나! 사람들이 닭과 개를 잃으면 (이를) 알고 찾으려 애쓰지만 자신의 마음을 놓아버리고서 찾으려 하지 않는다. 학문의 길은 다른 게 아니라 놓아버린 자신의 마음을 찾는 것일 뿐이다."[19]

다른 사람을 내 자신처럼 아끼고 사랑하는 마음인 인(仁)을 기르고 사람의 도리인 의(義)를 실천하는 것은 유학적 소양인에게는 매우 중요한 덕목인 것이다. 놓아버린 자신의 마음을 찾고(求放心) 인(仁)한 마음을 자신의 언행에서 의(義)로 표출하는 것이 바로 자기 수양인 것이다.

3 정부 관료제에서 행정의 책임성

1) 행정 책임성의 개념과 논의

행정학 분야에서 논의되는 행정의 책임성 개념을 살펴보면, 행정 책임성의 범

---

18) 「孟子」〈離婁章句上〉 孟子曰 人有恒言 皆曰 天下國家. 天下之本在國 國之本在家 家之本在身.

19) 「孟子」〈告子章句上〉 十一章. 孟子曰 仁人心也 義人路也 舍其路而不由 放其心而不求 哀哉 人有鷄犬放則知求之 有放心而不求 學問之道 無他 求其放心而已矣.

위를 어디까지 둘 것인가에 따라 책임성은 다양하게 정의된다. 행정의 책임성을 법률적·외재적 책임성에 한정할 것인지(accountability) 아니면 법률적·외재적 책임뿐만 아니라 "수탁자 및 공복(公僕)으로서 공직자들의 광범위한 도의적·윤리적 책임"을 포괄하는지(responsibility)에 따라 책임성의 범위는 다를 수 있다(이종수, 2012: 157).

우선 Friedrich(1966)와 Finer(1966) 간의 행정 책임성에 대한 논쟁이 유명하다. Friedrich(1966)는 관료의 행정 책임성은 관료 자신의 전문성과 시민의 요구에 대한 대응성을 두 축으로 하는 관료 개인의 자율적인 책임성을 강조한다. 즉, 책임감 높은 행정관료는 "기술적 지식(technical knowledge)과 민중적 정서(popular sentiment)에 민감한 사람"이어야 한다는 것이다(이종수, 2012: 161). 따라서 Friedrich(1966)는 행정의 책임성 확보를 위해 행정 관료 스스로 자율적 규제와 책임을 수행하는 내적 통제(internal control)를 강조한다. 한편 Finer(1966)는 관료의 영향력이 확대되어가는 행정현실에서 법적·제도적 장치와 기제와 같은 외적 통제(external control)를 통해서 관료의 행정 책임성을 확보할 수 있다고 주장한다.

행정 책임성의 유형화는 Romzek & Dubnick(1987, 1994)의 유형 분류를 대체로 따르고 있다(김병섭·김정인, 2015: 17−43; 엄석진, 2009: 23−25; 주재현·한승주, 2015: 3−5). Romzek & Dubnick(1987, 1994)은 관료에 대한 행정통제의 주체가 관료조직의 내부 혹은 외부에 있는지, 행정통제의 정도가 강한지 혹은 약한지 등 두 가지 판단기준에 근거하여, [표 2−22]에서 보는 바와 같이, 네 가지 유형의 행정 책임성을 분류하고 있다.

표 2−22 행정 책임성의 유형 분류

		통제 주체의 위치	
		관료조직 內	관료조직 外
통제의 강도	强	계층제적(bureaucratic)	법적(legal)
	弱	전문가적(professional)	정치적(political)

출처: Romzek & Dubnick(1987: 229, 1994: 271).

계층제적 책임성은 관료 개인이 관료조직 내부에서 상급자의 명령·지시·감독, 조직 내부의 표준운영규칙과 절차, 조직 내부규율 등을 준수할 의무를 지고 있으며,

자율성이 낮은 편으로 조직 내부로부터 강한 통제를 받는다(엄석진, 2009: 24; 주재현·한승주, 2015: 4). 계층제적 책임성은 Weber식 관료제와 정치행정이원론 전통에서 중요시되어 왔다. 법적 책임성에서 관료 개인은 의회가 정한 법률 규정 등을 준수할 의무를 지며, 공직조직 외부의 통제로 낮은 수준의 자율성을 특징으로 한다(주재현·한승주, 2015: 4). 의회의 각종 통제, 사법부의 심판, 회계감사 등을 통해 법적 책임성을 확보하게 된다.

한편 전문가적 책임성과 정치적 책임성에서는 계층제적 책임성과 법적 책임성에 비하여 통제의 강도가 상대적으로 약한 편이다. 전문가적 책임성은 전문기술과 전문지식으로 무장한 관료가 자신의 업무에 대해 재량권과 자율성을 행사할 수 있도록 한다. 관료는 한 분야의 전문가로서 내면화·내재화된 규범에 근거하여 업무를 판단하고 수행하는데, 상당한 자율성을 가지게 된다. 여기서 내면화·내재화된 규범은 "전문가로서의 사회화, 개인적 신념, 훈련과 교육, 업무 경험 등에 기반"하는데 전문성에 대한 존중이 전문가적 책임성을 확보하는데 중요하다고 본다(엄석진, 2009: 24). 정치적 책임성은 민주주의 원리가 관료제에 적용된 경우라고 할 수 있다. 관료는 일반시민, 정치인, 언론, 시민단체 등의 선호와 수요를 파악하는데 노력하여야 하며, 이들의 요구에 대응하여야 할 의무를 지닌다.

행정 책임성의 논의 역사에서 계층제적 책임성과 법적 책임성이 먼저 강조되었다가 전문가적 책임성과 정치적 책임성이 점차적으로 주목받아 행정 책임성의 범위가 확장되었다고 한다(엄석진, 2009: 38-39; 주재현·한승주, 2015: 각주 3). 하지만 행정 책임성의 범위 확장에 대한 논의는 다소 조심하게 접근할 필요가 있다. Wilson(1887)이 정치행정이원론을 주창하기 이전 엽관주의적 관료제에서도 관료의 정치적 책임성은 매우 중시되었기 때문이다. 또한 Wilson은 행정의 정치적 중립성과 정치적 영향력으로부터 관료의 독립성을 확보하는데 관료의 전문성을 강조하였기 때문이다. 따라서 행정 책임성의 범위 확장이라기보다는 행정 책임성의 재발견이나 재구성으로 보는 것이 타당할 수도 있다. 우리 사회에서는 1987년 민주화 이후에 고전적인 행정이론에서 강조하는 계층제적 책임성과 법적 책임성뿐만 아니라 전문가적 책임성과 정치적 책임성도 함께 중요시되어 왔다.

Bovens(1998: 28-38)는 행정의 책임성을 적극적 책임성(active responsibility)과 소극적 책임성(passive responsibility)으로 구분한다. 소극적 책임성은 Romzek &

Dubnick(1987)의 유형 분류에서 법적 책임성과 계층제적 책임성에 해당한다. 적극적 책임성에서는 공공봉사, 사명감, 사회적 형평성 등 가치와 미덕을 적극적으로 추구할 경우에 비로소 책임을 완수하는 것으로 간주한다.

Cooper(1990/2013)는 책임성을 객관적 책임성(objective responsibility)과 주관적 책임성(subjective responsibility)으로 구분하고 이를 행정 책임성의 논의에 적용한다. 객관적 책임성은 "우리 자신의 외부에서 부과되는 기대"와 관련이 있는 반면, 주관적 책임성은 "우리가 책임이 있다고 느끼는 것"에 연관된다고 한다. 구체적으로 객관적 책임성에서는 "행정인으로서 법의 준수를 통해 선출직 공무원에게 책임을 지는" 행위, 계층제적 조직 구조 내에서 상사직원의 명령과 지시에 대한 책임과 함께 부하직원의 행위에 대해 책임을 지는 행위, 공직자로서 공익을 위해 시민들에 봉사할 책임 등을 포함한다(Cooper, 1990/2013: 95-109). 이에 비하여, 주관적 책임성은 "충성, 양심 및 정체성에 대한 우리 자신의 신념"에 기반하고 있으며, 공직생활 동안 양심의 강요를 받는 이유는 "상사나 법이 그렇게 하라고 요구하기 때문이 아니라 신념, 가치 및 성품 등으로 구성된 내적 동인(inner drive)때문"이라는 것이다. 특히 우리가 주관적 책임성에 주목해야 할 이유는 정부 관료제에서 객관적 책임성을 수행하고 완수해나가는데 매우 중요하기 때문이다(Cooper, 1990/2013: 110-116).

관료는 권위, 역할, 그리고 이해관계의 딜레마와 충돌이 발생하는 지점에서 객관적 책임성과 주관적 책임성 간의 갈등을 겪게 되는데, 이러한 난국을 타개하기 위한 방법으로 관료 개인의 윤리적 자율성(ethical autonomy)의 함양에 주목한다. 엄격한 계층제적이고 위계적인 조직에서 상급자의 명령, 지시, 감독을 받는 관료는 자신의 윤리적 자율성을 유지하고 함양하기 더욱 힘들어진다. 그럼에도 공직조직이 최악의 상황으로 치닫는 경우에 마지막 희망이자 보루는 역시 관료 개인 차원에서의 윤리적 자율성이라는 것이다. Cooper(1990/2013: 306-312, 343)는 조직 안팎에서 관료가 자신의 윤리적 자율성을 유지하고 함양할 수 있는 실천방안을 제시한다. 먼저 관료는 자신이 몸담고 있는 공직조직에서 자신의 책임 한계를 정하고 이 한계의 경계를 넘어설 수 있는 윤리적 정체성(ethical identity)을 함양하여야 한다. 둘째, 공직조직 차원에서 관료 개인의 권리와 양심을 보호하기 위한 법적·제도적 장치와 기제를 마련하여야 한다. 셋째, 관료가 자신의 조직의 이해관계에 매몰되지 않고 조직 너머의 가치, 이념, 권리, 요구, 역할 등을 스스로 인지하고 지각할 수 있어야 한다. 이것을

"자기 지각의 윤리(ethics of self-awareness)"라고 한다. 넷째, 관료 자신이 윤리적 차원에서의 원리적 사고를 함양하고 확충(擴充)할 수 있어야 한다. 원리적 사고의 함양과 확충을 통해 관료는 공직조직의 내·외부에서 "규칙, 권한형식, 벌 또는 보상의 가능성 및 사회적 승인을 초월"하고 정의, 자선, 진실성, 민주적 대응성, 사회적 형평성과 같은 윤리적 대원칙에 의지하게 된다는 것이다(Cooper, 1990/2013: 306-312, 343).

지금까지 논의된 행정의 책임성을 바탕으로 '행정 책임성의 개념틀(framework)'을 제시하면 [그림 2-14]와 같다. [그림 2-14]는 Romzek & Dubnick(1987, 1994)이 말한 네 가지 차원의 행정 책임성에 관료 개인의 윤리적 자율성을 결합하여 제시한 것이다.

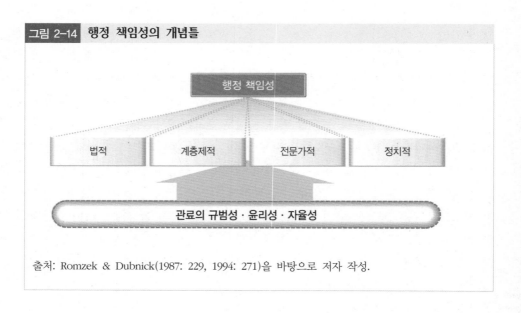

그림 2-14 **행정 책임성의 개념틀**

출처: Romzek & Dubnick(1987: 229, 1994: 271)을 바탕으로 저자 작성.

[그림 2-14]에서 보는 바와 같이, 관료의 행정 책임성을 제고하기 위해서는 관료 개인의 규범성·윤리성·자율성을 바탕으로 하여야 비로소 가능하다. 이것에 대한 탄탄한 바탕이 마련되지 않은 관료조직에서는 계층제적, 법적, 전문가적, 정치적 책임성을 담보하기에는 한계를 지닐 수밖에 없다. 관료들이 윤리적 자율성(ethical autonomy)으로 무장하지 않고서는 계층제적이고 위계적인 공직질서 속에서 무사안일과 복지부동으로 일관하며 법적 책임에 따른 처벌과 징계를 회피하는데 급급하게

될 것이다. 또한 윤리적 자율성은 전문가적 책임성과 정치적 책임성을 완수하는데 중요한 바탕 덕목이다. 윤리적 자율성을 갖춘 관료는 행정전문가로서의 가치와 역할을 실현하도록 노력하며, 계층적인 역할 한계를 넘어서 시민의 필요와 요구에 대응할 수 있는 높은 수준의 정치적 책임성을 완수할 수 있을 것이기 때문이다.

2) 오늘날 행정 책임성의 모습

오늘날 우리 공직사회에서 행정 책임성의 모습은 어떠할까? 여기에는 상당한 수준의 주관에 개입될 수 있겠으나, 공직사회에서 행정 책임성의 정도는 매우 낮은 것으로 사료된다. 특히 박근혜 정부에 들어서면서 공직사회에서 행정 책임성의 수준은 '날개 없는 새가 추락하듯이' 수직 강하한 것으로 보인다. 우리 사회에서 어느 직업군보다도 책임감과 공공서비스 정신으로 무장하여야 할 공직사회에서 어느 누구 한 사람 책임지려는 적극적인 자세와 태도는 실종되어 있다. 대신에 '많은 손의 문제(problem of many problems)'에서 나타나듯 공직사회에서 관료 어느 누구도 책임을 지려하지 않는다.

Romzek & Dubnick(1987, 1994)의 행정 책임성 유형 분류를 토대로 살펴보면, 우선 우리 공직사회에서 계층제적 책임성이 지나치게 높아 보인다. 청와대, 장관 등 상급자의 명령, 지시와 감독에 얽매여서 오히려 다른 차원의 행정 책임성, 이를테면, 법적 책임성, 전문가적 책임성 등을 압도하고 질식시키고 있는 실정이다. 한 예로, 박근혜 정부에서 '문화예술계 블랙리스트'[20]를 작성하고 관리할 때, 정부 관료들은 청와대, 장관 등 상급자의 명령과 지시를 그대로 따르는 데 급급하였던 것 같다. "양심의 자유"(헌법 19조), "언론·출판의 자유"와 "집회·결사의 자유"(헌법 21조), "학문과 예술의 자유"(헌법 22조), 누구나 차별받지 않는 법 앞의 평등(헌법 11조) 등 중요한 헌법적 가치와 이념이 심각하게 위협받고 있는 상황에서도 관료들이 큰 문제의식 없이 그대로 집행하였다는 사실은 우리 공직사회에서 행정의 책임성이 얼마나

---

20) '문화예술계 블랙리스트' 명단에는 '세월호 정부시행령 폐기 촉구선언'(2015년 5월 1일)에 서명한 문화인 594명, '세월호 시국선언'에 참여한 문학인 745명, 2012년 대통령 선거 당시 '문재인 후보 지지선언'에 참여한 예술인 6,517명, 2014년 서울시장 선거 당시 '박원순 후보 지지선언'에 참여한 1,608명 등이 포함되어 있으며, 문화예술인 9,473명에 달한다. 블랙리스트 명단에 실린 문화예술인에 대해서는 검열, 예산 편성 배제 등 실질적인 제재조치가 이뤄졌다. 한국일보 (2016.10.12.)를 참조하기 바란다.

위험수위에 도달해 있는지를 잘 보여준다. 이것은 바로 관료의 전문가적 책임성이 상당한 수준으로 하향평준화되어 있음을 증명한다. 부언하면, 정부 관료들이 한 분야의 전문가로서 내면화·내재화된 규범에 근거하여 상급자로부터 지시받은 업무에 대한 판단과 수행에서의 자율성을 망각하였음을 말해준다. 여기서 우리에게 의미 있는 시사점을 주는 사례가 미국 트럼프 대통령의 '반이민 행정명령'[21]에 대한 국무부 외교관과 직원의 반대서명운동이다. 1,000명이 넘는 국무부 외교관과 직원이 '반이민 행정명령' 반대 문서에 서명하고 적극적으로 반발하였는데(동아일보, 2017.2.1.), 이들은 자신이 외교전문가로서 내면화·내재화된 규범에 따라 행동한 것으로 보인다. 우리 공직사회와는 사뭇 다른 모습이라고 할 수 있다.

다음으로 정부 관료의 법적 책임성 수준은 어떠한가? 현행 법률과 규칙에 저촉되지 않거나 위반하지 않으면 관료에게 법적인 책임을 물을 수 없다. 예를 들어, 한 정책이나 프로그램의 결정, 집행, 평가과정에서 많은 관료들이 관여하게 되는데, 이때 '많은 손의 문제(problem of many hands)'로 인해 특정 관료에게 법적으로 책임을 지우기도 어려우며 어느 누구도 책임을 지려하지 않는다. 따라서 법조항이나 처벌규정에서 명시된 사항만을 위반하지 않거나 위반사항이 증명되지 못한다면 아무 책임이 없다는 인식이 우리 공직사회에 팽배해 있는 듯하다. 이러한 현실에서 아무리 법적 통제와 제재장치를 견고하고 촘촘하게 마련하고 있더라도 관료에게 높은 수준의 법적 책임성을 묻기는 어려울 것이다.

정치적 책임성의 측면에서는 섣불리 판단하기 어려운 점이 있다. 대통령, 국회의원과 같은 정치인과 장관, 차관과 같은 정무직 공무원의 명령과 지시에 대해서는 충실히 정치적 책임을 다하면서도, 정작 국민에 대해 적극적으로 정치적인 책임을 지려는 모습을 보이지 않는 듯하기 때문이다. 책임소재의 불명확화, 책임의 전가나 회피, 정보나 자료의 미공개 등 기회주의적 행태를 보이기도 한다. 또한 관료 자신이나 자신이 속한 조직에게 유리한 경우에는 적극적으로 정보를 공개하고 책임을

---

21) 미국 트럼프(Donald Trump) 대통령은 2017년 1월 27일에 이라크, 이란, 소말리아, 수단, 시리아, 리비아, 예멘 등 중동과 아프리카 7개국 국민의 비자발급을 90일간 중단하고 미국 난민수용프로그램(USRAP)을 120일 동안 중단시키는 행정명령(Executive Order 13769)에 서명하였다. 이런 조치에 대해 국무부 외교관과 직원들이 즉각 반발하였고 1,000여 명이 넘는 공직자가 이에 동참하였다. 또한 2017년 2월 3일(현지시각)에 미국 연방법원은 '반이민 행정명령'에 대해 전국적으로 잠정 중단토록 하였다(동아일보, 2017.2.1.), (한겨레, 2017.2.4.).

완수하려는 모습을 보이지만, 불리한 경우에는 정보나 자료의 미공개, 책임의 전가나 회피 등 부정적 행태를 보인다. 한 예로, 세월호 구출 당시 안전행정부는 국민과 언론을 대상으로 브리핑과 홍보에 집중하였고, 사실 확인없이 생존자 수를 부풀려 발표하는 등 재난 대응과 생존자 구출에서 본연의 임무에 충실하지 못하였다. 당시 해양경찰청도 언론 보도에 치중하고 자신의 성과를 부풀렸는가 하면, 불리한 경우나 상황에서는 책임의 일부를 민간구조 업체, 민간 잠수부에게 책임의 일부를 떠넘기려는 행태를 보였다(김병섭·김정인, 2015: 34−35).

김병섭·김정인(2015: 17−43)의 연구에 따르면, 세월호 사고 당시 안전행정부, 해양경찰청 등 공직조직의 관료들은 법적 규정을 위반하지 않고 상급자의 명령과 지시를 충실하게 따르기만 하면 관료로서의 책임을 다한다고 생각하였을 뿐, 높은 사명감, 공공봉사, 생명에 대한 존중과 같은 적극적 책임성을 완수하려는 모습은 찾아보기 어려웠다. 흔히 말하는 '무사안일', '복지부동', '영혼 없는 공무원'은 법적 규정을 위반하지 않고 상급자의 명령과 지시·감독만을 충실하게 따르기만 하면 그만이라는 소극적 책임성으로만 일관하는 공직사회와 정부 관료를 비판하는 표현인 것이다.

4 수신론의 관점에서 행정의 책임성 톺아보기

오늘날 공직사회는 행정의 책임성을 확보하는 게 요원해 보이고 심각한 수준의 위기 상황에 직면하고 있다. 특히 정부 관료들은 계층제적 책임성에 대해서만 크게 편중되어 있어 다른 차원의 행정 책임성을 오히려 압도하고 있는 실정이다. 이 절에서는 유학의 수신론이 계층제적 책임성의 지나친 편중에서 벗어나 행정의 책임성을 실질적으로 확보·확충하는 데 기여할 수 있다는 점을 강조하고자 한다. 부언하자면, 수신론은 '관료의 존재이유와 책임성 자각', '충신(忠信)으로서의 충(忠)', '자율적 자기규제와 자기통제 능력의 배양', '공직의 가치와 규범에 대한 성찰', '윤리적 딜레마 상황의 대처능력 함양' 등을 통해 관료 개인의 윤리적 자율성과 책임성을 높이고, 나아가 행정 책임성의 전반적인 수준을 높일 수 있을 것이다.

1) 관료의 존재이유와 책임성 자각

다음은 순(舜)임금 치세 동안 치수와 농업을 각각 맡았던 우(禹)와 직(稷)이 공직자로서 가졌던 성실한 태도와 책임감을 잘 보여준다(안외순, 2016: 143-144).

> "우(禹)와 직(稷)은 태평한 세상을 만났지만 (여전히 바빠서) 세 번씩이나 자신의 집을 지나치고서 들리지 않았다. [중략] 우(禹)는 물에 빠진 사람이 있으면, 마치 자신으로 인해 물에 빠진 것으로 생각하였다. 직(稷)은 굶주리는 사람이 있으면, 마치 자신으로 인해 굶주리게 된 것으로 생각하였다. 그렇기 때문에 그리 바삐 서둘러 다녔던 것이다."[22]

위의 구문에서 우(禹)와 직(稷)은 관료의 존재이유는 무엇인지, 관료의 책임감은 어떠해야 하는지, 관료가 자신의 업무에서 궁극적으로 지향하여야 할 가치는 무엇인지 등을 잘 말해 주고 있다. 유학의 수신론은 관료들이 공직생활을 하는 궁극적인 목표와 지향점이 무엇인지를 자각하게끔 할 수 있다. 시민의 권리를 보장하고 공공복리를 추구하는 데 기여하고 종국에는 시민들이 행복한 삶을 영위할 수 있도록 하는 것이 바로 관료조직과 관료의 존재이유이다. 수신론은 관료로 하여금 자신의 궁극적인 지향점이 어디인지와 자신의 존재이유에 대한 자각을 도울 수 있다.

2) 충신(忠信)으로서의 충(忠)

일반인들에게 충(忠)은 과거 전통사회에서 군주에 대한 절대적이고 맹목적인 충성(忠誠)으로 각인되어 있다. 삼강(三綱)윤리에서 군위신강(君爲臣綱)은 부위자강(父爲子綱)과 등치하여 아들이 아버지를 받들어 섬기듯이, 신하와 백성들은 오직 군주에 대해 절대적으로 복종하고 추종할 것을 강요받는다. 하지만 '충＝효'에 대한 이해는 철저히 계층적이고 위계적인 신분과 계급 질서 속에서 상급자에 대한 일방적인 복종과 의리만을 강조하는 공직윤리로 정착하게 된다. 오늘날 우리에게 익숙한 표현들

---

22) 「孟子」〈離婁章句下〉第二十九章. 禹稷 當平世 三過其門而不入. [中略] 禹思天下有溺者 由己溺之也. 稷思天下有餓者 由己餓之也. 是以 如是其急也.

인 '멸사봉공(滅私奉公)', '상명하복(上命下服)', '상명하달(上命下達)' 등에서 짐작할 수 있듯이, 이런 공직윤리는 우리 공직사회에 지나치게 과도한 계층제적 책임성의 편중으로 귀결되고 있는 것이다. '충＝효'라는 이념 속에는 특히 행정 책임성의 측면에서 다음과 같은 위험을 내포하고 있다. 충효 이념에서 '충'은 "공직의 상하관계를 합리적인 이성과 자율적인 선택이 불가능한 당위적이면서도 불가항력적인 가족 내의 혈연관계로 윤색함으로써, 공사(公私)·자타(自他)의 구분이 불가한 한 덩어리진 운명공동체"로 치환하고, 공직사회에서 중시되어야 할 "이성적 합리주의를 혈연적 '온정주의'가 삼켜버리게끔 하는 내적 기제"로 작동하게 한다(최화인·배수호, 2015: 18). 또한 '충'은 특정 개인이나 상급자에 대한 절대적인 복종을 매개로 하여 공직사회에서 정실주의, 분파주의를 조장할 수 있으며, 공직조직 밖으로는 특정이해관계집단이나 정치집단의 몫과 이익만을 도모함으로써 사회 전체 차원에서의 공공성을 해칠 가능성을 다분히 안고 있는 것이다(최화인·배수호, 2015: 18).

오늘날 공직사회에서 '충' 개념은 용도 폐기되어야 할 것인가? 그렇지 않다. 오히려 잘못된 '충' 개념을 유학의 수신론 관점에서 새롭게 해석하고 재구성하여 활용가치를 높여야 할 것이다. 오늘날 우리 사회에서 가장 매도되고 있는 유학사상의 핵심개념이 바로 '충'이라고 생각한다. 유학 수신론 관점에서 보면, '충'은 中과 心의 합성으로 '마음의 중심', '자신의 진실된 마음'을 뜻한다. 마음공부는 유학 수신론의 핵심이다. '우러러 하늘에 한 점 부끄러움이 없고 구부려 사람에게 부끄럽지 않는(仰不愧於天, 俯不怍於人)' 마음이 바로 충이다. 여기에는 군주를 비롯한 상급자에 대한 절대적인 복종이 끼어들 여지가 없어 보인다. 나의 양심에 비추어 진실된 마음이 바로 충인 것이다. 「論語」, 「中庸」, 그리고 「孟子」에서 '충신(忠信)', '충서(忠恕)'에서의 '충'은 자기수양과 수기(修己)의 실천방식이고 실천덕목이다. 즉, '충'은 "인(仁)에 도달하기 위한 군자의 마음가짐과 언행의 일상지침"이다(최화인·배수호, 2015: 10). 「論語」 <學而篇>에서 공자는 "충신(忠信)을 주(主)로 삼으라"[23]고 한다. 군자에게 중요한 실천덕목인 외연과 내연의 일치, 언행의 일치는 바로 충신(忠信)을 마음의 중심으로 자리 잡았을 때에만 비로소 가능하다는 것이다.

충신(忠信), 충서(忠恕) 등에서 강조되는 '충'은 오히려 계층제적 책임성의 병리

---

23) 「論語」 〈學而篇〉. 子曰 君子不重 則不威 學則不固 主忠信 無友不如己者 過則勿憚改.

현상을 예방하고 보완할 수 있는 기제로 작동할 수 있으리라 기대된다. 자기함양을 통해 소아(小我)적 인간에서 대아(大我)적 인간으로 거듭난 관료는 불의(不義)한 상급자의 명령과 지시에 대해 떳떳하게 이의를 제기할 수 있는 양심과 내적인 힘을 보유한다. 또한 자기 자신, 상급자, 자신의 조직 차원에만 시야가 머물러있지 않고 사회, 국가, 일반시민 등에게도 자신의 시야와 안목을 넓히는 역량을 가질 수 있도록 한다. 특히 계층제적 책임성의 한계를 인정하고 전문가적 책임성과 정치적 책임성을 실질적으로 완수할 수 있는 역량과 실천능력을 배양할 수 있도록 할 것이다.

3) 자율적 자기규제와 자기통제 능력의 배양

앞서 [그림 2-14]에서 설명하였지만, 계층제적 책임성, 법적 책임성, 전문가적 책임성, 정치적 책임성 등 행정 책임성을 보다 온전하고 실질적으로 확보하기 위해서 관료 개인의 윤리적 자율성과 책임성의 확충이 절실하게 요청된다. 또한 법률, 조직내부의 규정·규율에 따라 관료에게 책임을 묻는 차원에서의 객관적 책임성 못지않게 관료 스스로 공익의 가치를 자각하고 느끼고 행동할 수 있는, 자기수양으로 무장된 관료의 책임성, 즉 주관적·내적 책임성 확보는 무엇보다도 중요하다. 그리고 관료 개인 차원의 윤리적 자율성과 책임성이 밑바탕이 되지 않고서는 여러 차원의 책임성을 실질적으로 확보하기 어렵다고 본다. 관료 개인의 윤리적 감각, 자율적 판단력, 재량적 능력을 바탕으로 할 때에만 비로소 행정 책임성을 온전히 확보할 수 있는 것이다. 이러한 윤리적·자율적 역량은 관료 개인의 꾸준한 자기수양과 성찰을 통해서 확충해 나갈 수 있는 것이다.

오늘날 우리 공직사회의 병폐로 알려진 무사안일주의, 복지부동 등은 자율적 자기규제와 자기통제 능력의 부족에 기인한 바가 크다. 자신의 안위를 위해 적극적으로 책임지지 않으려는 관료의 행태는 공직사회에서 자주 관찰되는 현상이다. 세월호 사고 당시 현장에서 구조를 담당하던 일선관료들은 상부로의 보고와 상부로부터 지시만을 기다리다가 중요한 구조시점을 놓치고 말았다. 실제 현장에서 상황, 여건 등을 가장 잘 파악할 수 있는 일선관료의 자율적인 판단과 행동은 위기상황에서 절실하게 필요하다.

유학의 수신론은 관료의 윤리적 자율성과 직결되는 자기규제와 자기통제 능력을 키우는 데 기여할 수 있다. 유학 수신론에서는 "개인의 자발적인 자기반성과 수양을 통해 도덕적 자기완성을 추구"하기 때문에 "충서(忠恕), 극기복례(克己復禮), 수기안인(修己安人)·추기급인(推己及人) 등을 통해" 공공업무에서 자신의 언행과 판단에 대한 "도덕적 책임감과 자율적 규제능력을" 확충할 수 있을 것이다(배수호·공동성·정문기, 2016: 279).

4) 공직의 가치와 규범에 대한 성찰

공직사회에서 행정 책임성을 완수하는 데 법적 책임성, 계층제적 책임성 등 소극적 책임성의 확보만으로는 부족하다. 소극적 책임성의 확보와 함께, 적극적 책임성을 구현해 나가야 한다. 적극적 책임성은 공공부문에서 관료에게 요구되는 가치, 규범, 신념, 동기 등을 적극적으로 고민하고 논의하면서 형성된다(Bovens, 1998: 28-38). 구체적으로 말하자면, 공익, 사회적 형평성, 사회 통합, 정치적 중립, 민주성, 대응성, 성찰성, 숙의성, 공정성, 효율성 등을 공공부문에서 어떻게 개념화하여야 할 것인지, 이들 가치를 어떻게 달성할 것인지, 가치 충돌이 있을 시 어떻게 우선순위를 정할 것인지 등에 대해 진지한 고민과 논의가 전제되어야 비로소 적극적 책임성을 구현할 수 있는 것이다.

유학사상의 핵심은 '위인지학(爲人之學)'이 아니라 '위기지학(爲己之學)'이다. 하지만 자기 공부는 자기 자신의 사욕만을 추구하는 것은 아니다. 유학사상에서 자기의 도덕적 인격 완성은 내 자신이 타인, 우주만물과 긴밀하게 연계되어 있음을 각성하고 내 자신의 시야와 관점을 가족, 이웃, 지역공동체, 국가 전체로 확장하여 공동의 생존과 번영을 위해 실천할 때 비로소 완성된다. 이것이 유학의 궁극적 목표이자 지향점이다. 유학의 수신론은 관료에게 '천하위기(天下爲己)'가 아니라 '천하위공(天下爲公)'을 추구할 수 있는 방향타를 제공할 수 있다. 또한 수신론은 천하위공(天下爲公)을 달성하는 데 필요한 공직의 가치, 신념, 규범 등에 대해 고민하고 논의할 수 있는 교육과 기회의 장을 제공할 수 있다.

5) 윤리적 딜레마 상황의 대처능력 함양

관료들은 공직업무를 수행하면서 다양한 종류와 차원에서 권위, 이해관계, 가치 등의 상충과 딜레마 상황에 자주 마주하게 된다. 윤리적 딜레마 상황에서 책임 있는 관료가 되기 위해서는 자신이 담당한 업무의 성격, 중요성, 여건 등을 대의(大

義)의 차원에서 생각하고 결정하고 행동할 수 있어야 한다. 이를 위해 윤리적 자율성에 대한 판단능력의 훈련과 학습은 절실하게 필요한 덕목이라 할 수 있다.

유학의 수신론에서는 인간을 '이기적이고 합리적 존재'라고 보는 게 아니라 내 자신은 타인 및 우주만물의 일부이며 긴밀하게 연계되어 있는 존재로 파악한다. 자기수양을 통해 소아(小我)적 차원에서 대아(大我)적 차원의 사람으로 거듭나게 되면, 공직생활에서 자주 직면하는 윤리적 딜레마 상황을 보다 넓고 장기적인 시각과 안목에서 판단하고 행동할 수 있는 역량을 발휘할 수 있다. 또한 유학의 수신론은 중용(中庸)과 중도의 사고를 길러주고 균형잡힌 감각과 사고능력을 향상시킬 수 있다. 여기에는 인욕(人慾)이 개입될 여지가 없다. 공직생활에서 직면하는 윤리적 딜레마 상황에 대해 보다 넓고 장기적인 안목과 시각에서 편향됨이 없이 공평무사하게 공공성과 공익을 실천할 수 있는 능력을 함양할 수 있다.

5 나오며

오늘날 '관료의 행정 책임성을 어떻게 확보하고 증진시킬 것인가'는 우리 사회의 뜨거운 쟁점으로 부상하고 갑론을박 속에 휩싸여 있다. 관료 개인의 덕성 함양과 행정 책임성 확보는 민주공화체제를 우리 사회에 보다 견고히 하고 발전시키는 데 핵심적인 역할을 하므로 결코 간과할 수 없는 사항이다. 무엇보다도 오늘날 관료사회가 계층제적 책임성에 대해 지나치게 편중하여 다른 차원의 행정 책임성을 오히려 압도하고 질식시키는 상황에 이르렀다는 게 저자의 판단이다. 관료 개인의 윤리적 자율성과 책임성을 전제하지 않고서는 여러 차원에서의 행정의 책임성 ─이를테면, 계층제적, 법적, 전문가적, 정치적 책임성 등 ─ 의 실효성을 확보하기 어렵다. 이 연구는 유학(儒學)의 수신론(修身論) 관점에서 공직사회에 행정 책임성의 제고를 위한 탐색적 고민과 논의를 시도하였다. 우선 수신론은 행정 책임성의 실질적인 확보와 확충에 밑바탕이 되는 관료 개인의 윤리적 자율성과 책임감을 배양할 수 있음을 지적하였다. 구체적으로 말하자면, 수신론은 '관료의 존재이유와 책임성 자각', '충신(忠信)으로서의 충(忠)', '자율적 자기규제와 자기통제 능력의 배양', '공직의 가치와 규범에 대한 성찰', '윤리적 딜레마 상황의 대처능력 함양' 등 관료 개인의 윤리적 자율성과 책임성을 높이고 나아가 행정 책임성의 전반적인 수준을 높일 수 있음을 강조하였다.

이 연구에서는 유학의 수신론 관점에서 관료 개인의 자기수양을 통한 인격 완성에 초점을 두어 논의를 전개하였다. 하지만 관료들이 공직조직 안팎에서 자기 함양, 성찰, 자반(自反) 등을 통해 윤리적 자율성을 확충하는데 사회적 분위기, 법적·제도적 장치와 기제, 조직문화 등이 맞물려 작동되어야 한다. 상급자나 동료의 부정부패행위, 정실주의적 인사관행 등을 고발하는 관료에 대해서 사회적 차원에서 보호해주는 분위기 조성과 실질적인 노력이 무엇보다도 중요하다. '조직의 배신자'로 낙인찍히게 되는 오늘날 분위기와 현실에서 자기수양을 강조하는 것만으로는 관료 개인의 윤리적 자율성을 함양하기에 충분하지 않기 때문이다. 이와 더불어, 공직조직 안팎에서 발생하는 불의(不義)에 대해 용기있고 정정당당하게 행동하는 관료를 보호하고 장려할 수 있는—예를 들어, 내부고발자의 실질적인 보호— 법과 제도의 정비와 보완도 병행되어야 할 것으로 본다.

또한 획일적이고 위계적인 질서가 강한 조직풍토(organizational climate)와 조직문화(organizational culture)에서는 무사안일주의, 책임회피 등이 팽배하여 나타나기 마련이다. 현재 우리나라 공직문화의 고질적인 병폐로 늘 지적되고 있듯이, 관료 자신의 생존과 가치를 조직의 생존과 가치로 등치시키는 조직풍토와 조직문화에서는 다양한 의견과 목소리가 표출될 수 있는 기회와 장(場)이 말살될 수 있다. 관료 개인의 윤리적 자율성과 책임성이 공직사회 내에서 성숙된 조직풍토와 조직문화와 긴밀하게 연동될 수밖에 없는 이유이다.

성공하는 정부의 행정관리

CHAPTER 1

성공정부를 위한 정부조직개편: 원칙과 방향[1]

이 창 길

1 서론: 정부조직개편의 비판과 성찰

1948년 정부수립 후 약 70년간 정부조직개편은 총 62회나 단행되었다. 매년 1회 정도이다. [그림 3-1]에서 보는 바와 같이 정부수립 당시 15개 부처였던 중앙행정 기관이 2018년 1월에는 40개로 2배 이상 증가했다. 1992년 노태우 정부 이전까지는 대부분 부처의 수를 늘리는 방향으로 이루어진 반면, 1992년 김영삼 정부 이후에는 감축과 통합, 부처 간 기능조정을 중심으로 이루어졌다(이창원·임영제, 2009: 9). 이에 따라 민주화 이전의 조직개편은 정부 주도로 추진되어 사회적 반발이나 관료제의 저항이 상대적으로 낮은 반면, 민주화 이후의 조직개편은 세계화, 정보화 등 외부환 경의 변화에 의존하면서 다양한 이해관계자들 상호 간의 정치적 논란도 심화되었다 (임도빈, 2014: 19).

---

1) 본 장은 2017년 7월 26일 시행된 문재인 정부의 조직개편 이전에 작성되어 일부 부처의 경우 개편 이전의 명칭을 사용하였음을 양해바랍니다.

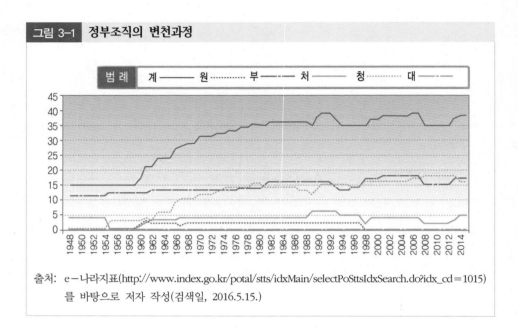

그림 3-1 정부조직의 변천과정

출처: e-나라지표(http://www.index.go.kr/potal/stts/idxMain/selectPoSttsIdxSearch.do?idx_cd=1015)
를 바탕으로 저자 작성(검색일, 2016.5.15.)

　　2018년 1월의 18개 부처별 설립년도를 보면, 국방부(1946), 법무부(1948), 통일부(2000), 보건복지부(2000), 환경부(2000), 기획재정부(2008), 문화체육관광부(2008), 농림축산식품부(2008), 고용노동부(2010), 여성가족부(2010), 교육부(2013), 외교부(2013), 산업통상자원부(2013), 국토교통부(2013), 해양수산부(2013), 과학기술정보통신부(2017), 행정안전부(2017), 중소벤처기업부(2017) 순이다(행정자치부, 2018). 즉, 해방 이후 지금까지 명칭을 유지하고 있는 부처는 국방부와 법무부 2개 부처 뿐이고, 나머지 16개 부처는 모두 2000년 이후에 설립된 부처들이다. 이들의 경우에도 교육부 등 9개 부처는 개편된 지 5년 미만에 불과하다. 특히 민주화 이후 확산된 정부조직의 전면적인 개편에도 정부기능과 역할은 큰 변화가 없이 그 명칭과 기능의 변화로 복잡성과 혼란만 키웠다는 진단이다(박천오, 2011a: 20).

　　이와 같이 정부조직개편의 부정적인 효과에 대한 비판이 많다 첫째, 정부조직개편은 당초 기대와는 달리 실질적인 효과를 보지 못했고, 둘째, 정치적으로 즉흥적으로 결정된 사례가 많았으며, 셋째, 대부분의 개편이 일부 정권실세에 의한 폐쇄적인 추진방식을 채택하였고, 넷째, 정부운영의 실질적인 내용보다는 하드웨어 중심의 부처개편에 집중하였다는 지적이다(박천오, 2011a: 20; 이창길, 2016: 18). 특히 최근에는 정부조직개편에 대한 부정적 시각이 증가하고 있다. 즉, 정권 초기 정부조직개편에 불필요한 시간과 자원의 낭비, 조직개편 후 발생하는 관료들의 혼선과 부적응, 실질적인 효과보다는 다양한 부작용의 증가, 그리고 조직보다는 정책과 사람이 중요하다는 인식 등이 지적되기도 한다.

하지만, 정부조직개편의 긍정적 효과도 경시할 수는 없다(이창길, 2016: 14). 첫째, 정부조직개편을 통하여 시대변화에 상응하는 정부기능과 수요를 재정비할 수 있었고, 둘째, 정권초기 정치적 리더십에 의한 강력한 변화와 개혁이 가능하였으며, 셋째, 전면적 개편을 통해 관료사회의 쇄신과 혁신을 도모할 수 있었고, 넷째, 조직 통합과 축소 개편을 통해 정부조직의 효율화에도 일부 기여하였다. 마지막으로 국정과제의 효율적 추진에도 도움이 되었음을 부인할 수 없다.

이와 같이 정부조직개편은 행정개혁의 가시적인 수단으로 활용된다(Caiden, 1984: 4). 정부조직 구조의 변화는 범정부적 행정개혁의 출발점이 된다. 정부조직의 명칭과 기능의 변화는 목표와 전략의 변화를 의미하고 정책방향이나 내용의 변화도 내포하기 때문이다. 뿐만 아니라 정부조직개편은 국정운영방향과 핵심가치 변화의 상징으로 인식되기도 한다. 따라서 정부조직개편은 조직 내부 구성원들의 사고와 행동에 영향을 줄 뿐만 아니라 조직외부 이해관계자들과의 관계에도 영향을 미친다(Peters, 1992: 205). 이는 지속적인 비판과 부정적 인식에도 불구하고 정부조직개편이 계속되는 이유가 된다.

본 장은 우리 정부의 성공적 운영을 위해 '헌법'적 관점에서 정부조직개편의 기본 원칙과 방향을 제시하고자 한다. 우리 헌법은 대한민국 운영의 기본법이자 정부조직법의 모법으로서 정부의 역할과 책임, 기능배분과 명칭까지도 이미 직접 또는 간접적으로 규정하고 있다. 특히 과거의 잦은 정부조직개편은 헌법상의 원칙과 기준을 명확히 인식하지 못한 결과이다. 즉, 헌법 제1조제1항에서 천명한 민주적 공화주의는 정부조직개편의 핵심적인 원칙이 아닐 수 없다. 즉, 모든 권력의 원천은 주권자인 국민으로부터 나오고, 다양한 가치를 존중하고 합의하여 결정하는 공동체이다. 정부조직의 개편도 역사적 일관성과 정책적 일관성을 유지하기 위해서는 헌법상 규정된 민주적 공화주의의 원칙에 대한 명확한 인식이 중요하다. 정부조직의 책임성과 효과성의 확보는 헌법에 충실한 정부조직 개편으로 가능하다. 먼저 정부조직개편의 필요성 논란을 이론적 관점에서 살펴보고, 그리고 성공정부를 위한 정부조직개편의 기본 원칙과 분야별 대안들을 제시하고자 한다. 마지막으로 정부조직개편의 성공요건을 살펴보고자 한다.

2 정부조직개편, 필요한가? 상징론 vs. 목적론

현 시점에서 정부조직개편이 필요한가? 정치권과 관료사회, 그리고 전문가들 상호 간의 찬반논란이 많아 예측하기도 결정하기도 어려운 현안이 되고 있다. 복잡하고 예측하기 어려운 사회문제일수록 그 해답은 추상화된 이론모형에서 추론할 수 있듯이, 정부조직개편의 문제도 마찬가지다. 정부조직개편의 이론이나 모형에 대한 논의도 개편의 당위론과 불가론 사이의 적절한 접점을 제공할 수 있고, 개편의 동인과 개편의 과정, 그리고 개편의 효과를 분석하고 예측할 수 있는 근거도 제공할 수 있기 때문이다.

'정부조직개편을 어떻게 볼 것인가'에 대한 이론은 다양하다. 정부조직개편은 권력자들의 정치적 상징이나 이해관계자들의 합의와 조정에 의해 결정된 정치적 산물이라는 정치적 접근방식(문명재, 2009: 25; 박천오, 2011a: 18; March & Olson, 1983: 285)을 비롯하여, 정부와 정책실패 사건들이 연속되면서 이해관계자들 사이에 조직개편이 정부 어젠다로 형성된다는 어젠다 세팅의 시각(Chackerian, 1996: 42), 사회의 중층구조로 형성된 정치행정시스템에 따라 점진적, 제한적으로 이루어지는 제도 변화로 인식하는 역사적 제도주의 시각(염재호, 2009: 79), 제도화된 환경 속에 신화와 상징으로 정착되면서 사회적 정당성을 확보하기 위한 모방적 현상으로 이해하는 사회학적 신제도주의 시각(Meyer & Rowan, 1977), 세계화나 정보화 등 행정환경의 변화와 조직구조 간의 정합성을 높이기 위한 불가피한 결정이라는 구조상황론적 시각(Lawrence & Lorsch, 1967), 경쟁적 생태환경 하에서 제4차 산업혁명 등으로 인한 새로운 적소(niche)의 창출이나 조직 생존을 위한 적응 전략의 일환이라는 조직생태학적 시각(Hannan & Freeman, 1977), 그리고 통합과 감축을 통하여 효율성과 효과성 증대를 위한 정부조직의 합리적 개편을 강조하는 경제적이고 합리적인 시각이나 행정관리적 접근방식(Pollitt, 1984) 등 다양한 이론과 모형이 제시되어 왔다.

지금까지의 정부조직개편의 이론적 논의를 종합하면, 대체로 상징론(symbolic models)과 목적론(purposive models)으로 구분될 수 있다. Peters(1992)는 정부조직개편의 모형을 목적모형, 환경모형, 제도모형으로 구분하면서, 목적모형은 행정학적 접근, 경제학적인 접근, 평가적인 접근 등으로 구분하고, 환경모형은 정치학적 환경,

상황론적 환경, 조직생태학적 환경으로 구분하여 설명한다. 상황론적 환경론이나 조직생태학적 환경론은 조직 내외부의 기술적 상황과 거시적 환경수요에 적응하는 과정으로 이해하는 점에서 목적론에 가깝고, 국민의 요구와 행정수요에 대응하는 정치적 상징의 표현이나 제도화된 신화와 의식으로 정부조직개편을 보는 정치학적 환경론이나 사회학적 신제도주의적 접근은 상징론에 가깝다. 이러한 구분은 행정적 접근방식과 정치적인 접근방식의 구분과 유사하다(김영평·최병선, 1993; 문명재, 2009: 25; 박천오, 2011a: 18; 정용덕, 1995: 13－15). 이와 같이 본 연구는 정부조직개편의 상징론적 시각과 목적론적 시각을 구분하여 살펴봄으로써 정부조직개편의 필요성을 진단하고 그 원인과 효과를 분석하는 데 활용하고자 한다.

1) 상징론적 시각

첫째는 상징론적인 시각이다. 이러한 시각에 의하면, 정부조직개편은 정치적 수사(rhetoric)이고 상징(symbol)이며 신화(myth)이다(김영평·최병선, 1993: 25; 정용덕, 1995: 16; 최성욱, 2017; March & Olson, 1983: 282). 이러한 시각은 조직개편을 실질적인 내용보다는 정치적 상징이나 정치적 타협으로 보는 정치학적 시각과 사회문화적으로 형성된 제도화된 의식과 상징이라는 제도론적 시각으로 구분될 수 있다. 먼저, 정치적 또는 정치학적 접근이다. 이는 정부조직개편은 정치인 또는 권력자들이 활용하는 정치적 도구이자 상징이고 정치적 타협의 산물이라는 관점이다(March & Olson, 1983: 285). 또한 정부내부의 관료들 상호 간의 정치적 타협의 결과이거나 정치와 관료 간 권력 갈등을 해결하기 위한 관료정치의 산물로 보기도 한다(Bowornwathana & Poocharoen, 2010: 304). 따라서 정부조직개편은 대통령직의 특성, 관료제의 위상, 정치권력의 균형, 이익단체의 행동, 언론의 역할, 그리고 복잡한 여론 등 다양한 요소에 의하여 결정된다(Polenberg, 1979). 이 경우, 정부조직개편의 결정내용이나 과정이 정치적이고 비합리적이다(임도빈, 2016). 예를 들면, 해양수산부의 신설은 대통령 선거에서 자신을 지지해 준 부산 지역에 대해 대통령 개인의 정치적 보답으로 해석되기도 한다(박천오, 2011a: 21). 1994년 김영삼 정부의 조직개편은 국민들의 관심을 전환시켜 당시의 정치적 난관을 벗어나기 위한 국면 전환의 목적이 있었고, 적지 않은 수사학의 동원과 충격요법적인 시기 선정 등은 상징정치적인 측면이 강하다고 평가된다(정용덕, 1995: 58). 이창원·임영제(2009: 5)는 정부조직개편은 개혁의지의 표현이나 권력재분배의 수단, 정책적 변화를 유도하는 수단으로서의 상징적 가치를 강조한다. 정부조직의 구조개편의 주체인 정권 핵심세력은 정부 내부에 대한 통제와 지배를 유지하고 강화하기 위해 권력, 자율성, 안정성 등을 추구한다는 것이다. 문명재(2009: 25) 역시 정치적 측면에서 정부조직개편 목적을 국정철학의 상징성 확보, 정치적 정당성 확보와 관료에 대한 통제, 정치적 위기를 돌파할 기회 추구, 그리고 정부와 시장의 역할분담 등을 강조한다.

이러한 시각의 대표적인 이론 중의 하나가 '쓰레기통(Garbage Can) 모형'이다. March & Olson(1983: 285–287)은 미국 정부개편의 역사를 쓰레기통 의사결정모형에 따라 분석한다. 즉, 정부조직개편은 단기적이고 정치적인 결정으로 개편안 선택의 다양한 기회들, 정부운영에 노출된 문제점들, 전문가들의 다양한 개편안들, 그리고 동시적으로 개편과정에 참여하는 다양한 이해관계자들의 복합적인 상호작용에 의해 결정된 우연의 결과라는 것이다. 이러한 정치적 과정은 공식제도나 법률규정, 구조, 권력, 관습과 전통들에 의해 제약을 받기 때문에, 당초 의도하고 기획했던 성과는 나타나지 않게 된다. 따라서 조직개편은 공학적 접근(engineering)보다는 정원가꾸기(gardening)에 가깝고, 동물사냥(hunting)보다는 식물채집(gathering)에 가까우며, 둥글고 기울어진 축구장(multi–goal soccer field)에서 여러 개의 공들을 가지고 개인별로 축구를 하는 것과 비슷하다고 주장한다(March & Olson, 1983: 291). 즉, 정부조직개편은 정치적 타협의 결과이고 정치적 상징의 산물로서 즉흥적이고 우연의 결과가 많다.

상징론적 시각 중 다른 하나는 제도론적 접근방법이다. 정부조직개편은 그 사회의 역사와 문화를 반영하는 제도 변화의 결과이자 상징화된 제도(institution)라는 시각이다. 제도주의 이론은 역사적 제도주의와 사회학적 신제도주의로 구분된다. 먼저, 역사적 제도주의 시각에서 보면, 정부조직개편은 역사적 과정을 통해 형성된 제도적 특성에 의해 이루어지고, 새로운 제도의 변화를 나타내는 '단절적 균형'이라기보다는 '제도적 중층성'에 기인한 미시적, 점진적 변화로 진단한다(염재호, 2009: 99). 따라서 지금까지 정권마다 단행했던 정부조직개편은 합리적인 최선의 선택이라기보다는 역사적으로 형성된 정치행정시스템 하에서 제한된 범위의 제도적 변화라고 해석할 수 있다.

사회학적 신제도주의에 의하면 조직개편은 기술적 효율성보다는 제도적 정당성 확보의 수단으로 간주된다(Meyer & Rowan, 1977). 과거의 역사와 문화를 통하여 형성된 제도이며 현재의 사회적 맥락에서 당연시되는 제도라는 점이다. 즉, 현실 속의 다양한 문제를 합리적으로 해결한다는 차원보다는 사회문화적 맥락 속에서 보편적으로 인정된 역사와 가치의 반영으로 인식한다. 이 경우 정부조직개편은 상징(symbol)이자 신화(myth)이다(Meyer & Rowan, 1977). 즉, 정권초기의 조직개편은 이미 사회적 정당성이 인정된 당연한 조치로 해석되기 때문에 비과학적이고 비효율적이고 비합리적인 선택이나 결정이라 하더라도 상징적 차원에서 단행하지 않을 수 없다는 논리이다.

이러한 상징론적 관점은 정치학적 시각이나 제도론적 시각 모두, 개편결과나 내용보다는 개편과정 자체에 집중하는 경향이 강하다. 특히 정치학적 시각에 의하면, 개편 추진방식도 단기적이고 즉흥적인 경우가 많다. 또한 정부조직개편의 결과는 기대한 만큼 발생하지 않고 긍정적인 효과보다는 부정적인 효과가 많다고 평가하고 인식한다(Meier, 1980). 특히 정부조직개편의 목적과 동기도 실질적인 행정수요보다는 정치사회적 정당성이나 관료제 쇄신과 통제, 국민들의 요구에 대한 반응 등으로 인식된다. Polenberg(1979: 37) 역시 1930년대 미국 연방정부의 조직개편을 분석하고 다음과 같은 여섯 가지 분석결과를 제시한다. 첫째, 정부조직개편은 과학(science)이 아니다. 둘째, 정부조직개편은 관료들의 이익에 좌우된다. 셋째, 정부조직개편의 목적과 함께 수단이나 과정도 중요하다. 넷째, 의회는 과도한 개편효과를 기대한다. 다섯째, 대통령 권력의 확대는 복잡한 행정문제에 대한 해결책이 아니다. 여섯째, 정부조직개편에 대한 여론의 지지는 매우 약하다. 이러한 시각에서 보면, 정부조직개편은 정치적인 이유와 명분에 의해 실제 대규모 개편이 될 가능성이 높기 때문에 주어진 제도적 제약 속에 최소한의 조직개편을 강조한다. 조직개편의 성공을 위해서는 보다 안정적이고 현실적인 차원에서 조직개편의 대안이 마련되어야 한다는 시각이다.

2) 목적론적 시각

상징론적 시각과는 달리 목적론적 시각에서 보면, 정부조직개편은 자율적인 행위자들의 특정한 목적을 달성하기 위한 합리적 선택과 결정이라는 관점이다. 즉, 개인과 집단의 합리적인 선택이자 결정으로서 현재 문제점들에 대한 진단과 처방에 의해 합리적인 대안을 비교 평가하여 결정한다. 정치학적인 접근보다는 경제학적 접근이고 행정관리적인 접근이다. 이러한 주장의 이론적 근거는 환경의존론, 신공공관리론, 그리고 조직생태학에서 찾을 수 있다. 먼저, 정부조직개편은 환경변화에 대한 조직의 대응전략으로 해석된다(Peters, 1992: 205). 이종수·윤영진(2005: 670)은 행정개혁의 환경적 동인으로 새로운 이념의 등장, 새로운 기술의 등장, 비능률성의 제거, 정치적 변화, 국제적 환경의 변화, 그리고 인구 구조의 변화 및 압력집단의 활동 등을 제시하고 있다. 어젠다 형성(agenda-setting)의 시각도 유사하다. 조직개편은 사회적 사건들이 모여 특정한 시기에 의미를 형성하고 정부의 결정을 요구하는 경우에 발생한다는 것이다(Chackerian, 1996: 42). 장기적인 경제 불황은 조직개편을 단행하는 독립변수라는 것이다. 경제하강은 기본적인 사회목표를 위협하고 예산 부족이 발생하며, 이에 따라 주요 사업들을 삭감 또는 폐지하는 문제가 야기된다. 이러한 경제위기를 신속하게 극복하기 위해 조직개편의 정부결정을 요구하는 어젠다로 형성된다는 것이다. 동시에 다양한 개편안이 제시되면서 학계와 연구의 개편정당성을 제공하고, 이에 따라 급속하게 정부 어젠다로 부각되게 된다(Chackerian, 1996: 32).

신공공관리론 역시 목적론적 시각에서, 전통적인 관료조직의 소극성, 나태함을 극복하기 위해서 시장형 또는 기업형 경쟁원리를 도입하여 효율성을 높여야 한다는 것이다(Osborne, 1993). 문명재(2009)는 조직개편의 정치적 목적과 함께 행정적 목적으로 정부기능 재분류를 통한 효율성과 생산성 증대, 정부의 자율성과 책임성 증대, 정부의 투명성 제고 등을 제시한다. 조직생태학에 의하면, 조직을 둘러쌓은 생태계의 변화는 개별조직의 생존에 직접적인 영향을 미치게 되며, 적응하지 못하는 조직은 소멸하게 된다는 것이다(Hannan & Freeman, 1977). 즉, 조직 상호 간의 경쟁이 심화되면서 환경과 조직의 정합성이 높지 않은 경우 도태될 수 있다. 이러한 조직생태학의 관점에서 정부조직개편을 요구하는 환경생태계의 수요가 무엇인가에 대한 논의가 필요하다. 정부조직의 생존을 위해서는 경제위기의 심화, 사회갈등의 증가, 미래수요의 변화에 탄력적으로 적응할 필요가 있다.

이러한 시각은 개편과정이나 형식보다는 실질적인 개편내용에 집중한다. 다소 이상적이고 당위적인 접근이 많고, 개편의 필요성과 원인을 강조한다. 과거의 조직개편과 그 효과에 대해 긍정적 시각을 가지고 지속적이고 상시적인 조직개편을 주장한다. 정부조직개편은 그 특성상 국민들에게 즉각적이고 가시적이고 직접적인 편익을 가져오지 못하기 때문에 실질적인 국민지지를 받기는 어렵다(Polenberg, 1979). 지역개발사업, 대규모 건설사업, 복지급여의 증가, 보육지원금의 지급 등과 같은 사

업과는 달리 조직개편은 특정한 계층이나 지역이 있지 않다는 것이다. 대체로 행정
관료나 정치인보다는 전문가들의 시각이 많다. 조직연구 전문가들은 조직개편의 한
계를 지적하면서도 지속적인 환경변화 대응과 조직효과성 향상을 위해서는 행정개
혁의 불가피성을 강조한다. 이러한 시각에 의하면, 정부조직개편은 현재의 정부실패
를 해결하기 위해 보다 근본적이고 전면적으로 이루어져야 한다.

표 3-1 정부조직개편에 대한 두 가지 시각

구분	상징론적 시각 (정치적, 사회학적 접근)	목적론적 시각 (행정적, 경제학적 접근)
이론	쓰레기통모형, 역사적 제도주의, 사회학적 제도주의	환경의존론, 신공공관리론, 조직생태학
목적	사회적 정당성 확보, 정치적 동기, 관료 쇄신과 혁신	기술적 효율성, 경제성, 생산성 확보, 서비스 향상
중점	개편과정	개편내용
원인	정치적, 상징적 요인	외부환경의 수요
근거	현실론	당위론
지향가치	안정성	혁신성
시간범위	단기적, 즉흥적	장기적, 숙고적
이해관계자 시각	정치인/관료들의 시각	전문가/일반국민적 시각
개편필요성/효과	다소 부정적, 소극적	다소 긍정적, 적극적
개편범위/대상	부분적, 점진적 최소개편	전면적, 혁신적 최대개편

출처: 저자 작성.

3) 정부조직개편의 필요성: 상징과 목적의 공존

정부조직개편의 논의과정을 보면, 상징론적 시각과 목적론적 시각이 공존하면
서 논란이 증폭된다. 상징론적 시각과 목적론적 시각의 엄격한 구분은 어렵고 현실
에서는 복합적으로 나타나기 때문이다. 목적론적 시각에서 목적의 범위에 행정적인
목적만이 아니라 정치적 목적도 포함될 수 있다(문명재, 2009; Peters, 1992: 205-206).
뿐만 아니라 조직개편의 정치적 또는 제도적 상징성을 강조하는 상징론적 시각도
조직개편의 합리성과 효율성을 전면 부정하지 않으며, 합리적이고 전략적인 선택이
라는 목적론적 입장이라 하더라도 조직개편의 상징성을 부정하지 않는 경우가 많다
(김윤권, 2013). 따라서 정부조직개편에 대한 논의과정은 목적론적 시각을 중심으로

이루어지게 마련이다. 이로 인하여 정부조직개편 논의는 정치적 상황에 따라 다양한 목적과 필요성을 제시하고 확대 가속화되는 본성을 가진다. 일정부분 정치적 현실을 감안하더라도 합리적이고 이상적인 대안의 제시가 불가피하다. 이에 따라 조직개편의 범위와 내용도 점차 확대되는 경향을 보이고, 최소개편이 가장 혁신적인 전면개편으로 쉽게 전환되는 현상이 많다. 특히 최근 빈번한 조직개편의 실질적이고 가시적인 효과를 확인하기 곤란하고 개편과정에서 정치적 수사와 상징의 만연, 그리고 빈번한 조직개편으로 인하여 관료들의 혼선 등 개편의 사회적 비용 과다 등이 지적되면서 목적론적인 시각이 약화되고 상징론적 시각이 증가하고 있다. 앞에서 살펴본 바와 같이, 국민 모두가 목격한 국정실패, 정부실패의 모습, 정부운영의 패러다임의 변화, 그리고 급속한 미래변화에 정부대응 등 목적론적 시각을 뒷받침하는 명분과 논리가 증가하면서 조직개편의 필요성이 더욱 가속화되고 있다.

무엇보다도 먼저, 국정실패, 정부실패는 조직개편의 논리와 당위성을 강화시키고 있다. 단순히 정치적 수사나 상징을 떠나 국가와 국민을 위한 실질적인 문제해결을 요구하고 있다. 지금까지 정부의 정책실패 역시 그렇다. 4대강 사업을 비롯하여 세월호 대응, 메르스 사태, 구제역 사건, 창조경제 정책, 한진해운 사태, 가계부채 문제, 청년실업 문제, 양극화 예방, 저출산 대응, 사드 배치, 대일본 대중국 외교 실패, 그리고 최근 AI 사태 등 정치와 사회 전반에 정부실패가 계속되고 있다. 이러한 정부실패는 정부조직의 구조적 실패도 하나의 원인이 되었음을 부인할 수 없다. 정부조직개편이 만병통치약은 아니지만, 정부조직개편이 정부실패를 예방하고 사회문제를 해결하는 중요한 개혁수단임에는 틀림없다.

둘째, 정부 중심에서 국민 중심으로 정부운영의 패러다임이 바뀌고 있다는 점이다. 촛불혁명은 단순히 정부실패의 단기적 해결을 넘어 정부구조와 운영 패러다임의 근본적인 변화를 요구하는 역사적인 사건이었다. 하지만, 그동안 수많은 정부조직의 개편에도 불구하고 민주화 이후 정부구조와 운영의 패러다임은 큰 변화 없이 지속되고 있다. 대부분의 조직개편이 장기적인 관점에서 근본적인 변화보다는 단기적인 관점에서 다소 즉흥적이고 정치적인 개편을 반복했다는 지적이 많다. 국민들이 요구하는 정부구조의 근본적 개편과는 괴리가 있었다. 국민들의 현장 목소리를 정부행정에 담아내는 거버넌스 구조의 개편과 함께 이를 실행하기 위한 정부내부 구조의 개편은 시대적 요구임에 틀림없다.

셋째, 급속한 미래변화에 대응하기 위한 정부개편 논의가 불가피하다. 단기적인 현안문제 해결과 함께 미래를 준비하는 정부구조가 필요하다. 급격히 진행되고 있는 저출산 고령사회는 불가역의 조건이 되었고, 4차 산업혁명이라 불리는 미래수요 변화는 정부의 구조와 전략의 변화를 요구하고 있는 현실이다. 여전히 정부계층의 수직적이고 권위적인 구조는 미래발전을 가로막는 거대한 장애물이 되고 있다. 장관이 대통령을 만나기 어렵고, 정책을 담당하는 국장들이 장관을 만나기 어려운 구조는 혁신적인 개편이 필요하다. 우리의 현재와 미래를 위해 목적론적 시각에서 전문적이고 합리적인 조직개편방안의 연구와 실행이 필요한 이유다.

3 정부조직개편의 기본 원칙: 헌법

정부조직개편의 기본 원칙을 어디서 찾아야 할까? 대한민국 헌법이다. 헌법은 국가의 통치조직과 작용에 관한 기본 원칙을 제시하고 있기 때문이다. 즉, 헌법은 정부조직의 설치와 운영을 규정하는 정부조직법의 모법이다. 정부조직법의 헌법적 정합성을 높여야 한다(오준근, 2013). 따라서 정부조직개편의 기본 원칙도 결국 헌법규정에서 찾아야 한다. 헌법 제1조제2항에는 '대한민국의 주권은 국민에게 있고, 모든 권력은 국민으로부터 나온다'고 되어 있기 때문에 정부는 헌법규정에 주어진 목적과 정신, 가치를 실현하는 도구이다. 행정부의 수반인 대통령 선서에도 '헌법수호'가 가장 먼저 규정되어 있다. 이에 따라 헌법 제4장은 정부를 규정하고, 제1절 대통령과 제2절 행정부로 구분하고 있다. 행정부는 제1절 국무총리와 국무위원, 제2절 국무회의, 제3절 행정각부, 그리고 제4절 감사원을 규정하고 있다. 헌법 제4장은 제66조부터 제100조에 이르기까지 총 35개를 정부 구성에 할애하고 있다. 여기에서 행정각부의 구체적인 내용은 제96조 '행정각부의 설치·조직과 직무범위는 법률로 정한다'고 규정하고 있다.

정부조직과 관련하여 헌법이 지향하는 가치는 무엇인가? 첫째는 정부조직의 책임성이다. 헌법은 대통령과 정부조직에 책임성을 부여하고 있다. 따라서 정부조직의 편제는 헌법상에 부여된 가치와 역할과 책무를 반영해야 한다. 둘째는 정부조직의 민주성이다. 헌법 제1조제1항은 민주공화국이라고 규정하고 있다. 정부조직 구성과 편제에 있어서 민주주의 정신이 반영되는 분권과 자치를 지향해야 한다. 셋째, 정부조직의 형평성이다. 권력기관 상호 간의 견제와 균형은 헌법의 원칙이다. 정부조직의 편제도 이러한 견제와 균형의 정신을 반영해야 한다. 정부조직은 이러한 세 가지 원칙에 따라 편제되어야 한다. 정부조직개편의 논의는 이러한 원칙에 충실할 때 불필요한 논쟁이나 혼란을 줄일 수 있고 성공적인 조직개편을 기대할 수 있을 것이다.

1) 책임성: 역할과 책무 중심의 개편

우리나라 헌법은 대통령책임제를 채택하고 있다. 이에 따라 정부조직의 책임성은 중요한 헌법가치임에 틀림없다. 헌법은 정부조직의 책임성을 선언적으로 규정하지 않고 구체적으로 상세하게 규정하고 있다. 국가와 정부의 역할과 책무에 대한 규정을 헌법의 곳곳에서 발견할 수 있다. 행정각부가 실현해야 할 가치와 이념은 물론 구체적인 직무를 규정하고 있는 것이다. 따라서 헌법규정에 상응하는 정부조직의 편제와 책무부여는 첫 번째 개편원칙이 되어야 한다. 이러한 방향에서 정부조직개편은 정상적인 헌정질서를 회복하는 일이기도 하다.

헌법상 행정각부의 책임성을 실현하는 편제를 위해서는 다음 세 가지의 변화가 필요하다. 첫째는 정부조직법에 헌법상의 역할과 책무를 규정해야 한다. 현재의 정부조직법 제1조에 의하면, '국가행정사무의 체계적이고 능률적인 수행을 위하여' 국가행정기관의 설치와 조직, 직무범위를 정한다고 되어 있다. 하지만, 이러한 현행규정의 앞에 오히려 '헌법상 규정된 가치와 정신을 실현하고' 또는 '헌법상의 규정된 정부의 역할과 책무를 수행하기 위하여'라는 문구를 추가할 필요가 있다. 헌법수호는 행정권의 기본적인 책무이기 때문이다.

둘째, 정부조직법상의 행정각부의 책무를 헌법과 연계해야 한다. 현행 정부조직법을 보면, 헌법에 규정된 가치와 이념과는 별개로 정부의 기능만을 선택적으로 규정하고 있다. 즉, 헌법가치를 구현하는 행정각부의 목표와 사명이 규정되어 있지 않다. [표 3-2]에서 보는 바와 같이 헌법에 규정된 책무와 행정각부의 기능이 분리되어 있기 때문에 헌법상의 책무는 경시되고 수단적 도구적 목표에 매몰된 정부조직의 병폐가 나타나고 있다. 이러한 편제와 운영이 국민 불만의 원인이 되고 있다. 따라서 정부조직법은 단순히 선택적인 기능중심에서 헌법상에 규정된 책무와 미션 중심으로 전면 개정하여 재구성할 필요가 있다.

셋째, 기존의 비정상적인 편제는 과감하게 개편해야 한다. 과거 정권차원에서 만들어진 정부조직의 정치적 편제를 재조정하여 정상화할 필요가 있다. 정권의 이익이나 비정상적 결정에 의해 왜곡되고 불합리해진 정부조직에 대한 개편이 필요하다. 과거 불필요하게 통합과 분리, 재조정의 과정에서 이루어진 불합리한 편제가 무엇인지 연구가 필요하다. 이제 헌법규정에 맞게 제자리로 돌아가야 한다. 비정상의 정상화가 필요하다.

표 3-2 정부부처들의 정부조직법상 기능과 헌법규정

부처명	정부조직법상의 기능	헌법규정상의 책무	관련조항
기획재정부	중장기 국가발전전략, 경제·재정정책 수립·총괄·조정 등	균형있는 국민경제의 성장 및 안정과 적정한 소득의 분배	제119조1항
교육부	인적자원개발정책, 학교교육·평생교육, 학술에 관한 사무	능력에 따라 균등하게 교육을 받을 권리, 평생교육을 진흥	제31조제1항 내지 제5항
미래창조과학부	과학기술정책의 수립·총괄·조정·평가 등	과학기술의 혁신과 정보 및 인력의 개발	제127조제1항
외교부	외교, 경제외교 및 국제경제협력 외교 등	대한민국은 국제평화의 유지에 노력하고 침략적 전쟁을 부인한다.	제5조 제1항
통일부	통일 및 남북대화·교류·협력	통일을 지향하며 자유민주적 기본질서에 입각한 평화적 통일	제4조
법무부	검찰·행형·인권옹호·출입국관리 등	모든 국민은 법 앞에 평등하다.	제11조 제1항
국방부	국방에 관련된 군정 및 군령 등	국가의 안전보장과 국토방위의 신성한 의무를 수행	제5조 제2항
행정자치부	국무회의의 서무, 법령 및 조약의 공포, 정부조직과 정원 등	지방자치단체는 주민의 복리에 관한 사무를 처리하고 재산을 관리	제117조제1항
문화체육관광부	문화·예술·영상·광고·출판·간행물·체육·관광 등	모든 국민은 학문과 예술의 자유를 가진다.	제22조제1항
농림축산식품부	농산·축산, 식량·농지·수리, 식품산업진흥 등	농업생산성의 제고와 농지의 합리적인 이용, 농업 및 어업을 보호·육성	제121조제2항, 제123조제1항
산업통상자원부	상업·무역·공업·통상, 통상교섭 등	개인과 기업의 경제상의 자유와 창의를 존중, 광물 기타 중요한 지하자원, 대외무역을 육성	제119조제2항, 제120조 제1항, 제125조
보건복지부	보건위생·방역·의정(醫政)·약정(藥政)·생활보호 등	모든 국민은 보건에 관하여 국가의 보호를 받는다.	제36조제3항
환경부	자연환경, 생활환경의 보전 및 환경오염방지 등	건강하고 쾌적한 환경에서 생활, 환경보전을 위하여 노력	제35조

부처명	정부조직법상의 기능	헌법규정상의 책무	관련조항
고용노동부	고용정책의 총괄, 고용보험, 직업능력개발훈련 등	모든 국민은 근로의 권리를 가진다.	제32조 및 제33조
여성가족부	여성정책의 기획·종합, 여성의 권익증진 등	혼인과 가족생활은 개인의 존엄과 양성의 평등을 기초로 성립	제35조제1항
국토교통부	국토종합계획의 수립·조정, 국토 및 수자원의 보전·이용 등	국토와 자원은 국가보호, 효율적이고 균형있는 이용·개발과 보전	제120조 제2항, 제122조
해양수산부	해양정책, 수산, 어촌개발 및 수산물 유통 등	농업 및 어업을 보호·육성	제123조제1항

출처: 현행 헌법과 정부조직법을 토대로 저자 작성.

2) 민주성: 분권과 자치 중심의 개편

정부조직개편의 두 번째 원칙은 민주성이다. 헌법 제1항과 제2항은 민주성의 가치를 명확하게 규정하고 있다. 정부조직 편제의 기본 원칙으로 명문화된 규정이다. 헌법규정을 보면, 대통령 – 행정각부 – 지방자치단체 상호 간의 수직적 권력배분과 분담을 명시적으로 구분하고 있다. 즉, 헌법 제66조제4항은 '행정권은 대통령을 수반으로 하는 정부에 속한다'고 규정하고 있다. 헌법은 행정권은 단순히 정부의 수반인 '대통령'에 있다고 하지 않고 '대통령을 수반으로 하는 정부'에 있다고 규정한다. 아울러 제95조에서는 "국무총리 또는 행정각부의 장은 소관사무에 관하여 법률이나 대통령령의 위임 또는 직권으로 총리령 또는 부령을 발할 수 있다."고 규정하고 있다. 즉, 행정각부는 '소관사무'를 전제로 하여 정부의 실질적인 운영체제로 인정하고 있는 셈이다.

이러한 헌법규정은 헌법은 대통령, 국무총리, 그리고 행정각부의 장으로 행정권을 구성하고 있다. 대통령과 국무총리가 행정각부의 직접적인 통할권을 가지되, 행정각부를 중심으로 행정권을 행사하고 이를 위해 행정각부의 '소관사무'에 대한 자율성을 인정하고 있다. 즉, 국정운영지원조직으로서 대통령비서실이나 국무조정실의 역할은 제한적으로 수행되어야 하고, 대통령과 국무총리가 행정각부를 통하여 행정권을 행사하는 것이 헌법규정이다. 이러한 점에서 헌법상 규정하고 있지 않은 부총리제도 등을 정부조직법에 규정하는 것은 현행 헌법규정과는 차이가 있다.

아울러 우리 헌법규정에서는 후반부 1개의 장을 할애하여 지방자치를 보장하는 규정을 담고 있다. 이러한 규정에 의하면 "지방자치"를 별도 규정하여 지방분권과 자치를 헌법의 중요한 가치로 상정하고 있다. 이에 따라 현행 행정각부와 지방자치단체와의 관계와 분담체계가 적정한지 심층적인 검토가 필요하다. 즉, 중앙부처의 기능을 과감하게 지방자치단체에 이양할 필요가 없는지, 현재 헌법상 규정된 자치와 분권의 국정운영이 얼마나 실현되고 있는지 점검이 필요한 시점이다. 이와 같이 분권과 자치는 대통령과 행정각부, 그리고 행정각부와 지방자치단체 상호 간의 편제에서 지켜야 할 중요한 헌법가치라 할 것이다.

3) 형평성: 견제와 균형 중심 개편

세 번째 정부조직개편의 원칙은 형평성이다. 헌법상 규정된 다양한 사회 가치와 자원의 균형 있는 배분이 필요하다. 경제와 복지, 개발과 보존, 질서와 자유, 효율과 형평 등이 조화롭게 반영되어야 한다는 것이다. 이러한 헌법정신이 정부조직개편에 반영되어야 한다. 즉, 헌법규정은 행정각부의 소관사무의 균형적 배분을 전제하고 있다. 헌법상 '소관사무'를 가진 행정각부는 행정권 행사에 있어서 서열이 있을 수 없다. 행정각부의 서열이 필요한 것은 의전과 대통령궐위 시의 순서일 뿐이다. 헌법 제71조 대통령이 궐위되거나 사고로 인하여 직무를 수행할 수 없을 때에는 국무총리, "법률이 정한 국무위원의 순서"로 그 권한을 대행한다고 규정되어 있다. 이는 행정각부의 순서는 정부조직법이 아닌 다른 별도의 법률에 제정하여 규정할 필요가 있다. 행정각부의 장이 관장하는 소관업무의 경중은 헌법상의 가치의 경중으로 판단할 일이지, 정부조직법에 명문으로 규정할 일이 아니다. 특정부처가 다른 부처를 지시하고 명령하는 체제는 헌법이 상정하고 있지 않다. 부처 간의 균형있는 기능 배분과 편제가 필요하다.

불균형적인 조직규모와 기능배분을 균형 있게 재조정함으로써 부처 간 정책균형을 도모할 필요가 있다. 예를 들면, 2017년 2월 현재, 각 부처의 본부 인력만 비교할 경우, 기획재정부 967명, 미래창조부 797명, 교육부 575명, 외교부 852명, 통일부 225명, 법무부, 657명, 국방부 644명, 행정자치부 850명, 문화체육관광부 635명, 농림축산식품부 559명, 산업통상자원부 855명, 보건복지부, 753명, 환경부 511명, 고용노동부 542명, 여성가족부 245명, 국토교통부 974명, 해양수산부 525명, 국민안전처 1,044명, 인사혁신처 303명, 국가보훈처 290명, 식품의약품안전처 572명 등으로 구성되어 있다(행정자치부, 2017). 700명 이상인 대규모 부처의 경우, 다양한 기능을 수행하거나 불필요하게 인력이 많이 배정된 경우라고 해석된다. 뿐만 아니라 조직규모가 지나치게 작음에도 불구하고 직급이 높은 경우나 부단위 기관으로 편제되는 등 업무량과 기능특성을 감안할 때 새로운 편제가 필요하다. 부처의 업무특성이나 정책적 가치, 조직규모 등에 상응하는 적절한 편제가 필요하다. 아울러 경제부처와 사회부처 등 정부부처 상호 간의 가치 경쟁과 토론을 위한 정부조직 편제의 균형적 배분이 필요하다(이창길, 2007b: 132).

4 정부조직개편의 방향과 대안

1) 국정지원기능의 개편: 분권과 자치

대통령 직책의 역할과 기능은 헌법 제69조의 대통령 선서규정에서와 같이 "헌법을 준수하고 국가를 보위하며 조국의 평화적 통일과 국민의 자유와 복리의 증진 및 민족문화의 창달에 노력"하는 것이다. 이러한 대통령의 책무는 국무총리와 행정각부를 통하여 행정권을 행사함으로써 이행된다. 헌법규정에 따라 대통령과 행정각부가 정부의 일을 수행한다. 즉, 헌법규정의 원래 취지는 권력을 누리고 책임을 회피하면서 지시하고 명령만 내리는 대통령을 상정하지 않는다. 따라서 대통령을 포함하여 정부 내부에서 책임은 작고 권한은 많은 기관들에 대한 개편이 필요하다.

(1) 대통령비서실 및 국무조정실의 축소개편

헌법상의 취지에 따라 국정보좌기능은 축소하고, 행정각부의 본래적인 소관사무를 자율적으로 추진할 수 있는 편제가 필요하다. [표 3-3]에서 보는 바와 같이, 최근 국정보좌 조직과 인력이 증가추세를 보이고 있다. 국정을 보좌하는 대통령비서실과 국무조정실은 축소 개편할 필요가 있다. 특히 대통령비서실은 불필요한 통제를 축소하고, 현행 부처단위 편제를 개편하여 국정과제, 정무, 홍보, 인사, 위기관리 등 핵심기능 중심으로 하고 재편할 필요가 있다. 대통령비서실 기능 중 민정, 경제, 교육문화, 고용복지 등 부처단위 편제를 개편하고, 정책상황실 또는 국정상황실 등을 설치하여 총괄 보좌하도록 하는 방안도 검토 가능하다. 국무조정실도 행정각부에 대한 불필요한 통제기능을 축소하고, 대통령을 보좌하고 행정각부를 통할하는 최소한의 핵심기능 중심으로 재편할 필요가 있다. 현재의 대통령제하에서 국무조정실의 확대는 행정각부의 자율성을 축소하는 이중통제적 성격이 강화되기 때문이다(이창길, 2007a: 132).

1970년대 닉슨 대통령의 워터게이트 사건과 이로 인한 탄핵추진은 대통령 권력이 어떻게 얼마나 남용될 수 있는지 보여주었다. 1939년 프랭클린 루스벨트 대통령이 정치적 논란 끝에 대통령실(the executive office of the president)을 설치한 이후, 닉슨 대통령이 추진했던 행정부의 권력 강화, 입법부의 특권 축소 시도, 정부부처들을 당파적 이익에 활용하는 등으로 제왕적 대통령직(imperial presidency)의 위험을 증가시켰다고 분석하기도 한다(Polenberg, 1979: 37). 미국의 독립규제위원회는 대통령실의 통제보다도 그들의 전문가적 자율성을 발휘하여 효과적으로 작동되었고, 행정효율성은 일사불란한 통제에 의해 증가하지 않는다(Polenberg, 1979: 36). 그리고 성공적인 행정은 모든 업무의 보스 역할을 하는 대통령보다는 대체로 자율적이고 독립적인 관료들의 전문가적 지식과 사명감을 강화시키는 다원주의적 시스템에 달려있다고 진단한다(Polenberg, 1979: 37).

대통령의 분권과 위임은 국무총리보다는 행정각부에 해야 한다. 대통령제를 채택하고 있는 미국의 경우, 부통령은 하원의 부의장으로 직책을 수행하고 있으며, 부통령실은 매우 제한적으로 구성되어 있으나, 우리의 경우, 이중적인 헌법규정으로 인한 대통령의 집권화가 더욱 강화되고 있는 상황으로 진단된다. 따라서 우리의 경우에도 대통령과 국무총리와의 관계를 단순화하여 국무총리가 부통령의 역할에 충실한 방향으로 운영하고, 대통령과 행정각부의 장과의 관계를 보다 긴밀하게 유지할 수 있는 방안의 검토가 필요하다(이창길, 2007a: 132). 현행 대통령실과 국무조정실을 통합하는 방안 중의 하나로 국무총리의 내각통할의 역할보다는 대통령을 보좌하는 부통령의 역할을 수행하도록 국무총리실을 국무총리 비서실체제로 운영하여 국무총리의 역할을 축소하는 방안과, 반대로 대통령비서실을 대폭 축소하여 국무조정실에 위임하는 방안을 심도있게 검토할 필요가 있다.

표 3-3	대통령실과 국무총리실의 인력규모의 변화추이				
정부별	연도	대통령실	국무총리실	합계	장차관수
김대중정부	1999	899	239	1,138	14
김대중정부	2002	929	239	1,168	15
노무현정부	2007	1,056	376	1,432	20
이명박정부	2012	980	444	1,424	16
박근혜정부	2017	997	497	1,494	20

출처: 행정자치부 정부조직관리정보시스템(https://org.moi.go.kr)을 활용하여 저자 작성.

(2) 부총리제도의 폐지

현행 부총리제도는 국정분야별 관련부처들을 통합조정하기 위해 설치된 정부조직이다. 특정부처의 장관을 지정하여 부총리 역할을 수행하게 하는 방식이다. 하지만, 부총리제도는 헌법적 측면, 정치적 측면, 그리고 행정적 측면에서 많은 문제점을 야기한다. 먼저, 헌법적 측면에서 현행 헌법규정은 부총리제도를 상정하고 있지 않다. 헌법은 대통령, 국무총리와 국무위원, 그리고 행정각부를 통하여 국정을 운영하는 시스템을 전제하고 있다. 행정각부의 조직과 직무범위에 관한 사항은 법률로 정하도록 되어 있다. 정부조직법상 임의로 부총리제도를 두는 것이 위헌적 요소도 내포한 것으로 해석된다. 헌법규정에 의하면, 행정권은 대통령이 행정각부를 통하여 수행되도록 되어 있다.

정치적 측면에서 보면, 일본과 같이, 내각책임제 하에서 수상인 총리 아래 부수상 격인 부총리를 임의로 두는 경우가 있다. 이 경우 부총리는 총리를 보좌하는 성격이 강하다. 이와 유사하게 대통령제하의 부통령을 두어 대통령을 보좌하는 기능을 수행한다. 하지만, 내각제나 대통령제 모두 부수상과 부통령의 기능은 매우 제한적이다. 부수상과 부통령실의 조직과 인력은 미미한 수준이다. 우리의 경우 대통령과 국무총리가 동시에 존재하는 현행헌법상 이미 부수상 또는 부통령의 역할을 국무총리가 수행하고 있는 셈이다. 여기에 부총리를 두는 것은 옥상옥(屋上屋)의 대표적인 형태이다. 그럼에도 불구하고 부총리제도를 선호하는 것은 행정부를 권위적으로 장악하겠다는 정치적 계산이 작용한 경우가 많다.

행정적 측면에서도, 현행 부총리의 역할을 볼 때도 부총리제도의 무용성을 확인할 수 있다. 일반적으로 부총리는 국무총리를 보좌하는 기능을 수행하는 것이 본래 역할이다. 하지만, 우리의 경우 대부분 해당분야 관련부처를 통합하는 역할을 강조한다. 즉, 경제부총리가 경제부처를 관장하고, 사회부총리가 사회부처들을 관장하는 방식이다. 이러한 부총리제도는 여러 가지 문제점을 낳는다. 첫째, 합리적이고 효율적인 국정운영체계라고 할 수 없다. 왜냐하면 사실상 국무총리의 부처통할기능으로 이중통제적 구조를 가지고 있는 상황에서 추가적으로 부총리가 설치되면 이를 더욱 악화시키는 구조를 만들기 때문이다. 둘째, 제왕적 대통령의 폐단을 가중시키는 결과를 낳는다. 행정각부의 장관들에게 대통령은 더욱 근접하기 힘든 우상적 존재가 되기 때문이다. 국정의 현안문제 해결을 위해서는 행정각부를 통합하는 대통령 또는 국무총리가 직접 나서 통합하고 조정하는 역할을 수행하면 된다. 셋째, 행정각부를 서열화한다. 부총리는 행정각부 중 특정부처를 관장하고 있기 때문에 설치 자체가 부처의 전문성과 자율성, 그리고 책임성을 약화시킬 우려가 크다. 넷째, 부총리가 실질적인 역할을 수행하고 있지도 못하다. 자기부처 소관업무와 함께 타 부처의 업무도 관장하는 것은 현실적으로 한계가 있다.

(3) 행정각부 지원기능의 재편: '처' 단위 구성

첫째, 인사혁신처는 '인사행정처' 또는 "행정관리처"로 개편이 필요하다. 현행 행정자치부의 조직관리기능과 인사혁신처의 인사기능을 통합할 필요가 있다. 정부 조직과 인사기능에 대한 현행 헌법규정을 보면, 제96조에서 '행정각부의 설치·조직과 직무범위는 법률로 정한다.'고 규정하고 있고, '제7조 ① 공무원은 국민전체에 대한 봉사자이며, 국민에 대하여 책임을 진다. ② 공무원의 신분과 정치적 중립성은 법률이 정하는 바에 의하여 보장된다.'고 규정하고, 제78조에서 '대통령은 헌법과 법률이 정하는 바에 의하여 공무원을 임면한다.'고 되어 있다. 그리고 제89조 국무회의 심의사항으로 '검찰총장·합동참모의장·각군참모총장·국립대학교총장·대사 기타 법률이 정한 공무원과 국영기업체관리자의 임명'을 명시하고 있다. 행정각부의 구성에는 조직구조 차원뿐만 아니라 인사관리 차원도 포함하고 있다. 따라서 공무원에 대한 조직과 인사는 통합 운영하여 보다 실질적인 행정혁신 기능의 수행이 필요하다. 다만, 국정을 지원하는 참모적 기능임을 감안하여 처 단위 기관으로 구성하는 것이 바람직하다(이창길, 2007a: 132).

둘째, 예산기능을 기획재정부에서 분리하여 또는 '예산처' 또는 '평가예산처'로 축소개편이 필요하다. 국가예산기능 역시 핵심적인 국정지원기능으로 처 단위 조직으로 편제한다. 예산편성과 집행, 그리고 평가기능을 담당하는 부처로 개편하는 것이다. 현행 헌법상 예산기능은 경제기능과 분리되어 규정되고 있다는 점이다. 헌법 제54조제2항은 "정부는 회계연도마다 예산안을 편성하여 회계연도 개시 90일전까지 국회에 제출하고, 국회는 회계연도 개시 30일전까지 이를 의결하여야 한다."고 규정하고 있다. 아울러 헌법 제56조는 "정부는 예산에 변경을 가할 필요가 있을 때에는 추가경정예산안을 편성하여 국회에 제출할 수 있다." 국가예산의 편성과정에서 정부의 역할을 명확히 규정하고 있다. 이러한 예산편성기능은 헌법상 직접적인 경제정책의 일부로 규정되어 있지 않는다. 실제 정부가 예산을 통하여 헌법상 '소득분배기능' 등을 수행한다 하더라도 정부예산의 세부기능 수행을 별도의 장으로 구분하여 규정하고 있는 점을 감안하면 정부예산 편성은 경제정책기능과 구분하여 편제할 필요가 있음을 말해준다.

셋째, 현재의 행정자치부 기능 중 지방자치기능도 '지방자치처'로 축소 개편할 필요가 있다. 현행 헌법상 지방자치 규정은 제8장에 별도의 장으로 포함되어 헌법상의 지방자치정신이 명확히 반영되어 있다. 아울러 제117조제1항에서 '지방자치단체는 주민의 복리에 관한 사무를 처리하고 재산을 관리하며, 법령의 범위 안에서 자치에 관한 규정을 제정할 수 있다'고 규정하고 있다. 이는 지방자치단체의 자율적이고 독자적인 행정을 보장하고 있다. 지방자치와 관련하여 중앙정부의 기능은 제117조제2항 '지방자치단체의 종류는 법률로 정한다.'는 규정과 제118조제2항 '지방의회의 조직·권한·의원선거와 지방자치단체의 장의 선임방법 기타 지방자치단체의 조직과 운영에 관한 사항은 법률로 정한다.'는 규정에 의거하여 자치법률을 관장하는 기관이 필요하다. 헌법정신에 의하여 지방자치기능은 지방자치단체에 관한 최소한의 기능과 규모의 처 단위 조직으로 편제할 필요가 있다.

이와 같이 인사, 행정, 예산 등 국정지원기능은 행정내부 참모성격의 부처로서 대국민 정책부처와는 다르게 편성할 필요가 있다. 현재 행정각부에 대한 통제와 관리기능이 과다하게 배치되어 있고, 부처들이 행정내부 관리부처와 대국민 정책부처가 혼재하여 운영되는 현실을 개선할 필요가 있다. 참모와 계선을 명확히 구분하여 참모성격의 국정지원기능은 대국민 정책부처를 지원하는 기능을 담당한다. 즉, 통제와 관리보다는 참여와 협력, 그리고 지원과 안내중심으로 전환하여야 한다. 이에 따라 국무총리실 또는 대통령 산하에 평가예산처, 인사행정처, 법제처, 지방자치처, 공직윤리처 등으로 개편하고, 처 단위 기관의 최고결정기구는 모두 심의의결위원회 형식으로 운영하는 방안도 검토할 필요가 있다. 아울러 처 단위 본부 조직의 경우 총 조직과 인력규모를 가급적 축소 운영하여 부처의 자율성을 확대하는 방향으로 운영할 필요가 있다(이창길, 2007a: 132).

2) 경제부처의 재편: 역할과 책무

경제부처의 편제 역시 헌법상의 규정에 따른 역할과 책무에 따라 개편이 필요하다. 대규모의 특정부처를 설치하여 독점적 경제총괄기능을 부여하기보다는 헌법상의 역할과 책무에 따라 부처별로 분산 배치할 필요가 있다. 아울러 경제부처는 시대변화에 맞는 정부의 기능과 역할을 부여할 필요가 있다. 1960년대에 경제기획원과 과학기술부, 80년대 노동부, 90년대에는 환경부와 정보통신부가 설치되었다. 헌법상의 역할과 책무에 따라 현재의 경제문제를 해결하고 미래문제에 대비하는 경제부처의 모습으로 재구성하는 것이다.

(1) 기획재정부를 "경제금융부"로 개편: "예산처" 분리

헌법 제119조 제1항은 "대한민국의 경제질서는 개인과 기업의 경제상의 자유와 창의를 존중함을 기본으로 한다."라고 규정되어 있고, 제2항은 "② 국가는 균형 있는 국민경제의 성장 및 안정과 적정한 소득의 분배를 유지하고, 시장의 지배와 경제력의 남용을 방지하며, 경제주체간의 조화를 통한 경제의 민주화를 위하여 경제에 관한 규제와 조정을 할 수 있다." 규정하고 있다. 이러한 규정은 기본적으로 개인과 경제정책의 기본은 자유와 창의라는 것이다. 이를 바탕으로 하는 경제담당 부처의 핵심적인 책무는 세 가지로 요약된다. 첫째, 국민경제의 성장과 안정, 둘째, 적정한 소득의 분배, 셋째, 경제 민주화이다. 시장의 지배와 경제력의 남용 방지는 공정거래위원회에서 담당하고 있다. 따라서 기획재정부는 헌법에 규정된 기능을 수행하는 조직으로 개편해야 한다.

'기획재정부'보다는 "경제금융부"로 개편이 필요하다. 현재의 금융위원회의 국내금융기능을 국제금융기능과 연계하고, 헌법상의 경제기능을 수행하는 방향으로 개편하는 것이다. "경제금융부"는 소위 경제정책을 통하여 국민경제의 장기적, 단기적 성장전략을 마련하고, 금융정책을 통하여 국민경제 안정화를 위해 노력하며, 조세정책을 통해 적정한 소득의 분배를 실현할 수 있을 것이다. 헌법 제59조는 "조세의 종목과 세율은 법률로 정한다"고 규정함으로써 구체적인 기능과 수단을 명시하고 있다. 다만, 금융정책기능의 경우 명시적인 규정은 없으며, 기본적인 경제정책의 기조는 "자유와 창의"인 점을 감안하면 금융정책기능은 시장의 질서를 존중하는 차원에서 헌법상의 경제정의 실천에 집중해야 할 것이다. 이러한 책무에 따라 하부조직도 경제성장기능, 소득분배기능, 경제민주화기능 등으로 수정해야 한다.

(2) 산업통상자원부를 "산업무역부" 또는 "중소기업부"로 개편

현행 헌법규정에 의하면, 산업통상자원부는 산업지원 및 대외무역을 관장하는 "산업무역부" 또는 중소기업 중심의 "중소기업부"로 개편할 필요가 있다. 산업통상자원부의 전통적인 산업정책기능을 축소 통합하고, 중소기업과 미래 신산업 중심으로 재편하는 것이다. 현재의 산업통상자원부가 전통적으로 수행하는 기능과 역할은 헌법이 기대하는 역할과 책무와는 차이가 있다. 우선, 헌법규정에 의하여 살펴보면, 제119조제1항에서 "대한민국의 경제 질서는 개인과 '기업'의 경제상의 자유와 창의를 존중함을 기본으로 한다."고 규정하고 있다. 아울러 헌법 제125조는 "국가는 대외무역을 육성하며, 이를 규제·조정할 수 있다."고 규정하고 있다. 대외무역 육성과 규제조정은 핵심적인 산업기능이다. 뿐만 아니라 헌법 제123조제3항은 "국가는 중소기업을 보호·육성하여야 한다."라고 명문화하고 있다. 산업부의 핵심기능은 중소기업기능이라는 것이다. 하지만, 현재의 산업통상자원부는 산하 중소기업청에 정책과 집행기능을 모두 맡기고 중소기업업무에서 벗어나 있으나, 청단위 조직으로서 한계를 보이고 있다. 특히 현재의 중소기업청은 산하 중소기업진흥공단이 있어서 집행기능이 일부 중복되는 현상도 발견된다. 따라서 중소기업기능은 헌법상 규정된 산업부처의 핵심적인 기능이다. 중소기업정책에 대한 정부 내 우선순위를 향상, 강화할 필요가 있다.

따라서 현행 산업통상자원부의 기능은 기업의 자유와 창의를 존중하는 정책, 중소기업의 보호와 육성, 대외무역의 육성과 관리 등이 헌법이 부여하는 핵심적인 미션이자 기능이다. 헌법상의 핵심적인 책무를 중심으로 명확히 규정할 필요가 있다. 이제 산업통상자원부는 부처 해체 차원의 변화가 필요하다. 우리 경제의 불안, 중소기업의 몰락, 대기업의 병폐, 정부중심의 산업정책, 정부역할과 기능 혼선 등 우리경제의 핵심적인 문제들이 산업통상자원부의 역할 부족에서 상당 부분 기인한다고 볼 수 있다. 과거 정부중심의 산업정책은 전면적인 축소 또는 폐지가 필요하고,

제4차 산업혁명의 진전에 따라 미래산업 혁신을 주도하고 국가성장 동력을 확보하는 책무를 다할 시점이다. 미래창조과학부의 정보통신산업, 방송통신위원회의 방송통신 융합산업 등을 전면 이관하여 미래의 핵심 산업을 발굴 지원하는 방향으로 개편할 필요가 있다. 중소기업, 미래산업, 그리고 무역수출 기능으로 재편하는 것이다. 다만, 에너지자원의 경우 과거 관리중심에서 개발중심으로 전환하고, 과학기술의 개발 차원에서 별도의 에너지개발청을 설치하여 과학기술부에 편제하는 방안을 검토할 필요가 있다.

(3) 미래창조과학부를 "과학기술부" 또는 "과학정보기술부"로 개편: 에너지개발청 신설

현행 미래창조과학부는 헌법에 규정된 본래 기능에 감안하여 "과학기술부"로 전환하는 방안의 검토가 필요하다. 헌법 제127조제1항은 "국가는 과학기술의 혁신과 정보 및 인력의 개발을 통하여 국민경제의 발전에 노력하여야 한다."라고 명시적으로 규정하고 있다. 이는 과학기술부를 설치한 과거 정부조직편제의 정당성을 분명하게 규정하고 있다고 해석된다. 헌법은 과학기술부의 역할과 기능으로 과학기술 혁신, 과학기술 정보, 그리고 과학기술 인력이라는 세 가지 기능을 명확히 설정하고 있다. 기초기술 연구개발 기능을 핵심기능으로 편성하여 원천기술 개발, 과학인재 양성 등을 전담하는 기관으로 개편할 필요가 있다. 다만, 앞에서 논의한 바와 같이, 현행 산업통상자원부의 기능의 전면 개편과 무역통상과 자원기능의 분리 독립이 이루어지지 않는다면, 현행 미래창조과학부를 '과학정보기술부'로 개편하고 정보통신을 강화하는 방안도 동시에 검토 가능할 것이다.

다만, 과학기술부로 개편할 경우, 헌법상의 자원개발기능을 강화하기 위하여 과학기술부에 "에너지개발청"을 신설하는 방안도 가능하다. 헌법 제120조제1항에서 '광물 기타 중요한 지하자원·수산자원·수력과 경제상 이용할 수 있는 자연력은 법률이 정하는 바에 의하여 일정한 기간 그 채취·개발 또는 이용을 특허할 수 있다'고 규정되어 있다. 헌법규정에 표현된 에너지 업무는 국가정책적인 중요성과 함께 개발 이용에 대한 집행적 성격의 기능을 전제하고 있다. 에너지 업무의 특수성과 전문성을 감안하여 별도의 청 단위 조직으로 구성하되, 현재의 중소기업청이 입법기능을 수행한 것과 같이 법률입안기능을 부여하는 방식으로 운영할 필요가 있다. 이를 통해 에너지자원기능을 과거 관리중심에서 개발중심으로 전환하고, 과학기술 개발 차원에서 별도의 '에너지개발청'으로 분리 설치하는 것을 검토할 필요가 있다.

(4) 해양수산부 폐지 등 개편

해양수산부는 1996년 설립된 이후 폐지논란이 지속적으로 제기되어온 부처이고 앞으로도 계속될 전망이다. 앞에서 지적한 바와 같이, 정치적 이유로 무리하게 설립된 부처이기 때문이다(박천오, 2011a: 17). 특히 국민안전처 설립 당시 해양경찰 기능은 이미 해양수산부로부터 국민안전처로 이관되었다. 뿐만 아니라 농업과 어업의 분리는 헌법에서 상정하지 않는 조직체계이다. 즉, 헌법에 의하면, 제123조제1항에서 '국가는 농업 및 어업을 보호·육성하기 위하여 농·어촌종합개발과 그 지원등 필요한 계획을 수립·시행하여야 한다.'고 규정하고, 아울러 제4항에서 '국가는 농수산물의 수급균형과 유통구조의 개선에 노력하여 가격안정을 도모함으로써 농·어민의 이익을 보호한다.'고 규정하고 있다. 농업과 어업, 농산과 수산을 통합하는 조직체계를 상정하고 있다. 따라서 어업과 수산기능은 현행 농림축산식품부에 이관하여 '농축수산부' 등으로 개편하고, 항만개발 및 운영기능은 국토교통부로 이관할 필요가 있다.

방송통신위원회의 경우, 방송융합산업과 관련한 정책개발기능이나 산업진흥기능은 산업부에 이관하고, 순수한 방송심의위원회로 구성할 필요가 있다. 불필요한 언론 통제를 축소하고 독립규제위원회로서 정책기능보다는 규제기능 중심으로 편성할 필요가 있다. 미디어 및 공보기능은 정부대변인인 문화체육부에서 관장하는 방안의 검토가 필요하다.

3) 사회부처의 개편: 균형과 견제

사회부처의 편제는 헌법상의 가치를 균형 있게 배분하는 것이다. 경제부처의 정부 독점을 억제하고 경제와 사회기능의 균형적 배분이 필요하다. 현행 사회 부처들의 경제부처 종속이 심화하고 있다. 실제 국가와 국민에 대한 정부의 헌법상 책무는 경제적 가치보다는 사회적 가치에 우선순위를 두고 있다. 그동안 다소 경시되었던 헌법상의 기능과 가치비중을 강화하는 것이다. 이를 위해 부처 간의 전문적인 영역을 존중하고 소관사무에 대한 자율적인 결정 기반을 마련할 필요가 있다.

(1) 보건복지부와 여성가족부의 기능정비, "여성평등처"로 축소

보건복지부의 기능 중 보건 기능은 제36조제3항에서 '모든 국민은 보건에 관하여 국가의 보호를 받는다.'고 규정하고 있다. 이와 별개로 사회복지 기능은 제34조에서 규정하고 있다. 즉, ① 모든 국민은 인간다운 생활을 할 권리를 가진다. ② 국가는 사회보장·사회복지의 증진에 노력할 의무를 진다. ③ 국가는 여자의 복지와 권익의 향상을 위하여 노력하여야 한다. ④ 국가는 노인과 청소년의 복지향상을 위한 정책을 실시할 의무를 진다. ⑤ 신체장애자 및 질병·노령 기타의 사유로 생활능력이 없는 국민은 법률이 정하는 바에 의하여 국가의 보호를 받는다. 즉, 헌법규정을 보면, 사회복지기능과 여성의 권익향상을 동일한 조항에서 규정한 점을 보면, 여성 권익향상기능을 노인 등 사회복지기능과 통합체계를 상정하고 있는 것으로 해석된다.

하지만, 헌법 제36조에서는 "① 혼인과 가족생활은 개인의 존엄과 양성의 평등을 기초로 성립되고 유지되어야 하며, 국가는 이를 보장한다. ② 국가는 모성의 보호를 위하여 노력하여야 한다"고 규정하고 있다. 이러한 규정들은 제34조 제3항의 여성권익 향상기능과 함께 여성가족부의 존재 이유를 설명하는 데 충분하다. 다만, 여성기능이나 가족기능이 대부분 복지기능과 대부분 중복되고 있고, 조직규모와 업무량이 부 단위로서 조직유지가 곤란한 점, 그리고 청소년 정책기능이 교육부로 이관 필요성 등을 감안하면 여성가족부는 상징성을 감안하여 독립조직으로 하되 "여성평등처"로 축소 편제하는 것이 바람직할 것으로 판단된다.

(2) 보건복지부와 고용노동부의 재편: "외국인인력청"의 설치

사회복지 수요의 증가와 질병 등 보건기능의 증가로 인하여 보건기능과 사회복지기능을 분리 개편하는 방안을 검토할 수 있다. 현행 보건복지부의 기능 중 보건위생, 질병관리, 식품의약품 안전 등을 통합하여 "보건위생부"로 개편하고, 현행 보건복지부의 사회복지기능과 고용노동기능을 통합하여 "고용복지부"로 통합하는 방안이 제시되고 있다. 영국, 프랑스, 독일, 일본 등 대부분의 국가들이 사회복지와 고용을 통합 개편하여 운영하고 있음을 감안할 때, 기능적인 효율성이나 효과성 측면에서 바람직한 방향으로 고려할 수 있다. 다만, 고용노동부의 고용기능과 노동기능의 분리는 행정대상, 전달체계, 그리고 기능연계 등을 감안할 때 곤란한 것으로 판단되며, 헌법규정의 취지와도 차이가 있다.

현행 헌법 제32조에서 나열하고 있는 고용노동관련 기능과 책무를 보면, ① 모든 국민은 근로의 권리를 가진다. 국가는 사회적·경제적 방법으로 근로자의 고용의 증진과 적정임금의 보장에 노력하여야 하며, 법률이 정하는 바에 의하여 최저임금제를 시행하여야 한다. ② 모든 국민은 근로의 의무를 진다. 국가는 근로의 의무의 내용과 조건을 민주주의 원칙에 따라 법률로 정한다. ③ 근로조건의 기준은 인간의 존엄성을 보장하도록 법률로 정한다. ④ 여자의 근로는 특별한 보호를 받으며, 고용·임금 및 근로조건에 있어서 부당한 차별을 받지 아니한다. ⑤ 연소자의 근로는 특별한 보호를 받는다. ⑥ 국가유공자·상이군경 및 전몰군경의 유가족은 법률이 정하는 바에 의하여 우선적으로 근로의 기회를 부여받는다. 뿐만 아니라 헌법 제33조에는 근로와 관련하여 단결권, 단체교섭권, 단체행동권에 관한 규정도 규정하고 있다.

이와 같이, 복지기능과 고용기능은 상호 연관성이 높은 업무임에도 불구하고 실제 헌법은 독자적인 영역을 인정할 만큼 비중 있게 규정하고 있다. 따라서 현행 헌법규정에 의거할 경우 복지기능과 고용노동기능은 통합하는데 보다 신중한 검토가 필요하다. 다만 이러한 헌법규정에 맞추어 보건복지부와 고용노동부와 부처의 위상과 기능의 획기적인 보강이 필요하다. 이를 위해 최근 급격하게 증가하고 있는 외국인 인력수요와 공급을 관장하고, 저출산 고령화에 따른 우수전문 외국인 인력의 유치를 위해 국무총리 소속으로 "외국인인력처" 또는 고용노동부에 "외국인인력청"을 설치하는 방안을 검토할 필요가 있다.

(3) 국민안전처를 재난안전부로 개편: 경찰청, 해양경찰청, 소방방재청으로 구성

현행 헌법전문에는 "우리들과 우리들의 자손의 안전"을 영원히 확보하도록 되어 있으며, 제34조제6항에서 '국가는 재해를 예방하고 그 위험으로부터 국민을 보호하기 위하여 노력하여야 한다.'고 규정하고 있다. 또한 제76조제1항에는 '대통령은 내우·외환·천재·지변 또는 중대한 재정·경제상의 위기에 있어서 국가의 안전보장 또는 공공의 안녕질서를 유지'하기 위해 법률의 효력을 발휘하는 명령을 발할 수 있도록 하고 있다. 각종 재난과 위기에 대응하기 위하여 대통령의 책무로서 공공의 안녕질서를 유지하는 기능을 명시하고 있는 것이다. 따라서 재난안전기능은 헌법에 명시된 중요한 기능으로 독립적인 부처 단위로 운영될 필요가 있다. 현재의 국민안전처는 단순히 처 단위 기관으로서 정책적인 차원에서 협력지원 조정의 기능과 역할을 수행하는 한계를 가지고 있다. 따라서 다만, 재난안전정책은 재난안전부에서 담당하되 실제 안전부 산하에 국내경찰기능, 해양결찰기능, 그리고 소방방재기능을 각

각 별도의 독립된 청 단위 조직으로 구성하는 방안이다. 다만, 재난안전부는 본부 정책기능이나 집권적 명령체계 중심보다는 국내치안, 해양경찰, 그리고 재난관리기능의 협력과 조정업무를 중심으로 편성하고 현장조직과 인력을 중심으로 기능을 강화할 필요가 있다.

(4) 교육부와 문화체육부의 불필요한 규제 축소

교육부의 역할과 책무는 헌법 제31조에서 확인할 수 있다. 즉, ① 모든 국민은 능력에 따라 균등하게 교육을 받을 권리를 가진다. ② 모든 국민은 그 보호하는 자녀에게 적어도 초등교육과 법률이 정하는 교육을 받게 할 의무를 진다. ③ 의무교육은 무상으로 한다. ④ 교육의 자주성·전문성·정치적 중립성 및 대학의 자율성은 법률이 정하는 바에 의하여 보장된다. ⑤ 국가는 평생교육을 진흥하여야 한다. ⑥ 학교교육 및 평생교육을 포함한 교육제도와 그 운영, 교육재정 및 교원의 지위에 관한 기본적인 사항은 법률로 정한다. 이러한 명시적인 규정들의 비중을 감안할 때 현행 헌법상 교육부를 폐지하기는 어렵다고 본다. 다만 헌법의 규정에 따라 대학기능을 줄이고 현행 여성가족부의 청소년기능을 이관하여 수행할 필요가 있다. 교육부의 폐지는 수많은 이해관계자들의 의견을 들어 단계적으로 추진할 사항으로 생각되며, 단기적으로 교육부의 불필요한 규제 축소를 통한 전면적인 조직혁신이 필요하다.

문화체육부의 경우, 헌법 제9조에 '국가는 전통문화의 계승·발전과 민족문화의 창달에 노력하여야 한다.'고 규정되어 있다. 이러한 기능은 현재 문화체육부의 기능에 포함된 내용이다. 최근 발생하는 다양한 문제들은 조직구조나 기능배분의 문제라기보다는 전면적인 조직혁신을 통해 해결이 필요한 부처이다. 현재의 기능을 그대로 유지하되 정부대변인으로 공보기능을 강화할 필요가 있다.

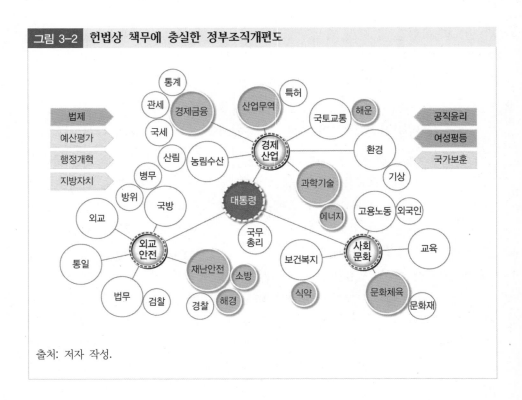

그림 3-2 헌법상 책무에 충실한 정부조직개편도

출처: 저자 작성.

5 결론: 정부조직개편의 성공 요건

　　본 장에서는 민주적인 공화정의 헌법원칙에 따라 정부조직개편의 원칙과 방향을 제시하였다. 헌법규정만을 가지고 정부조직의 역할과 책임을 모두 규정할 수는 없을 것이다. 헌법규정에 상응하는 정부조직개편은 지금까지 지나치게 기능적 효율성만을 강조하거나 정치적 편향성에 의해 이루어져 명확한 원칙과 방향에 대한 이해가 부족했다고 하겠다. 현행 정부조직법은 헌법규정을 충실히 반영하지 못하고 있고, 부처 명칭과 소관업무에서도 헌법상의 가치와 정신, 그리고 정부의 책무를 제대로 반영하고 있지 못하다. 이에 따라 본 연구는 헌법적 규정에 근거하여 정부조직개편의 원칙과 방향을 제시하고자 하였다. 다만, 성공적인 조직개편을 위해서는 헌법적 정신과 가치, 그리고 국가의 역할에 대한 명확한 인식과 함께 조직운영과 기능배분의 효율성 등 행정적 요인과 권력구조, 정당역할, 시대상황 등 정치제도적 요인도 동시에 고려되어야 할 것이다.

앞서 제시한 부처단위 정부조직개편이 성공하기 위해서는 전반적인 정부운영 시스템의 쇄신이 없으면 불가능한 일이다. 정부조직법과 함께 정부운영 패러다임을 바꾸는 혁신작업이 병행되어야 한다. 정부조직개편이 실질적인 효과를 발휘하기 위해서는 다음과 같은 몇 가지 과제가 동시에 또는 단계적으로 추진되어야 할 것이다.

첫째, 부처 간 수평적 협업체계의 구축이 중요하다. 정부조직법에 부처 간 협업 체계에 관한 규정을 명문화할 필요가 있다. 실질적인 토론과 대화, 회의와 결정을 이룰 수 있는 협동정부(join-up government)의 구축이 시급하다. 아울러 특정 현안과 제의 해결을 위하여 대통령 또는 국무총리가 '협업책임관'을 임시적으로 임명하고 협업책임관은 부처 간 갈등과 이견을 정리하고 해결하도록 하는 방안도 검토가 필요하다. 이를 지원하기 위해 관계부처 실무회의체 구성 등 관련규정을 제정 또는 정비할 필요가 있다. 부처 간 협업 증진방안은 조직 구조적 측면뿐만 아니라 인사운영 체계의 개편방안도 동시에 검토가 이루어질 필요가 있다.

둘째, 행정내부 계층 구조의 단순화가 필요하다. 중앙부처 단위의 개편뿐만 아니라 개별 부처 내의 부서개편도 필요하다. 현재 주무관-사무관-팀장·과장-국장-실장-차관-장관-청와대비서관-청와대수석-비서실장-대통령이라는 12단계의 쇠사슬 계층구조를 두고서 정부의 변화나 성과를 기대하는 것은 사실상 불가능하다(서울신문, 2016.12.22.). 계층구조 단순화를 위해 부 단위 조직의 경우 부처별 차관의 수를 늘이고 실장제도를 폐지하는 방향으로 개편할 필요가 있다. 즉, 정책담당국장의 경우 장차관과 직접 보고하고 협의하는 제도로 전환하는 것이다. 특히 처 단위 조직의 경우에도 '실장'없이 '국장'체제로 운영할 필요가 있다. 뿐만 아니라 국장급 심의관제도를 계선기관 회복, 일부 부처에서 운영하고 있는 과장 아래의 팀장 제도 폐지 등도 필요하다. 부처국장을 중심으로 정책실명제를 명문화, 상관의 부당한 명령과 지시에는 거부할 수 있도록 명문화 등이 필요하다. 이러한 방안들에 대한 심층적인 검토가 필요한 시점이다.

셋째, 국민 중심의 거버넌스 체계 개편도 필요하다. 이는 정부조직개편으로 부처 자율성 확대로 인한 관료제의 권한 남용의 가능성을 배제하기 위한 조치이다. 국민 중심의 거버넌스 구조개편을 완성하기 위해서는 시민의 의사를 행정에 반영하기 위한 조치가 필요하다. 국민들의 권한으로 '장관해임소환제'를 실시하는 방안, 10만 명 이상의 국민 청원제도의 명문화, 그리고 부처별 정책심의위원회를 시민단체대표, 기업체임원, 학계전문가 등으로 다양하게 구성하여 회의록을 공개하는 등 명문화, 활성화할 필요가 있다. 정부와 민간의 협업체계, 협업과정과 협업절차, 협업내용에 대한 구체적인 방안을 마련하여 운영할 필요가 있다.

　　마지막으로 성공적인 정부조직개편을 위해 개편시기와 과정, 개편범위와 방식에 대한 신중한 검토가 필요하다. 또한 다양한 이해관계자들의 논의와 합의과정이 정부조직개편의 성패를 좌우하는 중요한 요소가 아닐 수 없다. 특히 정부조직개편을 성공을 넘어 성공적인 정부가 되기 위해서는 정부조직의 구조적 개편만으로 부족하다(김영평·최병선, 1993). 정부조직을 운영하는 사람의 혁신, 정부정책의 방향과 내용의 전면적인 변화, 더 나아가 정부조직문화의 혁명적 변화도 병행되어야 할 것이다. 이러한 노력을 통해 실질적인 민주적인 공화정의 실현을 기대할 수 있을 것이다.

CHAPTER **2**

성공하는 정부를 위한 공무원 인사관리:
직위분류제로의 전환

이 수 영

1 문제 제기

　4차 산업혁명 시대를 맞이하여 민주적 공화주의를 실현하기 위해 우리 사회와 국민들은 정부와 공무원으로부터 새로운 모습을 기대하고 있다. 하지만, 우리 정부와 공무원은 이러한 기대에 부응하지 못하고 있는 것으로 보이는데, 이에 대해서는 크게 두 가지 원인을 상정해 볼 수 있을 것이다.

　하나의 원인은 최근 발생한 국정농단 사태와 관련된 문제로, 정치적 중립을 지켜야 하는 공무원들이 정치적 영향에 지나치게 휘둘리는 경향을 보였다는 점이다. 정치적 중립을 스스로 포기한 사람도 있을 것이고, 빼앗긴 사람도 있을 것이지만, 기본적으로는 공무원 사회의 상명하복 문화 혹은 폐쇄적인 문화의 영향으로 판단된다. 이와 같은 조직 문화 속에서 우리 공무원은 헌법 제7조의 '공무원은 국민전체에 대한 봉사자이며, 국민에 대하여 책임을 진다.'라는 규정을 망각한 것처럼 보이며, 국민에 대해 책임지고 봉사하는 행동보다는 청와대와 상사의 권위에 굴복하는 모습을 노정하였다.

　다른 하나의 원인은 환경 변화에 따른 정부와 공무원의 역할 변화와 관련된 문제이다. 산업화와 민주화 이후 90년대 말 외환위기를 겪으면서 21세기에 진입했던 우리 사회가 지금까지 경험한 소위 세계화, 지방화, 정보화 등과 같은 행정환경의 변화와는 질적으로 차원이 다른 촛불 민심, 양극화, 저출산 및 고령화, 4차 산업혁명 등과 같은 새로운 환경변화를 경험하고 있다는 점이다. 소위 사악한(wicked) 사회문제의 일반화로 인해 더 이상 정부와 공무원이 홀로 국민과 사회를 이끌어나가는 식의 접근 방법은 통하지 않는 시대에 접어든 반면, 정작 정부와 공무원의 역할에 대한 본인들의 인식에는 큰 변화가 없는 것으로 생각된다.

요약하면, 우리 사회는 정부 및 공무원이 국민과 사회를 위해 그리고 국민과 사회와 소통하며 함께 일해 나가는 민주적 공화주의를 지향하는 시대로 접어들었는데, 정작 우리 정부와 공무원은 이러한 우리 사회의 변화에 부응하기 위한 적절한 준비가 된 상태는 아닌 것으로 판단된다. 즉, 헌법상 국민 전체에 대한 봉사자로서의 역할과 주권자로서의 국민에 대한 책임을 등한시하는 공직자의 모습은 성공하는 정부를 위한 바람직한 자세는 아니라는 것이다. 본 연구는 현재 일어나고 있는 정부와 공무원에 대한 다양한 부정적인 현상들이 근본적으로는 국민에 대한 봉사자로서의 공무원과 정부가 제대로 구현되지 못하고 있다는 점에 그 핵심 원인이 있다고 파악하고, 이를 해결하기 위한 다양한 방법들 중의 하나로써 우리 공무원 인사관리제도에 초점을 두고 살펴보고자 한다.

우리 국가공무원법은 1963년에 전면 개정된 이후 지금까지 계급제 원칙과 직위분류제 실시 가능이라는 틀을 유지해 오고 있다. 국가공무원법 제4조 제1항은 '일반직공무원은 1급부터 9급까지의 계급으로 구분하며, 직군(職群)과 직렬(職列)별로 분류한다.'고 규정하여 계급제 원칙을 천명하고 있는 것으로 보이는 데 반해, 동법 제24호에는 '직위분류제는 대통령령으로 정하는 바에 따라 그 실시가 쉬운 기관, 직무의 종류 및 직위부터 단계적으로 실시할 수 있다.'라고 규정되어 직위분류제를 임의규정화 하고 있다. 따라서 1963년에 만들어진 후 50년 이상 유지되고 있는 이러한 공직분류의 틀에 대한 전향적인 검토가 필요한 시점이 아닌가 생각된다. 시대의 변화와 시스템 간의 부정합은 정부 및 공무원의 행태와 국민의 기대 사이에 간극을 유발할 가능성을 가지기 때문이다. 또한, 현재와 같이 계급제 중심의 인사관리제도를 유지한 채 직위분류제적 요소를 가미한 것만으로는 우리 정부와 공무원이 직면하고 있는 여러 문제점을 해소하는 데에는 한계가 있다고 판단된다.

계급제와 직위분류제는 이미 다수의 학자들이 오랫동안 연구해 온 주제이다. 본 연구는 우리 행정환경의 변화, 공무원에게 요구되는 역량의 변화, 그리고 인사행정 가치의 구현이라는 측면에서 계급제와 직위분류제의 경쟁 우위를 비교해 보고, 현재 도입되어 있는 직위분류제적 제도들의 운영에 대해 살펴봄으로써 우리 공무원

인사관리 시스템이 나아가야 할 방향을 가늠해 보고자 한다. 나아가 국민으로부터 잃어버린 정부에 대한 신뢰를 회복하고, 동시에 여러 환경변화에 대응하면서 성공하는 정부를 만들기 위해서는 인사관리제도의 근본적인 변혁이 필요하다는 문제인식을 바탕으로 그 해결 방법을 직위분류제에서 찾아보고자 한다.

2 계급제와 직위분류제

공직분류체계는 크게 계급제와 직위분류제로 구분되는데, 계급제(rank-in-person)가 '사람' 중심의 공직분류 시스템이라면 직위분류제(position classification)는 '일' 중심의 공직분류 시스템으로 알려져 있다. 계급제의 경우, 사람에게 배정된 계급을 기준으로 공직이 구성되며 보수와 직위 또한 계급을 기준으로 이루어지는데, 적재적소(適材適所)라는 개념과 일맥상통하는 제도이다. 계급이 공무원의 채용·보수·근무조건 등 인사관리의 기준이 되고 계급에 의한 강한 신분보장을 특징으로 하며, 공무원 개인의 가치관, 성격, 능력, 전문성보다는 계급에 따라 인사관리가 이루어진다. 일반적으로 계급제의 장점으로는 일반행정가 양성 가능, 인사운영의 탄력성 제고 가능, 신분보장으로 직업공무원제 수립에 기여, 폭넓은 시야와 종합조정능력 함양 가능, 부서 간 횡적 교류 및 협력 증진 등을 들 수 있다. 반면, 그 단점으로는 행정의 전문성 저해, 합리적 인사운영 저해(즉, 정실과 주관 개입가능), 환경변화에 둔감(폐쇄형 인사), 직무의 중요도·책임도·난이도에 따른 처우곤란, 연공서열형 인사 만연(성과평가의 공정성) 등을 지적할 수 있다.

이에 반해, 직위분류제는 사람이 아닌 자리를 중심으로 인사행정이 이루어지는데, 적소적재(適所適材)의 개념과 연결되는 제도이다. 직위에 내포된 업무의 차이점과 특성을 기준으로 유사한 직군, 직렬을 나누고 직무의 난이도 등에 따라 직무등급을 차등적으로 부여하며 객관적 직무분석과 평가가 가능한 제도이다. 개방형 체계로 공석이 생긴 경우 직급에 상관없이 외부채용이 가능하며 직무의 중요도·책임도·곤란도 등에 따라 차별적 보상이 이루어질 수도 있다. 이 제도의 장점으로는 직무분야별 전문가 육성 가능, 개방형 임용으로 광범위한 인재 채용 및 환경변화에 적응 가능, 직무몰입 강화, 직무와 인간능력의 결합으로 능률 향상, 직무 책임성 명확 등을 들 수 있다. 반면, 단점으로는 인사의 융통성 부족, 낮은 신분보장, 인사관리비용 과다, 부서 간 교류 및 협력 약화, 경력발전 기회 부족 등을 지적할 수 있다.

표 3-4 계급제와 직위분류제 비교

구분	계급제	직위분류제
분류	계급	직위
채용	잠재적/일반적 능력	전문 능력
경력발전	일반행정가	전문행정가
임용체계	폐쇄형	개방형
신분보장	강함	약함
인사이동	광범위/신축	제한적/경직
직업공무원제	유리	불리
공무원의 시각	종합적, 광범	부분적, 협소
보수	동일계급 동일보수	동일직무 동일보수
인사관리 (교육훈련, 승진, 평가, 보상 등)	연공서열 중심 상관의 자의성 개입용이	능력/실적 중심 객관적 기준 제공

출처: 박천오 외(2004: 99), 하미승·권용수·이재은(2007: 168).

우리나라의 경우, 1963년 4월 국가공무원법에서 직위분류제 관련 조항을 신설하면서 직위분류제의 시행을 법적으로 가능하게 하여, 공직 인사관리에 있어 일부 직위분류제적 요소를 도입하고 있다. 그러나 전반적으로 볼 때 한국은 여전히 계급제적 원칙과 특성이 강한 나라라고 할 수 있다. 공무원 임용에 있어 주로 9급, 7급, 5급과 같이 일부 직급에서만 공채가 이루어지고 있고, 대부분의 공무원이 내부승진에 의해 임용되고 있으며, 근무연수에 따라 자동으로 보수가 증가(물론 일부 성과급제적 요소도 있음)하는 특징을 보이고 있음을 그 근거로 제시할 수 있다.

3 행정환경 변화와 인사관리

우선 우리 행정이 겪고 있는 환경 변화는 어떤 것인가? 그리고 우리 공무원과 정부는 이러한 변화를 충분히 소화할 역량이 있는가? 김윤태(2017: 1)는 1997년 IMF 와 2008년 세계금융위기로 인해 기존의 한국 정부가 지향하던 '박정희 모델'과 신자 유주의적 모델은 실패로 돌아갔으며, 시민들은 새로운 국가를 원하고 있다고 지적한 다. 이와 더불어 기존의 변화보다 더 빠르고 급진적으로 변하는 최근의 환경 변화는 기존의 '일반행정가'를 지향하는 계급제적 인사관리 방식으로는 대응하기 힘든 수준 에 이르렀다고 할 수 있다. 이에 본 연구는 현재 우리 행정이 처한 대표적인 환경변 화를 경제적 문제, 정치적 문제, 기술적 문제, 환경적 문제의 네 가지로 분류하여 살 펴보고자 한다. 결론부터 말하자면 우리 정부와 공무원은 아직 이런 변화에 적극적 으로 대응할 수 있는 준비를 갖추지 못한 것으로 판단된다.

1) 경제적 문제

지난 1월, 전체 실업자가 100만 명을 넘어섰고 청년실업률 또한 8.6%로 높은 수준을 유지하고 있다(서울신문, 2017.2.15.; 조선일보, 2017.2.16.). 한편, 비정규직 비중 은 전체 근로자의 32.8%에 이르고 있으며, 이는 특히 청년층과 노년층에서 집중적 으로 나타나고 있다(동아일보, 2017.2.20.). 뿐만 아니라 60세 이상 노인 빈곤율이 60.2%에 달하고 있고, 이밖에도 양극화 문제와 가계부채의 증가 등 심각한 국내 경 제문제들이 산적해 있는 상황이다. 여전히 국민의 상당수는 당장 기본적인 개인의 삶의 질조차 보장받기 어려운 상황에 처해 있다. 이러한 문제의 원인을 단지 개인의 노력이나 능력 부족으로 돌리거나 개인적 수준에서의 해결을 모색하기에는 구조적 으로 배태된 요인의 영향이 상당하다는 점에서, 경제적 문제는 국가 차원에서 다뤄 져야 할 중요한 사회문제로 부각되고 있다고 평가할 수 있다. 최근 금수저, 흙수저 등 소위 수저계층론(국민일보, 2016.1.31.)이 공론화(公論化)되고 있는 것 또한 계층 상 승을 더 이상 개인적 차원의 문제로만 접근할 수 없음을 보여주는 사례이다. 사회계 층의 고착화는 개인이 해결할 수 없는 성격의 문제이고, 이는 더 이상 일부 취약계 층에 국한된 문제가 아니라 국민 전체가 직면하고 있는 문제이므로, 개인의 노력을 통해 계층상승이 가능한 사회를 조성하기 위한 국가 차원의 노력이 필요하다는 데 의견이 모아지고 있다.

그러나 정부는 계층 고착화를 비롯하여 국내에 산적한 제반 경제 문제들에 대 해 뚜렷한 방향성이나 정책을 제시하지 못하고 있고, 이는 국민들의 급격한 정부신뢰 하락으로 이어지고 있다. 출산율 저하와 고령화가 지속되고 있는 현 상황을 고려할 때, 추후 인구절벽의 문제가 발생할 경우 이는 내수 부진으로 이어져 국내 경제 상황을 더욱 악화시킬 것으로 우려된다. 따라서 오늘날 정부는 국민들의 복지 수준을 향상시킴과 동시에 경제에 활력을 불어 넣고 산적한 경제문제를 해결해야 할 이중적인 역할을 요구받고 있으며, 이에 적절히 대응할 수 있는 역량과 의지를 갖춘 공무원의 역할이 강조되고 있다.

2) 정치적 문제

시민사회의 성장과 인터넷 발달을 통한 정보의 교류, 투명성의 증대 등은 자연스럽게 국가에 대한 시민의 견제 기능을 강화하였고, 사회 각계각층의 다양한 요구가 분출될 수 있는 토대가 되었다. 오늘날 분출되는 시민들의 요구는 기존에 비해 훨씬 다양하고 복잡해졌으며, 보다 첨예하게 대립하는 양상을 보이고 있다. 갈등의 발생 빈도와 그 강도가 동시에 높아짐에 따라 정부는 원활한 갈등 해결과 사회 통합에 어려움을 겪고 있는 상황이다. 국내 정치와 관련하여, 최근 국정농단 사태와 이에 대한 촛불과 태극기의 갈등은 시민사회의 요구가 극단적으로 대립하고 있고, 이에 대한 정부의 공정한 대응이 어려움을 잘 보여주는 사례라 할 것이다. 특히 이러한 문제는 특정한 이해관계나 내재적 요인보다는 계층, 지역, 연령 등 개인이 가진 외재적 특성으로 인한 갈등이 주를 이룬다는 점에서도 그 해결 방법을 마련하기 쉽지 않아 보인다.

한편, 국제 정치 또한 급격하게 변화하고 있다. 예를 들어, 미국의 트럼프 대통령 당선과 동시에 강화된 선민주의, 자국민 우선주의 등으로 인해 한국 정부는 국제적 관계는 물론 경제적 문제까지도 예측하기 어려운 상태에 놓이게 되었으며, 북한, 중국, 일본 등과의 외교관계까지도 더욱 예측하기 어려운 상황에 처해있다. 이렇듯 오늘날 정부는 국내외적으로 이전보다 훨씬 더 복잡하고 급격하게 변화하는 정치적 환경에 대응해야 하는 상황에 직면해 있다.

3) 기술적 문제

최근 알파고와 포켓몬고 등으로 나타나고 있는 인공지능, 증강현실, 사물인터넷과 같은 기술적 발전은 단순히 개인의 삶을 윤택하게 하는 수준을 넘어 시민사회의 삶의 패턴에 변화를 일으키고 있으며, 제4차 산업혁명으로 불리는 이러한 기술적 발전은 새로운 산업구조를 창조해낼 것으로 기대되고 있다. 그러나 이러한 지능정보 기술의 발달이 인간에게 긍정적인 기능만을 제공하는 것은 아니며, 인공지능이 인간의 지능수준을 넘어서게 되면서 인간의 일자리를 위협할 수 있는 가능성이 존재하는 등 기회인 동시에 위기로서 양면적인 성격을 지니는 것으로 여겨진다.

생각건대, 이러한 지능정보기술의 발달이 인간에게 기회로 작용할 것인지 아니면 위기로 작용할 것인지 여부는 그 과정에서 정부가 수행하는 다각적인 정책적 대응과 조율 역할에 달려 있을 것이다. 따라서 우리 정부가 제4차 산업혁명과 같은 새로운 기술적 환경 변화에 적절히 대응할 수 있는 준비가 되어 있는 상태인지 돌아볼 필요가 있다. 이를 위해 요구되는 공무원의 역량을 확보하기 위한 노력이 필요한 시점이며, 본 연구는 공무원 인사관리제도에 초점을 두고 그러한 방안을 모색하고자 한다.

4) 환경적 문제

환경문제 또한 오늘날 우리 행정이 경험하고 있는 대표적인 환경 변화 중 하나이다. 자원 고갈과 원자력 발전의 위험성 문제는 정부로 하여금 대체 자원 개발의 필요성과 새로운 대응 방식을 요구하고 있지만, 우리 정부는 여전히 이에 대해 완전한 해결방식을 마련하지 못한 상황이다. 또한 중국의 미세먼지, 일본의 원자력 발전소의 방사능 누출 등의 문제는 비단 환경적 문제만이 아니라 외교적 갈등을 유발할 수 있다는 점에서도 해결이 쉽지 않은 상황이다.

한편, 개인의 안전 문제 또한 취약한 상태에 놓여 있다. 1990년대의 삼풍백화점과 성수대교 붕괴, 2000년대의 대구 지하철 화재참사 등 국민 안전과 관련된 반복적인 문제 발생에도 불구하고 한국 정부는 2014년 발생한 세월호 참사에 또다시 제대로 대응하지 못하였으며, 메르스(MERS)나 조류인플루엔자(AI) 등 전염성 질병과 관련한 문제에서도 즉각적으로 대응하지 못하여 문제를 더욱 확산시켰다는 비판을 받고 있다. 이에 대해 환경적 문제인가, 인재(人災)인가에 관한 논쟁적 여지가 있을 정도로 정부의 무능에 대한 비판을 막기 어려운 상황이다.

이처럼 오늘날 우리 정부는 지금까지 경험한 행정환경의 변화와는 질적으로 차원이 다른 경제적, 정치적, 기술적, 환경적 문제들을 경험하고 있고, 이상의 문제들은 소위 사악한(wicked) 문제로 어느 한 기관이나 조직이 해결하기 어려운 특성을 지닌

다. 따라서 전통적인 관(官)주도 식의 행정이 아닌 협업(collaboration)과 협력적 거버
넌스를 통한 문제 해결이 요구되며, 공무원에게 필요한 역할과 역량 또한 새로운 행
정환경 변화에 대응할 수 있는 방향으로 변화할 필요가 있다.

4　공무원 인재상 분석

인사혁신처는 최근 '인사비전2045'(2015)라는 보고서를 출간하였는데, 2045
년을 기준으로 작성된 우리나라 인사행정 패러다임의 변화에 대한 논의를 담고 있
다. 이 보고서는 제1공화국부터 박근혜 정부까지의 공무원 인재상에 대해 비교 분석
한 후 2045년에 요구되는 공무원 인재상을 제시하고 있다. 우선 제1공화국의 공무
원 인재상은 우수한 지식과 기술을 지닌 능률적인 공무원이었고, 제2공화국의 공무
원 인재상은 양적 확대와 질적 복잡화를 겪고 있는 행정을 능률적으로 집행할 수 있
는 소질과 능력을 보유한 공무원이었으며, 제3공화국의 공무원 인재상은 발전국가
의 최고 목표인 경제발전을 위해 전문성과 합리성을 갖고 국가발전에 기여하는 공
무원으로 설정되었다. 제4공화국의 인재상은 우수 과학자 및 기술자를 포함한 산업
화에 도움되는 전문성 있는 공무원이었고, 제5, 6공화국은 실적과 성과에 기반한 직
업공무원이었다. 김영삼 정부의 공무원 인재상은 실적주의, 성과주의, 공정성에 기
반한 인재였고, 김대중 정부의 인재상은 실적주의, 성과주의, 공정성에 기반한 다양
성을 갖춘 인재였으며, 노무현 정부의 공무원 인재상은 전문성, 경쟁력, 역량을 갖춘
공무원이었다. 이명박 정부의 인재상은 전문성, 역량, 개방성을 갖춘 공무원이었고,
박근혜 정부의 공무원 인재상은 전문성과 공직가치를 갖춘 공무원으로 파악된다. 하
지만, 이상에서 정리한 각 정부의 공무원 인재상은 다양한 인사행정의 가치 및 제도
들로부터 역으로 추정한 것들이 대부분이고, 지금 현재까지 해당 정부가 추구하는
공무원 인재상에 대한 정확한 개념 정의는 없었다고 봐도 큰 무리가 없다고 판단된다.

앞서 언급했듯이, 이번 인사혁신처의 '인사비전2045'(2015: 212-215)는 2045년
경에 우리나라가 직면할 환경변화를 예상하고 그것에 적절한 공무원 인재상을 제시
하려고 시도하였다. 우선 미래 공무원에게 요구되는 핵심 키워드는 조합, 혁신, 전

문, 기술, 창의, 소통, 사색, 감성, 분석이었다고 지적하면서, 이러한 핵심 키워드를 조합하여 미래의 우리나라 공무원에게 요구되는 역량을 다음의 네 가지로 제시하고 있다. 첫째, 협업과 정보 조합을 통한 새로운 부가 가치 창출 역량이다. 둘째, 소위 제4차 산업혁명의 시대라고 하는 미래의 변화를 선도하고 적절히 대응하는 역량이다. 셋째, 행정에서 기계가 일반화되면서 기계, 공무원, 시민 간의 감성을 통한 교감 및 소통 능력이다. 이러한 교감 능력의 강화는 정부 신뢰와 직결된 이슈라고 할 것이다. 넷째, 인공지능 및 빅데이터 같은 신기술을 중심으로 한 전문성과 정책 집행 역량의 확보다. 이상의 네 가지 역량을 토대로 우리나라 미래 공무원상을 창조적 정보조합형, 길잡이형, 감성적 교감형, 융합·협업형으로 제시하였다. 본 연구는 이 네 가지 역량에 덧붙여 헌법 규정과 주권자로서의 국민을 중시하는 민주적 공화주의 가치를 구현하는 역량도 우리 공무원들에게 필요하다고 생각한다. 그러나, 미래 우리나라 공무원에게 필요한 이러한 역량과 인재상을 고려할 때, 한 가지 분명한 것은 현재 우리가 갖고 있는 공무원 인사시스템으로는 이런 역량들을 갖춘 인재를 채용해서 육성하는 것이 거의 불가능하다고 해도 과언이 아니라는 점이다.

5 계급제, 직위분류제, 그리고 인사행정의 가치

1) 인사행정의 가치

최근 행정환경의 변화에 대응하는 성공적인 정부활동을 지원하기 위해 지향해야 할 인사행정의 가치는 전문성, 개방성, 공정성, 책임성이라고 할 수 있다. 인사행정의 가치에 관하여 최근 인사혁신처(2015)는 정부 인사행정 발전을 위해 달성해야 할 공무원의 비전을 제시한 바 있다. 이에 따르면, 대한민국의 미래를 위한 정부 인사행정의 비전(핵심 가치)은 효과성과 대응성 중심의 인사행정(효율성 → 효과성, 대응성), 전문성 확대(폐쇄성 → 개방성)와 연공서열중심에서 성과중심지향으로의 전환, 평등성에서 공정성으로의 전환(기계적 평등 → 공정한 보상), 공무원에 대한 책임성 강화(조직의 요구보다 개인의 권리를 중요시하는 인사행정, 예를 들어 선택적 복지, 탄력근무제 등)의 네 가지이다. 이러한 인사행정의 주요 가치들은 우리 헌법 및 국

가공무원법에서도 제시되어 있다.[1]

　　본 연구에서는 인사행정의 핵심가치를 전문성, 개방성, 공정성, 책임성의 네 가지로 구분하고, 계급제와 직위분류제 중 어떠한 공직분류체계가 미래사회를 위한 인사행정의 가치를 보다 잘 구현할 수 있는지에 대하여 논의하고자 한다. 이에 관하여 하미승·권용수·이재은(2007: 163)은, 복잡성, 다원성, 개방성을 특징으로 하는 최근 인사행정환경의 변화가 전문화된 직종분류체계와 탄력적인 직급체계 및 계급구조를 필요로 하고 있다고 언급하며 당면한 인사행정환경의 변화를 공직분류체계를 중심으로 살펴보고 있다. 한편 김영우(2005: 274)도 공무원제도의 특성과 문제점을 공직분류체계를 기준으로 분석하였다.

2) 계급제, 직위분류제, 그리고 인사행정의 가치

(1) 전문성

　　최근 정부가 당면하고 있는 사회문제는 공무원의 전문성을 요구하고 있다. 급변하는 환경문제, 기술발전 등으로 사회문제는 이전보다 복잡하고 다차원적이며 이

---

1) - 대한민국 헌법 제 7조 ① 공무원은 국민전체에 대한 봉사자이며, 국민에 대하여 책임을 진다. ② 공무원의 신분과 정치적 중립성은 법률이 정하는 바에 의하여 보장된다.
 - 국가공무원법 제 1조(목적) 이 법은 각급 기관에서 근무하는 모든 국가공무원에게 적용할 인사행정의 근본 기준을 확립하여 그 공정을 기함과 아울러 국가공무원에게 국민 전체의 봉사자로서 행정의 민주적이며 능률적인 운영을 기하게 하는 것을 목적으로 한다(전문개정 2006.03.28.).
 - 국가공무원법 제 50조(인재개발) ① 모든 공무원과 시보 공무원이 될 사람은 국민 전체에 대한 봉사자로서 갖추어야 할 공직가치를 확립하고, 담당 직무를 효과적으로 수행할 수 있는 미래지향적 역량과 전문성을 배양하기 위하여 법령으로 정하는 바에 따라 교육훈련을 받고 자기개발 학습을 하여야 한다(개정 2015.12.24.).
 - 국가공무원법 제 65조(정치 운동의 금지) ① 공무원은 정당이나 그 밖의 정치단체의 결성에 관여하거나 이에 가입할 수 없다. ② 공무원은 선거에서 특정 정당 또는 특정인을 지지 또는 반대하기 위한 다음의 행위를 하여서는 아니 된다.
　　　1. 투표를 하거나 하지 아니하도록 권유 운동을 하는 것
　　　2. 서명 운동을 기도(企圖)·주재(主宰)하거나 권유하는 것
　　　3. 문서나 도서를 공공시설 등에 게시하거나 게시하게 하는 것
　　　4. 기부금을 모집 또는 모집하게 하거나, 공공자금을 이용 또는 이용하게 하는 것
　　　5. 타인에게 정당이나 그 밖의 정치단체에 가입하게 하거나 가입하지 아니하도록 권유 운동을 하는 것
③ 공무원은 다른 공무원에게 제1항과 제2항에 위배되는 행위를 하도록 요구하거나, 정치적 행위에 대한 보상 또는 보복으로서 이익 또는 불이익을 약속하여서는 아니 된다.
④ 제3항 외에 정치적 행위의 금지에 관한 한계는 대통령령 등으로 정한다.

러한 문제를 해결할 수 있는 전문적인 인재가 필요하게 되었다. 오늘날의 인사행정에서는 전문성 있는 유능한 인력이 관리자층 뿐 아니라 일선실무진에 배치되며 이들이 의사결정자이자 실무진이 될 수 있어야 한다.

이러한 전문성 문제를 공직분류체계로 살펴보면 다음과 같다. 먼저 선행연구에 따르면, 공무원의 전문성 부족 문제는 현행 계급제의 대표적인 문제점으로 지적되고 있다(김명식, 2003: 557; 박천오 외, 2004: 187; 최순영, 2015: 56). 직무수행에 심도 있는 전문성이 요구되는 경우에도 빈번한 인사이동으로 인해 전문성 축적의 기회가 저조하고 생산성이 높지 않다(순환보직의 문제). 특히 계급제는 일반행정가를 양성하기 때문에, 현대사회의 복잡하고 어려운 문제를 해결하는 데 어려움이 있다. 행정이 단순하던 시절에는 유능한 공무원이 짧은 기간 내에 업무를 파악할 수 있었기 때문에 전문성 문제가 크지 않았지만, 현재에는 행정현실이 전문화되고 이해관계가 복잡해지고 있기에 전문성 문제가 점차 대두되는 것이다.

반면 직위분류제의 경우, 직무의 내용과 성격에 부합하는 전문성을 가진 사람을 채용하여 공무원의 전문성이 확보되며, 승진 또한 직무의 난이도와 책임도에 따라 위상이 결정되기 때문에(김중양, 2003: 66. 최순영, 2015: 57 재인용) 계급제에 비하여 전문성을 실현하는 것에 우위가 있다고 할 수 있다. 한편, 이에 관해 김영우(2005: 290)는 공직사회의 전문성부족 문제는 계급제 때문이 아니라고 주장한다. 이는 계급제적 공직분류체계를 가지고 있는 유럽 등의 일부 국가에서 전문성부족의 문제가 나타나지 않고 있음을 근거로 하는 것이다. 그에 따르면, 전문성 부재 혹은 행정직 득세 현상은 유교주의적 전통과 잦은 순환보직 때문이며 이들 요인이 없다면 공무원의 전문성 문제가 심각하지 않을 것이라고 한다. 그러나 유교주의적 전통과 잦은 순환보직 문제 역시 계급제 운영 시 나타나는 문제라는 점에서 전문성의 가치 실현을 위해서는 계급제보다 직위분류제가 더 적합하다고 판단된다.

(2) 개방성(폐쇄성)

공직의 개방성은 과거 관료적 병폐로 지목되어 왔던 철밥통, 무사안일, 복지부동, 전문성부족, 낮은 생산성 등의 문제를 해결하고 공무원의 전문성과 문제해결능력을 향상시키는 데 도움을 준다. 특히, 과거 폐쇄적인 관료 조직은 행정 변화에 탄력적으로 대응하지 못했다는 한계가 있었다. 폐쇄성은 상명하복의 권위적인 행정문화와도 연관이 있는데, 직업공무원제, 연공서열에 따른 인사운영 등과 관련하여 생각해볼 수 있다. 공직 개방성을 증가시키는 것은 행정의 투명성을 제고하고 창조적이고 혁신적인 변화를 지향하는 것(최순영, 2015: 17-18)이다. 권위주의 문화는 계급제 인사관리와 상명하복의 계급제 문화 관행을 만들어 내었고, 이는 정부주도적인 성장에 상당한 역할을 했다고 인정할 수 있다. 특히, 계급제 하에서는 직업공무원 제도를 택하기 때문에 공무원의 헌신과 사명감을 유도하기에 용이했다(최순영, 2015: 40).

그러나 앞서 언급한 바와 같이, 현대의 인사행정에서 상명하복의 권위주의적인 시스템으로는 국민의 요구에 적절히 대응할 수 없게 되었다. 특히, 개방성 측면에서 기존 계급제·직업공무원제적 인사행정은 한계를 가진다. 세월호 사건 이후 지적된 소위 '관피아(관료 카르텔)'의 문제도 이러한 맥락에서 이해가 가능하다. 최순영(2015: 41) 역시 발전행정 시대에서 민주화 시대로의 시대변화에 맞게 인사시스템과 공직에 대한 인식이 변화해야 함을 언급한 바 있다. 한편, 이창길(2013: 174)은 목표와 전략의 차이를 기준으로 계급제와 직위분류제의 특성을 비교하여 계급제는 집단 가치를 중시하는 폐쇄형·집권적 시스템이며 관료형 인적자원관리 유형인 반면, 직위분류제는 개인적 가치를 중시하는 개방적·분권적 시스템이며 분권적 인적관리 유형으로 보았다. 계급제의 폐쇄성 문제와 관련하여, 계급제 또한 권한의 위임이 가능하고 부서 간 횡적 교류가 원활하다는 점을 근거로 계급제를 공직의 개방성문제의 원인으로 보는 데 어느 정도 한계가 있을 수 있으나, 양 제도의 본질적 성격을 고려할 때 계급제보다는 직위분류제가 개방성 가치를 실현하는 데 보다 적합해 보인다.

(3) 공정성

① 성과평가

공정하고 객관적인 성과관리 시스템의 존재는 합리적 인사행정의 전제조건이다(김영우, 2005: 283). 성과평가의 공정성은 공무원의 조직몰입, 동기부여, 보수와 승진에 영향을 주며, 평가에 대한 수용성이 높은 경우, 조직 내 화합이 높아지고 생산성이 증가한다. 과거에는 계급제에 입각한 연공서열에 의한 인사가 공정하다고 인식될 수 있었다. 공무원의 성과가 우열을 가리기 힘든 경우, 연공서열에 따른 인사가 본인 뿐 아니라 주변에게도 공정하고 수용력이 높을 수 있기 때문이다. 또한, 연공서열 중심의 인사는 정치적 임용 등의 부당한 인사를 막을 수 있다. 이 외에도, 부하에 대한 통솔, 추진력, 일사분란한 업무처리가 강한 상명하복 시스템(Top-Down) 하에서는 연공서열에 따른 보상이 보다 합리적이라 할 수 있었다.

하지만, 직무의 난이도와 복잡성이 다양해지고 성과중심적 사고가 나타나면서 연공서열중심의 성과평가에 한계가 나타나게 된다. 이에 성과급제·연봉제를 일부 도입하고 있으나 현행 보수체계는 기본적으로 호봉제 방식을 유지하고 있어 직무성과 중심의 인사관리가 잘 되지 않고 있으며, 직무의 난이도와 책임에 따른 직무급 또는 직무 완수에 따른 성과급 원리의 적용이 미흡한 실정이다(최순영, 2015: 39).

한편 직위분류제의 경우, 직급에 상관없이 채용이 이루어지고, 직무의 특성과 난이도·중요도·책임에 따라 차별적 승진·보상 등 인사관리가 이루어지기 때문에 연공서열에 따른 보상체계보다 공정성이 보장될 수 있다. 또한 성과중심적 평가는 조직원의 근로의욕을 높이고 생산성을 증가시킬 수 있는 장점도 존재한다.

하지만, 성과평가의 공정성 확보 측면에서, 공무원의 업무가 객관적인 성과평가가 가능한지, 상이한 직무의 난이도·책임도·중요도에 따라 평가가 이루어지는 경우에 과연 공정한 평가를 통해 수용성을 확보할 수 있을지 의문이 제기된다. 유민봉·임도빈(2003: 312)은 성과평가의 공정성에 관하여, 연공서열에 따른 성과평가체제 뿐 아니라 지연·학연 등 정실적 요인으로 인하여 공정한 평가가 어려울 수 있음을 지적하고 있다. 직위분류제로 전환하였을 때, 이러한 정실적 요인을 배제할 수 있는 공정한 평가가 이루어질 수 있는지에 대해서는 심사숙고가 필요할 것이다(김영우, 2005: 283).

② 채용

채용의 공정성이라는 측면에서, 계급제와 직위분류제는 서로 어느 하나의 제도가 우위에 있다기보다는 서로 상충되는 면을 가지고 있다. 우리나라의 경우, 9급, 7급, 5급 폐쇄형 공개채용이 이루어지고 있고, 대중적으로 이러한 채용방식이 직위분류제적 개방형 채용보다 더 공정하다는 사회인식이 지배적이다. 하지만, 선행연구에 의하면(김재훈·이호준, 2012: 57) 공직임용제도가 폐쇄적일수록 공직 부패가 증가할 수 있다. 특히 이와 관련하여, 공직에서 전·후임자 간의 친밀도에 의해 퇴직자의 민간재취업이 결정되는 소위 '전관예우'의 문제는 한국 공직문화의 대표적인 병폐로 지적되어 왔다.

반면 직위분류제의 경우에는 정실 및 엽관임용의 가능성이 제기될 수 있다. 예를 들면 기관 내외부로부터의 인사청탁 혹은 영향력 행사 가능성과 가족이나 친구 등 유대관계에 의한 채용에서의 부당한 압력 등이 지적된다. 지난 2010년, 외무직

공무원 특별채용에서 장관의 자녀가 채용비리 의혹으로 이슈가 된 사건을 그 사례로 생각해볼 수 있다. 이 외에도, 설문조사에 의하면, 개방형임용제도에서는 지원자의 스펙이 중요해지는데, 이러한 스펙의 강조가 빈익빈 부익부 현상, 기회의 불평등 문제를 야기할 수 있다는 응답도 있었다(최순영, 2011: 96).

그러나 인사전문가들에 따르면, 과거 '경력채용제도'가 인사부조리의 염려가 있었으나 현재는 제도적으로 많은 부분이 개선되고 있다는 의견이 많다(최순영, 2015: 379). 또한 의사결정의 투명성이 증대되고 다각적인 감시가 이루어진다면 공직개방성 증가는 경쟁지향, 고객지향, 경계 교환(boundary exchange) 기능 증가 등 편익이 더 클 것이다(김중양, 2003: 151. 최순영, 2015: 111에서 재인용).

종합하자면 공직임용의 공정성 측면에서, 현행 계급제적 폐쇄형 충원방식이 보다 공정하고 정실 및 엽관임용을 막는 충원방식이라는 대중적 인식이 있으나, 폐쇄형 충원방식이 나타나는 공직자 간 부정부패·청탁 혹은 퇴직자의 민간재취업에 따른 영향력 문제 등을 고려할 때, 폐쇄형 충원제도 또한 개방형임용제도에 비해 완전한 우위에 있는 것인지 의심스럽다. 반면, 직위분류제적 개방형임용제도의 경우, 수시·소수 채용방식이고 기관장의 영향력이 채용에 있어 크게 작용하기 때문에, 그에 따라 나타나는 정실인사나 친인척 비리 등 공정성 문제가 지속적으로 제기되어 왔으나, 이러한 문제는 제도의 정착과정에서 공정성을 확보할 수 있는 문제라고 생각된다.

(4) 책임성

최근 국정농단 사태로 인하여 공무원의 정치적 중립성과 책임성에 대한 중요성이 재점화 되고 있다. 특히, 책임성 측면에서 우리나라의 현행 계급제적 행정체제가 공무원의 무사안일과 책임성부재의 문제를 야기하였다는 논의가 나타나고 있다.

계급제 운영은 직업공무원제의 확립으로 공무원의 헌신을 유도하는데 용이하다는 장점이 있으나, 일이 아닌 사람을 중심으로 인사관리가 이루어지기 때문에, "어떤 자리에서 무슨 일을 했는가 하는 결과보다는 어떤 자리를 거쳤는가 하는 경력이 중시"(김명식, 2003: 558)되므로 업무에 대한 책임성이 저하되고 무사안일과 복지부동해도 별 문제가 없는 시스템이 되어버리는 한계가 있다(최순영, 2015: 39). 또한 연공서열 위주의 인사 관행으로, 공직 직무수행에 있어 전문가로서의 책임감이나 역량발전의 필요성 등 업무에 대한 책임성보다는 상관에 대한 책임성을 강조하는 계층제적 책임인식을 강하게 가지게 된다(최순영, 2015: 41). 이는 공직수행에 있어 직무에 대한 책임성 혹은 국민에 대한 책임성보다는 상사에 대한 복종·책임을 강조하여 공무원의 책임성·중립성이나 '영혼 없는 공무원'의 문제를 야기할 위험이 있다.

이에 반하여 직위분류제는 일 중심으로 인사관리가 이루어지기 때문에, 개인의 경력개발과 전문성 관리에 관한 관심증가, 직무중심 마인드의 확산, 경쟁풍토의 조성, 순환보직 억제효과로 인한 행정의 일관성과 책임성 향상, 정부의 생산성과 경쟁력 제고의 성과를 도출할 수 있을 것으로 보인다(최순영, 2015: 18). 특히, 직위분류제는 직무에 따른 권한과 책임의 한계를 명확하게 해주므로 조직의 합리성 제고가 가능하다(김중양, 2003: 66). 특히 권한과 책임 범위가 명확하다는 것은 부하직원에 대한 상관의 불필요한 간섭을 제한할 수 있다는 점에서 부하직원이 직무수행에 안정감을 가질 수 있게 한다(김중양, 2003: 66. 최순영, 2015: 57에서 재인용).

정리하면, 과거, 계급제하의 인사제도 운영은 직업공무원제의 확립에 기여하며 젊고 유능한 인재가 공직사회에 평생 헌신할 수 있게 함으로써 공무원의 책임성 확보에 기여한 측면이 있었다고 인정할 수 있다. 그러나 시간이 지남에 따라 계급제의 연공서열에 따른 인사관리, 계급제적 상명하복 시스템, 사람중심 인사 등은 직무에 대한 공무원의 책임성을 저하시키고 무사안일하며 상사에 대한 책임과 복종을 추구하는 역기능을 낳게 되었다. 이에, 직무중심의 인사시스템 도입을 통해 공무원의 책임성을 강화하고, 책임과 권한을 명확화 하여 정치적 개입이나 상사의 불필요한 간섭 등을 지양하는 쪽으로 변화가 필요해 보인다. 이러한 변화를 통해 특히 책임성의 여러 차원들 중에서도 Romzek & Dubnick(1987: 229)이 강조한 전문가적 책임성을 강화할 수 있을 것으로 판단된다.

그러나, 선행연구에 따르면, (개방형 임용 같이 부분적으로 도입되는) 직위분류제는 도덕적 책임성, 보안유지 및 공익성 확보, 국가 업무의 공공성을 지속적으로 지향할 수 있는가에 대한 문제가 제기되며, 계약기간 동안 개방형 임용자가 눈에 보이는 단기성과에만 집착할 우려가 있어(중앙인사위원회, 2002: 112. 장현주, 2007: 82에서 재인용) 신분보장 등 이러한 문제점을 보완할 수 있는 노력이 함께 이루어져야 할 것이다.

3) 인사행정의 가치와 공직분류체계

우리나라가 과거 비약적인 국가발전이 가능하였던 데는 직업공무원제의 공로가 적지 않았다(박천오 외, 2014: 48. 최순영, 2015: 89에서 재인용). 상명하복·일원화된 행정이 정부주도형 고도성장에 기여하였고, 일사불란한 업무처리 등 대응성·효과성 측면에서 계급제적 공직분류체계가 분명히 이점이 있었다. 하지만, 오늘날, 변화하는 행정환경의 변화와 국민적인 요구에 대해 부응하고, 정부역할의 효과성을 달성하기 위해서는 직위분류제의 도입이 보다 적합해 보인다. 아래 [표 3-5]는 앞서 언급한 계급제와 직위분류제의 행정가치와의 상대적인 적합성을 정리해 놓은 것이다.

최근 이루어진 미국 연방정부 공정거래위원회(Federal Trade Commission) 경쟁국 부국장과의 인터뷰2)는 직위분류제가 책임성 강화에 도움이 된다는 것을 보여준다.

> "직위분류제를 기초로 한 미국식 직위공모제를 통해 충원을 한다면 입직자가 자신이 어느 부처에서 무슨 일을 할 것인지에 대해 미리 정확하게 알고 자신이 하는 일에 대해 관심 및 전문성을 갖고 입직하게 되므로 책임성, 전문성, 동기부여 등이 이미 확보될 수 있다고 생각한다."

표 3-5 인사행정의 가치와 공직분류체계

인사행정 가치		계급제	직위분류제
전문성		낮음	높음
개방성		낮음	높음
공정성	성과평가	낮음	보통
	채용	보통	보통
책임성		낮음	보통

출처: 저자 작성.

6 직위분류제 도입을 위한 노력

앞서도 언급한 바와 같이, 우리 정부는 그 동안 계급제를 근간으로 일부 직위분류제적 요소를 가미하여 인사관리를 시행한 것으로 평가할 수 있다. 그러나 단순히

---

2) 2017/6/10. FTC, Bureau of Competition, Deputy Director인 Marian Bruno와의 대면 인터뷰.

계급제의 틀 안에서 이루어지는 직위분류제적 요소가 계급제에서 발생하는 폐단을 해결하는 데 적절한 요인이 될 수 있는가에 대해서는 재고해볼 필요가 있다. 계급제와 직위분류제의 차이에 대하여 최순영(2015: 28)은 채용, 승진 및 보직 관리, 평가 및 보상의 세 가지 기준에서 분석한 바 있다. 이러한 기준에 맞추어 본 연구는 지금까지 우리 정부가 도입해 온 직위분류제적 요소가 반영된 제도들을 연혁적으로 살펴보고, 한국적 직위분류제의 문제점에 관해 논의함으로써 단순히 직위분류제적 요소를 가미하는 것만으로는 근본적인 해결책으로 부족하다는 것을 강조하고자 한다.

1) 연혁적 분석

우리 정부는 계급제를 근간으로 하지만 직위분류제적 요소를 도입하려는 시도를 계속적으로 진행해 오고 있다. 여기에서는 우리 공무원 인사시스템 중에서 직위분류제적 요소를 가미한 제도들을 연혁적으로 살펴보고자 한다.

(1) 성과급 제도 도입: 1999년

김대중 정부의 100대 개혁과제 중 하나로 공직사회에의 성과급제 도입이 논의됨에 따라, 1999년부터 국장급 이상의 공무원에 대해서는 연봉제를, 과장급 이하의 공무원에 대해서는 성과상여금 제도가 도입되었다(최순영, 2015: 63). 과거 연공급을 근간으로 한 보수제도는 보수의 공정성보다는 균등성을 지향한다는 점에서 개인의 능력과 실적, 공헌도 및 조직의 성과를 제대로 반영할 수 없고, 조직의 동기부여를 위한 인센티브 기능이 미흡하다는 한계(최순영, 2009: 210)를 지니는바, 공무원 보수체계를 계급과 연공서열 중심에서 직무와 능력(성과)중심의 보수체계로 전환하여 공직사회의 경쟁력과 생산성을 제고하기 위한 취지에서 연봉제를 도입하게 되었고, 우리나라의 공무원 연봉제는 고정급적 연봉제[3](차관급이상 정무직공무원 등 대상), 성과급적 연봉제(일반직·별정직 등 1~5급 상당 공무원 및 임기제공무원 대상), 직무성과급적 연봉제(고위공무원단 대상)로 나뉜다(공무원보수규정 제33조, 별표31).

---

[3] 정무직공무원은 일반직공무원과 달리 성과측정이 극히 어렵기 때문에 개별직위마다 고정된 연봉을 책정하고 있으며, 고정급적연봉 대상자는 공무원보수규정에서 정한 연봉 외에 가족수당, 자녀학비보조수당, 직급보조비, 정액급식비 등을 보수관련 법령에 따라 지급받는다(인사혁신처 홈페이지).

(2) 성과급적 연봉제 도입: 1999년

성과급적 연봉제도는 1~5급(상당) 공무원 및 임기제공무원을 대상으로 하며(공무원보수규정 제33조, 별표31), 개인의 경력, 누적성과와 계급 또는 직무의 곤란성 및 책임의 정도를 반영하여 지급되는 기본급여로서 기본연봉과 전년도 업무실적의 평가결과를 반영하여 지급되는 성과연봉을 합산하여 지급된다(공무원보수규정 제4조). 이 때 성과연봉은 대상인원의 20%에 대해서는 성과연봉 기준액의 8%, 대상인원의 30%에 대해서는 성과연봉 기준액의 6%, 대상인원의 40%에 대해서는 성과연봉 기준액의 4%에 해당하는 금액을 지급하고, 그 밖의 인원에 대해서는 지급하지 아니한다(공무원보수규정 제39조). 성과급적 연봉제도는 직무와 성과중심 인사관리 체계 확립을 위해 1999년 국장급 이상을 대상으로 하여 공직사회에 처음 도입된 이후, 2005년에는 과장급 이상으로, 2017년에는 일반직 및 경찰, 소방, 외무, 군무원 5급 이상까지 단계적으로 그 적용 대상을 확대해 오고 있다.

(3) 개방형 직위제도 도입: 2000년

개방형 직위제도란 공직사회의 경쟁력 제고를 위하여 전문성이 특히 요구되거나 효율적인 정책수립을 위하여 필요하다고 판단되는 직위에 대하여 개방형 직위로 지정하여, 공직 내·외부로부터 공개모집을 통한 선발시험을 거쳐 직무수행요건을 갖춘 최적격자를 임용하는 제도를 말한다(국가공무원법 제28조의4). 개방형 직위제도는 지금까지의 계급제 중심의 공직인사제도와는 달리, 직위에 대한 직무수행요건을 정하고 이에 적합한 자를 선발하여 직위를 부여하는 직무중심의 직위분류제적 성격을 내포하고 있는 제도로서, 외부전문가 유치 등을 통해 행정의 전문성을 강화하고, 부처 간 인사교류를 활성화하며, 경쟁에 따른 공무원의 자질 향상을 도모함으로써 정부생산성을 제고하기 위한 취지에서 2000년부터 도입되어 운영 중이다(박천오 외, 2004: 103). 또한, 2004년에는 고위공무원단 제도도 도입하였다. 소속 장관은 고위공무원단직위 총수의 100분의 20, 과장급직위 총수의 100분의 20의 범위에서 개방형 직위를 지정할 수 있다(개방형 직위 및 공모 직위의 운영 등에 관한 규정 제3조).

(4) 직위공모제도(공모직위제도) 도입: 2000년

직위공모제도란 효율적인 정책수립 및 관리를 위하여 필요하다고 판단되는 직위에 대하여, 해당 기관 내부 또는 외부의 공무원 중 공개모집에 의한 선발시험을 거쳐 직무수행요건을 갖춘 최적격자를 선발하여 임용하는 제도를 말한다(국가공무원법 제28조의5). 직위공모제도는 직업공무원제를 근간으로 한 폐쇄형 임용체제에서 비롯된 공직사회 침체, 경쟁력 저하, 부처 할거주의 등의 한계를 극복하고(조성한·이근주·전영한, 2009: 5), 정부 부처 간 인사교류의 활성화를 통해 상호 이해 및 정책협조를 강화하고, 우수인재를 적재적소에 재배치 할 수 있도록 하자는 취지에서 (중앙인사위원회, 2006: 12) 2000년부터 도입되어 운영 중이다. 대상 직위는 일반직·특정직으로 보할 수 있는 고위공무원단 및 과장급 직위이며, 소속 장관은 경력직 공무원으로 임명할 수 있는 고위공무원단 직위 총수의 100분의 30, 과장급 직위 총수의 100분의 20의 범위에서 공모 직위를 지정할 수 있다(개방형 직위 및 공모 직위의 운영 등에 관한 규정 제13조).

(5) 외무공무원 직무등급제도 도입: 2001년

외무공무원의 인사운영체제를 사람 중심에서 직무 중심으로 전환함으로써 개인의 능력과 전문성에 기초한 보직경쟁체제를 구축하기 위한 취지에서 2000년 외무공무원법 개정으로 외무공무원의 계급 및 승진제도가 전면 폐지됨에 따라(2000.12.29. 외무공무원법 개정 이유), 2001년 외무공무원에 대하여 직무의 비중과 성과에 바탕을 둔 새로운 보수체계를 마련하기 위해 직무분석을 실시하여 외무공무원의 직위를 14개 등급으로 구분하는 직무등급제를 도입하였다(공무원보수규정 제53조). 직무등급제 도입 당시에는 6등급 이하의 외무공무원에 대하여는 종전과 같이 호봉제를 적용하고, 7등급 이상의 외무공무원에 대하여는 연봉제를 적용하는 것으로 규정하고 있었으나, 성과급적 연봉제의 적용대상이 단계적으로 확대됨에 따라 2016년에는 6등급 이상, 2017년 현재는 5등급 이상 외무공무원에 대하여 연봉제를 적용하고 있다.

(6) 성과계약 등 평가제도(직무성과계약제도) 도입: 2004년

성과계약 등 평가제도란 4급 이상 공무원(고위공무원단 포함)에 대해 개인업무 실적평가, 부서단위 실적평가, 그 밖에 직무수행과 관련된 자질 또는 능력 등에 대한 평가결과 중에서 하나 또는 그 이상으로 평가항목을 정하여 평가대상자와 평가자 간에 성과목표 및 지표 등에 관하여 합의하고, 평가대상기간 중 평가대상 공무원이 달성한 성과목표의 추진결과 등을 평가지표 또는 평가항목의 특성에 맞게 설정한 평가기준에 따라 평가하여 그 결과를 인사관리에 반영하는 제도이다(공무원 성과평가 등에 관한 규정 제7조~11조). 공공기관의 성과를 관리하는 목적은 행정서비스의

고객이라고 할 수 있는 '국민에게 미치는 편익 또는 정책영향을 극대화'하는 것임에
도 불구하고, 종래의 성과평가시스템은 산출물(output)에 대한 평가에 치중한 측면이
있어 고객에게 미치는 최종결과(outcome)를 제대로 평가하기 어려운 측면이 있었다
는 점에서, 2004년 중앙인사위원회는 결과중심의 행정부문 평가시스템 구축 및 성
과에 대한 책임성 강화를 위해 직무성과계약제를 시범 도입하였고, 이후 2005년 말
48개 중앙행정기관 및 제주도 등 지방자치단체에서 직무성과계약제가 도입된 데 이
어, 2006년에는 전 행정기관으로 확산되었다(정부혁신지방분권위원회 2008: 269).

(7) 경력개발제도 도입: 2006년

경력개발제도(career development program: CDP)는 정부 조직의 필요와 공무원
개인의 목표를 보다 밀접히 결합시켜 공무원의 능력을 지속적으로 향상시키고 정부
조직의 본래 목적을 효과적으로 달성하려는 임용에서부터 퇴직에 이르는 장기적이고
종합적인 인적자원제도를 말한다(박천오 외, 2014: 135). 중앙인사위원회(2006: 15-16)
는 경력개발제도의 개념을 협의와 광의로 구분하여 제시하고 있는데, 협의의 경력개
발제도는 개인이 하나의 조직 내에서 거치게 되는 보직경로를 합리적으로 설정·관
리해 주는 인사관리제도를 말하며, 광의의 경력개발제도는 조직구성원의 자기발전
욕구를 충족시켜 주면서 조직에 필요한 인재를 육성하고 이것이 조직의 목표달성으로
이어지도록 하는 광범위한 인사관리활동을 포괄하는 제도를 말한다. 우리나라의 경
우, 2006년 참여정부의 중앙인사위원회에서 경력개발제도 매뉴얼을 작성하여 배포하
면서 각 정부 부처에 도입되기 시작하였으나, 현재는 제도도입에 대한 이해와 공감
대 부족, 보직배치의 유연성 저해 등으로 인해 제대로 시행하고 있는 기관이 거의 없는
유명무실한 상태라는 것이 전문가들의 대체적인 평가이다(최순영·장지원, 2009: 146).

(8) 직무성과급적 연봉제도 도입: 2007년

직무성과급적 연봉제도는 고위공무원단을 대상으로 하며(공무원보수규정 제33조,
별표31), 개인의 경력 및 누적성과를 반영하여 책정되는 기준급과 직무의 곤란성 및
책임의 정도를 반영하여 직무등급에 따라 책정되는 직무급으로 구성되는 기본연봉
과 전년도 업무실적의 평가결과를 반영하여 지급되는 성과연봉을 합산하여 지급된
다(공무원보수규정 제4조, 제63조, 제70조). 이 때 전년도 업무실적의 평가는 성과계약
등 평가의 결과에 따르며(공무원 성과평가 등에 관한 규정 제4조), 매우우수 등급에 해당
하는 인원에 대해서는 성과연봉 기준액의 18%, 우수 등급에 해당하는 인원에 대해

서는 성과연봉 기준액의 12%, 보통 등급에 해당하는 인원에 대해서는 성과연봉 기준액의 8%에 해당하는 금액을 지급하고, 미흡 및 매우 미흡 등급에 해당하는 인원에 대해서는 성과연봉을 지급하지 아니한다(공무원보수규정 제70조). 직무성과급적 연봉제도는 기본연봉과 성과연봉으로 구성되어 있다는 점에서 기본 골격은 성과급적 연봉제와 같지만, 기본연봉이 기준급과 직무급으로 구분되며 성과에 따른 차등이 더 높다는 점에서 성과급적 연봉제도와 차이를 보이며(인사혁신처 홈페이지), 2006년 고위공무원단 제도의 시행 이후, 2007년부터 도입되어 운영되고 있다.

(9) 5/7급 국가공무원 민간경력자 일괄채용시험 도입: 2011년(5급), 2015년(7급)

국가공무원 민간경력자 일괄채용시험제도는 다양한 경력을 지닌 민간 전문가를 공무원으로 채용하여 공직의 전문성, 다양성, 개방성을 높이기 위한 취지에서 민간 분야 경력자를 계약직이 아닌 정년이 보장되는 일반직 공무원으로 채용하는 제도를 말한다(국가공무원법 제29조 제2항, 공무원임용령 제16조). 정부 부처별로 소규모 인원을 자체적으로 수시 채용해 온 기존의 방식을 개선하여, 인사혁신처에서 매년 1회 이상 각 부처의 수요를 받아 일괄하여 공고하고, 필기시험(공직적격성평가), 서류전형(직무적격성심사), 면접시험 등의 절차를 거쳐 다양한 민간 분야 경력자를 채용하는 제도이다(대한민국공무원되기 홈페이지). 2011년 5급 공무원을 대상으로 도입되어 매년 100명 안팎의 민간 분야 경력자가 일반직 공무원으로 채용되고 있으며, 2015년부터는 7급 공무원까지 확대되어 시행되고 있다.

(10) 임기제공무원 제도(구 계약직공무원 제도, 전문직공무원 제도) 도입: 2013년

임기제공무원 제도란 전문지식 및 기술이 요구되거나 임용관리에 특수성이 요구되는 업무를 담당하게 하기 위하여 경력직공무원을 임용할 때에, 일정 기간을 정하여 근무하는 임기제공무원으로 임용하는 제도를 말한다(국가공무원법 제26조의5). 임기제공무원 제도는 특수 전문분야의 업무를 한시적으로 수행하는 것을 전제로 운영되어 오던 구 전문직공무원 제도에 연원을 두고 있고, 전문직공무원 제도는 1998년 계약직공무원 제도로 개정되면서 조직 관리의 효과성 제고와 대국민 대응성 향상을 위해 더욱 확대되었다. 이후, 2013년 일반직 중심으로 공무원 직종체계가 재편됨에 따라 기능직과 계약직이 폐지되었고, 이를 보완하기 위해 임기제공무원 제도가 도입되었다.

2) 문제점 분석

(1) 채용: 폐쇄형 충원과 개방형 충원의 상충

① 고위공무원단의 운영 문제

고위공무원단 제도는 2004년 참여정부에서 고위공무원단제도추진기획단의 주도하에 도입된 것이다. 이를 통해 공직의 개방, 경쟁 강화, 고위 공무원의 성과 향상 및 책임 증진 등에 기여할 수 있을 것으로 기대되었다(박천오·조경호, 2013: 148). 그 이후 2008년 이명박 정부에서는 고위공무원단 제도의 개선을 추진하면서 직무등급의 개편이 이루어졌다. 이러한 제도 개선을 통해 직무등급이 기존 5단계(가~마 등급)에서 2단계(가~나 등급)로 축소되었고, 소속 부처에 관계없이 직무의 적임자를 찾기 위해 도입한 공모직위의 비중이 절반으로 줄어들었으며, 동시에 장관의 인사권한이 확대되었다(박천오·조경호, 2013: 153). 당초 행정안전부는 직무 난이도를 기준으로 구분하기 위해 도입되었던 직무등급이 서열화 되기 시작하면서 승진에 대한 과도한 경쟁이 문제가 되고 있는 것으로 인식하였다. 이와 함께 고위공무원 인사 때 한꺼번에 2단계 이상 승진하는 예측불가능한 문제가 발생하였다고 밝힌 바 있다(문화일보, 2008.4.25.).

그러나 직무등급 개편으로 인해 고위공무원단 제도가 다시 서열화 되고 폐쇄적으로 운영될 것이라는 우려가 확산되었다. '가'급은 실장급, '나'급은 국장급으로 정형화될 것이고, 직무등급 간의 이동이 사실상 없어질 가능성이 높기 때문이다(내일신문, 2008.11.24.). 종합하자면 기존의 계급 중심의 계급제 문화로 인한 폐단을 줄이기 위해 고위공무원단 제도를 도입하였으나, 그 운영 과정에서 고위공무원단 제도 역시 계급제적으로 해석되어 제도의 실효성이 문제되는 것으로 평가할 수 있다.

② 폐쇄형 충원에서 기반한 조직문화의 문제

현재는 공무원의 채용에 있어 폐쇄형 충원과 개방형 충원이 동시적으로 이루어지고 있다. 예를 들어 매년 5급, 7급, 9급을 중심으로 공개경쟁채용시험이 이루어짐과 동시에, 임기제 공무원제도, 개방형 직위제도, 경력경쟁채용시험제도가 시행된다.

각 채용제도의 성격과 특징을 대략적으로 요약하면 다음과 같다. 먼저 공개경쟁채용시험은 계급제에 기반한 폐쇄형 충원으로, 다른 제도는 직위분류제에 기반한 개방형 충원으로 이해할 수 있다. 한편, 임기제 공무원제도는 일정 기간 임기를 정하여 임용하는 공무원 제도를 일컫는다. 다음으로 개방형 직위제도는 민간인과 공무원의 공개경쟁을 거쳐 임용하는 제도이다. 마지막으로 경력경쟁채용시험제도는 특별채용제도에서 2011년 명칭이 변경된 것으로, 공개경쟁으로 채용하기 힘든 인재를 발굴하기 위한 목적을 지닌다. 이와 같은 운영에 있어서 약 10여 년 전에는 개방형 충원이 형식적으로 이루어지고 있는 것에 대한 비판이 존재했다(김영우, 2005: 283). 그러나 최근에는 공개경쟁채용시험으로 채용된 인원보다 경력경쟁채용의 인원수가 증가하고 있다.

그렇지만 공무원의 충원과 관련하여 여전히 내부적인 문제가 존재하고 있는 것으로 보이는데, 먼저 조직 내부에 존재하는 파벌의 문제를 들 수 있다. 예를 들어 공직 내부에는 고시출신과 비고시출신, 즉 공개경쟁채용시험으로 입직한 이와 그렇지 않은 이들을 대상으로 파벌이 형성된다는 것이다. 또한 개방형 임용제도가 '임시직'이라는 인식이 있어 해당 제도를 통해 충원된 공무원이 주요 업무를 맡는 데에 한계가 존재한다(최순영, 2011: 71). 또한 개방형 충원이 폐쇄형 충원으로 임용된 이들에 의해 악용되고 있다는 것도 문제점으로 지적된다.

한편, 개방형 직위 채용에는 외국에 파견된 공무원이 지원하여 고위직으로 선발되는 등, 개방형 채용의 투명성이 부족하고 내부 인사가 내정되어 있는 경우가 있다. 실제로 2012년 개방형 채용으로 임용된 고위공무원 중 민간 출신은 8%에 불과했고(동아일보, 2013.10.10.), 최근에도 지속적으로 같은 문제가 발생하고 있는 것으로 보인다(서울신문, 2014.5.20.).

(2) 승진 및 보직관리: 계급제적 문화와 직위 중심의 문화의 상충

경력개발제도는 2005년 참여정부에서 처음으로 도입하였다. 경력개발제도는 공무원 개개인이 장기적인 경력 목표를 갖고 자신의 능력을 개발해 나가기 위한 제도를 일컫는다. 이 제도의 핵심적인 목적은 공무원들의 잦은 순환보직으로 인한 전문성 저하의 문제를 해소하기 위한 것이었다(최무현·조창현, 2007: 283). 그러나 해당 제도를 통해 기존의 정착된 문화를 해소하는 데에는 문제가 있었고, 실효성이 적은 것으로 판단된다(최순영, 2013: 216, 2015: 44). 이러한 문제의 원인은 기존에 형성된 '서열화 된 직위의 문제' 혹은 '직위와 직급의 지나친 결합'의 관점에서 논의할 수 있다.

정부 내부에 각 직위는 보이지 않는 서열관계를 가지고 있는 것으로 알려져 있다(임도빈, 2000: 113). 동일한 직급 내에서도 한직과 요직으로 직위가 구분되어 있는 속성이 있는데, 다시 말해 직위가 엄격하게 서열화 되어 있다는 것이다(뉴시스,

2008.2.21.; 매일경제, 2016.1.28.). 이는 오래 전부터 문제시되고 있는 잦은 순환보직, 혹은 Z자형 보직이동(조석준, 1992: 85)이 생겨나게 된 근본적인 원인이라고 판단된다. 많은 연구자들은 이러한 문제가 계급제와 연공서열 두 가지 문제에 의해 발생하는 것으로 보고 있는데(김광호, 2008: 92), 정부는 직위분류제적 요소를 도입하여 이러한 문제를 해결하고자 하였지만, 기존에 형성된 강한 관행을 해소하는 데 실패했다. 여전히 고위공직자 가운데 47%는 일 년 이내에 보직이동을 한 것으로 나타났으며(서울신문, 2015.11.17.), 이러한 문제는 비단 인사관리만의 문제가 아니라 국민의 안전문제에까지 영향을 미칠 수 있다(경향신문, 2014.12.2.).

(3) 평가 및 보상: 신분보장 원칙과 실적주의 원칙의 상충

우리 공무원 인사제도에는 성과지향적 보상제도로서 연봉제, 성과상여금제도 등이 도입되어 있다(최순영, 2015: 50−51). 이러한 제도는 실적주의를 기반으로 한 것으로, 계급제의 대표적 특징인 신분중심, 혹은 신분보장 등과는 상충된다고 할 수 있다. 성과지향적 보상제도는 직위분류제, 특히 직무분석이 이루어진 후 도입되었어야 한다. 하지만 한국 정부의 성과지향적 관리방식이 직위분류제가 제대로 확립되지 않은 채 도입되었기 때문에 실질적인 효과를 발휘하지 못했다. 이로 인해 성과지향적 보상제도는 형식적으로 이루어질 가능성이 높으며, 결국 성과급 재분배, 상위직급에게 높은 성과 부여 등 왜곡된 관행이 존재하는 원인이 되었다(세계일보, 2015.9.14.). 결국 직위분류제적 제도의 부분적 차용을 통해 공무원의 무사안일의 문제를 해결하거나 성과지향적 동기를 부여하는 데에는 한계가 있었다고 평가할 수 있다(서울신문, 2013.12.26.; 세계일보, 2010.7.15.).

7 맺으며

본 연구는 1963년에 만들어진 계급제를 근간으로 하면서 직위분류제를 간헐적으로 받아들이고 있는 국가공무원법에 의한 현행 공무원 인사관리 시스템이 현재 우리 사회와 행정이 맞이하고 있는 변화로부터 성공적으로 생존하기 위해 적절한 시스템인가에 대해 살펴보고자 하였다. 우리 행정이 직면하고 있는 과거와는 질적으로 차원이 다른 행정환경의 변화에 대한 분석, 현재 우리 사회가 직면한 난제들을 해결하기 위해 요구되는 공무원 인재상에 대한 분석, 계급제를 근간으로 하는 인사 행정 시스템의 행정가치 구현에의 적합성 분석, 그리고 현재 도입되어 있는 직위분류제적 제도에 대한 분석 등을 통하여 현행 계급제 위주의 공무원 인사행정 시스템이 다양한 문제점 혹은 현실과의 괴리를 보이고 있다는 점이 확인되었고, 이러한 문제점은 최근 우리 사회가 겪었던 공무원들의 바람직하지 못하고 영혼 없는 행태의 원인으로 지적될 수 있을 것으로 생각한다.

국민들은 공무원들이 국가와 국민의 이익을 위해 일해 줄 것으로 믿고 권력, 자원, 권한, 재량 등을 위임하여 주었는데, 최근의 국정농단 사태를 보면 정작 공무원들은 국민을 위해 일하기보다는 자신의 조직 혹은 기관 그리고 자신의 상급자나 임명권자를 위해 일하는 무책임한 행태 혹은 정치적인 행태를 국민들에게 보여주었다. 권력(자)에 진실을 이야기하기(speaking truth to power)와 같은 국민을 위한 모습을 보여야 할 (고위) 공직자들이 보여준 부정적인 행태의 원인으로 폐쇄적인 공직문화를 양산하는 것에 일조하는 계급제의 폐단을 지적할 수 있을 것이고, 최근 우리 공무원의 행태는 1963년 이후 계급제에 근간을 두고 이루어져 온 우리 공무원 인사관리 시스템에 대한 획기적인 변화를 고려해 볼 계기를 제공하였다고 할 것이다.

물론, 우리 공직사회는 이러한 계급제 전통이 가져올 부작용을 경험하고 예상하면서 이를 극복하기 위해 다양한 직위분류제적 요소들을 공무원 인사관리 시스템에 도입하는 노력을 경주하여 왔다. 공직사회의 전문성, 개방성, 책임성 등과 같은 행정가치들을 구현하고 공무원의 전문직업주의(professionalism)를 강화하며 공직문화를 개선하는 것에 직위분류제가 도움이 된다는 판단 하에, 앞서 언급한 다양한 직위분류제적 요소를 가진 제도들을 도입하였다. 하지만, 지금까지의 이러한 직위분류제 요소 도입 노력들은 파편적으로 진행되어 온 관계로 확고히 정착되기 전에 기저에 존재하는 계급제 전통에 의해 구축되어 제대로 착근하기가 어려운 상황이었고, 그런 결과들을 많이 목격하였다. 따라서, 이제는 보다 근본적인 혁신을 고려해보아야 할 때라고 생각한다. 즉, 지금까지 우리 공무원들이 많이 보여준 자신의 조직이나 임명권자에게 집착하는 국지적 합리성 추구 행태를 극복하고 국가 전체의 합리성 추구, 헌법 가치의 고양, 주권자로서의 시민 존중 등과 같은 민주적 공화주의를 지향하면서 성공하는 정부를 구현하기 위한 변혁적 행태를 보여주어야 할 시기이다.

계급제가 만능이 아니었듯이 직위분류제도 만병통치약은 아닐 수도 있을 것이다. 다만 지금과 같이 뿌리 깊은 계급제 전통 위에 직위분류제 요소들을 가진 제도들을 조금씩 가미해서 이도 저도 아닌 어정쩡한 상태를 지나 결국에는 계급제적인 모습으로 다시 환원해 버리는 현 상황은 바람직하지 않다고 생각한다. 당연히 직위분류제로의 전환은 일거에 이루지는 것이 가장 적절하겠지만, 현실적인 이유로 전면적인 전환이 어렵다면 지금보다 공직을 더 개방하고 직위분류제적 요소를 가진 제도들을 계속적으로 도입하는 것과 동시에 직위분류제의 가장 기본 요소라고 할 수 있는 직무분석과 직무평가를 지속적으로 진행하여 궁극적으로는 직위분류제로 전환하는 것을 미리미리 준비하는 것이 필요하다고 생각한다.

CHAPTER **3**

견제와 균형이 작동하는 예산과정 구축

류철·이강구·최창용

1 │ 서 론

1) 문제제기

　　민주적 공화주의의 핵심은 국가의 제반활동이 국가의 주권자인 시민들의 합의에 따라 운영되어야 한다는 점이다. 이를 위하여 무엇보다 주권자들의 의사 결정체인 헌법 등의 기본 원칙과 규율에 따라 공동체의 질서가 유지되어야 한다. 뿐만 아니라 국가를 경영하는 의사결정권자들은 자신들의 이익에 따라 정책을 입안하고 집행하는 것이 아니라, 공동체의 복리증진을 최우선시 해야 한다. 권력기구들은 민주주의적 원리에 따라 선출되어야 하고, 그 권력의 행사 또한 민주적 공화주의 규범과 운영원칙을 준수해야 한다(Arendt, 1958; Pettit, 1997).

　　민주적 공화주의는 예산과정에도 적용되고 구현되어야 한다. 이와 관련하여 가장 밀접하게 연결되는 개념이 재정민주주의라고 할 수 있다. 재정민주주의의 핵심내용이 국민의 의사를 재정운용에 실질적으로 반영하는 것이기 때문이다. 옥동석(2004: 187-191)은 선진국의 경험을 바탕으로 재정민주주의가 확립되기 위해서는 다음의 네 가지 요소가 갖추어져야 한다고 지적한다. 조세법률주의의 확립, 지출법률주의의 확정, 정부의 지출 및 수입의 투명한 관리, 행정부로부터 독립된 감사기관의 확립이 그것이다. 우리나라의 재정 및 예산과정은 이러한 재정민주주의의 요건을 충족시키고 있는가? 우리나라의 재정 및 예산과정에서 민주적 공화주의가 확립되기 위해서 어떠한 개선의 노력이 필요한가?

본 장의 주요 문제의식은 "예산과정에서 관련기관들 간의 재정권한이 공정하게 분배되고 있는가?"이다. 이 질문에 답하기 위해서 먼저 우리나라의 예산과정을 간략히 소개한다. 그리고 예산과정에서 재정권한이 어떻게 배분되어 있는지 현황과 문제점을 파악하는 데에서 논의를 시작한다. 나아가 예산관련 기관들 상호 간에 재정권한이 공정하게 분배되어 있지 않다면 이러한 문제점이 발생하고 있는 원인이 무엇인지 진단하고, 가능한 해결방안을 모색해 보는 것을 이 장의 목적으로 한다.

예산과정에는 행정부, 국회, 감사원 등 다양한 국가기관들이 관여하고 있다. 그리고 해당 기관들이 가지고 있는 재정권한 또한 다양하다. 정치적 민주주의의 기본이 삼권분립인 것과 마찬가지로, 재정민주주의의 기본도 견제와 균형의 원리가 반영된 재정권한의 배분에서 시작한다. 하지만 현재 우리나라 예산과정과 재정상황에서 재정권한이 적절하게 분배되고 있는지에 관한 우려의 목소리가 존재한다. 어떤 문제점들이 지적되고 있고, 이러한 문제점들이 발생하게 된 원인은 무엇인가? 나아가 어떠한 방향으로 개선책들을 모색해 나가야 할 것인가?

본 절은 우리나라 예산과정의 문제점에 대해서 다음과 같이 진단한다. 첫째, 예산편성과 관련하여 행정부의 재량권이 강하게 확립되어 있으나, 예산편성권의 예산비법률주의에 따라 국회의 재정통제기능은 제대로 작동되지 못하고 있다. 둘째, 행정부가 예산안을 편성할 때는 하향식(Top-Down) 의사결정방식을 따르지만, 이와 상반되게도, 국회가 예산안을 심사할 때는 상향식(Bottom-Up) 의사결정방식을 따르고 있다. 셋째, 기금의 설치, 사용, 운용계획의 변경에서 행정부 재량권과 신축성이 국회의 재정통제권을 벗어나 작동하고 있다. 넷째, 예산의 집행 이후 이루어지는 결산심사가 형식적이며, "예산-회계감사-결산" 과정의 연계가 부족하다.

해당된 문제들을 해결해 나가기 위해, 예산편성과 관련하여 예산법률주의를 도입하는 방안을 고려해 볼 수 있다. 예산심의와 관련해서는, 국회 예산결산특별위원회(예결위)를 상임위원회(상임위)로 전환하여 총량 심사를 먼저 하는 상향식 예산심의 과정을 도입해야 한다. 이와 함께 사전예산제도를 통해 중기재정계획의 실효성을 제고할 수 있다. 지출과정과 관련해서는, 본래 목적에 부합하지 않는 기금은 폐지하고 유사중복 및 통합가능한 기금은 통폐합하는 등 기금제도를 개선할 필요가 있다. 장기적으로 기금의 운용이 예산과정에 포함되어야 한다. 마지막으로 국회의 결산기능을 위해 상시적인 회계감사권을 구축하고 결산심사를 위한 시간과 조직을 확충할 필요가 있다.

2) 우리나라의 예산과정

예산이란 "회계연도를 기준으로 작성된 정부재정의 운용을 위한 세입 및 세출의 계획안"을 의미한다(최유, 2011: 14). 예산은 차기 회계연도에 수행하고자 하는 사업과 해당 사업을 위한 지출금액을 단순히 나열하는 것이 되어서는 안 된다. 정부는 먼저 중장기적인 안목을 가지고 국가가 나아가야 할 방향에 대한 목표(Goal)를 세워야 한다. 그리고 이러한 목표를 달성하기 위한 전략과 추진계획을 작성한다. 이러한 전략과 추진계획은 구체적인 사업으로 구현되어야 한다. 마지막으로 해당 사업들을 수행하기 위해서 필요한 비용을 배분한다. 이러한 전반적인 내용이 예산에 반영되어야 한다.

우리나라 헌법이 규정하는 예산과정이란, "행정부의 예산편성(헌법 제54조제2항[1]), 국회의 심의·확정(헌법 제54조제1항[2]), 행정부의 지출(헌법 제66조제4항[3]), 감사원과 국회의 결산(헌법 제97[4], 99조[5])"이라는 네 가지 하위과정으로 구성되어 있다(최유, 2011: 15). 본 논문은 이와 같은 4단계의 주요 예산과정에서 관련기관들의 재정권한이 균형있게 행사되고 있는지 분석한다.

첫 번째 예산과정인 예산편성 과정은 일반적으로 행정부에서 예산안을 작성하여 국회에 제출되기까지의 과정을 의미한다. 행정부 산하 중앙부처는 2월말까지 차기 회계연도의 신규사업 및 계속사업에 대한 사업계획서를 기획재정부에 보고해야 한다. 기획재정부는 예산안편성지침을 마련하여 각 중앙부처에 3월말까지 전달한다. 각 중앙부처는 해당 산하기관과 자체적인 예산요구를 종합하여 5월말까지 부처의 예산요구서를 기획재정부에 보고한다. 기획재정부는 각 중앙부처에서 제출한 예산요구서를 종합하여 예산안을 편성하고 국무회의 및 대통령의 승인을 얻어 다음 회계연도 개시 90일전까지 국회에 제출한다(최유, 2011: 20).

두 번째 예산과정인 예산의 심의·확정 과정은 국회에서 상임위원회(상임위)의

---

1) 헌법 제54조제2항: 정부는 회계연도마다 예산안을 편성하여 회계연도 개시 90일전까지 국회에 제출하고, 국회는 회계연도 개시 30일전까지 이를 의결하여야 한다.

2) 헌법 제54조제1항: 국회는 국가의 예산안을 심의·확정한다.

3) 헌법 제66조제4항: 행정권은 대통령을 수반으로 하는 정부에 속한다.

4) 헌법 제97조: 국가의 세입·세출의 결산, 국가 및 법률이 정한 단체의 회계검사와 행정기관 및 공무원의 직무에 관한 감찰을 하기 위하여 대통령 소속하에 감사원을 둔다.

5) 헌법 제99조: 감사원은 세입·세출의 결산을 매년 검사하여 대통령과 차년도 국회에 그 결과를 보고하여야 한다.

예비심사, 예산결산특별위원회(예결위)의 종합심사, 그리고 본회의를 통한 심의·의결의 세 단계를 거친다. 예비심사에서는 먼저, 소관부처의 장이 해당 상임위에 예산안의 개요와 사업계획을 설명하고, 이후 상임위원들과 소관부처 장들의 질의·답변 및 토론이 이뤄진다. 그리고 심사소위원회를 통해 소관부처의 예산안에 대한 실질적인 심사가 이뤄진다. 예결위의 종합심사는 "종합정책질의", "부별심사", "예산안조정소위원회심사"로 구성된다. 본회의에서는 예결위의 심사보고서를 기준으로 예산안을 의결한다(옥동석, 2017: 52). 국회에서 예산이 통과되면 행정부로 이송이 되고, 예산의 심의·확정 과정이 마무리된다.

세 번째 예산과정인 예산의 집행(지출)과정이란 국회에서 확정된 예산에 따라서 행정부가 경비를 지출하는 활동을 의미한다. 확정된 예산에 의거하여 중앙부처는 "예산배정요구서"를 작성하고, 기획재정부는 "예산배정계획"을 확정하여 대통령의 승인을 받는다. 이후 자금배정을 받은 범위 내에서 각 중앙부처는 국고를 지출한다(김춘순, 2015: 15).

네 번째 예산과정인 결산과정은 재정집행결과와 실적에 대한 사후적 확인과정이며, 예산집행에 대한 평가를 차기연도 예산안 편성 및 재정운영에 환류(feedback)시키는 과정이다. 각 중앙부처는 기획재정부가 배부하는 결산작성지침을 기준으로 2월말까지 세입세출결산보고서, 계속비결산보고서, 채무에 관한 계산서를 작성한다. 기획재정부는 이를 종합하여 세입세출을 결산하고, 대통령의 승인을 얻은 후 감사원에 제출한다. 감사원의 검사를 거친 세입세출결산 및 세입세출결산보고서, 계속비결산보고서, 채무에 관한 계산서 등은 다음 회계연도 개시 120일전까지 국회에 제출된다. 국회는 결산안에 대해서도 예산안의 심의·의결단계와 마찬가지로 상임위의 예비심사, 예결위의 종합심사, 본회의의 심의·의결을 거쳐 결산의 과정을 완결한다(옥동석, 2017: 43).

우리나라 예산과정에서 관련기관들 간 재정권한은 다음과 같이 분배되고 있다. 예산안편성권은 헌법 제54조제2장에 따라 행정부가 보유한다. 예산안의 심의·확정권은 헌법 제54조제1항에 따라 국회가 지닌다. 우리나라 헌법은 제59조6)에서 조세법률주의를 채택하고 있고 이를 통해 재정의 수입에 대하여 국회의 통제권을 인정

---

6) 헌법 제59조: 조세의 종목과 세율은 법률로 정한다.

한다. 예산의 집행과 지출권은 헌법 제66조제4항에 따라 행정부에 속한다. 예산의 감사권에 관하여는 헌법 제99조에 의거하여 감사원이 시행한다. 하지만, 감사원은 우리나라의 헌법상 행정부에 소속되어 있기 때문에, 예산의 감사권은 사실상 행정부에 속한다고 주장되기도 한다(옥동석, 2010: 19).

3) 우리나라 예산과정의 문제점

우리나라 예산과정에서 발생하고 있는 문제점에 대한 논의는 다양하다. 본 절에서는 현재 예산과정에서 제기되고 있는 모든 문제들을 언급하는 것을 목표로 하지는 않는다. 우리나라의 예산과정에서 주요 역할을 담당하고 있는 기관들이 가지고 있는 재정권한의 적절한 배분과 관련된 문제점에 집중하기로 한다. 관련된 내용은 다음과 같이 정리될 수 있다.

첫째, 우리나라 행정부는 예산편성에 있어서 독립적인 재량권을 가지고 있지만, 국회의 재정통제기능이 제대로 작동되지 못하고 있다는 다수의 지적이 존재한다(장용근, 2006: 60). 재정사업은 기본적으로 국민이 납부하는 조세를 재원으로 수행되고 있다. 조세는 헌법에 의해 조세법률주의를 따른다. 따라서 조세와 관련된 입법권을 지니며 국민의 대표기관인 국회가 재정운용에 대한 통제권을 일정 부분 행사해야 할 것이다. 그러나, 현실적으로 국회의 재정통제권은 행정부에 비해 크게 미흡한 실정이다. 세입에 대해서는 조세법률주의가 규정되어 있지만, 세출에 대해서는 특별한 법률적 근거가 없다. 다수의 연구들은 우리나라 국회의 재정통제기능이 행정부에 비해 상대적으로 약한 근본적인 이유를 "예산비법률주의"에서 찾는다(장용근, 2006: 60).

둘째, 행정부와 국회 간의 예산관련 정보의 비대칭 문제가 지적되고 있다. 행정부가 주도하는 예산편성과정에서 행정부가 국회보다 많은 예산정보를 가지는 것은 물론이고, 국회가 주도하는 예산의 심의·확정 과정에서도 국회의 예산관련 정보는 행정부에 비해 제한되어 있다. 국회가 거시적이고 효과적인 예산심의를 하기 위해서 필요한 정보의 제공이 부족한 실정이다. 또한 행정부의 사업성과에 상대적으로 유리한 자료는 풍부한 반면, 행정부에 불리한 자료들에 대한 접근성은 제한되고 있다. 이는 예산정보의 투명성을 저해하여 민주적 재정통제권한이 방해받는 결과를 가져온다(정원섭, 2002: 227).

셋째, 예산안에 대한 국회의 심의·확정 절차에 대한 문제점도 여러 방면에서 지적되고 있다. 행정부에서는 예산안을 편성하기 위해 거시적 총량을 먼저 편성하는 하향식(Top-Down) 의사결정방식을 따르고 있다. 하지만 국회는 반대로 미시적인 예산심의방식인 상향식(Bottom-Up)을 고수하고 있다. 따라서 중장기 재정운용계획과 예산의 연계성이 떨어지는 문제가 있다(박형준·김춘순, 2013: 187). 국회의원들이 지역구 관련 선심성 예산에 지나치게 민감한 것도 효율적인 예산과정을 저해하는 요인으로 지적된다. 상임위의 예비심사에서 소속 상임위의 이해관계에 따른 예산증액과 출신 지역구의 이익을 위한 선심성 예산추구 행위, 나아가 이러한 문제들을 효과적으로 조율할 수 없는 현재의 예결위 시스템에 대한 개편의 필요성이 지적되고 있다(박형준·김춘순, 2013: 20).

넷째, 예산의 집행과 지출에 관해서는 기금제도의 개선이 시급하다. 기금의 수와 규모의 증가에 대한 비판들은 계속되어 왔다. 하지만 기금의 수는 줄어들지 않고 있는 반면, 그 규모는 계속해서 증가하고 있다. 새로운 기금의 설치가 상대적으로 수월하고 운용이 신축적이기 때문에 소관부서에서 기금에 대한 권리를 포기하기가 쉽지 않다. 하지만, 기금 역시 견제와 균형의 원리에서 볼 때, 독립된 기관으로부터 재정통제를 받아야 한다.

다섯째, 예산의 결산과 관련해서는 국회의 결산심사기간이 단기간이어서 제대로 된 결산심사가 실질적으로 불가능하다. 상임위의 결산심사기간은 1주일에 불과하며, 예결위의 종합심사 기간은 한 달 정도의 시간이 주어질 뿐이다. 하지만, 이와 같은 시간도 20일 간의 국정감사 기간과 중복되기 때문에 결산심사를 위한 실질적인 시간은 절대적으로 부족하다. 이러한 상황에서는 심도 있는 결산심사가 이루어지기 어렵다(장용근, 2013: 70). 따라서 예산집행에 대한 상시적 감사(회계감사)가 필요하다. 하지만, 우리나라에서 감사원은 행정부에 속한 기관이기 때문에, 감사의 독립성에 대한 우려가 존재한다. 따라서 국회 결산심사와 회계검사기능의 효과적인 협조체제의 모색이 필요하다.

2 예산법률주의

　　예산법률주의란 예산을 법률로 제정하여 법률과 같은 효력을 부여하는 것이다. 우리나라 국회의 재정통제기능이 다른 나라에 비해 상대적으로 약하다는 논의들은 대부분 그 원인을 우리나라가 "예산비법률주의"를 따르고 있다는 점에서 시작한다. 따라서 우리나라에서도 예산법률주의에 대하여 다양한 논의들이 진행되어 왔다. 특히 2009년 국회 헌법연구자문위원회는 우리나라도 예산법률주의를 채택하는 것이 바람직하다는 의견을 제시하기도 하였다.

　　예산법률주의 자체에 대한 법학적 논쟁들은 본 절의 연구범위를 넘어선다. 관련하여 자세한 논의들에 대하여는 이창수·예승우(2012)를 소개하는 것으로 대신한다. 본 절에서는 행정부와 의회 간의 재정권한의 분배, 나아가 의회의 재정통제권과 관련하여 예산법률주의가 가지고 있는 의의에 대해서 논의하고자 한다.

1) 예산비법률주의와 문제점

　　우리나라 헌법이 예산을 법률과 다른 별개의 형식으로 규정하고 있기 때문에 우리나라는 예산법률주의를 따르지 않고 있다. 헌법에서 국가재정의 한 축인 세입분야에 대해서는 조세법률주의를 채택하고 있지만, 재정의 다른 축인 세출에 대해서는 명확한 규정이 없어서, 결과적으로 예산비법률주의를 따르고 있는 것으로 해석되는 것이다.

　　이는 우리나라의 경우 국회가 심의하고 의결한 예산이 실질적으로 어떤 효력을 가지는지가 불분명하고, 이 예산의 집행에 대한 규범력이 확실하지 않다는 것을 의미한다. 실제로 행정부가 예산에 반영되지 않은 신규사업들을 실시한 것이 매년 국회의 결산을 통해서 발견되고, 행정부가 예산에서 확정된 사업내용을 과도하게 변경한 경우도 많이 발견된다. 하지만 이러한 경우에도 현재의 우리 예산과정 시스템에서는 국회가 적절한 조치를 취하기 어렵다(이창수·예승우, 2012: 4).

　　특히 우리나라 예산서는 차기 회계연도에 행정부가 시행하고자 하는 사업의 명칭과 해당 사업에 배정된 금액을 열거하는 통계표의 형식을 취하고 있다. 따라서 해당사업에 대한 지출방법을 규정할 실제적인 방법이 없다. 법률로 지정이 된 예산에는 예산의 "지출용도, 목적, 내용, 제약, 권한, 책임" 등의 지출방법을 서술할 수 있으나, 현재 우리나라의 예산 형태에서는 불가능하다(이창수·예승우, 2012: 7).

2) 예산법률주의 도입의 의의7)

앞에서 말한 것처럼 예산법률주의란 예산을 법률로 제정하여 법률과 같은 효력을 부여하는 것이다. 다양한 국가에서 예산법률주의를 채택하고 있다. 미국의 연방헌법은 제1조 제9항 제7조에서 "법률로 규정된 지출승인에 의하지 않고는 국고로부터 어떠한 금전도 인출될 수 없다."라고 규정함으로써, 예산이 법률임을 명시하고 있다. 영국 역시 예산법률주의를 인정하고 있는데, 재무부가 편성한 예산안을 하원이 법안으로 채택하면 상원에서 심의를 거쳐 왕의 재가를 받아 법률로 제정한다. 프랑스 헌법 제34조는 "예산법률은 조직법률에 의하여 정해진 조건과 유보조항에 따라 국가의 재원과 부담을 정한다."라고 규정하여 예산법률주의를 따르고 있다. 독일 역시 헌법 제110조에 따라 연방정부가 예산안을 편성하면 연방의회가 심의하고 법률로 확정하고 있다. 선진국 중에서는 우리나라와 함께 일본이 예산비법률주의를 채택하고 있다(최유, 2011: 25).

예산법률주의가 예산의 형식을 단순히 법률의 형식으로 바꾸는 것만을 의미하는 것은 아니다. 오히려 예산에 법률적 효력이 부여됨으로써 예산항목의 집행내용을 실질적으로 규율하는 수단을 확보하는 데 더 큰 의의가 있다. 즉, 예산법률주의를 통하여 정부의 예산집행에 대한 책임성(accountability)을 강화할 수 있으며, 예산집행의 위법성에 대한 검증이 용이해지는 장점이 있다. 또한, 문제가 발생할 경우 책임소재를 명확히 따질 수 있어 예산집행에 있어서 위반이 있을 경우 법적 처벌이 가능하게 된다는 것이 예산법률주의의 실질적인 의의이다(정종섭, 2005: 73). 다른 법률위반의 경우와 마찬가지로, 행정부의 예산지출이 예산법을 어겼을 때 법률위반의 문제로 대처할 수 있고, 헌법상의 처벌제도를 통해서 실질적으로 규율할 수 있다. 결과적으로 행정부의 예산집행에 대한 재정통제권이 강화되는 것을 기대할 수 있다.

나아가 예산법률주의는 예산과 관련된 처리절차나 효력들을 상세하게 규율할 수 있는 기본법들을 마련할 수 있는 근거를 제공한다. 이렇게 마련된 기본법들을 통

---

7) 예산법률주의를 도입할 경우 예상되는 단점에 대해서는 이창수·예승우(2012)와 최유(2011)를 참고할 수 있다.

해 행정부의 세출에 대한 국회의 통제를 강화시킬 수 있다. 예산이 법률로 지정이 되면 예산법안에 위배되는 행정부의 지출내용들은 모두 위법행위가 된다. 따라서 행정부의 예산집행에 대한 규범적 통제가 가능해진다. 뿐만 아니라 '지출축소'나 '집행유보' 등과 같은 행정부 편의적인 예산집행 행태가 실질적인 제한을 받게 되고, 지출과정에서 발생하는 예산의 자의적 수정이나 변경이 줄어들 수밖에 없다. 이는 예산법률주의가 재정의 운용에서 있어서 부패방지의 역할도 수행할 수 있음을 의미한다(이창수·예승우, 2012: 13). 뿐만 아니라 예산법률주의를 통하여 예산 및 예산과정과 관련한 정보의 투명성을 제고할 수 있다(장용근, 2013: 62).

3 하향식 예산편성 및 심의

우리나라 행정부의 예산편성과 국회의 예산심의 과정이 서로 상반된 순서를 따르고 있다는 점은 우리나라 예산과정의 문제점으로 지적되고 있다. 다시 말하면, 행정부의 예산편성 과정은 예산총량부터 결정하고 세부사업까지 내려가며 예산규모를 결정하는 하향식이지만, 국회의 예산심의·확정 과정은 반대로 세부사업별 논의부터 시작하여 각 분야 사업규모가 모여 예산총량을 결정하는 상향식 심의방식을 고수하고 있다. 본 절에서는 이러한 행정부－국회 간의 의사결정과정이 상충하는 데에서 오는 문제점에 대해 분석하고, 도입가능한 해결책을 모색한다.

1) 우리나라 행정부의 하향식 예산편성 과정

우리나라 행정부는 1990년대 말부터 2000년 초까지 소위 "4대 재정 개혁"을 단행하였다. 4대 재정 개혁과제는 국가재정운용계획의 도입, 하향식 예산편성 제도의 도입, 성과관리체제의 구축, 디지털 예산회계 시스템의 구축으로 요약된다. 구체적으로 설명하면 다음과 같다. 첫째, 국가재정운용계획(Mid－Term Expenditure Framework: MTEF)을 수립하여 중장기적인 재정운용전략과 재원배분의 방향을 제시한다. 둘째, 각각의 회계연도에 대해서는 총액배분자율편성제도(Top－Down Budgeting)를 통하여 각 정부기관들에 배정될 예산의 지출한도액을 미리 설정한다. 셋째, 성과관리제도를 통하여 프로그램별로 성과를 평가하고, 그 평가점수를 예산배정에 연동시킨다. 넷째, 모든 예산자료를 디지털화한 통합재정시스템을 구축한다(박창균, 2013: 112).

이러한 "4대 재정 개혁"의 큰 그림 위에서, 우리나라 행정부는 미시적이었던 기존의 예산편성방식을 벗어나 거시적이고 중장기적인 관점으로 예산을 편성하고자 하였다. 이를 수행하기 위해, 기획재정부는 2006년 "국가재정법"을 제정하고 국가재정운용계획과 총액배분자율편성제도 등을 규정하였다. 이는 중기적 국가발전전략을 수립하고 예산편성 과정부터 그 전략에 따라 재원배분의 우선순위를 결정하고자 하는 취지를 가지고 있었다. 관련 내용을 요약하면 다음과 같다.

먼저, 거시적인 예산결정을 위해서 기획재정부는 우리나라의 거시경제를 분석하고 전망한다. 이 분석과 전망을 근거로 차기 회계연도에 적정한 예산총액의 규모를 결정한다. 다음으로 세입규모, 부채규모, 분야별 재원배분의 우선순위를 전략적으로 검토함으로써 거시적인 안목에서 예산안을 편성한다. 그 다음 단계로 분야별 재원배분 결정에 기반하고 총액배분자율편성제도를 반영하여 중앙관서별 지출한도를 정한다. 이렇게 거시예산결정을 통과하고 난 후, 행정부는 부처별·기능별로 세부적인 사업수준을 결정하는 미시예산편성과정을 다시 거친다(국회예산정책처, 2013: 34). 따라서 우리 행정부는 예산을 편성하는 데 있어서, 거시적인 안목에서 시작하여 미시적인 부분으로 진행되는 단계적인 예산편성 과정을 거치고 있다고 정리할 수 있다.

이와 같은 행정부의 하향식 예산편성방침에 대한 단점이 전혀 없는 것은 아니다. 하지만, 운용의 측면에서 아쉬운 점이 존재한다고 할지라도, 기본적으로 예산의 편성을 거시적인 전략적 배분에서 시작하여 미시적이고 세부적인 조율을 조화시키는 하향식 예산의사결정 과정이 상향식 과정보다는 합리적이라는 평가가 지배적이다.

2) 우리나라 하향식 예산안 편성과정의 문제점

예산과정에서 견제와 균형의 원리가 작동해야 한다는 점을 기준으로 할 때, 우리나라 행정부의 하향식 예산안 편성과정에서 실제로 드러나는 문제점들은 다음과 같다.

첫째, 김진영(2016: 30)은 우리나라 예산편성의 근본적인 문제점이 행정부의 강한 독점주의라고 지적하고 있다. 예산편성에서 행정부의 독점주의가 강하면 그 과정에서 "공익"보다는 "부처이기주의"가 강조될 수밖에 없다는 것이다. 이러한 부처이기주의는 자기부처 예산의 과다한 요구현상으로 나타나고, 이는 결과적으로 예산편성에 대해 다양한 의견수렴을 불가능하게 하여 재정에 대한 민주주의 원칙을 해친다(김진영, 2016: 33-35).

둘째, 편성기관인 행정부와 심의기관인 국회 간의 예산관련 정보의 비대칭으로 인한 문제점이 발생하고 있다. 행정부가 국회의 예산결산위원회(예결위)에 예산안편성지침을 보고하면서도 중앙관서별 지출한도와 같은 예산편성의 핵심정보는 제출하지 않고 있다. 예산 편성과정에서 각각의 중앙관서는 차기 회계연도에 계획하고 있는 사업을 시행하기 위하여 필요한 지출비용을 행정부 산하 기획재정부에 보고한다. 기획재정부는 모든 중앙관서가 제출한 지출비용을 종합하여, 중앙관서별 지출한도를 책정하는데, 이는 차기 회계연도 내에 중앙관서별로 지출할 수 있는 예산의 최대한도를 의미한다. 현재 우리나라 행정부는 국회에 예산안편성지침은 제출하고 있지만, 중앙관서별 지출한도에 대한 정보는 제공하지 않고 있다(강주영, 2016: 25). 따라서, 기획재정부에 의해 중앙관서별로 배정된 예산편성액(중앙관서별 지출한도)이 국회에 제출된 예산안편성지침에 합당하게 책정되었는지 국회가 확인하기 어렵다. 또한 중앙관서가 요구한 예산이 기획재정부에 의해서 어떠한 정도로 증액되고 감액되었는가와 같은 구체적이고 실질적인 예산편성 정보를 국회나 감사원에서 파악하기 어려운 실정이다.

이는 우리나라 예산편성의 과정이 철저하게 비공개로 이루어지고 있는 관행과 연결되어 있다. 행정부가 편성한 예산안이 국회에 의해 수정되는 비율은 극히 작고, 대부분이 행정부가 편성한 그대로 국회에서 통과되고 있다. 하지만 이러한 상황에서도 대부분의 예산편성 관련 정보가 공개되지 않고 있다. 따라서 예산편성에 대한 비판과 견제가 원천적으로 봉쇄되어 있다(조선일보, 2013.7.30.).

셋째, 예산편성의 중심역할을 담당하고 있는 중앙예산기관(예산실)에 대한 외부 통제와 견제가 실질적으로 이루어지기 어렵다. 이는 먼저, 예산편성 관련업무의 복잡성 및 전문성, 나아가 관련정보의 비공개 등에 기인한다. 특별히 예산실의 예산편성 방식이 예산 지출부서의 예산요구액에 대해 여전히 삭감지향적이라는 평가가 일반적이다. 게다가 예산실이 다른 중앙부처 예산담당자들에게 배포하는 '사업유형별 및 비목별 세부편성지침'은 예산안편성지침의 실무적인 상세해설서로 예산신청기관이 반드시 지켜야 한다. 따라서 예산실은 예산편성권을 통하여 다른 중앙부처들을 압도하고 있다(이상봉, 2008: 200). 예산실의 예산심의는 크게 '지출한도 심의'와 '부처예산안 심의'로 나뉜다. 이러한 심의를 위한 충분한 시간이 부족하다는 한계가 인정되면서도 심의결과에 대한 공식적인 설명이 없는 등, 예산실의 권위적 행태에 대한 불만이 여전히 존재하고 있다. 특기할 사항은 학계를 포함한 외부와 예산실과의 소통이 오랫동안 단절되어 왔기 때문에, 예산실의 운영 실태에 대한 학문적 연구가 매우 부족하다는 점이다(이상봉, 2008: 205).

넷째, 현재 우리나라 기획재정부는 예산을 편성하는 기획예산처(현 예산실 중심의 2차관실)와 경제정책을 총괄하는 재정경제부(현 경제정책국 중심 1차관실)가 통합된 조직이어서 그 권한이 지나치게 강하다는 비판의 목소리가 크다. 예산을 통제하여 재정건전성을 제고하는 것이 기획예산처의 주요 목적이고, 경제정책을 통한 경기부양이 재정경제부의 최우선 목표이다. 이렇게 서로 상반된 목표를 가진 두 조직이 외형상 하나로 통합되어 있기 때문에 현재의 시스템 아래에서는 상호견제의 원리가 실제로 작동하기 어렵다. 일례로, 경제정책국이 현실적이지 않은 낙관적 경제전망을 세우고 이에 따라 세수전망 및 지출전망을 작성하더라도 예산실을 통한 실질적인 견제가 작동하지 못할 수 있다. 결과적으로 세수결손과 지출의 확대는 국채발행을 증가시키고 나아가 국가채무를 확대하여 재정건전성을 악화시키고 있다.

국가운영에 대해 거시적인 계획과 미시적인 관리가 동시에 이루어지기 위해서는 예산의 편성과정부터 하향식 의사결정이 이루어져야 한다. 이를 위해 우리나라 행정부는 재정개혁을 통하여 하향식 예산편성 시스템을 도입해서 발전시키고 있다. 하지만 위에서 언급된 것처럼 개선의 여지 또한 많이 남아있다.

3) 미국 의회의 하향식 예산안 심의과정

예산안의 심의과정에서 하향식 의사결정과정을 따르는 대표적인 예를 미국의회를 통해서 볼 수 있다. 미국의 경우를 통해서, 예산안의 심의과정이 하향식으로 이루어질 경우 어떤 효율성이 있는지 고찰할 수 있다.

미국에서는 대통령이 매년 2월의 첫 번째 월요일에 의회에 예산안을 제출하고 이때부터 의회의 예산안 심의절차가 시작된다. 미국 의회의 하향식 예산안 심의과정을 요약하면 다음과 같다. 첫째, 의회의 예산위원회(Budget Committee)가 대통령 예산안과 의회예산처(Congressional Budget Office, CBO)의 보고서를 바탕으로 4월 15일까지 예산결의안(Concurrent Budget Resolution)을 작성한다. 이 예산결의안은 크게 세 부분으로 구성되어 있는데, 다음 회기연도에 지출될 예산의 총량결정, 분야별(기능별) 예산배정액, 그리고 조정지침으로 구성되어 있다. 예산결의안의 재원배분 결과를 "301(a) allocation"이라고 한다. 뿐만 아니라, 예산결의안에는 주로 5년간의 경제전망을 포함하여, 세입과 세출의 총액, 그리고 비목별 세출액의 목표액 및 부채총량 등의 정보가 담겨있다. 예산결의안은 아직 법률로 성립된 것이 아니기 때문에 법적 효력이 존재하지 않는다. 따라서 대통령의 예산안과는 다른 국회의 독립적인 결의안이라고 할 수 있다. 하지만 의회의 상·하원이 합의한 것이기 때문에, 예산결의안은 향후 의회 예산심의 전체 과정에서 일종의 '가이드라인' 역할을 하게 된다(국회예산정책처, 2016: 45).

둘째, 상·하원의 수권위원회(Authority Committee)는 예산을 배정할 사업들을 승인(authorization, 사업승인)하고, 해당사업들의 최대지출액(ceiling)을 결정한다. 수권위원회는 수권법안(Authorization Bill)을 6월 15일까지 발의한다.

셋째, 상·하원의 세출위원회(Appropriation Committee)는 예산위원회가 작성한 예산결의안을 세출위원회 산하 12개의 세출소위원회(Appropriation Subcommittee)에 다시 배분한다. 이를 "301(b) allocation"이라고 한다. 각각의 세출소위원회는 이를 기준으로 사업별 세출승인액(Appropriation)을 확정하고, 이에 따라 세출승인법안(Appropriation Bills)을 6월 30일까지 발의한다. 이러한 세출승인법안은 상·하원 간의 조정과정을 통해, 새로운 회계연도가 시작되기 전인 9월 30일까지 의결하는 것을 목표로 한다.

예산안의 심의과정이 이렇게 하향식으로 이루어지면 여러 가지 장점이 있다. 무엇보다 의사결정이 거시총량적인 계획에서 시작하여 미시적인 재원배분에 영향을 미칠 수 있어서, 최근 재정상황처럼 예산재원이 한정적일 경우 큰 국정과제에서 시작하여 세세한 사업까지 이르는 완전한 심의를 할 수 있다. 다시 말하면, 거시적 계획과 미시적 심의가 조화를 이루는 예산안 심의과정을 구축할 수 있다는 것이다. 구체적으로 미래경제상황에 대한 예측과 분석을 바탕으로 중장기 재정운용계획을 세우고 이를 바탕으로 단년도의 예산안을 작성할 수 있다. 해당연도의 예산안에 대해서도 먼저 전체총량을 설정하고, 이를 바탕으로 분야별·기능별 예산을 배정하고, 나아가 사업별 세출을 승인하고, 더 세부적으로는 세목별 예산을 책정할 수 있다. 이와 같은 과정을 통하여 재정목표와 수행전략을 바탕으로 위에서부터 아래로 흐르는 일관된 의사결정을 할 수 있는 것이다. 나아가 지출총량을 규제할 수 있어서 재정수지를 큰 틀에서 조절할 수 있는 효율적인 재정시스템을 구축할 수 있다.

4) 우리나라 국회의 상향식 예산안 심의과정

(1) 상향식(Bottom-Up), 미시적 예산심의

앞에서 언급했듯이, 우리나라 행정부는 "4대 재정 개혁"의 노력을 통해서, 하향식 의사결정방식으로 예산안을 편성하고 있다. 이러한 행정부의 하향식 예산안 편성과정과 달리, 국회의 예산안 심의과정은 아직도 미시적이고 상향식(Bottom-up)의 의사결정과정을 따르고 있다.

행정부의 예산안이 국회에 제출되면, 국회는 국회예산정책처의 지원을 받아, 행정부 예산안에 편성된 각각의 프로그램별 분석 자료를 먼저 작성한다. 이후 국회의 예산안 심의과정은 상임위원회(상임위)와 예산결산특별위원회(예결위)의 2단계를 거친다. 상임위에서는 주로 해당 부처와 분야별 예산을 심의 및 집계하고, 예결위를 통하여 지출총량이 결정된다. 한마디로 말하면, 국회의 예산안 심의과정은 상향식 결정과정을 따르고 있는 것이다. 이러한 제도의 취지는 소관부처의 다양한 사업에 대해 전문지식을 가지고 있는 상임위가 관련부처 예산안을 세부적으로 각각 심의하게 하고, 예결위에서 모든 상임위의 심사결과를 취합하여 종합적으로 재검토하는 데 있다(국회예산정책처, 2013: 43). 결국 상임위와 예결위의 역할분담에 중요한 의의가 있다.

하지만 이러한 상향식 예산안 심의과정은 행정부의 하향식 예산안 편성 방식과 상충되며, 한정된 예산재원을 바탕으로 효율적으로 예산을 배분해야 하는 최근 경제·재정여건 하에서는 적합하지 않다. 구체적으로 말하면, 행정부의 예산안 편성과정은 '국가재정운용계획 → 총액배분자율편성제도 → 분야별 재원배분 → 사업별 한도편성'의 하향식 의사결정을 따르고 있다. 하지만 국회의 예산안 심의과정은 '사업별 분석 → 분야별 합산 → 지출총량심의'의 상향식 의사과정을 취하고 있다. 따라서 예산안의 편성과 심의의 지향점이 상충하고 있다. 특히 예결위나 국회예산정책처의 프로그램(사업)별 분석은 단년도 사업에만 집중되고 있어서, 거시적이고 전략적인 시각을 통해 프로그램(사업)을 분석하고 있지 않다.

(2) 상향식 예산심의과정의 문제점

이러한 우리 국회의 하향식 예산안 심의과정과 관련하여 다음과 같은 문제점들을 지적할 수 있다. 첫째, 국회의 예산안 심의과정을 '상임위-예결위'의 2단계로 구분한 당초의 취지를 달성하지 못하고 있다. 원래의 취지는, 상임위에서 개별적으로 소관부처의 예산안을 심의하고, 이를 바탕으로 예결위에서 전체적인 조율과 재검토를 하는 것이다. 하지만 오히려 2단계 심사로 인한 기능중복과 비효율성이 발생하고 있다. 가장 큰 문제는 상임위와 예결위가 모두 부처별 세부사업을 중복심사하고 있는 점이다(국경복 외, 2012: 35).

둘째, 예결위가 원래의 주요 기능인 거시예산결정을 못하고 있다는 점이다. 상임위 예비심사는 소관부처의 예산에만 집중하기 때문에, 재정전반의 전략적 재원배분에는 관여하기 어렵다. 이러한 한계점은 예결위의 종합검사를 통해 극복할 수 있다. 또한 이것이 예결위의 가장 중요한 목적 중 하나다.

예결위의 심사는 '종합정책질의및답변', '부처별심사', '조정소위원회심사'의 세 단계로 구성된다. 근본취지에 따르면, 첫째, 둘째 단계에서 재정총량의 고려와 같은 거시적인 질의와 주문이 이루어져야 한다. 하지만, 실제운용은 근본취지와는 어긋날 때가 많다. 실제로 이러한 과정들이 이루어질 때도 있지만, 이 단계들에서 논의된 내용들이 공식적으로 합의된 입장이 아니기 때문에 구속력을 갖기 어렵다. 연구결과에 따르면 '종합정책질의및답변'을 통한 거시예산에 대한 질의와 답변들이 형식적으로 이루어지고 있다(국경복 외, 2012: 42). 다음으로 조정소위원회심사에서 실질적인 조정이 가능하다고 할지라도, 이 과정에서는 개별사업의 조정을 주로 심사하기 때문에 결과적으로 미시적인 심사가 이루어질 수밖에 없다(국회예산정책처, 2013: 32).

셋째, 예산결산특별위원회(예결위)가 그 이름에서도 알 수 있듯이, 상임위원회가 아니고 각각의 상임위원회 위원으로 구성된 특별위원회라는 근본적 한계점이 존재한다. 따라서 예결위 위원들이 소속 상임위의 압력이나 이해관계를 벗어나 심의하기 어려운 문제점이 있다. 게다가 상임위원들의 임기가 2년인 데 비해, 예결위 위원들의 임기가 1년에 한정되어 있어서, 예결산 심사에 대한 전문성을 키우기가 어렵고 전반적인 재정문제를 심도있게 다루기 어려운 한계가 있다(안병옥·송석규, 2012).

넷째, 현재의 구조에서는 우리나라의 지출총량이 증가하는 것을 예결위를 통해 실질적으로 조정하기 어렵다. 상임위의 예비심사과정에서 상임위원들이 소관부처의 예산을 증액하는 관행이 강하게 유지되고 있다. 상임위원들에게 지출총량을 조절하는 것은 큰 관심사항이 아닐 수밖에 없다. 게다가 상임위의 예비심사결과가 법적 구속력도 없기 때문에 이러한 경향은 규제되지 않고 있다. 특별히 지출배정과 관련하여 상임위별로 이해관계가 상충할 때, 현재의 예결위 시스템으로는 예결위가 이러한 이해관계의 충돌을 조율하기 어렵다. 따라서 상임위들의 이해관계대로 예산증액경쟁이 발생할 경우 늘어나는 지출총량을 예결위에서 실질적으로 조정하기가 어렵다.

5) 국회의 예산안 심의과정의 개편방향

앞서 정리한 우리나라 국회의 예산안 심의과정의 문제점을 개선하기 위해서는, 국회의 예산안 심의과정이 거시적 관리와 미시적 심사가 조화를 이루는 하향식 의사결정과정을 따르도록 개편해야 한다. 이를 위해 다음과 같은 개선방향을 제시할 수 있다.

첫째, 이와 관련하여 장기적인 관점의 예산계획을 심의하는 절차와 해당년도의 예산안을 심의하는 절차로 양분할 필요가 있다. 장기적인 예산계획 심의절차가 당해연도 예산안 심의절차에 우선하는 것이 논리상 합리적이다.

둘째, 국회의 예산심의에서 거시적 관리가 이루어지기 위해서는, 국회에서 독자적으로 재정총량과 분야별 재원분배에 대한 논의가 가능해야 한다. 재정총량과 분야별 재원분배 등에 대한 큰 그림의 바탕에서 구체적인 세부사업에 대한 개별적인 논의가 이루어지는 것이 거시적 관리와 미시적 심사가 조화를 이루는 예산안 심의과정이라 할 수 있다. 현재 국회의 예산안 심의과정은 형식적으로는 상임위원회(상임위) − 예산결산특별위원회(예결위)로 양분되어 있다. 상임위를 통해서 세부적인 예산심의를 먼저 하고, 이후 예결위를 통해 종합심사를 하고 있는 것이다. 하지만, 예산안 심의의 순서는 바뀌어야 한다. 오히려 예결위의 종합심사를 통하여 전체 내용을 먼저 심사하고, 이후 상임위의 예비심사를 통해 세부적인 심사를 진행하는 것이 논리상 더욱 합리적이다(국경복 외, 2012: 42).

셋째, 우리 국회의 예산안 심의과정이 하향식으로 정착된다면, 재정총량에 대한 조정이 현재보다 체계적으로 이루어질 수 있다. 현재 예결위 시스템을 통해서는 해당 소관부처의 예산을 증액하려는 상임위 간의 예산경쟁을 조율하기가 어렵다. 이는 결과적으로 재정총량의 증가를 가져온다. 하지만 국회가 하향식 예산안 심의과정을 도입한다면 분야별 재원의 총량이 상임위 예비심사보다 먼저 결정이 되기 때문에, 상임위 예비심사에서 증액 위주로 진행되던 관행은 줄어들 것이라 기대된다.

넷째, 이와 관련하여 미국의회의 '예산위원회' 제도와 '예산결의안' 제도는 시사하는 바가 크다. 예산위원회는 행정부 예산안과 독립된 의회의 예산결의안을 작성하여 재정총량과 분야별 재원배분 계획을 확정한다. 우리나라의 예결위와는 대조적으로 미국의 예산위원회는 상설위원회이며 상임위원회 간에 예산조정이 어려울 경우에 예산위원회위원장이 이를 조정하고 최종확정할 수 있는 권한을 가지고 있다. 따라서 우리나라도 예결위를 상임위원회로 전환하여 다른 상임위원회와의 겸임을 폐지하고, 상임위원들의 임기를 2년으로 연장하는 것을 고려해 볼 수 있다. 무엇보다 예결위가 상임위의 이해관계로부터 독립해야 한다.

다섯째, 정부부처의 사업에 대한 예산안 배정과 해당 사업의 성과지표 간의 연계성이 강화되어야 한다. 성과지표란 해당 사업이 원래의 이루고자 하는 목적을 달성했는지를 파악하는 지표이다. 기획재정부는 자율평가제도(2016년부터 통합재정사업평가로 바뀌었다)와 심층평가제도를 도입하여, 중앙부처가 발주하는 모든 사업들의 성과를 측정하고 있다. 이러한 성과관리제도의 가장 핵심 목표는 사업들의 성과를 측정하고, 그 성과에 연동시켜 예산을 배정함으로써, 결과적으로 중앙부처 사업들의 성과를 제고하는 데 있다. 하지만 이러한 정책방향을 갖고 성과를 측정하기 위해 많은 재원을 쓰고 있음에도 불구하고, 실제로 성과지표와 예산배정 간의 상관관계가 미비하다는 분석결과가 많다(박창균, 2013: 153). 행정부의 예산안 편성과정과 국회의 예산안 심의 과정에 사업의 성과달성정도를 적극적으로 반영할 필요가 있다.

여섯째, '선심성예산 남발'의 문제를 해결하기 위해서는, 상임위의 예비심사에서 행해지는 예산안 증액 경향을 조절해야 한다. 국회 내 예산안 심의 절차가 하향식 의사결정과정으로 개편이 되면, 위와 같은 목적을 위해서도 기여하는 바가 있다. 예산위원회를 통하여 재정총량이 결정되고 분야별 예산이 배분된다면, 상임위원회의 예산안 증액에도 어느 정도 한계치가 부여될 수 있다. 또한 수권위원회를 통해서 선심성 사업들이 허가를 받지 못하도록 미리 조절할 수도 있다. 같은 취지에서, 예산결산특별위원회를 상임위원회화 시키고 예결위원들이 상임위원을 겸하지 못하게 함으로써, 상임위의 이해관계에서 독립적으로 재정총량의 조절에 집중할 수 있도록 현행제도를 개선할 수도 있다. 이와 함께 예산안의 심의 과정을 투명하게 공개함으로써 '선심성예산 남발'을 제어하는 효과를 증대시킬 수 있다.

6) 사전예산제도

사전예산제도(Pre-Budget)란, 정부가 국회에 본예산을 제출하기 전에 사전예산서(Pre-Budget Statement)를 미리 작성하여 국회의 심의를 받는 제도이다. 보통 사전예산서에는 3~5년의 경제전망, 재정목표, 총지출한도, 분야별 재원배분 등의 중기재정운용계획이 반영된다. 해외에서는, 영국(Pre-Budget Report), 스웨덴(Spring Fiscal Policy Bill), 뉴질랜드(Budget Policy Statement) 등에서 도입되어 시행되고 있다. 시행 중인 대부분의 나라에서 본예산이 제출되기 3~5개월 전에 사전예산서가 국회에 제출되는 것을 기본으로 하고 있다. 캐나다의 경우, 사전예산서를 법적인 형태로 제출하지는 않지만, 회계연도 개시 4개월 전부터 사전예산자문과정(Pre-Budget Consultation Process)의 형태로 20여 차례의 사전예산 관련 청문회를 진행하고, 각계의 다양한 의견을 담은 보고서를 본회의에 제출하고 있다(이덕만·최종덕·윤용중, 2004: 9-10).

(1) 국가재정운용계획과 예산안의 연계

우리나라의 국가재정법은 제7조제1항[8])에서 재정운용의 효율화와 건전화를 위하여 매년 당해 회계연도부터 5회계연도 이상의 기간에 대한 재정운용계획을 수립하여 회계연도 개시 90일 전까지 국회에 제출하는 것을 의무화하고 있다. 이 재정운용계획을 "국가재정운용계획[9])"이라 한다. 또한, 같은 법 제29조제1~2항[10])에서는 기획재정부장관으로 하여금 "예산안편성지침"을 작성케 하고, 중장기 국가재정운용계획이 다음 회계연도의 예산편성에 연계되도록 규정하고 있다.

그럼에도 불구하고 우리나라의 실제 예산과정은 해당 법 규정의 취지에 부합하

---

8) 국가재정법 제7조 ① 정부는 재정운용의 효율화와 건전화를 위하여 매년 당해 회계연도부터 5회계연도 이상의 기간에 대한 재정운용계획(이하 "국가재정운용계획"이라 한다)을 수립하여 회계연도 개시 90일 전까지 국회에 제출하여야한다.

9) 국가재정운용계획은 주로 "재정운용의 기본방향과 목표, 중장기 재정전망, 분야별 재원배분계획, 재정규모증가율, 통합재정수지, 국가채무 전망 등"의 내용을 담고 있다(국회예산정책처, 2010: 33).

10) 국가재정법 제29조: ① 기획재정부장관은 국무회의의 심의를 거쳐 대통령의 승인을 얻은 다음 연도의 예산편성지침을 매년 4월 30일까지 각 중앙관서의 장에게 통보하여야 한다. ② 기획재정부장관은 제7조의 규정에 따른 국가개정운용계획과 예산편성을 연계하기 위하여 제1항의 규정에 따른 예산안편성지침에 중앙관서별 지출한도를 포함하여 통보할 수 있다.

지 못하고 있다. 우리나라의 예산안 심의과정은 본예산이 국회에 제출되는 9월에 시작되어 12월에 본회의의 의결을 거치게 된다. 국가재정법상 예산안편성지침은 4월 30일까지 작성이 되어 각 정부기관에 배포가 되지만, 국가재정운용계획은 9월이 되어서야 본예산과 함께 국회에 제출되고 있다.

이러한 상황에서 국회는 국가재정운용계획에 대해 별도로 심의할 수도 없고11), 나아가 차기 회계연도의 예산안편성지침 및 실제 예산편성이 국가재정운용계획과 효과적으로 연계되었는지 심의하기도 어렵다. 또한, 이 단계에서는 예산안이 대부분 이미 결정된 상황이어서 국회의 예산안 방향에 대한 의견 교환이나 논의가 실질적으로 이루어지기 어렵다. 따라서 국회는 "어떻게 하면 중장기적인 안목으로 재정총량을 결정하고, 분야별로, 나아가 프로그램별로 재원을 전략적으로 배분할 것인가?"와 같은 중장기적인 문제의식보다는 단년도 프로그램의 심사에만 집중할 수밖에 없다(국회예산정책처, 2010: 34).

(2) 사전예산제도의 의의

사전예산제도의 의의는 국가재정운용계획이 예산편성지침서와 함께 미리 국회에 제출되게 함으로써, 국회가 국가재정운용계획을 심의하고, 예산편성이 국가재정운용계획의 의도에 부합하는지 미리 심의할 수 있는 기회를 제공하는 데 있다. 따라서 사전예산제도의 도입은 국회의 예산안 심의의 효과성을 높일 것으로 기대된다. 뿐만 아니라 국가재정운용계획을 바탕으로 중장기 전략을 수립하고 이에 기반하여 단기 해당연도의 예산을 편성한다는 국가재정법의 취지에도 부합된다.

2010년 5월 17일에 신설된 국가재정법 제7조제8항12)은 국가운용계획이 국회에 제출되기 전에 소관 상임위원회인 기획재정위원회에 수립방향을 보고하도록 규정하고 있다. 이는 사전예산제도의 취지를 반영한 제도라고 할 수 있다. 하지만 실제적으로는 국가재정운용계획에 대해 국회의 실질적인 심의 및 의결 영향력이 없어서 유명무실한 상황이라고 해석되고 있다(국회예산정책처, 2013).

---

11) 제도적으로 볼 때, 국가재정운용계획이 소기의 목적을 달성했는가에 대한 구속성이 없는 실정을 생각할 때 문제가 더욱 가중될 소지가 존재한다(국회예산정책처, 2013: 35).

12) 국가재정법 제7조제8항: 기획재정부장관은 국가재정운용계획을 국회에 제출하기 30일 전에 재정규모, 재정수지, 재원배분 등 수립방향을 국회 소관 상임위원회에 보고하여야 한다.

(3) 사전예산제도 도입방안

사전예산제도의 도입을 고려할 경우, 정부가 4월 정도에 사전예산서를 국회에 미리 제출하고 국회에서는 6월 정도까지 검토의견을 정부에 이송해 주는 방안을 생각해 볼 수 있다. 시기적으로 본예산 심의에 국가재정운용계획이 충분히 반영되기 위해서는, 국가재정운용계획이 확정되고 부처별 지출한도가 결정되기 전에, 관련정보가 국회에 제출되어야 한다(국경복 외, 2012: 56). 사전예산서에 포함되어야 하는 내용은 본예산에서 다루어질 부처별 예산 같은 세부내용보다는 국가재정운용계획과 관련된 중장기적인 내용을 다루어야 할 것이다. 이와 관련하여 이덕만·최종덕·윤용중(2004: 12–18)은 다음과 같은 내용들이 포함될 것을 제기하고 있다.

① 예산편성의 기준으로 채택한 거시경제 변수들의 전망치
② 정부가 추정한 주요 재정변수들의 전망치
③ 정부가 결정한 총재정지출 한도
④ 국가 재원배분의 전략적 우선순위
⑤ 정부가 결정한 부문별 재정지출 한도
⑥ 개별사업의 지출규모 결정 시 성과평가 반영 여부

4 공공기금 운용의 효율성 제고

재정민주주의 핵심은 국가의 여러 재정활동이 효율적으로 집행 및 운용되도록 국민의 대표인 국회가 예산과정에 참여하는 것이다. 그런 의미에서 우리나라의 기금은 여러 가지 면에서 국회의 재정통제권을 벗어나서 운용되고 있다. 2016년 기준으로 기금의 규모는 우리나라 정부 총지출의 32%에 육박하고 있다. 이는 우리나라 국가재정에 있어서 기금이 얼마나 중요한지를 보여주면서, 동시에 기금에 대한 적절한 통제가 필요하다는 것을 시사한다.

예산이 회계연도별로 국회의 심의를 거치는 것과 달리, 기금은 그 설립과 사용에 있어서 독특한 재량권과 융통성을 지닌다. 이는 기금을 운용하는 관련 기관에는 여러 가지 편의성을 제공하겠지만, 그 책임성과 재정통제성의 측면에서는 상대적으로 문제

점을 수반한다. 기금의 수와 규모를 효율적으로 조절하고자 하는 노력은 과거부터 지속되었다고 하지만, 현재 결과적으로 보면 기금의 규모는 계속해서 커지고 있으며 기금의 수 역시 줄어들지 않고 있다. 기금제도에 대한 전반적인 개선이 절실하다.

1) 재정통제권의 약화

(1) 기금 설치의 자율성

국가재정법은 기금의 설치에 대해서 다음과 같이 규정한다. 국가재정법 제5조 ① 기금은 국가가 특정한 목적을 위하여 특정한 자금을 신축적으로 운용할 필요가 있을 때에 한하여 법률로써 설치하되, 정부의 출연금 또는 법률에 따라 민간부담금을 재원으로 하는 기금은 별표2에 규정된 법률에 의하지 아니하고는 이를 설치할 수 없다. ② 제1항의 규정에 따른 기금은 세입세출예산에 의하지 아니하고 운용할 수 있다.

국가재정법 제5조가 규정하듯이, 기금은 행정부가 특정한 목적을 위하여 신축적으로 운용할 수 있는 특정자금이다. 무엇보다 기금은 세입·세출 예산에 포함되지 않기 때문에 예산과정의 일반적인 제약으로부터 상대적으로 자유롭고, 행정부나 해당 기관장이 재량적으로 운용할 수 있는 재원이다. 이는 기금이 사용부처인 행정부에 의해서 탄력적으로 운용될 수 있는 장점이 있으나, 의회를 통한 재정권 통제를 핵심으로 하는 재정민주주의의 정신과는 부합되지 않는 측면이 있음을 시사한다.

뿐만 아니라, 현재 운용되고 있는 기금 중에는 그 성격이 불확실한 기금들이 존재한다(문광민, 2012: 55). 먼저, 기금의 본래 개념에 부합되지 않은 기금이 광범위하게 존재하는데, 이러한 기금들이 예산과정의 범주 밖에서 존재할 합리적 근거가 미흡하다. 그리고 정부의 출연금을 재원으로 하는 기금이지만, 국가재정법 별표2에 규정된 법률에 의하지 아니하고 개별 법률에 따라 설치된 기금들도 있다(이와 관련하여 실제적으로 어떤 기금들이 이러한 비판에 해당하는지는 문광민(2012: 56-75)을 참고할 수 있다.). 이와 같은 기금들은 기금 설치 및 존재의 정당성에서 문제가 있다.

(2) 기금 운용의 편의성

국가재정법 제70조13)는 행정부가 기금운용계획을 변경하고자 할 때, 국회의 심

---

13) 국가재정법 제70조제2항: 기금관리주체(기금관리주체가 중앙관서의 장이 아닌 경우에는 소관 중앙관서의 장을 말한다)는 기금운용계획 중 주요항목 지출금액을 변경하고자 하는 때에는 기획재정부장관과 협의·조정하여 마련한 기금운용계획

의·의결을 받는 것을 원칙으로 하고 있다. 하지만 금융성기금에 대해서는 주요 항목 지출금액의 30% 이내에서, 그 외의 기금에 대해서는 20% 이내에서 국회의 승인 없이도 기금운용계획을 변경할 수 있다고 명시하고 있다.[14] 위와 같은 국가재정법 제70조는 기금 운용에 있어서 행정부에 재량권을 부여하는 대표적인 규정인데, 20%, 30%라는 기준이 어떻게 설정된 것이고 이러한 기준들의 타당성에 대한 아무런 근거를 제시하지 못하고 있다. 따라서 이러한 규정들은 기금에 대한 국회의 재정 통제권을 벗어나는 데 악용될 빌미를 제공한다.

뿐만 아니라 기금의 운용계획을 변경하여 지출을 집행하는 경우, 사전에 심의를 받는 것이 아니라, 사후에 결산심사를 받고 있다. 이는 심사가 사후약방문식 심사처럼 이루어질 가능성이 크다는 점에서 재정통제의 입장에서 볼 때 근본적인 문제점이다.

(3) 별개의 여유 자금 보유

우리나라 행정부는 기금과 함께 신축적인 재원을 제공받을 수 있는 별도의 재원으로 자금을 보유할 수 있다. 국가재정법 제95조는 자금에 대해 다음과 같이 규정한다. "국가는 법률로 정하는 경우에 한하여 특별한 자금을 보유할 수 있다." 그러나 행정부가 기금이라는 예산 외 재원을 보유하면서도 자금이라는 또 다른 재원을 보유해야 하는 근거를 제시하지는 않는다. 또한 자금의 설립근거를 "법률로 정하는 경우"라고 규정하고는 있지만, 그 내용에 대한 설명은 없고, 나아가 자금의 관리방식에 대한 어떠한 규정도 없어서 자금의 설치와 운용의 효율성에 대해서 근본적인 우려가 존재한다.

(4) 기금의 운용에 대한 평가방식의 문제점

기금의 평가는 예산과정 밖에 있기 때문에 자체 평가가 상대적으로 더욱 중요하다. 기금의 운용에 대한 외부평가는 기금별로 평가위원회를 두어 개별적으로 시행

변경안을 국무회의의 심의를 거쳐 대통령의 승인을 얻은 후 국회에 제출하여야 한다.

14) 국가재정법 제70조제3항: 제2항에도 불구하고 주요항목 지출금액이 다음 각 호의 어느 하나에 해당하는 경우에는 기금운용계획변경안을 국회에 제출하지 아니하고 대통령령으로 정하는 바에 따라 변경할 수 있다. 1. 별표 3에 규정된 금융성 기금 외의 기금은 주요항목 지출금액의 변경범위가 10분의 2 이하. 2. 별표 3에 규정된 금융성 기금은 주요항목 지출금액의 변경범위가 10분의 3 이하. 다만, 기금의 관리 및 운영에 소요되는 경상비에 해당하는 주요항목 지출금액에 대하여는 10분의 2 이하로 한다.

하고 있다. 관련하여 평가의 방식은 자산운용평가와 기금존치평가가 있다. 평가의 상당한 부분이 정성평가인 점을 고려할 때, 평가의 공정성을 확보하기 위하여 평가단의 구성의 적절성과 평가위원의 독립성 유지가 필수적이다. 하지만 감사원(2012)의 감사에 따르면, 기금운영위원회의 위원이 해당 기금의 평가위원으로 참여하는 등 기금의 운용평가가 적절하게 이루어지지 않고 있다. 기금은 예산과정 밖에 있기 때문에 국회의 통제도 받지 않고 있는데, 자체적으로 진행하고 있는 외부평가에 문제가 존재한다면 사실상 통제를 벗어나 있다는 점을 의미한다.

(5) 기금 설립 및 운용의 "정치성"

정치적인 측면에서도, 새로운 기금의 설치와 운용규모의 증가는 어떤 면에서 필연적인 결과라고 볼 수 있다. 먼저, 행정부의 입장에서 보면, 대통령의 공약사업은 어떤 사업보다 우선적으로 정책에 반영되어야 한다. 또한, 정부부처가 시급하게 필요하다고 생각하는 정책들은 항상 있게 마련이다. 이렇게 다양한 정책과 사업들에 필요한 재원을 마련하기 위해 일반적인 예산과정을 거친다면, 이 과정에서 필요한 예산을 확보할 수 없는 상황이 발생할 수도 있다. 따라서 이러한 위험성에 대비해서 행정부는 필요한 재원을 기금을 통해 마련함으로써, 의회의 심의의결을 피할 수 있다. 뿐만 아니라, 국회의원들에게도 기금은 유권자들의 표심을 자극할 수 있는 주요한 수단이다(문광민, 2012: 116). 이에 더하여 다양한 이익집단들도 자신들에게 이익이 되는 새로운 기금을 조성하고자 영향력을 행사한다. 이러한 "정치성"들이 일반적인 예산통제권을 벗어나는 기금을 남발하게 하는 원인들이 된다(문광민, 2012: 117).

2) 과거 기금제도 개혁사례

기금제도의 도입과 관련하여 우리나라는 독특한 역사적 배경이 있다. 과거 우리나라 경제발전과정에서 행정부가 주도적인 역할을 해왔다. 이러한 맥락에서 행정부가 계획하는 사업의 재원을 안정적으로 확보하기 위해서 기금제도를 활용해 왔다. 하지만 이러한 역사적 경험이 있다고 할지라도 계속해서 절차적 정당성이나 관리의 적절성을 훼손해도 되는 것은 아니다.

우리나라의 기금제도 개혁은 외환위기를 겪으면서 본격화 되었다. 김대중 정부하에서 기금제도의 개혁의 핵심은 다음과 같이 정리할 수 있다. 첫째, 기금의 유형을 재분류하고 기타기금을 공공기금으로 전환하였으며, 민간기금으로 전환이 가능한 기금은 민간기금으로 전환하였다. 둘째, 기금의 운용계획과 결산에 대해서 국회의 심의를 받도록 규정하였다. 셋째, 기금운용평가단을 구성하여 기금의 운용과 자산관리에 대한 평가체계를 구축하였다. 나아가 노무현 정부에서는 기금신설과 기금존치 여부에 대한 평가 제도를 법규화 하였고 기금제도를 국가재정법에 포함시켜서 관련제도를 정비하였다(문광민, 2012: 95).

이러한 노력에도 불구하고 우리나라 기금제도에 대한 개혁은 아직 미완이고, 개선의 여지들이 많다. 기금제도는 지속적인 비판을 받았기 때문에 이 과정 속에서 다수의 기금들이 폐지되었다. 하지만 결과적으로 볼 때, 기금의 전체 수는 크게 변화되지 않고 있다. 가장 큰 이유는 새로운 기금들이 계속해서 설립되기 때문이다. 이는 신축적인 여유재원인 기금에 대한 재량권을 행정부에서 포기하지 않기 때문이다.

3) 기금제도 개선방향

기존의 연구들에서 언급된 우리나라 기금제도의 개선방향은 다음과 같이 요약할 수 있다(관련하여 자세한 내용은 문광민(2012: 106-115)에서 찾아볼 수 있다). 첫째, 기금의 본래 목적에 부합하지 않은 기금은 폐지한다. 이러한 기준에 해당하는 기금은 먼저, 재원을 주로 일반회계에 의존하고 사업의 성격을 볼 때, 신축적 운용이 절대적이지 않은 기금이다. 다음으로, 재원조성과 사업의 목적이 일치하지 않고 신축적 운용이 절대적이지 않은 기금 역시 여기에 해당된다. 둘째, 유사하거나, 중복성이 있거나, 통합할 때 시너지 효과가 있는 기금들은 통폐합한다. 셋째, 기금과 별개로 존재하는 자금을 폐지하거나, 그 구성요건을 보다 명확하게 법률에 규정한다. 넷째, 기금운용계획을 변경할 때, 국회의 심의의결을 받지 않아도 되는 비율기준(금융성 기금은 30% 이내, 그 외의 기금은 20% 이내)을 폐지해야 한다. 다섯째, 기금운용계획을 변경하여 신규사업을 추진하는 것을 금지해야 한다. 여섯째, 기금의 주관부처와 사용부처가 불일치 할 경우, 사용부처로 이관하여 해당 상임위원회의 심의를 받게 한다. 일곱째, 기금운용평가단 위원선정 기준을 정비한다(문광민, 2012: 116-119).

지난 기간 동안 기금제도를 개선하기 위한 다양한 시도들이 있었다. 그리고 현재의 기금제도에 대해서도 여러 가지 개선방안들이 제시되었다. 하나하나 의미 있는 노력들이라고 평가할 수 있다. 하지만 이러한 개선책들은 근본적인 방안이 될 수 없다. 재정통제의 입장에서 볼 때, 근본적으로 기금을 예산 밖에서 독립적으로 설치하고 관리하는 것에 대한 당위성이 부족하다.

　다른 주요 국가의 경우를 참고함으로써 우리나라 기금제도의 효과적인 개선에 도움을 받을 수 있다. 미국과 일본도 기금을 운용하고 있다. 하지만 원칙적으로 일반적인 예산 범주 내에서 별도 관리하는 성격이 강하다. 따라서 큰 의미에서 볼 때, 의회의 재정통제권 안에 기금이 포함되고, 운용 역시 행정부의 재량권보다는 통제에 상대적으로 역점을 두고 있다(문광민, 2012: 85). 일반적인 예산의 범주 밖에서 운용되고 있는 우리나라의 기금제도와의 근본적인 차이라고 볼 수 있다. 따라서 기금제도의 근본적인 개선의 방향은 장기적으로 예산으로의 통합에 있다. 이를 위해 기금들이 반드시 예산 밖에서 운용되어야 하는지에 대한 타당성 평가부터 시작해 봐야 한다.

5　결산기능과 회계감사의 협조체계 구축

1) 결산제도와 회계감사의 현황과 한계

　결산이란 하나의 회계연도 내에 발생한 모든 수입과 지출, 자산과 부채 등의 증감 내역을 확정적 수치로 표시하는 행위를 의미한다(김춘순, 2012: 54). 그동안 결산은 수입과 지출의 결과를 확인하는 데 중점을 두었으나 최근에는 성과관리 및 성과평가 역시 중요시 되고 있다. 하지만 우리나라의 결산과정은 아직까지 회계적인 결과 점검에 치중하고 있는 실정이므로 행정부가 제출하는 결산서는 집행실적 및 합법성 판단 위주의 정보로 구성되어 있다(하종범·이남수, 2015: 25). 특히 법률적으로 국회의 결산 책임이 없어 예산안 심사에 비해 관심이 부족한 현실이다.

　우리나라 결산과 관련하여 첫 번째 문제점은, 결산과정을 통하여 행정부의 잘못된 재정집행이 발견되었다 하더라도 실질적으로 책임을 지게 하기 어렵다는 것이다. 행정부가 제출하는 결산안은 국회에서 수정할 수 없는 안건으로 국회의 의결은 행정부의 결산안에 대한 채택 여부만 결정한다. 국회는 시정사항이나 대정부 촉구사항 등을 결의할 수 있는데, 법적인 강제력이 부재하여 결의안에 대한 시행여부는 정부의 시행의지에 달려 있다. 따라서 국회가 결산심사를 통해 위법하거나 미비한 사항을 발견하여 시정을 요구하더라도 행정부가 이를 꼭 시행해야 하는 의무가 없다.

이것이 우리나라 결산의 근본적인 문제점이다.

둘째, 예산과 결산의 연계가 부족하다. 결산심사는 국가의 지출이 국회에 의해 심의·의결된 예산안에 맞추어 적절하게 집행되었고, 효율적으로 운용되었는지, 그리고 재정지출이 소기의 목적을 달성했는지를 평가하는 것이다. 하지만, 결산의 목적은 여기에서 그치지 않고, 당해 회계연도의 결산결과를 차기 회계연도의 예산안에 반영하는 것 역시 결산의 중요한 목적이다. 따라서 예산과 결산은 밀접하게 연계되어야 한다. 그러나 현재는 당해 회계연도의 결산에서 발견된 집행부진이나 성과미흡 등의 결과를 차기 회계연도의 예산안 심의에 반영하는 제도적 장치가 부족하다. 이러한 제도적 장치의 결여는 우리나라의 결산과 예산이 연계없이 운영되는 결과를 가져 왔다.

셋째, 결산관련 정보의 내실화가 필요하다. 결산과정을 통하여, 비효율적인 재정운용 또는 성과 미흡 등의 사업 또는 정책을 제대로 평가하기 위해서는 과학적이고 심층적인 결산심사가 필요하다. 이처럼 과학적이고 심층적인 결산심사가 이루어지기 위해서는 적절한 정보제공이 필수적이다. 하지만 행정부가 제출하는 결산서류는 구체적인 사업내용과 지출내역에 대한 세부설명이 부족하여, 국회가 사업에 대한 내용을 깊이 이해하기에는 제공되는 정보가 충분하지 않다는 지적이 있다(하종범·이남수, 2015: 21). 최근의 결산에서는 재정지출의 효과성, 즉 성과분석도 강조하고 있다. 이는 재정지출이 원래의 소기의 목적을 얼마나 달성했는지를 평가하는 것이다. 성과분석을 하기 위해서는 해당 사업들이 추구하는 목적은 무엇인지, 이를 평가하는 평가지표는 무엇인지, 달성하고자 하는 목적치는 얼마인지 등 다양한 정보가 결산 담당기간에 제출되어야 한다. 하지만 현재 우리의 행정부가 제출하는 성과보고서는 성과지표의 타당성, 성과목표치의 적정성 및 성과측정의 객관성이 부족하여 신뢰성이 떨어진다는 평가를 받고 있어서 이에 대한 개선도 시급하다(하종범·이남수, 2015: 22).

무엇보다도, 예산과정에서 회계감사를 담당하고 있는 감사원의 독립성 제고가 필요하다. 회계감사란, "국가·지방자치단체 등의 회계에 관하여 감사원이 조사하는 것"을 말한다.15) 미국의 예산과정에서 회계감사를 담당하는 기관은 GAO(Government Accountability Office, 감사원)이다. 미국의 감사원인 GAO는 의회 소속기관이면서 법

---

15) 행정전문용어사전(https://www.minwon.go.kr/main?a=AA170WHDicAppNew) (검색일, 2017.6.30.)

적으로 강한 독립성을 부여받고 있는 상설기관이다. 감사원장은 의회 상원의 자문과 동의를 얻어 대통령이 임명한다. 감사원장의 임기는 15년으로 하고, 70세가 넘거나 10년 이상 근무하는 경우에는 퇴직이 가능하다. 감사기관을 피감기관인 행정부에서 독립된 기관으로 만든 것은 행정부의 재정지출에 대한 GAO의 회계검사가 외부감사 (External Auditing)가 되게 하여 회계감사의 객관성을 높이는 것이 주요 목적이다.

반면에, 우리나라의 감사원은 대통령 산하기관으로서 그 독립성이 상대적으로 보장되기 어려운 상황이다. 감사기관이 피감기관에 소속되어 있는 구조로서 비합리적이다. 헌법 제98조16)에 의하면, 감사원장은 국회 동의를 얻어 대통령이 임명하고, 감사위원은 감사원장의 제청으로 대통령이 임명하는 것으로 규정되어 있다. 감사원이 대통령 산하기관이어서 현재 감사시스템은 외부감사라기보다는 행정부 조직 내 내부감사의 성격이 있다. 따라서 감사원의 독립성 및 공정한 인사를 보장하기 위한 시스템이 필요하다.

2) 감사원 회계감사와 국회 결산기능의 협조

(1) 상시적인 회계감사권 구축

세계 각국의 회계감사기관은 정치제도에 따라 다양한 형태로 존재한다. 예를 들면, 내각제 국가형태에서 회계감사기관은 의회에 소속되거나 행정부에 소속되거나 큰 차이를 나타내지 않는다. 하지만 대통령제 국가에서는 회계감사기관을 행정부에서 독립시켜야 제대로 된 견제와 균형의 원리를 추구할 수 있다. 행정부에 속해 있으면 감사기관이 피감기관에 속해 있어서 독립성을 보장받지 못하고, 객관적인 감사에 지장을 초래하기 때문이다. 실제로 대통령제 국가인 미국은 감사기관인 GAO를 의회소속으로 두고 강한 독립성을 부여하고 있다. GAO는 상시적인 회계감사를 수행하여 혹시 있을 수 있는 정부의 예산 낭비를 파악하고 국가사업의 성과관리 및 성과평가를 시행하고 있다. 이에 반해, 우리나라에서는 회계감사권이 있는 감사원이 대통령 소속이므로, 국회가 필요 시 감사원에 감사를 요구하고 있으나 실질적인 감

---

16) 헌법 제98조 ① 감사원은 원장을 포함한 5인 이상 11인 이하의 감사위원으로 구성한다. ② 원장은 국회의 동의를 얻어 대통령이 임명하고, 그 임기는 4년으로 하며, 1차에 한하여 중임할 수 있다. ③ 감사위원은 원장의 제청으로 대통령이 임명하고, 그 임기는 4년으로 하며, 1차에 한하여 중임할 수 있다.

사원 회계감사 정보에 대한 국회의 접근은 제한을 받고 있다.

상시적인 회계감사를 위한 감사원과 국회 결산기능의 협조체계 구축방안으로 다음과 같은 가능성들을 고려할 수 있다.

첫째, 감사원의 독립기관화

둘째, 감사원 회계감사 기능의 국회이관

셋째, 감사원 회계감사 결과의 국회 상시보고

(2) 결산심사를 위한 시간과 조직 확충

국회가 결산심사를 제대로 하기 위해서는 정부의 주요 정책 또는 사업들의 구체적인 예산집행 내용과 성과에 대한 자료와 정보를 세부적으로 분석해야 한다. 이를 위해서는 상당한 시간과 노력이 필수적이다. 하지만 우리나라의 국회결산심사 일정은 소기의 목적을 달성하기에는 턱없이 부족하다. 결산심사를 위하여 평균적으로 상임위원회에서 3일, 예산결산특별위원회에서 5일 머물고 있는 실정이다. 따라서 촉박한 심사기일과 형식적인 심사형태가 고착화되고 있다(하종범·이남수, 2015: 23). 결산심사 기간이 실질적으로 부족하다보니, 결산안의 국회의결 기한이 8월 31일이지만 최근 지속적으로 결산안 의결이 법정기한을 초과하고 있다. 최근에는 2011년을 제외하고 기한을 준수한 적이 없다. 국회가 결산심사를 기한 내에 처리하지 못할 경우, 결산심사 일정과 국정감사, 나아가 예산안 심사 일정이 중복되기 때문에 악순환이 가중된다. 따라서 국회와 행정부가 국정감사와 예산안 심사에 집중하여 결산심사가 제 기능을 찾기는 더욱 요원해진다.

관련하여 예산결산특별위원회(예결위)가 예산안과 결산안을 모두 심의하고 있는 현재의 시스템에 대한 논의도 필요하다. 예산안과 결산안의 심의기능이 모두 예결위에 있기 때문에 예결위 의원들은 상대적으로 결산안 심사보다 예산안의 심의에 더욱 관심을 가지게 된다. 게다가 현재의 예결위는 상임위원회가 아니라 특별위원회이고 예결위원들의 임기가 1년에 불과하다. 따라서 해마다 위원들이 교체되므로 관련 업무에 대한 계속성과 전문성이 확충되기 어려워 심의가 부실해지는 원인으로 작용하고 있다.

6 결 론

예산은 회계연도를 기준으로 작성된 국가재정의 운용을 위한 세입과 세출의 계획안이다. 하지만, 해당 회계연도에 정부가 집행하고자 하는 사업들의 비용들을 모아놓은 통계표에 불과해서는 안 된다. 예산에는 해당 국가가 공공의 재원을 지출하여 이루고자 하는 목표가 제시되어야 하고, 이 목표를 달성하기 위한 전략과 구체적인 관련 사업들이 망라된 재정계획(Financial Plan)이라고 할 수 있다.

예산과 관련한 주요과정은 "예산안의 편성"－"예산안의 심의·확정"－"예산의 집행·지출"－"지출의 심사·결산 및 환류"로 정리될 수 있다. 이러한 전체 예산과정에는 다양한 국가기관들이 관여하고 있다. 예산과정이 중요한 만큼 관련 국가기관들 간의 독립성과 균등한 재정권한의 배분이 무엇보다 중요하다. 우리는 본 절에서 우리나라의 예산과정과 연관된 주요 국가기관들 간의 재정권한이 적절하게 분배되어 있는지를 살펴보았다.

우리나라 예산의 편성권한은 전적으로 행정부가 가지고 있다. 예산안의 심의·확정권은 국회가 가지고 있다. 예산과정에서 작동하는 국회의 재정통제권이 행정부의 권한에 비해 비대칭적으로 미약하다는 우려의 목소리가 크다. 행정부가 국회에서 확정된 예산에 어긋난 지출을 해도, 이를 규율할 수 있는 실질적인 장치가 없다는 것이 근본적인 문제점으로 지적되고 있다. 이를 극복하기 위해서 예산법률주의의 도입이 필요하다는 주장이 강하다. 예산이 법률로 정해지면, 예산법률에 반한 재정지출에 대해서 법률위반으로 제재를 가할 수 있기 때문이다. 이를 통해 행정부의 재정지출에 대한 책임성을 강화시킬 수 있다.

우리나라 국회의 예산안 심의과정 자체에도 개선해야 할 점들이 있다. 무엇보다 예산안 심의과정이 상향식으로 되어있어서 행정부의 예산편성이 하향식으로 진행되는 것과 엇박자를 내고 있다. 상향식 심의과정으로는 거시적인 계획과 미시적인 심사를 동시에 이루기 어렵다. 따라서 예산결산특별위원회의 종합심사를 통해서 재정총량심사를 먼저하고 상임위원회에서 세부사업심의를 하는 하향식 예산안 심의과정으로의 개편이 필요하다. 예결위를 상임위로 바꾸고 예결위원들의 전문성을 향상시켜야 한다. 이를 통해 여타 상임위들의 이해관계에서 독립시키면 재정총량을 효율적으로 관리할 수 있고, 나아가 '선심성예산증액'의 고질적인 문제도 개선할 수 있는 여지가 있다. 그리고 예산안의 편성과 심의과정에서 행정부와 국회 간의 협력을 증진하기 위해 사전예산제도의 도입을 고려해 볼 수 있다.

지출과 집행의 단계에서 가장 시급한 것은 기금의 개편이라고 생각한다. 기금을 통폐합하고 규모와 수를 줄이고자 하는 노력은 계속되어 왔다. 하지만 그 설치의 편의성과 운용의 신축성 때문에 행정부는 계속해서 신규 기금을 설치하고 있고 기금의 전체 규모는 계속해서 증가하고 있다. 다양한 개선책들이 시도되고 또 제안되고 있지만, 결국 기금을 예산의 범주 안으로 포함시키는 것이 장기적이지만 근본적인 개선방안이 될 것이다. 사용부처인 행정부와 독립된 기관에서 기금의 설치와 운용에 대한 심의와 평가를 지속해야 한다.

우리나라의 전체 예산과정에서 볼 때 국회의 결산심사는 상대적으로 소홀한 관심을 받고 있다. 결산심사의 내실화를 위하여 관련 정보의 공개가 시급하고, 국회 예산결산특별위원회의 역량강화와 결산심사를 위한 물리적 시간 확보가 필요하다. 또한 국회의 결산과 관련한 지시사항을 행정부에 강제할 수 있는 제도적 장치도 필수적이다. 무엇보다 회계감사를 담당하고 있는 감사원의 독립성 확보가 급선무이다. 감사기관이 피감기관에 소속되어 있는 불합리한 구조의 개선이 필요하고 회계감사와 국회 결산의 유기적인 협력이 필요하다.

본문에서 언급된 문제점을 통해 볼 때, 우리나라의 재정 및 예산과정에 재정 민주주의와 민주적 공화주의가 온전히 구현되고 있다고 할 수 없다. 예산과정과 관련된 권력기관들 간의 상호견제 기능이 균형을 이루지 못하고 있고, 예산과정에 주권자인 국민의 의사가 제대로 반영되지 못하고 있다. 관련한 정보들이 투명하게 공개되지 못하고 있으며, 감사기관을 포함하여 다양한 예산관련 기관들의 독립성이 침해를 받고 있는 실정이다. 예산과정에서 재정민주주의 및 민주적 공화주의가 확립되기 위해서는 부단한 개선의 노력이 필요하다.

예산과정에 존재하는 많은 문제들을 단 하나의 조치로 해결할 수는 없다. 예산과정에 관여하고 있는 관련기관들의 독립성을 확보해주고, 각 기관의 본분을 행할 수 있도록 방해물들을 제거해 주어야 할 것이다. 결국 예산과정에 관여하고 있는 주요 기관들이 제대로 작동하여, '견제와 균형'의 원리가 작동되게 하는 것이 근본적인 개선책이다.

CHAPTER **4**

규제개혁과 민관협력

이 민 창

1 서 론

　　규제는 국민과 기업의 사회적 사회 작용을 제약하는 속성을 지닌다. 환언하면
규제는 국민의 권리를 제약하는 특징을 보인다. 민주주의 국가에서 국민의 권리를
제약하려면 오직 법률에 근거해야만 한다. 법률에 의해 국민의 권리를 제약한다는
민주주의의 원리는 결국 규제와 규제개혁 모두 국민의 관점과 의견을 반영해 나갈
필요가 있다는 의미로 볼 수 있다. 그 논리적 결과로 규제개혁 추진 현장에서 민간
의 규제개혁 참여는 당연한 것으로 여겨져 왔다. 규제개혁 추진 과정에서 민관협력
이 당연한 것으로 여겨지는 이유는 이론적 근거와 실무적 수요에서 기인한 것으로
보인다. 먼저 이론적으로는 규제의 대상이 '기업' 혹은 '개인'이라는 점과 민주주의
국가의 구성 원리상 기업과 개인으로 대별되는 국민의 권리를 제약하는 특성을 가
진 규제를 형성하거나 집행하는 데에는 반드시 국회의 동의를 전제한 법률에 그 근
거를 두도록 하고 있다는 점이 논거가 될 수 있다. 이런 이유로 규제개혁 논의에서
개인이나 기업의 권리 보장을 위해 이들의 참여를 보장해야 한다는 주장이 가능하
다. 그러나 규제개혁 현장에서는 이보다 더 실무적이고도 절박한 사유로 민관협력을
필요로 한다. 즉, 민관협력을 통하지 않으면 규제집행 현장에서 구체적으로 규제가
기업과 개인의 어떤 권리를 어느 정도 제약하고 있는지를 확인하기 어렵고, 특히 규
제가 의도하지 않은 결과를 양산하고 있는지, 하나의 규제가 어떤 형태로 다른 규제

들과 관련되어 중복적이거나 가중적인 부담을 야기하고 있는지를 확인하는 데에는 현실적인 한계가 존재하기 때문이다.

　정부는 이런 현실적 수요를 반영하여 규제개혁이 추진되는 과정에서 다양한 형태로 민관협력 구조를 설계하여 집행해 왔다. 1998년 본격적으로 규제개혁이 추진되기 시작한 이래 현재까지 규제개혁이 추진되는 일반적인 과정을 살펴보면, 국무조정실이 간사역할을 담당하면서 관련 실무를 관장하고, 규제개혁위원회가 논의를 거쳐 의사결정을 수행하는 구조를 취하고 있다. 규제를 발굴하고 개선안을 결정하며 규제개선 상황을 모니터링하는 일련의 과정에 민관협력을 보장하는 메커니즘이 설계되어 있는 방식이다. 그러나 실제 민관협력이 작동하는 현장에서는 정권 변화에 따라 규제개혁 추진체계 설계 방식이 다소 다른 경우도 있었다. 그러나 대부분의 경우, 민관협력 구조 설계의 초점은 규제 발굴 단계의 협조관계 구축에 초점을 두고 있다. 이는 규제개혁의 제반 과정에서 모두 민관협력을 포함하는 것은 아니고, 시대적 상황 혹은 규제개혁 추진 정책의 필요성에 따라 민관협력 구조를 설계해 왔다는 것을 의미한다. 즉, 민관협력의 의미를 때로는 의견 수렴 차원으로 이해하기도 하고, 때로는 신산업에 대한 국정 동력 확보 구조로 이해하기도 하였으며, 또 한편으로는 민원 혹은 정책 애로 사항을 수집하는 창구로 이해하기도 한 것으로 보인다(최병선·이혁우, 2014: 6-19). 이런 민관협력 인식 차이는 각 정권별 민관협력 조직의 위상 변화 및 권한변화로 연계되어 그 성과에도 영향을 미친 것으로 볼 수 있다. 자연스러운 결과로 규제개혁위원회의 위상도 변화하였으며, 민간위원의 참여를 보장하고 있는 위원회의 특성에도 불구하고 그 실질적 영향력은 변화를 보인 것으로 볼 수 있다.

　이처럼 다양한 형태를 띤 규제개혁 과정의 민관협력은 이론적 관점에서 어떻게 설명될 수 있을까? 물론 규제개혁 추진과정에서 민관협력을 살펴보는 이론적 관점은 다양하게 나타날 수 있다. 가장 전통적인 정책흐름모형의 관점에서 본다면, 개혁이 필요한 대상 규제들이 발굴되어 규제개선 요구가 투입되고, 이들이 각종 논의과정 등 전환과정을 거친 후, 최종적으로 규제폐지, 규제개선, 규제존속 등의 산출로 나타나게 된다. 그러나 이미 많은 선행 정책연구에서 지적하고 있는 것처럼 이런 방식의 접근은 다른 정책 추진과정에서 관찰되는 것처럼 규제개선 요구의 투입이 곧 예측 가능한 결과로 전환되는 것은 아니다(임혜수·이태동, 2017: 270-272, 285-286).

이론적으로 규제개선 요구가 선형적으로 반영된다면 규제개선 요구가 투입되어 당연히 개선되는 결과가 나올 것을 예측하지만, 그리고 그 과정에서 민관협력이 활발하게 일어날 것으로 기대하게 되지만, 현실 규제개혁의 과정에서는 이와는 사뭇 다른 모습을 보인다. 대부분의 규제개혁 과정은 고도의 정치경제적 상호작용을 포함하고 있다. 규제권한을 보유하고 있는 정부 부처 공무원의 경우 규제개혁은 담당 부서의 규제권한을 상실하는 것으로 인지되어 규제개혁에 저항하면서 민관협력에 협조적이지 않을 가능성이 크다. 또, 민관협력 과정에 참여하는 민간 기업 혹은 민간 기구의 경우에도 규제라는 '게임의 룰'을 바꾸는 과정에서 기업의 이익에 부합하는 방향의 규제개선 혹은 폐지를 성사시키기 위해 많은 노력을 기울이는 현상이 발생할 가능성이 크다.

이런 상황에 대한 민관협력 이론 관점의 설명은 상대적으로 부족한 것이 현실이다. 이 연구는 규제개혁 과정에서 민관협력이 필요한 이유에 대한 이론적 검토와 민관협력의 성공적 운영을 위한 요건을 확인하여 분석기준을 도출하고 그 기준을 박근혜 정부의 민관협력 체계에 적용해 시사점을 도출함으로써 규제개혁 추진과정의 민관협력의 필요성을 체계적으로 정리해 보는 데 그 목적을 두고 있다.

2 민관협력 파트너십 이론

1) 민관협력 파트너십의 개념 범위

(1) 민관협력 파트너십 개념의 발전과정

민관협력 파트너십 개념은 민영화 이론의 발달과 함께 발전해 왔다.[1] 시장 메커니즘을 통해 국민에게 필요한 서비스 제공을 수행하는 방식의 공공서비스 제공방식 도입이 공공부문의 효율성 향상 수단으로 중요하게 간주되고 있지만, 순수 시장

---

1) 민관협력 파트너십(Public-Private Partnership)의 개념은 조정(Coordination), 협력(Cooperation), 공동노력(Collaboration) 등과 밀접한 이론적 관련이 있음에도 불구하고 개념적으로는 차이가 있다(Hall, 1999). 이 연구에서는 이들의 차이점을 준별하는 것을 목적으로 하지 않고, 온전히 민관협력 파트너십의 개념을 중심으로 규제개혁을 고찰하는 것을 연구범위로 하고 있다.

재화의 형태로 공공서비스를 제공하기 어려운 복합 경제 사회(mixed−economy)의 공공재 제공 방식의 하나로서 민간과 정부가 협력적 파트너십을 형성하여 서비스제공 주체로 기능하는 것을 강조하게 된다. 보다 구체적으로 살펴보면 미국의 경우 민관협력 파트너십은 1960년대 이후 도시 기반시설 투자에 대한 민간 사업자의 참여를 활성화하려는 노력이 활발하던 시기에 발원된 하나의 정책 수단으로 볼 수 있다(Pongsiri, 2002: 487−489, 492−493). 1970년대 미국은 경기 침체로 인해 지방정부가 새로운 기반시설 사업에 투자할 재정적 여력을 확보하기 어려운 상황이 되었고, 이를 극복하기 위해 다양한 방법으로 민간 부문의 참여를 모색하는 과정에서 민관협력 파트너십을 주요한 수단으로 발전시키게 된다. 이런 일련의 흐름은 민관협력 파트너십의 개념이 민영화 이론의 파생 영역에 존재하는 것으로 이해하게 되는 계기를 제공하였고, 이후 민관협력 파트너십은 아웃소싱, 공기업 및 공공기관 등 일련의 민영화 프로그램들과 함께 민간의 참여를 통한 정부 부문 효율화 및 공공서비스 제공 확대의 방법으로 활용되었다(Kettle, 1993). 1990년대 이후 시장경제의 고도화와 자유 시장경제 체제에 대한 개입금지를 강조하는 관점의 공기업 및 공공기관의 역할에 대한 논쟁이 진행되었다.

초창기 민관협력 파트너십의 개념은 이와 같이 공공부문의 효율성 강화를 위한 시장 메커니즘의 도입을 중심으로 발전하였으나, 이를 단순하게 민영화를 통한 시장 메커니즘 도입 수단으로 간주하기는 어렵다. 이미 시장에서 수행하는 공적 업무 혹은 공공 서비스의 영역과 공공 부문에서 수행하는 직무 범위 및 영역이 중첩되는 현상이 다양한 행정 현장에서 관찰되어 오고 있으며(ADB, 1999: 3), 2000년대에 들어서는 시장 경제의 활성화 및 자유 경쟁 시장의 보장을 위한 공공부문의 역할 증대가 규제개혁과 연계되고 있기 때문이다. 요컨대 민관협력의 개념은 초기 공공서비스 제공 과정에 민간 참여의 가능성과 방법을 찾기 위해 모색한 정책 수단에서 출발한 것으로 확인된다. 그러나 민관협력은 초기 개념과 같은 좁은 의미로만 활용된 것은 아니니다.

(2) 민관협력 파트너십 개념의 다양성

Linder(1999: 39−48)는 파트너십을 보는 관점을 확장하면서 민관협력 파트너십의 개념적 다양성을 언급하고 있다. 먼저 이념적 차원에서 민관협력 파트너십은 신자유주의(neoliberalism)와 신보수주의(neoconservatism)의 자유 시장경제체제에 대한 이념적 가치를 계승하고 있다. 그러나 이 두 관점은 상당히 다른 시각을 보이기도 한다. 전자의 경우 시장 행위자들의 자유로운 거래 보장의 범위와 개인의 권리 보장을 보다 중요하게 생각하는 반면, 후자의 경우 국가의 기능과 공공서비스 제공을 보다 강조한다. 민영화에 대한 시각도 차이를 보이는데 전자의 경우 비효율성의 제거를 위해 민영화 및 관련 정책 수단으로서 민관협력 파트너십을 채택하고, 후자의 경우 국가의 과도한 부담을 줄이기 위해 민관협력 파트너십을 채택한다. 전자의 경우 시장의 중요성을 인정하여 시장 중심으로 공공서비스 제공을 재편하려는 시도인 반면, 후자의 경우 정부의 지속적인 공공서비스 관리 기능을 유지하려는 관점을 견지한다는 데서 그 차이를 확인할 수 있다(이민창, 2017: 277). 이런 이념적 차이로 인해 민관협력 파트너십은 다양한 형태의 개념으로 활용되는데, 최소한 여섯 가지 의미로 사용되고 있는 것으로 분류해 볼 수 있다. 이를 좀 더 구체적으로 살펴보면 다음과 같다.

그 첫 번째는 경영 혁신 관점의 민관협력 파트너십 개념 활용이다. 미국의 경우, 민관협력 파트너십의 역사적인 배경이 공동체의 발전을 위한 자발적 협력 의무와 관련된 것임에도 불구하고, 이 관점에서는 정부 기능에 대한 혁신적인 정책수단으로 간주된다. 이 관점은 '경쟁' 메커니즘을 통해 비효율이 제거된 민간 부문의 경영 기법이 공공부문의 공공서비스 생산 및 공급 과정에 반영되어 정부의 비효율을 제거하는 형태로 기여하는 방식이다. 즉, 이 관점의 민관협력 파트너십은 공공부문의 비효율 제거를 기본 목적으로 한다.

두 번째는 서비스 제공 방식 전환 관점의 민관협력 파트너십이다. 이 관점은 정부가 제공하고 있던 서비스 영역에 민간의 참여를 유도하는 방식으로 구체화 된다. 이 방식에서 민간 기업은 자본과 기술력을 공공 부문에 유입시키게 된다. 이 방식은 공공부문이 해결해야 할 문제들을 상업화시키는 방식으로 해석되기도 하는데, 주로 도로나 기반시설과 같은 분야에서 활용되는 민관협력 파트너십을 지칭하기도 한다. 이 경우 프로젝트별로 민관협력 파트너십이 형성되기도 하며, 정부는 일종의 투자 중개인과 같은 역할을 수행하면서 민간 기업의 성장을 촉진하고 형평성을 전제한 상업적인 거래를 촉진하는 역할을 수행하는 것으로 이해되기도 한다.

세 번째는 도덕적 쇄신 관점의 민관협력 파트너십이다. 이 관점에서는 민관협력 파트너십의 활용을 통해 정부를 보다 시장에 가까운 형태로 운영하려는 시도를 한다.

신자유주의의 관점에서는 시장의 효율성 메커니즘이 도입된 분야의 운영이 정부의 다른 분야에 영향을 미치면서 시장 유인구조 체계를 수용하게 될 것이라는 형태의 인식 전환이 발생할 것으로 이해하게 된다. 또 신보수주의의 입장에서는 민관협력 파트너십의 활용이 민간 부문과 공공 부문의 중간에 위치하여 정부를 시장의 이미지로 탈바꿈하는 기능을 한다고 본다. 이런 과정에서 공공 부문의 종사자는 사고방식의 전환, 즉 시장 지향의 정부기능 수행이라는 도덕적 쇄신이 발생하게 된다는 것이다.

네 번째로는 위험 전가(risk shifting)로서의 민관협력 파트너십이다. 이 관점에서 민관협력 파트너십은 정부의 재정 부족을 민간 부문에 전가하는 수단으로 이해된다. 정부가 추진해야 하는 기반시설과 관련된 공공사업의 경우, 검증 과정에서 충분한 자본 조달이 보장되지 않는 상황이 발생하게 되고, 정부는 민관협력 파트너십을 통해 정부 사업 참여를 통한 상업적 이윤을 일정 정도 보장해 주는 대신, 자본을 유치하여 관련 사업을 추진할 수 있도록 하는 개념이다. 이는 정부가 민간 자본의 집약적 활용을 통해 자본 집약적 사업의 초기 개시가 용이할 수 있도록 하는 것으로서 완전한 민간 시장 중심의 민영화 조치는 아니지만, 정부가 투자해야 하는 초기 자본의 제약을 극복하는 방법으로 이해될 수는 있다. 결과적으로 이 방식은 공공서비스 제공은 보장하면서 재정적 제약을 극복하고 사업성도 보장한다는 문제인식의 전환이 포함되어 있다.

다섯 번째로는 공공서비스 재구조화로서의 민관협력 파트너십이다. 정부 혹은 공공 부문의 공공서비스 제공방식은 담당자의 재량과 조직 내부의 복잡한 절차를 거쳐서 제공되는 것이 전통적이다. 그러나 민관협력 파트너십은 이런 공공분야 내부의 복잡한 절차의 준수 부담을 줄여 준다. 참여하는 민간 부문의 영역이 넓어질수록 보다 간소한 절차를 통한 공공서비스 제공이 가능해지며, 서비스 절차 개선으로 인한 공공 분야 노동 인력의 이동이 가능해진다. 다시 말하면 노동 인력이 민간 시장 부문으로 이동하게 되어 규정과 계약에 의한 노동 기준이 임금을 기준으로 하는 노동시장으로 이전하게 된다는 의미이기도 하다. 민관협력 파트너십에 의한 공공서비스 재구조화는 이렇게 직무 절차와 노동인력의 양 방향에서 발생할 수 있다.

여섯 번째로는 권력 분산 및 공유의 방식으로서 민관협력 파트너십이다. 민관협력 파트너십은 기존의 수직적인 권력 운영 방식에서 수평적 통제와 규제로 권력 운영 방식을 바꾸는 것을 의미하기도 한다. 무엇보다도 먼저 파트너 간 협력을 위한 신뢰 구조가 민간과 정부 사이에 형성되며, 이것이 기존의 명령 지시적 규제 방식을 대체하게 된다. 또, 파트너 간의 관계는 상호 호혜성과 함께 책임, 지식, 위험 등을 공동으로 나누어 가지게 된다(Forrer, Kee, Newcomer & Boyer, 2010: 476-479). 마지막으로 파트너 간에는 활발한 상호작용을 통한 권한의 공유가 가능하다. 규제 권한의 경우에도 민관협력 파트너십의 영역에서 상호작용을 통해 보다 유연하게 하고, 전횡하거나 독단적이지 않게 만들 수 있으며, 피규제자가 수용가능한 수준의 관리가 가능한 것으로 볼 수 있다.2)

2) 본 연구의 민관협력 파트너십 개념과 규제개혁

(1) 전통적 민관협력 파트너십 개념의 모호성

민관협력 파트너십이 다양한 관점에서 활용되고 있기는 하지만, 실제 그 개념이 적용되는 현장에서는 상황적응적인 개념 사용으로 인한 '개념의 모호성'과 근본적 가정에 대한 비판적 견해가 존재한다.3) 민관협력 파트너십을 네트워크 사회의 새로운 거버넌스 형태로 이해할 경우, 기존의 서비스 제공에 민간이 참여하는 것과 같은 일방적이고 편향된 방식의 개념 이해는 적절하지 않은 것으로 본다. 민간은 양질의 재화와 서비스를 보다 낮은 가격에 공급하고, 이에 따라 공공 부문이 개입하는 시장영역을 축소하여 민간 행위자의 시장 활동 영역을 확대하는 것을 민관협력 파트너십으로 이해하는 것은 대단히 협소한 범위의 것이라고 간주하게 된다. 이 관점에서 민관협력 파트너십의 본질은 경쟁(competition)보다는 협력(cooperation)에 있다는 것을 강조한다. 협력 거버넌스의 일환으로 민관협력 파트너십을 이해할 경우, 민관협력 파트너십의 구체적 실행을 위해서는 정책결정 과정의 재설계와 현재의 제도 구조를 재설정해야 할 필요가 있는 것으로 본다(Hodge & Greve, 2009; Teisman & Klijn, 2002).

---

2) 물론 이 경우에도 구체적으로 어떤 유형의 규제 혹은 정부기능에 대해 어느 수준의 권력 공유가 이루어지는지는 전혀 별개의 문제이다. 2000년대 초반 미국의 환경규제 및 보건규제의 영역에서 이런 관점의 민관협력 파트너십 시도가 활발하게 발생하였다. 물론 이 과정에서 민관 파트너십 실행 과정에서 발생한 민간 부문의 이익 투입 노력으로 발생한 사익화 현상 등에 대한 문제점과 이를 교정할 수 있는 대안 모색이 필요하다는 지적이 계속되기도 하였다(Richter, 2004: 45-47).

3) 파트너십은 조정(coordination)이 다분히 공식적이면서도 수직적으로 행위자 간 상호작용에 개입한다는 점에서 구별되고 있으며, 민관협력 파트너십이 권한의 공유를 전제하고 있다는 점에서 공동노력(collaboration)이 직무 중심 접근이라는 점과 구별된다(Hall, 1999).

(2) 민관협력 파트너십 개념의 진화

1970년대 이후 시장 메커니즘의 정부 부문 도입과 민간 기업의 사회적 책임이 강조되기 시작한 이래, 1990년대 후반 이후 시장과 정부 조직의 특징을 완전히 구분하여 접근하는 것이 어려워지고, '경쟁'이 정부 부문에서 일상적인 현상이 되었으며, 민간 부문의 네트워크 조직관리 과정에서도 조정(coordination)과 협력(cooperation)이 일상적으로 받아들여지는 수렴현상이 발견되고 있다. 이런 현상은 정부와 민간이 처한 환경 변화를 반영한 것으로 볼 수 있다.

정책 결정 과정의 관점에서 이를 살펴보면 사회 환경의 변화와 함께 사회의 복잡성이 증가하고, 정책 성과에 대한 사회적 기대와 요구도 높아져 가고 있는 상황이다. 이런 환경변화에 따라 정책 결정의 복잡성도 높아지고 있으며, 정책 결정 과정에서 제반 이해관계자 간의 상호 의존성도 높아지면서 네트워크의 구축과 협력적 거버넌스 구조로서 파트너십 형성의 필요성이 더욱 강조되고 있는 것이다(Teisman & Klijn, 2002: 191–192).

특히, 민관협력의 주체가 정부와 민간 기업 중심에서 비영리 민간기구나 NGO 등으로 확대되면서 기존의 파트너십 개념뿐만 아니라 확대된 의미의 그리고 보다 실질적인 의미를 포함하는 형태로 파트너십 개념이 진화되어 나가게 된다. NGO의 정책 과정 참여는 규범적인 차원에서 정부, 민간 기업, 서비스 혹은 자원 기부자 등 파트너십 관련 행위자들 간의 형평성과 포괄성이 파트너십에 필수적인 요건이 된다는 점을 강조하는 계기가 된다. 즉, 민주적 가치라는 측면에서 볼 때 참여와 권한위임을 포함하고 있으며, 상호 호혜성과 공평성, 책임성을 포함하고 있는 파트너십의 개념이 지속 가능한 사회 발전이나 공공 서비스 제공에 윤리적으로 가장 적절한 접근 방법이라는 것이다.4) 이런 접근에 따르면 민관협력 파트너십 참여자의 구성 내지는 유형이 변화하고 있으며, 이들이 상호작용하는 사회의 복잡성이 증가하고 있어서 그 변화에 따라 민관협력 파트너십의 개념도 행위자와 목적 중심에서 파트너십의 기능과 특징을 포괄

---

4) 물론 이와는 다른 관점도 존재한다. 이들의 관점이 대단히 규범적이고 현실을 반영하지 못한다는 비판도 존재한다. 모든 파트너십 참여자들이 원래 의도한 것처럼 행동하지 않는 경우도 많고, 실제 파트너십의 현장에서는 개별 행위자들의 기회주의적 행동이 발생하는 경우도 많다는 것이다. 이런 점에서 민관협력 파트너십이 하나의 수사(rhetoric)에 불과하다는 비판이 존재한다(Brinkerhoff, 2002).

적으로 반영할 수 있도록 변화해야 한다고 볼 수 있다. Brinkerhoff(2002: 21)는 이런 관점을 잘 반영하는 파트너십의 개념을 강조하고 있다. 이를 요약하여 정리해 보면 아래와 같다.

"파트너십은 상호 합의된 목표에 근거하여 파트너 각각의 이익을 고려한 합리적인 노력의 분담에 대한 이해를 공유하고 이를 달성하려는 노력을 기울이는 다양한 행위자들 사이의 동적인 관계이다. 파트너십은 상호 존중, 의사결정에 대한 동등한 참여, 상호 책임 그리고 투명성이 확보된 참여자의 개별적인 자치권 보장과 시너지 효과 간의 균형을 섬세하게 고려한 상호 영향을 포괄적으로 포함한다."(Brinkerhoff, 2002: 21)

이런 관점의 접근은 민관협력 파트너십에 대한 중요한 시사점을 제공한다. 무엇보다도 개념적으로 향후 민관협력은 '상호성'에 근거해야 한다는 점, '참여자(조직)'의 특성 및 민주적 가치를 보장해야 한다는 점이 기존의 목적 지향적이고 결과 지향적인 개념 정의와 차이를 보인다.

이처럼 상황 변화를 반영하여 민관협력 파트너십의 개념이 확장되는 것은 불가피한 것으로 이해해 볼 수도 있다. 이와 같은 현상을 포괄적으로 정리해 본다면, 이미 참여자 측면에서 공공 및 민간 등 분야와 경계를 넘어선 광범위한 민관협력 파트너십 현상의 발생은 민관협력 파트너십의 정의를 보다 포괄적으로 일반화해 가고 있다.

"민관협력 파트너십은 공공 부문의 조직과 공공 부문 이외의 조직사이에 "계약"이 의미하는 것을 넘어선 상호 간 약속이자 헌신에 바탕한 활동 여건(working arrangement)이다."(Bovaird, 2004: 200)

최근의 민관협력 파트너십 개념 정의에서 강조하고 있는 점을 전통적 개념과 비교해 보면 그 개념적 차이를 알 수 있다. 먼저 전통적인 계약 개념은 공공 부문 조직과 민간 부문 조직 간의 수직적 관계를 상정하여 주인-대리인 문제에 직면하게 되는 경우가 있었다. 그러나 새로운 개념의 내용 및 진화 방향에서는 공통으로 합의된 목표 및 의사결정 과정, 수평적인 구조와 업무 처리 절차, 신뢰에 근거한 비공식적 관계, 참여하는 파트너 간의 상호작용에 의한 시너지 효과, 성과 및 결과와 책임의 공유 등을 강조하고 있다는 점이 가장 큰 차이다(Brinkerhoff & Brinkerhoff, 2011: 3-4).

(3) 민관협력 파트너십의 유형 분류

앞서 살펴본 바와 같이 민관협력 파트너십 개념의 구성 요건과 방식이 변화함에 따라 그 동안 넓은 의미에서 사용되고 있는 민관협력의 개념 범위와 요건을 정리하여 유형화 해 볼 필요가 있다. 유형화를 위한 기준의 도출에는 Brinkerhoff(2002: 22-24)의 접근 방법이 유용한 것으로 보인다. 그의 연구에서 유형화를 위해 사용하고 있는 기준은 상호성(mutuality)과 조직의 정체성(organizational identity)이다.

상호성(mutuality)은 민관협력 파트너십에 참여하는 주체(조직 혹은 개인) 상호 간의 의존성을 의미하는 것으로서 참여 주체(조직 혹은 개인)가 상호 간에 가지는 권리와 책임을 구체적으로 명시하고, 합의된 목표 상황에 도달하기 위해 이들 참여자가 일관성 있게 헌신적으로 노력한다는 것을 가정하고 있다. 이런 가정은 공공서비스 제공을 위해 민간과 정부라는 행위자가 계약에 근거하여 협조하는 수준보다는 훨씬 더 근본적인 수준의 협력을 전제하고 있으며, 이익의 공유뿐만 아니라 가치의 공유 수준을 포함하고 있는 것으로 볼 수 있다.

조직의 정체성(organizational identity)은 특정 조직이 장기간 지속적으로 자신의 목표를 달성하기 위해 다른 조직과 구별되는 특성을 발굴하고 유지시키는 과정과 노력 및 특징을 의미한다. 이를 좀 더 구체적으로 살펴보면 먼저 조직의 정체성이란 조직이 자신만의 미션과 가치 그리고 그에 부응하는 적절한 책임과 대응성을 확보한 지속적인 형태로 존재하는 것이다. 이런 경우 조직이 그 미션과 핵심적 가치들을 일관성 있게 유지하는 것이 곧 조직 정체성을 확보해 가는 과정으로 이해해 볼 수 있다.[5]

위의 두 가지 기준을 적용하여 조직 간 상호성이 높은지 낮은지, 조직의 정체성이 높은지 낮은지를 기준으로 교차 분류해 보면 네 가지 유형으로 넓은 의미의 민관협력 파트너십을 분류해 볼 수 있다. 이를 표로 구성해 보면 다음 [표 3-6]과 같다.

---

5) 이에 더하여 조직 정체성은 때때로 조직이 태생한 그룹 내에서 비교우위를 유지하는 것을 의미하기도 한다. 이 연구에서는 이를 보다 심층적으로 다루지는 않는다. 연구 범위가 조직 간 관계보다는 규제개혁을 중심으로 한 조직의 구조와 기능에 초점을 맞추고 있기 때문이다.

| 표 3-6 | 넓은 의미의 민관협력 파트너십 분류 |

		조직 간 상호성	
		높음	낮음
조직 정체성	높음	II 유형 (계약관계 유형)	I 유형 (전형적인 파트너십 유형)
	낮음	III 유형 (조직확장 유형)	IV 유형 (상호 적응 및 점진적 흡수 유형)

출처: Brinkerhoff(2002: 22)를 기초로 저자 작성.

제1유형은 조직 간 상호성이 낮으면서 개별 조직의 정체성은 높은 상호 독립적인 상태에서 상호작용이 발생하는 유형이다. 이 유형이 가장 전형적인 파트너십의 모습을 보이고 있는 것으로 볼 수 있다. 이 유형에서 참여 기관은 동일한 가치와 목표를 견지하면서 특정 사업을 추진해 가는 독립적이고 협력적인 네트워크 구조를 구축하고 활동하는 행위자로 설명된다.

제2유형은 계약관계유형으로 설명할 수 있다. 이 유형은 조직 간 상호성이 높으면서 조직의 정체성도 높은 상태에서 상호작용이 발생하는 유형이다. 이 유형에서는 어떤 목표를 달성하기 위해서 필요한 특성과 기능을 어떤 특정 정체성을 갖는 조직이 가지고 있고, 다른 조직(예: 정부)들이 이를 필요로 하고 있어서 해당 분야에서만 협력이 발생하는 협력 상황을 설명한다.

제3유형은 조직 간 상호성은 높으나, 조직 정체성이 낮은 상태에서 상호작용이 발생하는 형태이다. 조직 간 상호성이 높아서 조직 간의 협력적 직무에 대한 이해가 잘 공유되고 있다고 하더라도, 실질적으로 조직 정체성이 낮은 조직이 다른 조직(예: 정부)이 이끄는 대로 직무를 수행하는 데 협력하는 형태의 유형이다.

제4유형은 조직 간 상호성과 조직 정체성이 모두 낮은 상태에서 상호작용이 발생하는 유형이다. 이 유형에서는 간혹 수행하려는 직무의 목표와 수단에 대한 합의가 발생하여 협력 행위가 발생하기도 하기 때문에 외형상 파트너십의 형성으로 간주되기도 하지만 실제 직무 수행 과정과 내용을 보면 상호성이나 조직 정체성이 모호한 상황의 상호작용으로 파트너십으로 간주하기 어려운 경우가 많다. 다만, 이런 상호작용의 반복적 발생이 조직 간 상호성과 조직 정체성을 증진하는 방향으로 작용하여 지속적으로 상호 적응해 가는 과정으로 발전할 수 있는 것으로 볼 수 있다.

이들 유형 분류는 오랜 역사와 다양한 시각에서 발전해 온 민관협력 파트너십을 일갈할 수 있는 배타적 기준을 모색하고 유형 분류를 시도했다는 점에서 이론적 의의를 찾아볼 수 있다. 특히, 일선 정책 현장에서 민관협력 파트너십이 발생하는 영역이 광범위하게 확산되면서 비영리 조직, NGO 등 기존과 다른 조직 정체성을 갖는 행위자들의 민관협력 파트너십을 체계적으로 설명할 수 있는 기초를 제공한 것으로 보인다. 그럼에도 불구하고 이 기준으로는 현장에서 관찰되는 민관협력 파트너십의 유형을 포괄적으로 설명하는 데에는 한계가 존재하고 있으며, 유형 분류 결과가 실제 정책 현장에서 성공적이고 지속가능한 민관협력 파트너십의 형성과 운영에 관한 이론적·정책적 함의를 제공하기는 어렵다.

3) 민관협력 파트너십의 한계 및 성공요건

(1) 한계

민관협력 파트너십 이론의 관점에서 볼 때 민관협력이 성공하려면 '공공 조직과 민간 조직이 전략적으로 파트너십을 구축하는 과정에서 상호 호혜적인 분야를 신뢰, 개방성, 공정성, 그리고 상호 존중을 바탕으로 발굴할 것'을 전제로 하고 있다고 볼 수 있다. 왜냐하면 공공조직은 이 전략적 파트너십의 구축 및 운영을 통해 프로그램 성과의 증진, 비용 절감, 양질의 공공 서비스 제공, 위험 관리 및 책임 공유 등 다양한 수익을 향유하려는 의도를 갖고 있는 것이고, 민간 조직의 경우에는 보다 많은 투자 기회의 확보, 적정 수준의 이익 창출, 사업 확장 기회의 활용 등의 의도를 갖고 있을 것이기 때문이다. 이런 민관협력 파트너십 참여 동기는 몇 가지 한계를 노정하게 된다. 우선 민간 조직과 공공 조직의 조직 운영 원리와 조직 운영 규칙의 차이로 인해 업무 처리 과정의 복잡성이 증가할 수 있고, 각 조직들이 향유하던 의사결정의 자율성이 침해될 수 있으며, 민간 부문과 공공 조직 간에 정보의 비대칭성 문제로 인한 부작용 발생의 여지도 존재한다(Shermerhorn, 1975: 847-854; Williamson, 1975). 뿐만 아니라 민관협력 파트너십의 경우 비용 절감과 같은 효율성 가치를 획득하는 대신에 형평성, 접근성, 참여 등 민주적 가치를 희생시킬 수 있다는 비판을 받아왔다(Pongsiri, 2002: 489).6) 이와 같은 민간 부문 조직과 공공 부문 조직의 기본적

---

6) 이론의 발전 과정에 따라 비영리조직 혹은 NGO 등의 참여를 보장하는 방식의 민관협력 파트너십 형성 및 운영은 파트너십의 범위 확산과 함께 일정한 범위의 업무 분야에서 민주성의 확보를 위한 보완적 방식이 도입되고 있으나,

인 가치 및 지향의 차이를 정리해 보면 다음 표와 같다.

표 3-7   공공부문과 민간부문 행위자들의 차이

	공공부문 행위자	민간부문 행위자	비교
대상 사업	• 목표: 공공목적 달성 • 지속성: 정치적 상황에 따름	• 목표: 이윤 달성 • 지속성: 재정 상황에 따름	• 각기 다른 문제 정의: 예측에 따른 정치적 위험과 시장 위험
가치	• 충성심 • 공공성에 헌신 • 과정과 접근에 대한 통제 • 위험 회피와 예측 방지를 강조	• 경쟁 • 소비자 선호에 헌신 • 성과에 따라 주주에 의해 통제 • 시장의 기회 및 위험과 혁신의 강조	• 정부는 과정 공개에 미온적인 반면 민간은 지식 공개에 미온적 • 정부는 결과 공개에 미온적인 반면 민간은 노력과정 공개에 미온적
전략	• 공공부문에 미치는 근본적인 영향을 보증하는 방법 탐색 • 예측과 집행비용의 불안정성 최소화	• 또 다른 계약의 추가적 획득 혹은 신규 사업의 형성 모색 • 정치적 위험 및 조직 비용의 최소화	• 상호 제약이 강한 계약으로 인한 대립 발생으로 인해 검증된 협력 유형(예: 계약) 선호
PPP 참여 과정	• 위험의 한계 및 합의된 절차와 공공성의 우위를 강조	• 시장 점유율 및 이윤의 확실성을 강조하고, 계약이 실현되기 전에는 제한된 투자 강조	• 공공과 민간의 경계를 넘나드는 상호작용으로 새로운 가치의 창출에는 실패

출처: Klijin & Teisman(2003: 7)을 바탕으로 저자 작성.

　　민간 부문과 공공 부문 참여자의 민관협력 파트너십 참여 동기가 다르게 나타나고 있는 현상은 그리 낯설거나 이상한 것이 아니다. 위 표에서 살펴본 것처럼, 공공 부문은 기본적으로 공신력의 확보 및 유지와 사업 추진 과정을 중시하고, 민간 부문은 이윤으로 구체화 되는 결과와 시장 위험 회피를 중시한다. 이런 차이는 비록 특정 사업 혹은 정책의 추진 과정에서 합의된 목표가 있다고 하더라도 각각의 효용에 변화가 생기면 언제든지 의도한 사업 혹은 정책 효과를 달성하기 어려운 상황에 직면하게 될 가능성이 크며,7) 이로 인해 그 동안 민관협력 파트너십이 하나의 수사

　　문제가 제기된 분야의 근본적인 이론적 설명을 제공할 수 있는 정도는 아닌 것으로 볼 수 있다.

7) 비영리 조직의 참여로 민관협력 파트너십 참여자의 동기가 비영리에 있는 것으로 간주되어 비교적 성공적일 것으로 오해하는 경우가 많다. 그러나 실제 민관협력 파트너십 현장에서는 그 목적이 비영리라는 점에 동의하더라도 사업 추진 권한의 배분, 자원의 배분 등 무수히 많은 이해관계의 배분과 공유가 전제되어야 하며, 이런 이슈들로 인하여 민관협력 파트너십이 성공하기는 쉽지 않은 것이 현실이다.

에 불과하다는 비판을 받기도 하였다.

(2) 성공요건

민관협력 파트너십의 성공요건을 정의하는 관점도 이론적 지향에 따라 다르게 나타난다. 전통적이고 가장 먼저 발전한 인프라 투자 분야에서는 경영학의 기법을 도입하여 민관협력 파트너십의 핵심성공요인을 정리하고 있다. 이를 간략히 요약해 보면 그 첫 번째는 효과적이고 투명하며 경쟁이 가능한 조달체계의 작동이다, 두 번째는 적절한 사업 집행이 가능한 법제도의 완비, 사업의 기술적 시행 가능성 확보, 적절한 위험 배분, 민간 및 공공 분야 참여 행위자 간의 헌신과 책임의 공유가 가능한 여건을 갖춘 사업 추진이다. 세 번째는 정부의 보증이다. 정부가 다양한 형태의 혜택과 보증 등을 제공하여 정치적 지원을 하는 것이다. 네 번째로 사업 추진에 적정한 수준의 거시 경제 상황과 건전한 경제정책의 존재 및 시행이다. 마지막으로는 적절하고 충분한 수준의 재정지원이 가능한 금융 시장의 존재이다(Babatunde & Opawole, 2012: 215−216).

이와 같은 요인들이 사회 기반 시설 투자 등의 성공적인 사업 추진을 위한 민관협력 파트너십의 성공 요인으로는 적절할 수 있으나 이미 언급한 바와 같이 민관협력 파트너십의 유형이 매우 다양하고, 복잡하기 때문에 어느 하나의 설명 기준으로 모두 설명할 수는 없는 것이 현실이다. 오히려 다양한 유형의 실무 현장 민관협력 개발 유형에 따라 이해하는 것이 중요하다. 대표적인 유형은 정책 민관협력 파트너십을 들 수 있다(Brinkerhoff & Brinkerhoff, 2011: 8−12; Samii, Wassenhove & Bhattacharya, 2002: 992, 995−998).[8]

정책 민관협력 파트너십은 다양한 공공 정책 분야에서 정책을 설계, 주장, 조정 혹은 감시하는 형태의 사업에 참여하는 것을 의미한다. 정책의 특성에 따라 파트너십의 구조도 느슨한 형태의 비공식적 구조에서부터 공식적인 위원회의 방식까지 다양하게 나타난다. 민관협력의 내용도 국내 정책 이슈부터 국제적인 정책 이슈, 또 구체적인 기술적 이슈(정책 품질 제고, 경영 기법 등등)와 정부 간 관계 자문, 공공갈등 조정 및 사회적 공감대 형성 등의 형태까지 매우 다양하게 나타난다. 정책 민관협력

---

8) 이 밖에도 공공 서비스 제공 민관협력 파트너십, 사회 기반 시설 민관협력 파트너십, 역량개발 민관협력 파트너십, 경제개발 민관협력 파트너십 등 다양한 분야로 구분되어 검토할 수 있다. 본 절에서는 규제개혁 분야를 분석 대상으로 하고 있어서 정책 민관협력 파트너십 분야만을 검토해 보기로 한다(Brinkerhoff & Brinkerhoff, 2011: 3-4).

파트너십은 이런 특성으로 인하여 투명성, 형평성, 다원주의에 바탕한 대표성 등 다분히 민주적인 절차를 보장할 수 있는 기본적 여건이 중요하게 작동한다(Brinkerhoff & Brinkerhoff, 2011: 4-5, 7-8, 12; Rosenau, 1999).

이상의 내용을 종합해 볼 때 정책 민관협력 파트너십의 성공요인을 정리해 보면 ① 정책 과정 ② 정책 유형, ③ 파트너십 활동 구조, ④ 파트너십 활동 절차 및 내용 등으로 대별하여 살펴 볼 수 있을 것으로 보인다.

4) 분석 기준의 도출

(1) 규제개혁 민관협력 파트너십의 특징

규제개혁은 정책의 하나로 볼 수 있지만, 일반적인 정책과는 좀 다른 속성을 지니고 있다. 먼저 규제개혁 추진이 갖는 몇 가지 특징을 검토하여 민관협력 파트너십 관점에서 규제개혁의 추진을 검토할 때 유의해야 할 점들을 정리해 보고자 한다. 규제개혁의 특징 중 가장 먼저 고려해야 할 점은 이해관계 특성이다. 대부분의 정책은 특정 정책 대상 집단을 염두에 두고 특정 목적을 달성하기 위해 정책이 설계되고 집행된다. 이 때 정책추진 주체는 정부 부처이고, 정책 대상 집단은 민간 부문이 되는 경우가 많다. 이런 경우 민관협력 파트너십은 정책 추진 주체 간에 그 목적을 공유하기가 상대적으로 쉽다. 규제 개혁의 경우, 이보다 한층 복잡한 이해관계 특성을 보인다. 먼저 규제개혁의 대상은 법률 그 자체가 된다. 그리고 해당 법률의 폐지 또는 변동은 국회에 권한이 있으며 법령과 규칙은 행정부에 개선 권한이 있다. 규제개혁이 다른 정책들보다 복잡한 이해관계에 놓인다는 것은 바로 이 점 때문이다. 규제는 담당 부처 공무원이 일하는 법적 근거를 제공하고 있는 경우가 대부분인데, 규제개혁은 공무원이 직무를 수행하는 권한의 원천인 이 법령을 손질하여 축소 혹은 폐지한다는 것을 의미하므로 자발적이거나 협조적으로 응할 유인이 없다. 이와 더불어 정책 대상 집단의 경우에도 이미 형성된 이해관계가 고착되어 있는 상황에서 법적으로 보호 내지는 보장받고 있는 권리의 상실을 의미할 수 있으므로 상당한 저항을 예측해 볼 수 있다.

이런 복잡성 하에서 규제개혁을 위한 민관협력 파트너십을 구성하는 경우, 규제개혁으로 영향을 받는 공무원과 정책 대상 집단이 모두 규제개혁에 저항하게 될 가능성이 크다는 점을 고려할 필요가 있다. 같은 맥락에서 규제개혁 구조 또한 독특하다. 많은 정책은 정책 담당 부서가 정책에 대한 법적 권한을 가지고 있다. 그러나 규제개혁은 어떤 경우에도 규제개혁 추진을 담당하는 부서가 직접 해당 법령의 개정을 추진할 권한이 없으며, 주무 부서에 규제의 개선 혹은 폐지를 권고하는 것이 기본적인 거버넌스 구조라는 점도 고려해야 한다(최성락·이혜영, 2012; Koch & Buser, 2003: 549-555).

(2) 본 연구의 분석 기준

본 연구에서는 이론적 검토를 통해 확인한 정책 민관협력 파트너십의 특성과 규제개혁 추진의 성격을 고려하여 다음과 같은 관점에서 규제개혁 추진 과정의 민관협력 파트너십을 분석해 보고자 한다. 그 첫 번째 기준은 규제개혁 추진 구조이다. 규제개혁 추진의 민관협력 파트너십 구조는 공식 구조, 비공식 구조 등 구성과 함께 규제개혁 추진 주체, 민간 참여자의 특성 및 규제개혁 추진 권한의 분산 등을 검토하게 된다. 두 번째 기준은 규제개혁 추진 특성과 민관협력 파트너십 활동의 내용과 성과이다. 이 기준을 통해 규제개혁 추진의 내용과 결과는 무엇이고 과연 성공적인 것이었는지를 검토해 보게 된다.

3 사례분석

1) 규제개혁 추진 체계와 민관협력의 변화 과정
(1) 규제개혁 추진 체계의 변화(김대중 정부~이명박 정부)

한국의 규제개혁 추진이 본격적으로 시작된 것은 1998년 IMF 위기 극복을 위하여 기존의 행정개혁 추진 작업을 보다 구체화 한 데에서 그 시초를 찾을 수 있다. 김대중 정부 시절이던 당시에는 대통령 소속으로 '규제개혁위원회'를 신설하고, 당연직 위원장에 국무총리, 민간위원장을 공동위원장으로 하여 총 20인(정부 6인, 민간 12인)의 규모로 운영되었다. 규제개혁위원회는 3개의 분과위원회(경제1분과, 경제2분과, 행정분과)에 10인의 전문위원을 두었다. 규제개혁위원회가 규제 심사, 규제 정비, 규제 조정의 기능을 수행한 반면, 분과 위원회는 정부 각 부처의 규제정비계획 심사와 신설 및 강화규제에 대한 검토를 담당하였다. 정부 각 부처 수준에서는 규제개혁추진단을 설치하여 규제정비 기능을 수행하였으며, 1999년에는 규제개혁위원회, 중앙행정기관, 지방자치단체, 대한상공회의소 등에 규제신고센터를 운영하여 국민제안을 시행하였다.

노무현 정부의 규제개혁 추진 체계는 김대중 정부의 골격을 그대로 승계하였다. 다만 전문성 강화를 위해 2003년 한국행정연구원 규제개혁연구센터를 설립하여 규제영향평가 및 규제 품질관리 제도의 시행을 지원하였다. 구조 측면에서 큰 변화가 없는 반면 운영 측면에서는 국무총리가 주재하는 규제개혁장관회의가 활동하였고, 2004년에 시민단체 대표가 규제개혁위원회에 참여하였으며, 동년 4월부터 기업애로센터가 운영되고, 8월부터 2년간 한시적으로 민관합동규제개혁기획단이 구성되어 활동하였다. 이 기구의 운영과정에는 민원인이 참여하여 소관부처와 함께 애로를 해결하도록 설계하였다.

이명박 정부의 규제개혁 추진 체계는 상당한 변화를 겪었다. 노무현 정부의 민관합동 규제개혁기획단, 규제신고센터가 폐지되고 관련 기능의 대부분을 신설된 대통령 직속의 '국가경쟁력강화위원회'에서 수행하였다. 이는 규제개혁 추진 구조를 이원화한 것으로서 사실상 대통령의 지지를 이 위원회에 부여하게 되어, 대통령 임기 중에는 강한 추진력을 가지나, 규제개혁의 전문성 확보 및 상시적인 규제개혁 시스템의 운영이라는 측면에서는 비판에 직면하였다.

전반적으로 살펴 볼 때 규제개혁 추진 체계의 설계는 규제개혁 추진의 실행력을 확보하는 데 많은 영향을 미친다. 강한 추진력을 발휘할 수 있는 대통령의 정치적 지지를 확보한 이명박 정부의 규제개혁 추진은 덩어리 규제 개혁 등의 분야에서는 효과를 발휘하였으나 기존의 규제개혁 추진 체계의 고도화 전문화에는 역효과가 발생된 것으로 볼 수 있다. 반면 김대중, 노무현 정부의 규제개혁 추진 체계는 체계적이고 상시적인 규제개혁 추진과 전문성 확보에 강점을 갖는 것으로 볼 수 있으며, 민관이 공동으로 참여할 기회를 보다 많이 보장함으로써 실질적인 민관협력 파트너십의 기회를 제공한 것으로 볼 수 있다.

(2) 민관협력의 변화(김대중 정부~이명박 정부)

김대중 정부의 규제개혁은 IMF 극복 등 경제 환경과 맞물려 상당히 적극적으로 추진되었다. 이런 여건으로 인해 규제개혁 자체는 상당히 관주도적인 특성을 보인다. 규제개혁 권한도 규제개혁위원회에 집중되는 모양새를 보이고 있다. 민관협력 파트너십의 관점에서 보면 구조 측면에서는 규제개혁위원회의 민간 위원장과 민간

위원 참여를 보장한 것과 규제개혁 투명성을 보장하기 위한 절차 확보를 위한 제도적 차원의 노력으로 볼 수 있을 것이다. 이런 노력과 달리 규제개혁 방법은 규제개혁의 시급성을 반영하여 상당히 강압적이었기에 당시 민간 위원 중심으로 규제개혁 과정에 민관협력 및 참여를 보다 폭넓게 인정해야 한다는 지적이 있었다.

노무현 정부의 경우, 참여정부의 확대라는 정치적 환경 하에서 가장 활발하고 일관되게 민간 참여를 보장하였다. 규제개혁 추진 체계의 구조는 김대중 정부와 거의 유사하였지만 시민대표의 규제개혁위원회 위원 참여, 부처 규제개혁 추진을 위한 의사소통 채널의 운영, 기업 민원인의 규제개혁 과정 참여 보장 등은 민관협력 관점의 운영을 보장한 것으로 볼 수 있다. 규제영향분석서 제출과 같은 공식적인 제도의 운영 과정에도 분석서의 대국민 공표를 통한 의견수렴을 비롯하여 공청회나 입법예고와 같은 제도를 활성화하여 다양한 이해관계자들로부터 직간접적인 참여를 유도하여 제도의 실효성을 높이려는 노력을 기울였다. 이 과정은 규제개혁 추진 과정의 민관협력을 확보한다는 점에서는 긍정적이지만 규제개혁의 전문성이라는 관점에서는 약점을 노정하였고, 실제 규제개혁의 성과는 상대적으로 부족한 것으로 평가된다.

이명박 정부의 경우 이원화 된 규제개혁 추진 체계 구조와 경제위기라는 환경 요인으로 인해 주어진 제도 범위 내에서 실질적 민관협력을 강화하려는 노력을 기울였다. 규제영향분석서 작성 과정에서 이해관계자 협의를 강화하고, 입법 예고 과정에서도 규제영향분석서를 관련 업계와 이해관계인에게 송부하여 실질적인 검토가 가능하도록 조치하였다. 민관협력의 관점에서 볼 때 이 시기에는 이원화된 구조 하에서도 직접 이해관계가 큰 분야를 중심으로 적실성이 높은 규제개혁을 추진하여 전문성이 상대적으로 높으면서도 규제 공급자인 주무부처의 적극적인 참여를 유도한 것으로 볼 수 있다.

전반적으로 살펴 볼 때 각 정권의 민관협력 운영은 그 정도의 차이는 있으나 제도적 구조 범위 내에서 민간 참여를 활성화하려는 노력을 기울인 것으로 볼 수 있다. 다만, 민관협력 파트너십의 상시적 제도화나 민간 부문의 전문성 등 자원의 도입과는 거리가 있는 것으로 볼 수 있다. 김대중 정부의 경우, 최초로 규제개혁 추진 체계를 구축하면서 민간 규제개혁위원의 참여를 보장하거나 규제 발굴 과정에 일부 참여를 보장한 정도가 협력의 대부분인 것으로 확인된다. 노무현 정부는 참여정부의 특성상 상당한 범위에서 민간 참여를 보장하였지만, 그 내용을 살펴보면 전문성의 부족 등으로 실질적인 규제개혁 효과를 충분히 달성하지 못하였고, 민관협력 파트너십 수준의 제도화에도 실패한 것으로 볼 수 있다. 이명박 정부의 경우에는 규제개혁 추진 체계 이원화로 인해 권한의 분산을 경험하였는데, 규제개혁 수단을 정교하게 설계하여 전문성이 강한 규제개혁 관련 당사자의 참여를 보장한 점이 특징이다. 그러나 이 경우에도 민관협력 파트너십의 제도화와는 거리가 먼 것으로 볼 수 있다.

2) 박근혜 정부의 민관협력 추진 체계 분석

(1) 규제개혁 추진 체계 구조

박근혜 정부의 규제개혁 1년차인 2013년의 경우 규제개혁 추진 체계는 규제개혁위원회, 민관합동규제개선추진단, 중앙행정기관별 규제법무담당관실, 지방자치단체별 규제개혁 추진기구 등으로 구성된다. 규제개혁위원회는 1998년 이래 설치 운영해 온 구조와 기능을 승계하고 있는 것으로 볼 수 있다. 규제개혁위원회의 구성은 민간 공동위원장과 정부 6인, 민간 12인의 위원으로 초창기와 동일하나 분과위원회는 경제분과와 행정사회분과의 2개로 운영되었다. 민관합동규제개선 추진단은 2013년 8월 16일 총리훈령 공포에 근거하여 설립되었으며, 대표적인 민관협력 파트너십 조직으로 볼 수 있다. 2014년에는 노무현 정부 시절 국무총리가 주재하던 규제개혁 장관회의를 대통령주재 규제개혁장관회의로 개편하여 규제개혁에 강한 추진력을 부여하였고, 노무현 정부 시절에 규제신고센터의 기능을 규제개혁신문고로 개편하여 규제개혁 대상 발굴에 개인이 참여할 수 있는 기회를 확대하였다. 2015년에는 국무총리, 관계부처 장관, 지방자치단체장, 지역 기업 대표가 참여하는 국무총리 주재 규제개혁 현장점검회의를 신설하여 규제개혁 현장에서 수요자가 원하는 규제 발굴 및 규제개혁 현장의 체감도를 확인할 수 있도록 하였다. 이처럼 규제개혁위원회, 대통령 주재 규제개혁장관회의, 국무총리 주재 규제개혁 현장점검회의, 민관합동규제개선추진단, 규제개혁신문고 등을 박근혜 정부 규제개혁 추진 체계의 골격으로 정리해 볼 수 있다. 이 추진 체계 구조는 사실상 규제의 거의 모든 분야에 걸쳐 규제개혁이 시행될 수 있는 근거와 조직을 만든 것이라고 볼 수 있다.

(2) 규제개혁 추진 내용

박근혜 정부의 규제개혁 추진 내용은 지난 어느 정부보다도 강력한 규제개혁 구조를 통해 실질적인 규제개혁 노력을 구현할 수 있는 프로그램들을 운영한 것으로 볼 수 있다. 2013년의 경우, 정권 출범 초기로서 5대 중점분야를 선정하여 규제 정비종합계획을 수립하고, "손톱 밑 가시 규제 개선"이라는 기치 하에 이명박 정부와 차별화 되는 규제개선 프로그램을 시작하였다. 손톱 밑 가시 규제개선은 중소기업, 소상공인의 현장애로 개선에 초점을 맞춘 것으로 사소해 보이지만 피규제자에게 매우 많은 불편을 야기하거나 보다 영향이 큰 일을 추진하는데 장애가 되는 규제들을 발굴하여 개선하는 형태의 규제개선 프로그램이다. 2014년에는 보다 강력한 규제개혁 의지를 현장에 전달하기 위한 다양한 프로그램들이 도입되었다. 먼저 대통령이 주재하는 '규제개혁 장관회의'를 운영하였다. 이 회의는 대통령이 직접 현장 기업과 국민의 의견을 청취하고 규제개혁의 기본 틀과 제도 개선을 진두지휘하도록 하는 것으로서 분기별 1회 개최를 원칙으로 운영되었다. 대통령이 주재하는 회의에 앞서 규제조정회의를 통해 관계부처 간 이견 조율 등을 수행하는 운영체계를 갖추었다. 이 시기에 규제비용총량제도 도입되었는데 사회적 비용은 한국행정연구원에, 경제적 비용은 KDI에 전문적인 분석 센터를 두고 체계적인 비용추산이 가능하도록 하였다. 규제개혁 장관회의의 후속 조치로 규제개혁 신문고 제도도 도입되었다. 이 제도는 민간 기업과 개인이 청와대 홈페이지, 규제정보포털 등에 직접 규제 관련 애로를 접수하면 부처의 답변, 소명을 거쳐 개선권고를 제공하는 방식으로 운영되었다. 규제 기요틴은 규제개혁에 네거티브 방식을 도입한 제도로서 문제가 제기된 규제에 대해 규제 존속 이유를 설명하지 못하면 규제를 개선하는 방식으로 운영되었다. 전 정부적으로 시행된 이 규제는 민관합동회의 방식이 활용되었다. 2015년도에는 국무총리가 주재하는 규제개혁 현장 점검회의를 통해 산업 분야 및 지역 기업의 규제 관련 애로 사항을 청취하고 현장의 규제를 개선하는 데 집중하였다. 2016년에는 지방 규제개선을 위해 불합리한 지방규제의 발굴 및 개선, 지자체 간 경쟁 촉진을 위한 지방규제지도 제작 공개, 일선 공무원의 규제행태 개선 등에 주력하였다. 특히, 네거티브 규제 원칙을 적용한 신산업 분야에 대한 규제개선 작업 추진에 노력을 기하였다. 이와 같은 규제개혁 추진 내용들은 규제개혁의 문제가 발생하는 거의 전 분야에 대해 규제개혁 프로그램을 마련하려는 노력을 기울인 것으로 볼 수 있다.

3) 민관협력 파트너십에 대한 비판적 검토

(1) 민관협력 파트너십 구조

앞의 이론 검토에서 확인한 바와 같이 민관협력 파트너십의 구조를 살피기 위해서는 구조의 공식화 정도를 파악해 볼 필요가 있다. 2013년 설립한 민관합동규제개선추진단은 대표적인 민관협력 파트너십 기구로 볼 수 있다. 이 기구는 이명박 정부에서 운영되던 국가경쟁력강화위원회가 폐지되면서 산하에서 운영되던 민관합동규제개혁추진단이 7명의 민간위원만 남게 되어 유명무실해지자 이를 개선하여 운영한 조직이다. 이 기구는 정부 측에서 국무조정실, 민간 측에서 대한상공회의소와 중소기업중앙회가 참여하였다. 또 국무총리 훈령을 통해 조직을 공식화하고 부단장을 국무조정실 소속의 고위 공무원이 겸함으로써 실무적이고 실질적인 업무 추진이 가능한 공식적 권한을 부여하였다. 이와 유사한 방식의 민관협력 파트너십 공식화 기구로는 2014년에 규제 기요틴 사업을 추진하기 위해 운영된 규제 기요틴 민관합동회의를 들 수 있다. 이 회의도 각 부처의 차관과 경제단체의 부회장이 참여하는 방식으로 운영되었다. 전반적으로 볼 때 박근혜 정부의 규제개혁 민관협력 추진 내용은 공식적 수준에서 규제개혁과 관련된 주요 행위자들이 참여할 수 있는 근거를 마련하고 조직화 한 후 해당 조직에 규제개혁 권한을 집중하여 추진된 점을 확인할 수 있다. 공식화 된 조직의 최고 권한은 기구에 따라 때로는 대통령, 때로는 국무총리 등 정부 부처를 총괄 조정할 수 있도록 하고 있다.

(2) 민관협력 파트너십 내용

규제개혁 추진 과정에서 민관협력 파트너십의 운영을 통해 확인할 수 있는 실질적인 프로그램의 내용과 성과를 확인해 보면 다음과 같다. 먼저 2013년 민관합동규제개선추진단은 대한상공회의소 상근부회장, 중소기업중앙회 상근부회장, 국무조정실 규제조정실장이 공동 단장을 맡고, 국무조정실 고위공무원이 부단장을 맡았으며, 조직 내부에 총괄기획팀, 중소기업 및 소상공인지원팀, 투자환경개선팀, 민생불편개선팀 등 4팀 26명(단장 제외 정부 13명, 민간 13명)으로 구성하여 운영되었다. 규제개혁 추진 과정을 볼 때 규제가 신설되거나 강화되는 경우 규제를 사전적으로 심사하는 기능을 규제개혁위원회가 담당한다면, 민관규제개선추진단은 이미 시행되고 있는 규제를 대상으로 문제 있는 규제를 발굴하고 개선하는 사후적 기능을 담당하였다.

좀 더 구체적인 성과를 정리해 보면, 2013년 10월 본격적인 규제개선 작업이 시작된 이래 11월까지 120건이 접수되었다. 접수는 전화, 팩스, 이메일, 간담회 등의 소통 채널을 활용하여 진행되었는데 이 중 이메일 접수가 68건으로 57%를 차지하여 가장 많은 것으로 확인되었다. 분야별로는 창업 및 공장입지분야 규제, 세제 및 요금 관련 규제, 금융 관련 규제가 각각 18건씩으로 15%를 차지하여 이들이 45%의 비중을 보였고, 판로와 영업 관련 규제가 20건으로 17%를 차지하는 것으로 확인되었다. 2014년 11월 접수과제의 수용률은 29%를 보였다.

규제 기요틴 사업의 경우 2014년 11월 대한상공회의소, 중소기업중앙회, 전국경제인연합회, 한국무역협회, 한국경영자총협회, 한국소기업소상공인연합회, 한국중견기업연합회, 벤처기업협회 등 8개 주요 경제 단체로부터 개선 대상 규제를 건의받았는데 총 153건의 규제가 접수되어 114건이 수용되었다. 접수된 내용을 분류해 보면, 입지규제, 서비스규제, 환경규제가 다수를 차지하였다. 2014년 3월 20일에 진행된 1차 규제개혁장관회의에서는 52건의 규제개선 대상 과제가 건의되어 50건에 대한 조치가 완료되었으며, 9월 3일 개최된 2차 규제개혁장관회의에서는 25건이 건의되어 24건이 조치되었다. 규제신문고의 경우, 2014년 총 6,505건이 접수되어 2,303건이 수용됨으로써 수용률은 36.7%를 보였다. 구체적인 건의 주체를 살펴보면 일반국민건의가 46.9%, 자영업자 건의가 31.5%, 기업 건의가 19.4%, 기타가 2.2%를 차지하였다. 2015년도에는 인증규제 개선을 집중적으로 추진하였으며, 203개의 인증을 전수조사하여 정비하고 규제개혁 현장점검회의의 운영을 강화하였다. 2016년에는 조달규제의 개선을 통해 조달시장 진입이 용이해지도록 규제개선을 시도하였다. 전반적으로 살펴보면 박근혜 정부의 규제개혁 추진 내용은 다양한 프로그램을 마련하여 추진하면서 말 그대로 전방위 규제개혁 프로그램을 개발하여 추진한 것으로 볼 수 있다.

4) 시사점

규제개혁은 독특한 특징을 갖는 정책 분야이다. 이론적 검토 과정에서 살펴본 것처럼 규제개혁이 하나의 정책 분야로서 민관협력 파트너십을 이루려면 이런 특성에 대한 이해가 전제되어야 할 필요가 있다. 규제개혁 정책 특성을 네 가지로 구분하여 정리해 보자. 먼저 규제개혁이 노정하는 이해관계의 복잡성이다. 규제개혁의 근본적인 목적은 시장질서를 보장하고 활발한 시장 상호작용을 보장하여 민간 부문의 자유롭고 창의적인 사회적 상호작용을 보장하는 것이다. 그러나 실제 규제개혁 추진의 목표는 민원 해소나 특정 산업 분야에 대한 애로사항 개선과 같이 왜곡되거나 전도되는 경우가 많다.

두 번째로 추진체계의 복잡성이다. 일반적인 정책의 경우 이해관계 구조가 복잡한 경우는 있으나 주무부서가 정책결정의 주도적인 역할을 담당하는 것이 보통이다. 그러나 규제개혁의 경우, 비록 국무조정실이 간사기능을 수행하면서 총괄 조정을 담당하고 있으나 국회, 중앙정부 부처, 지방정부 등으로 규제개혁의 권한이 분산되어 있는 반면에 규제개혁 수요는 피규제자인 민간 부문에서 주로 발생하고 있어서 실질적인 규제개혁 완성에 상당한 조정과 협력이 필요한 것이 사실이다. 이는 2장에서 검토한 민관협력 파트너십 이론의 조직 간 상호성과 조직 정체성이 높은 상황으로 보다 정교하고 지속적인 추진 체계의 운영이 필요한 것으로 볼 수 있다.

세 번째로 추진과정의 복잡성이다. 소관부서의 다양성, 이익 범위와 민간 사업자 이해관계의 특성 및 복잡성, 규제발굴과 규제개선 합의 과정의 복잡성, 합의 이후 규제개선 처리 및 후속 조치의 복잡성 등으로 인해 일반적인 정책 개선보다 훨씬 더 많은 시간과 노력이 필요한 것이 사실이다.

마지막으로 추진성과의 복잡성도 존재한다. 규제개혁 추진성과를 규제개혁 건수 중심으로 관리하는 경향이 발견되지만, 이는 규제개혁을 좁은 의미로 이해하기 때문인 것으로 볼 수 있다. 규제개혁의 성과는 단기적으로 나타나기 힘들다. 규제개혁의 목표를 다시 확인해 보면 규제개혁을 통해 나타날 것으로 기대되는 성과는 사회 전반적으로 충분히 자유롭고 창의적인 경제적·사회적 상호작용이 발생하고, 그 결과 경제성장이라는 목표를 달성하면서도 사회적으로 수용할 수 있는 합의된 수준의 환경, 소비자 안전, 근로자 안전, 사회적 차별 제거 등이 달성된 상태이기 때문이다. 이처럼 추상적이고도 장기적인 성과들을 중심으로 규제개혁 성과를 논의하기 힘든 상황에서 이를 대치하는 것이 규제개혁 건수, 규제개혁 활동 활성화, 특정 산업 분야의 성장 등 가시적이고 단기적인 산출 목표들인 것으로 볼 수 있다.

이와 같은 규제개혁의 특성을 반영한 문제점들은 규제개혁 추진의 민관협력 파트너십 운영에도 투영되고 있는 것으로 볼 수 있다. 이해관계 복잡성의 특성은 민관협력 파트너십의 형성 과정에 어려움을 야기한다. 무엇보다도 민관협력 파트너십에 참여하는 민간 조직의 조직 정체성이 다양하게 나타나고 있고, 이들 중 일부 조직은 서로 상충하는 이해관계를 갖는 경우도 있다. 이런 경우, 규제개혁의 최종 수혜 대상 범위를 확정하거나 참여자 범위를 확정하는 것도 어려울 수 있다. 그 동안 민관협력 파트너십 조직의 변화과정에서는 경제단체를 민간 조직으로 특정하고 그 범위를 조절해 온 경우가 많았다. 실제로 규제개혁 결과를 살펴보면, 일부 정부 부처의 경우 관련 이해관계 민간 조직의 애로사항과 조직 확장 혹은 권한 강화의 필요성이 일치하는 경우를 우선적으로 선정하는 상황도 확인해 볼 수 있다.

두 번째로 추진체계의 복잡성도 민관협력 파트너십 조직의 구성과 권한 배분에 영향을 미친다. 추진체계 복잡성은 민관협력 참여 조직의 범위를 특정하기 어렵게 한다. 행정부 내부에서만 하더라도 규제의 소관 부서에 따라 중앙정부, 지방정부의 주무부처와 유관 부처가 참여하도록 해야 하고, 관련 사항에 관한 권한 배분과 조정 협의에 상당한 시간과 비용을 투자해야 한다. 뿐만 아니라 규제개혁 대상으로 제기된 문제에 대해서 궁극적인 개선 권한을 가지고 있는 주무 부처가 의사결정 내용과 과정에 동의 내지 합의하지 않으면 민관협력 파트너십 조직은 실행력을 확보하기도 어려울 뿐만 아니라 이해관계의 분화로 또 다른 형태의 사회 갈등이 유발된다. 실제로 역대 정부의 규제개혁 추진 과정에서 이런 현상은 빈번히 관찰되었다. 지방자치단체 규제개혁을 위한 건의를 접수한 주무부서는 이를 수용하려는 노력보다는 규제개혁 반대논리를 개발하여 회신하거나, 늑장 회신으로 반응하는 경우도 있었다.

세 번째로 추진과정의 복잡성도 민관협력 파트너십 조직의 형성과 직무 수행에 어려움을 가중시킨다. 본질적으로 규제개혁 추진 주체와 규제개혁 대상이 동일한 경우가 많다. 이는 규제개혁 추진 과정에서 경쟁적이거나 적극적으로 규제개혁을 추진할 유인을 제공하지 못하는 원인이 되고 있으며, 민관협력 파트너십 조직이 기여할 수 있는 업무 범위가 제한될 수밖에 없는 이유가 되기도 한다. 그 동안의 사례들에서 민관협력 파트너십을 형성하는 민간 조직들은 거미줄처럼 얽힌 민간 시장 행위자들의 이해관계와 규제개혁에 미온적인 주무부서의 이해관계 사이에서 에너지를 소진하고 지쳐 있다가 대통령이나 국무총리 등 총괄적인 해결이 가능한 회의체나 의사결정 구조를 접하면 하소연 내지 한탄을 뿜어내는 현상을 쉽게 발견할 수 있다.

마지막으로 규제개혁 추진성과의 복잡성도 민관협력 파트너십 형성 및 운영에 제약으로 작동한다. 많은 민간 조직들은 직접적이고도 현실적인 이윤창출이 가능하도록 그리고 자신의 조직에 유리한 방향으로 규제가 개선되기를 희망하고 있으며 오직 그런 방향의 규제개선이 수용되었을 때에만 제대로 된 규제개선 성과가 있다고 인정하려는 성향을 보인다. 반면에 공공 부문을 대변하는 파트너십 참여 조직들은 절차 및 제도의 개선 등을 주요한 성과로 간주하고 건수 등을 주요한 결과물로 제시한다. 결국 민관협력 파트너십에 참여하는 단위 조직들은 그 어느 쪽도 만족할 수 있는 성과를 제시하기 힘들며, 규제개선의 중장기적인 성과를 위한 개혁 조치는 추진하기도 힘들고 그 성과를 제시하기도 힘들다. 이와 같은 문제로 인해 역대 정부에서도 규제개혁이 산업정책의 특성을 보이는 경우가 많았으며, 박근혜 정부도 예외가 아니었다.

4 결 론

규제의 대상이 민간 조직이고, 규제가 현장에서 어떤 결과를 야기하고 있는지를 확인하기 어렵고, 피규제자가 되어 보아야 다양한 규제들이 어떻게 복합적으로 작용하는지 알 수 있다는 주장은 설득력이 있다. 규제개혁 과정에 민간의 참여를 보장한다는 원리는 이런 현실적인 필요에서 시작되었다. 그럼에도 불구하고 민간 참여에 대한 이론적이고 구체적인 검토가 부족했던 것도 사실이다. 이 연구에서는 민간 참여의 제도화 수준이 높은 민관협력 파트너십 이론을 검토하여 규제개혁의 민관협력을 체계적으로 분석하려고 시도하였다.

민관협력 파트너십 이론은 매우 다양한 관점에서 발전되고 있다. 가장 많은 이론적 연구가 수행된 분야는 민영화의 논리에 근거하고 있다. 아웃소싱 등 다양한 민영화 기법들은 공공 부문에 민간의 참여를 확장하면서 공공 서비스 제공 효율성 강화와 민간 부문의 영역 확대를 목표로 하였다. 경영혁신, 서비스 제공, 도덕적 쇄신 혹은 인식개선, 위험 전가(risk shifting), 공공서비스 재구조화, 권력 분산 및 공유 등 다양한 목적의 민관협력 파트너십 형성 및 운영이 가능하지만 이들은 모두 특정 서비스 제공을 전제하고 있거나 재정 합리화를 전제하고 있다는 점에서 한계를 노정하였다. 최근의 민간협력 파트너십은 비영리 조직의 참여 등 민관협력 분야의 참여자 범위 확대, 사업 분야 및 방법의 확대 등으로 이론적 범위를 확장하여 목표에 대한 합의, 수평적인 의사결정 구조, 합의되고 구조화된 업무처리 절차, 민관협력 파트너십 참여로 인한 시너지 효과의 발생, 성과뿐만 아니라 책임의 공유 등을 중요한 구성 요소로 하고 있다. 새롭게 확장되는 이론적 관점에서 분류된 기준에 의하면 규제개혁 추진은 정책 민관협력 파트너십의 영역에 속하는 것으로 볼 수 있으며, 정책의 설계와 조정 및 감시를 구체적인 대상 사업으로 범주화 할 수 있다.

규제개혁 정책을 대상으로 하고, 규제개혁 추진 과정의 민관협력 파트너십 구조와 규제개혁 추진에 대한 민관협력 파트너십의 내용과 결과를 기준으로 우리나라의 사례를 검토한 결과는 크게 네 가지로 요약된다. 규제개혁 추진 과정의 이해관계 복잡성은 민관협력 파트너십 참여 조직의 확정과 운영에 어려움을 야기하는 경우가 많았고, 규제개혁 추진 체계의 복잡성으로 인해 민관협력 파트너십 참여 조직의 구성과 권한 배분이 어려워지는 경우가 많았다. 규제개혁 추진 과정의 복잡성은 민관협력 파트너십에 참여하는 조직이 이해관계에 고착되어 실질적인 권한 행사나 사업 추진을 어렵게 하는 경우가 많았다. 또 규제개혁 추진 성과의 모호성은 규제개혁을 단기적인 성과나 산업정책 특성을 반영하게 하는 결과를 초래하기도 하였다.

규제개혁 추진을 민관협력 파트너십 형태로 추진하는 것은 보다 적실성 있는 규제를 발굴하고, 실효성 있는 방향으로 규제를 개선하는 데 필요한 것이라는 점에서 상당한 사회적 공감대가 형성되어 있는 것으로 보인다. 그러나 규제개혁 추진 과정의 복잡성은 민관협력 파트너십 구조의 형성과 사업 수행을 어렵게 하고 있다. 역대 정권의 규제개혁 추진 과정도 이런 문제점들을 인지하고 민관협력 파트너십 구조의 도입과 정교화를 위한 노력을 기울여 온 것으로 볼 수 있다. 그럼에도 불구하고 민관협력 파트너십 구조가 규제개혁 추진의 묘약이 아니라는 것은 잘 알려져 있다. 지금부터 필요한 것은 규제개혁의 과정, 규제 권한의 소유, 피규제자의 복잡한 이해관계 등을 고려하여 민관협력 파트너십 구조의 형성, 권한의 부여, 전문성의 확보, 사후 관리 등에 대한 섬세한 설계가 필요한 시점인 것으로 보인다. 특히 규제개혁을 민원해결이나 산업정책의 수단으로 오해한다거나, 경제규제 분야의 규제 강화도 규제합리화 차원에서 규제개혁의 중요한 방향이라는 오해는 불식되어야 할 것이다.

PART

4

결 론

결 론

권 혁 주

2016년 대한민국의 민주주의는 또 한 번 준엄한 시험대에 올랐다. 박근혜 대통령의 비선실세가 국정을 농단하고 대통령의 무능력과 무기력함이 검찰과 특검의 수사에서 속속 드러나기 시작했다. 정부가 보여주었던 세월호에 대한 무책임한 대응과 메르스 사태에 대한 미흡한 대처는 우연한 실패가 아니라는 점을 여실히 보여주었다. 수많은 국민들이 촛불을 들고 광화문 광장에 나와 대통령의 탄핵을 요구하기에 이르렀다. 이에 더하여 대통령을 지지하는 사람들이 서울역에 맞불 집회를 시작하였고, 이 같은 대규모 정치적 집회가 걷잡을 수 없는 사회혼란으로 연결될 수 있는 일촉즉발의 상황이 연출되기도 하였다. 그러나 법적 절차에 따라 국회에서 탄핵소추가 제기되고 헌법재판소의 판결로 대통령이 파면되는 등 헌정질서가 유지되었다. 이어서 치러진 대통령 선거로 문재인 정부가 출범하면서 정치적 불확실성은 해소되고 정치는 평상시로 돌아왔다.

그러나 과연 "공무원은 국민전체에 대한 봉사자이며, 국민에 대하여 책임을 진다"라는 헌법 제7조 1항, "공무원의 신분과 정치적 중립성은 법에 의하여 보호된다"는 2항이 잘 지켜지고 있는가 하는 질문은 여전히 유효하게 제기되고 있다. 복지부동, 영혼이 없는 공무원 등의 비아냥조의 비판을 그냥 지나칠 수 없는 상황이다. 우리나라의 급속한 경제성장과 사회발전을 견인했던 공무원과 관료제가 이러한 비판에 대해 적절한 대응과 해결책을 제시하지 못한다면 앞으로도 위기 때마다 우리나라의 민주주의가 흔들릴 수밖에 없을 것이다.

대통령 비선실세의 국정농단과 탄핵요구라는 엄중한 시대적 상황에서 이 연구는 민주적 공화주의 관점에서 민주화 이후 한국 정부의 국정운영과 행정관리를 분석해 보고, 새로운 정책적 과제들이 제기되는 미래의 도전 속에서 성공하는 대한민국 정부의 국정운영 방안에 대해 고찰해보고자 하였다. Part 2 1장은 민주화 이후 한국 국정운영 패러다임 분석과 새로운 대안으로서 민주적 공화주의에 대하여 논의하였다. 권혁주는 경제성장을 최우선시하던 권위주의 체제 하의 발전주의 국정운영 패러다임을 극복하고자 민주화 이후 한국 정부들이 신자유주의 등의 새로운 국정운영 패러다임을 시도하였으나, 정책적으로 일관성을 유지하지 못하였고 효과성의 측면에서 사회적 불평등과 갈등을 초래하였다고 지적하고 있다. 특히 경제적 위기와 같은 어려운 상황에서는 발전주의적인 국가주도적 정책에 의존하는 등 과거의 행태를 답습하는 모습을 노정하였다. 이와 같은 문제를 극복하고 보다 성숙하고 책임 있는 국정운영을 위해 민주적 공화주의를 새로운 국정운영의 패러다임으로 제시한다.

민주적 공화주의 관점에서 민주적 정치과정과 함께 반드시 필요한 국정운영 요소가 관료제의 정치적 중립성과 책임성이다. 국가관료가 특정세력이 아닌 전체 국민에 대한 봉사자로서 정책을 적정하게 수행하고 그에 대해 책임을 져야 민주적 공화주의가 성공적으로 운영될 수 있기 때문이다. Part 2 2장 한승주의 연구에서는 민주화 이후 관료제의 정치적 중립성이 침해당하는 현실을 경험적 자료에 기초하여 분석하였다. 과거 권위주의 시대에 권력으로부터 보호를 받으면서 관료적 자율성을 향유했던 관료제는 민주화 이후 주기적인 대통령 선거를 통해 수립된 권력으로부터 결정된 정책을 충실히 수행하는 의무를 부여받게 된다. 그러나 언론보도 자료에 대한 경험적 자료를 분석한 한승주는 인사, 조직 등의 측면에서 정권과 관료제의 갈등이 지속적으로 발생하였음을 보여준다. 그러나 결과적으로 관료들은 부당한 지시에 이견을 제시하기보다는 인사 상의 불이익을 피하기 위해, 승진의 기회를 잡기 위해 상부의 지시에 대부분 순응했다. 민주화 시기의 빈번한 정권교체와 이로 인한 관료제의 지나친 정치도구화는 관료의 정치적 중립성, 전문성 확보에 큰 위협이 되고 있기 때문에 이 장은 효과적인 국정운영을 위해 구체적으로 직업관료가 부당한 지시에 저항할 수 있도록 하는 소극적 의미의 정치적 중립의 제도가 확립되어야 하며 정파적 불공정에 대한 공직자의 전문적 판단도 제고되어야 한다는 것을 주장한다.

한편 민주적 공화주의 관점에서 관료제의 정치적 중립성과 함께 반드시 필요한 것이 공직자의 윤리와 청렴이다. Part 2 3장에서 정부의 반부패 정책과 부패에 대한 국민인식을 경험적 자료를 통해 다루고 있는 고길곤의 연구는 부패를 줄이기 위해 지금까지 제도적 발전이 지속되어 왔으며 정책적 노력이 상당히 성과를 거두고 있음에도 불구하고 국민의 공직부패에 대한 인식은 크게 나아지지 않고 있음을 지적하고 있다. 고길곤은 미래의 성공하는 정부를 구축하기 위해서는 행정의 투명성을 높이고, 부정적인 측면을 강조하는 반부패 정책보다는 청렴성이라는 긍정적인 방향에서 정책이 수행되어야 하며, 부패를 없애는 노력에 공공부분의 노력과 함께 민간부분의 참여가 필요하다는 점을 강조한다. Part 2 4장에서 개발연대에서의 행정활동을 브리핑이라는 측면에서 포착하고 있는 윤견수와 박규성의 연구는 권위주의 시대의 행정행태의 관습이 민주화 이후 시도되고 있는 성과주의 행정관리에서도 상당히 답습되고 있음을 보여주고 있다. 이와 같은 형식주의는 권위주의로 연결되며 전문성과 함께 공무원에게 필요한 주체적 판단의 약화를 가져오게 된다.

이렇게 볼 때 민주적 공화주의의 핵심적 요소로서 관료제의 정치적 중립성의 확보나 청렴성의 확보를 위해서는 이를 위한 제도의 구축과 운영과 함께 공직자의 공직윤리, 행정에 대한 책임성을 고양하는 덕성에 대한 강조가 필요하다. 수신론의 관점에서 행정의 책임성을 성찰하는 배수호의 Part 2 5장은 공직자가 행정을 임하는데 있어서 수신의 관점을 역설한다. 이와 같은 주장은 정부의 국정운영 패러다임으로서 민주적 공화주의를 공직자 개인의 수준에서 어떻게 추구해야 하는가를 잘 보여주고 있다. 민주화 이후 지난 30년간 지속적으로 누적되어온 사회적 불평등과 갈등을 통합으로 이끌어 내기 위해서는 발전주의와 신자유주의를 넘어 시민을 주권자로서 존중하고 공동체의 통합을 추구하는 민주적 공화주의가 필요하다는 점을 다시한번 강조한다. 민주적 공화주의에서는 주인으로서 인간의 자유와 그것을 보장하는 공동체의 역할을 강조한다. 이러한 민주적 공화주의는 헌법 등의 기본질서에 기초하며, 공직자들은 이러한 원칙 속에서 모든 국민을 위해 봉사하는 공직윤리라는 덕성을 가져야 한다. 앞으로 우리 헌법 제1조에 명시되어 있는 "대한민국은 민주공화국이다"라는 정신을 어떻게 국정운영 패러다임으로 적용할 것인지 더 많은 논의가 필요할 것으로 보인다.

행정조직, 인사정책, 예산과정, 규제정책을 다루고 있는 Part 3의 연구들도 이러한 관점에서 매우 의미 있는 정책적 제언들을 제시하고 있다. Part 3 1장에서 이창길은 헌법에서 제시하고 있는 국가가 추구해야 할 가치와 과제에 따라 정부조직을 재구축하는 매우 구체적인 정부조직 개편안을 제시하고 있다. 민주적 공화주의가 현실에 적용될 때 가장 기본이 되는 것은 법치주의이며 모든 법률의 기본이 되는 헌법의 원리와 가치를 실현하는 정부조직 구성이 필요하다는 이창길의 제안은 매우 의미 있는 주장이다. 이와 같은 개편안은 앞으로 있을 정부의 조직개편 작업에서도 중요하게 참고해야 할 제안이다. 이와 더불어 새로운 정부조직이 효과를 거두기 위해서는 정부조직 간의 협업체제를 구축하는 노력이 반드시 필요하다고 주장하고 있다.

성공하는 정부의 공무원 인사관리에 대해 다룬 Part 3 2장에서 이수영은 미래의 정책적 도전에 적절히 대응하기 위해서는 사람과 계급 중심이 아닌 일과 그에 필요한 전문성을 중심으로 한 인사제도의 정착이 필요함을 지적하고 있다. 그러나 지금까지의 경험에 대한 분석에 비추어 이러한 변화를 한꺼번에 급진적으로 추구하기보다는 단계적, 계획적으로 차근차근 추진해야 함을 강조하고 있다. 구체적으로 공직의 직무분석을 지속적으로 수행하여 전문성이 필요한 공직을 사회에 더 많이 개방하여 장기적으로 직위분류제가 정착, 완성되도록 해야 한다는 것이다.

Part 3 3장에서 우리나라 예산과정에 대해 제도적으로 분석하고 있는 류철, 이강구, 최창용의 연구는 견제와 균형이라는 재정민주주의 원칙에서 연구를 수행하였다. 이 장은 예산법률주의 도입, 국회 예산심의에서 하향식 심의 원칙 도입, 정부의 기금설치·관리에 대한 제도적 보완 등의 정책적 제안을 하고 있다. 현대 정부의 국정운영에 있어서 예산편성과 집행이 핵심적이라는 관점에서 이에 대한 민주적 통제와 합법적 운영을 강조하는 재정민주주의는 민주적 공화주의의 핵심적 과제라고 할 수 있다.

끝으로 Part 3 4장에서 이민창은 우리나라 규제개혁 과정을 민관협력의 관점에서 분석하였다. 이 장에서 이민창은 정부의 규제개혁 정책에서 새로운 접근이 필요함을 주장하였다. 국민이나 기업들을 규제의 대상이거나 수동적인 협조자가 아닌 공동의 주체로서 인식해야 규제의 효과성도 높이고 불필요한 규제들을 개혁하는 데에도 성공을 거둘 수 있다는 것이다.

이 연구에서 제시된 여러 가지 주장들을 전체적으로 요약한다면, 다음과 같이 정리될 수 있다. 이제 대한민국은 과거 경제발전이라는 성과를 거두기 위해 도입했던 정책들과 경험들 그리고 민주화 이후 이에 대한 반성과 반작용으로 취했던 정책과 제도들을 딛고, 보다 더 성숙한 사회로 한 단계 더 발전해야 하는 기로에 서 있다. 명령에 따라 일사불란하게 움직이던 계급제 관료조직이나 합리적 개인으로 구성되어 있는 공무원 조직을 넘어서는 공직자로서 책임성과 덕성을 갖춘 공무원 조직을 만들어야 하는 과제에 직면하고 있다. 이러한 관점에서 새로운 국정운영의 패러다임으로서 민주적 공화주의가 필요하다는 점을 강조하고자 한다.

공고한 제도적 기반이나 전문성의 토대 없이 시민적 덕성이나 공직자의 윤리만을 강조하고 국정을 운영하겠다는 것은 공허한 주장에 불과할 것이다. 그러나 실제로 우리나라에서 공공부분의 투명성, 반부패를 위한 제도들이 도입되고 운영되어 왔으며, 금융실명제 정착 등과 같이 민주화 이후 한국 정부는 매우 중요한 제도적 발전을 이루어 왔다. 본 연구는 이에 더해 공무원의 정치적 중립을 위한 제도보완, 직위분류제의 확립, 예산법률주의 도입 등과 같이 앞으로도 많은 제도적 개혁이 필요하다는 점을 지적하였다. 이러한 제도개혁과 정부조직의 재편을 통해 주권자로서의 시민을 존중하고 정치공동체의 통합을 추구하는 민주적 공화주의의 국정운영 패러다임을 효과적으로 적용한다면 향후 정부가 설정할 국정목표도 원만히 성취될 것이다. 민주적 공화주의는 발전주의 패러다임처럼 경제발전만을 위해 모든 것을 희생하지 않는 반면, 신자유주의처럼 시장원리에 따르면 경제가 성장할 것이라는 목적론을 의미하지 않는다. 또한 경제발전만을 최우선의 가치로 설정하는 것도 아니다. 민주적으로 선출된 정부가 책임성을 가지고 전문성을 가진 공직자들을 통해 국민을 위해 일해야 한다는 것이다. 그러기 위해서는 관료들의 공직자로서 윤리를 굳건히 가져야 할 것이다. 또한 행정부와 국회, 사법부 등이 국민으로부터 위임받은 권력을 남용하지 않는 견제와 균형 속에서, 설정한 국정목표를 달성하기 위해 최선을 다한다면 사회적 갈등도 원만히 조정하면서, 그 목적도 원만히 달성하게 될 것은 틀림없다. 그것이 바로 성공하는 정부를 위한 국정운영 방안이다.

참고문헌

〈국내 문헌〉

강광하. (2000). 신경제 100일 계획. 「경제논집」, 39(3): 311−323.

강광하·이영훈·최상오. (2008). 「한국 고도성장기의 정책결정체계: 경제기획원과 정책추진기구」. 한국개발연구원.

강원택. (2014). 한국의 관료제와 민주주의: 어떻게 관료를 통제할 것인가. 「역사비평」, 65−90. 2014년 8월.

강주영. (2016). 정부 예산편성권의 공법적 함의: 미국 예산과정에서의 정부 의회 간의 상호작용 검토를 중심으로. 「미국헌법연구」, 27(2): 1−30.

고건. (2013). 「국정은 소통이더라: 고건의 공인 50년 다큐스토리」. 서울: 동방의 빛.

고길곤·이보라. (2012). 사회의 부패수준 및 관행에 대한 개인의 인식이 부패의향에 미치는 영향. 「한국사회와 행정연구」, 23(3): 405−427.

고길곤·조수연. (2012). 관행수용도와 부패: 시민의 관행수용도 영향요인에 대한 분석. 「한국행정학보」, 46(3): 213−239.

고현경·박현신·김근세. (2007). 한국 중앙행정기관 공무원의 권위주의 행태에 관한 연구: 1971년과 2006년 비교를 중심으로. 「한국행정학보」 41(3): 191−219.

국경복·김상수·나아정·신은호·김민재·조효정. (2012). 국회의 예산심사제도 개혁방안 연구. 국회사무처.

권경득·이현출. (2001). 정치권력 교체와 행정엘리트의 충원. 「한국정책학회보」, 10(1): 117−140.

권혁주. (2007). 한국행정에서 사회적 평등과 발전: 사회정책을 중심으로. 「한국행정학보」, 41(3): 67−90.

권혁주. (2015). 공무원연금법개정 법률분석. 「의정연구」, 45(1): 295−305.

김광호. (2008). 공무원 순환보직에 관한 연구. 「한국개발연구」, 30(2): 61−97.

김근세·허아랑. (2015). 이명박 행정부의 국가기능과 정부규모 분석. 「정책분석평가학회보」, 25: 367−403.

김명식. (2003). 우리나라 공직분류체계의 개편방향. 「한국행정학회 하계학술대회 발표논문집」.

김미나. (2004). 공무원 특별채용제도의 경로 의존적 변화: 박정희 정권의 군인 특별채용 사례를 중심으로.「한국행정논집」, 16(1): 81-106.

김병섭. (2007). 정부혁신지방분권위원회의 활동과 행정학자의 역할.「한국행정학보」, 41(4): 23-44.

김병섭·김정인. (2014). 관료 (무)책임성의 재해석: 세월호 사고를 중심으로.「한국행정학보」, 48(3): 99-120.

김병섭·김정인. (2015). 관료 (무)책임성의 재해석: 세월호 사고를 중심으로(1장). 박순애 엮음.「행정학 사례연구: 성과와 교훈」. 서울: 대영문화사. 17-43.

김병준. (2016). 정부 전환기의 정책변동과 행정변화.「한국행정연구」, 25(4): 1-29.

김봉식. (1968). 한국인의 사고방식을 통해 본 한국행정문화.「한국행정학보」, 2: 341-354.

김연명. (2001). 김대중 정부의 사회복지정책: 신자유주의를 넘어서. 한국사회복지학회 춘계학술대회.

김연수·김근세. (2007). 고위공무원단 제도 비교분석.「한국거버넌스학회보」, 14(1): 31-63.

김영우. (2005). 한국 공직분류체계에 대한 평가와 개선방안.「한국행정연구」, 14(3): 273-294.

김영평. (1985). 산업화의 맥락에서 본 한국정부관료제의 향방.「한국정치학회보」, 19: 117-130.

김영평·최병선(편). (1993).「행정개혁의 신화와 논리: 점진적 개혁의 지혜」. 서울: 나남.

김유근·안수길. (2016).「부정부패방지를 위한 법령의 정비방안 연구」. 서울: 한국형사정책연구원.

김유선. (2001).「임금정책」. 서울: 한국노총 중앙연구원.

김유선. (2007).「한국의 노동 2007」. 서울: 한국노동사회연구소.

김윤권. (2013). 정부 조직개편의 로직과 기능별 개편 전략.「한국행정학보」, 47(3): 49-74.

김윤태. (2017). 국가와 행정 패러다임의 변화. 국가리더십포럼 발제문. 서울대학교 행정대학원 국가리더십연구센터.

김은경·신동준·이정주·이선중. (2015).「한국사회 부패의 발생구조와 변화트렌드 분석」. 서울: 한국형사정책연구원.

김재훈·이호준. (2012). 공직임용제도와 공직수행에 관한 연구.「KDI 정책연구시리즈」, 2012(03): 1-85.

김정인. (2017). 공직 책임성의 재조직화(reorganization).「한국인사행정학회보」, 16: 1-24.

김중양. (2003).「한국인사행정론(제4판)」. 서울: 법문사.

김진영. (2016). 국회재정권 강화를 위한 예산절차 개선방안의 연구: 재정민주주의 실현을 위한 입법론과 정책 검토.「미국헌법연구」, 27(3): 29-63.

김춘순. (2012).「국가재정-이론과 실제」. 서울: 박영사.

김춘순. (2015). 재정여건 변화에 부합하는 전략적 재정운용방안 모색. 국회보.

김호정. (1994). 한국 관료행태의 결정요인: 복지부동의 원인.「한국행정학보」, 28(4):

1255-1277.

김형준. (2007). 김영삼 대통령의 리더십과 문민정부 국정운영평가. 한국정치학회, 「한국의 대통령 리더십과 국가발전」, 서울: 인간사랑.

류석진. (2014). 노무현 정부의 출범 및 정부 소개. 「한국행정연구원. 노무현 정부: 대한민국 역대정부의 주요 정책과 국정운영」. 서울: 한국행정연구원.

문광민. (2012). 국회의 재정통제권 강화를 위한 기금제도 개편 방안에 관한 연구. 국회예산정책처 연구용역.

문명재. (2009). 정부조직개편의 정치주기적 반복성과 실제. 「한국공공관리학보」, 23(4): 23-41.

문명재·이창원. (2008). 정부조직개편의 설계원리와 주기적 반복성에 대한 소고.「한국행정포럼」, 121: 18-23.

박광국·류현숙. (2009). 부패연구를 위한 인식, 실태, 제도의 통합적 연구.「한국행정학회 춘계 학술대회 발표논문」.

박대식. (2009). 정부조직개편 결정과정 비교분석. 「한국조직학회보」, 6(3): 143-172.

박동서. (1997). 「한국행정론」. 서울: 법문사.

박재완. (2016). 정부전환기 국정기조의 형성과정: 제 17대 대통령직인수위원회를 중심으로. 「한국행정연구」, 25(4): 31-63.

박종민·윤견수. (2015). 민주화 및 신자유주의-신공공관리 이후 한국의 국가 관료제: 변화와 지속. 「정부학연구」, 21(3): 35-63.

박중훈·조세현. (2017). 조직개편 특성에 대한 분석과 합리적 개편을 위한 방향. 한국행정연구원(편), 「대한민국 역대정부 조직개편 성찰」, 서울: 대영문화사, 380-469.

박창균. (2013). 한국의 재정사업 성과관리 제도. 2012 경제발전경험모듈화사업. KDI 국제정책대학원. 기획재정부.

박천오. (1990). 한국사회문화의 변화와 새로운 행정행태의 형성에 대한 탐색적 연구.「한국행정학보」, 24(1): 25-56.

박천오. (2011a). 한국 정부조직개편에 대한 비판적 고찰. 한국조직학회보, 8(1), 1-30.

박천오. (2011b). 공무원의 정치적 중립: 의미와 인식. 「행정논총」, 29(4): 55-118.

박천오. (2016). 한국 공무원의 책임 확장: 법적, 계층적 책임에서 윤리적, 개인적 책임으로. 「한국행정학보」, 50(1): 1-25.

박천오·강제상·권경득·조경호·조성한. (2004). 「인사행정의 이해(제3판)」, 서울: 법문사.

박천오·조경호. (2013). 고위공무원단제도의 기대와 성과: 시행 초기와 그 이후를 중심으로. 「한국인사행정학회보」. 12(1): 147-168.

박천오·주재현. (2007). 정부관료제와 민주주의: 정부관료제의 책임과 통제확보를 통한 조화의 모색. 「행정논총」, 45(1): 221-253.

박천오·강제상·권경득·조경호·조성한·배귀희·박홍엽. (2014). 「현대인사행정론」. 서울: 법문사.

박형준·김춘순. (2013). 예산의 책임성 강화를 위한 재정거버넌스 제도고찰: 국회 기능강화의 관점에서. 「예산정책연구」, 2(1): 43-69.

배병삼. (2012). 「우리에게 유교란 무엇인가」. 서울: 녹색평론사.

배수호. (2013). 유학(儒學)의 수신론(修身論) 관점에서 바라본 생태적 의식 전환 및 실천에 관한 소고: 행정학적 함의를 찾아서. 「한국행정학보」, 47(3): 1-22.

배수호·공동성·정문기. (2016). 유교사상의 거버넌스에의 실제 효용과 적용가능성에 관한 소고. 「행정학보」, 50(2): 271-299.

배수호·김도영. (2014). 유학(儒學)에서의 공공성 논의: 행정학 맥락에서 이해하기. 「한국행정학보」, 48(3): 75-98.

배수호·서정철. (2014). 시화지구 지속가능발전협의회 운영 사례(10장). 한국정책학회. 「정책사례 연구」. 서울: 대영문화사.

배수호·최화인·홍성우. (2015). 수자원관리정책을 위한 물의 은유와 상징: 「맹자」의 물 관련 논의를 중심으로. 「한국행정논집」, 27(2): 329-352.

배인명. (2011). 분권교부세의 운영실태와 개선방안: 복지재정 부문을 중심으로. 「자치행정연구」, 3(1): 43-66.

백완기. (1975). 한국행정의 근대화에 대한 문화심리학적 접근법. 「한국행정학보」, 9: 71-102.

서원석. (2014). 「정부부문 부패실태에 관한 연구」. 한국행정연구원.

손정목. (1996). 서울, 격동의 50년과 나의 증언(상), 「국토정보」, 1996(5): 100-110.

순자. (2008). 「순자」 (2판). 김학주(역). 서울: 을유문화사: 「순자」.

안문석. (1995), 문민정부의 행정개혁. 「한국정책학회보」, 4(1): 30-57.

안병만. (2001). 정권교체와 정부업무의 안정성 및 연속성 확보. 「한국행정연구」, 10(4): 5-31.

안병영. (2001). 장관의 교체와 정책의 안정성. 「한국행정연구」, 10(4): 32-61.

안병영·정무권. (2007). 민주주의, 평등, 그리고 행정: 한국행정 연구를 위한 이론적·경험적 함의를 찾아서. 「한국행정학보」, 41(3): 1-40.

안병옥·송석규. (2012). 국가재정제도 개편방안. 국회예산결산특별위원회 연구용역.

안외순. (2016). 「정치, 함께 살다」. 파주: (주)글항아리.

양재진. (2003a). 정권교체와 관료제의 정치적 통제에 관한 연구: 국민의 정부를 중심으로. 「한국행정학보」, 37(2): 263-287.

양재진. (2003b). 노동시장 유연화와 한국 복지국가의 선택: 노동시장과 복지제도의 비정합성의 극복을 위하여. 「한국정치학회보」, 37(3): 403-428.

양재진. (2005). 발전이후 발전주의론: 한국 발전국가의 성장, 위기, 그리고 미래. 「한국행정학보」, 39(1), 1-18.

엄석진. (2009). 행정의 책임성: 행정이론간 충돌과 논쟁. 「한국행정학보」, 43(4): 19-45.

염재호. (2009). 한일 행정개혁의 비교연구: 정부조직개편의 제도론적 접근. 「정부학연구」, 15(2): 71-107.

오원철. (2002). 「한국형 경제건설: 엔지니어링 어프로치」. 기아경제연구소.

오원철. (2010). 「박정희는 어떻게 경제강국 만들었나」. 서울: 동서문화사.

오재록. (2008). 관료제 권력의 영향요인에 관한 연구. 「한국행정연구」, 17(1): 3-29.

오재록·전영한. (2012). 관료적 자율성의 두 얼굴: 한국 중앙행정기관 실증분석. 「행정논총」, 50(3): 153-174.

오준근. (2013). 정부조직개편에 대한 입법 정책적 고찰. 「한국행정학보」, 47(3): 75-99.

옥동석. (2004). 재정민주주의와 지출승인법. 한국조세연구원.

옥동석. (2010). 헌법 재정조항의 개정방향: 헌법연구자문위원회(안)을 중심으로. 「제도와 경제」, 4(2): 53-77.

옥동석. (2017). 예산법률주의와 재정사업의 책임성. 「예산정책연구」, 6(1): 1-39.

유민봉·임도빈. (2003). 「인사행정론」. 서울: 박영사.

윤견수. (2012). 박정희 시대의 관료제: 계몽과 동원. 「한국행정학회 2012년 동계학술대회 발표 논문집」. 519-552.

윤견수. (2015). 한국 공직문화의 원형: 자리문화. 「한국행정학보」, 49(4): 1-28.

윤견수·한승주. (2012). 정치적 중립의 경험적 범주에 대한 연구: 지방자치단체 중하위직 공무원을 중심으로. 「행정논총」, 50(3): 237-261.

윤견수·박진우. (2016). 개발연대 국가관료제의 정책집행에 관한 연구. 「한국행정학보」, 50(4): 211-242.

윤무학. (2004). 「순자: 통일제국을 위한 비판철학자」. 서울: 성균관대학교출판부.

윤우곤. (1975). 한국 관료의 행태론적 분석. 「한국행정학보」, 7: 132-161.

이기동. (2011). 「논어강설」 (3판). 서울: 성균관대학교 출판부.

이덕만·최종덕·윤용중. (2004). 사전예산제도와 국회의 예산심의 - 해외사례를 중심으로. 국회예산정책처.

이동희. (2012). 공동체주의 윤리를 통해 본 주자학의 근사록(4장). 「근사록: 덕성에 기반한 공동체, 그 유교적 구상」. 성남: 한국학중앙연구원출판부.

이명석. (2002). 거버넌스의 개념화: '사회적 조정'으로서의 거버넌스. 「한국행정학보」, 36(4): 321-338.

이명석. (2010). 협력적 거버넌스와 공공성. 「현대사회와행정」, 20(2): 23-53.

이민창. (2017). 우리나라 규제개혁 추진 과정에 관한 고찰: 규제개혁 거버넌스의 민관협력을 중심으로. 「한국거버넌스학회보」, 24(1): 271－298.

이병량·주경일·함요상. (2004). 관료의 충원방식을 통한 한국관료제의 형성과정에 대한 연구. 「한국행정논집」, 16(4): 759－788.

이병량·황설화. (2012). 정책 이념과 정책의 변화. 「한국정책연구」, 12(3): 255－270.

이상봉. (2008). 예산결정의 이론과 실제: 중앙예산기관의 운영을 중심으로. 한국정책과학학회 학술대회 발표논문집. 한국정책과학학회.

이송호. (2016). 행정의 정치적 환경(정치－행정 관계). 「한국행정학보」, 50(5): 127－167.

이영환·김영순. (2001). 사회복지발달의 계급정치. 이영환 편. 「한국시민사회의 변동과 사회문제」. 서울: 나눔의 집.

이종범. (1986). 행정에 있어서 상벌체계와 형식주의.「국민과 정부관료제」. 서울: 고려대학교출판부.

이종범·윤견수. (1994). 전환시대의 한국형 행정가. 이종범(편). 「전환시대의 행정가」. 서울: 나남출판. 283－320.

이종수. (2009). 한국의 정치－행정 맥락의 분석. 「한국사회와 행정연구」, 20(3): 17－39.

이종수. (2012). 행정 책임(14장). 「새 행정윤리」. 서울: 대영문화사.

이종수·윤영진. (2005). 「새행정학」. 서울: 대영출판사.

이종원. (2011). 정책 사례연구 방법의 활용 현황과 발전을 위한 제언: 비교 사회과학 방법론의 논의를 중심으로. 「한국거버넌스학회보」, 18(3): 1－20.

이창수·예승우. (2012). 예산법률주의 쟁점과 과제. 예산현안분석 제42호. 국회예산정책처.

이창원·임영제. (2009). 우리나라 민주화 이후의 정부조직개편의 특성에 대한 고찰.「한국정책과학학회보」, 13(4): 1－17.

이창길. (2007a). 국정운영 조직의 시대적 변천과 미래 발전방향. 「한국조직학회보」, 4(2): 113－137.

이창길. (2007b). 중앙부처의 수평적 정책네트워크 구조분석.「한국행정학보」, 41(1): 21－47.

이창길. (2013). 「인적자원행정론」. 서울: 법문사.

이창길. (2016). 김영삼 정부 조직개편 논리와 성찰, 2016 한국행정학회 동계학술대회 발표논문집

이천표. (1994). 금융실명제의 보강, 정착화 방안. 「사회과학과 정책연구」, 16(2): 157－205.

이한빈. (1967). 해방후 한국관료제의 정치변동과 관료제의 발전. 「행정논총」, 5(1): 1－23.

이한빈. (1969). 개발연대의 기관형성－서울대학교 행정대학원의 최초 10년의 성장과 70년대를 향한 전망. 「행정논총」, 7(1): 1－13.

이환범·이수창·박세정. (2005). 조직환경 및 조직구조가 권위주의행태에 미치는 영향요인 분

석. 「한국행정논집」, 17(2): 459-478.

임경석. (2012). 이명박 정부의 747 공약과 그 결과. 「역사와 현실」, 86: 3-12.

임도빈. (2000). 행정조직 내 보직이동 유형에 관한 연구. 「한국정책학회보」, 9(3): 109-129.

임도빈. (2008). 행정사상. 한국행정연구원, 「한국행정60년: 1948-2008, 1. 배경과 맥락」, 서울: 법문사.

임도빈. (2014). 중앙부처조직의 개편에 관한 연구 : 역사적 시각에서. 「한국조직학회보, 11(1): 1-45.

임도빈. (2016). 권력론적 시각에서 본 한국 중앙행정조직: 문제점과 처방. 2016 한국조직학회 동계학술대회 발표문.

임주영·박형준. (2017). 정부조직개편과정에 따른 동태적 조직변동의 탐색적 연구. 「한국행정학보」, 51(1): 263-294.

임의영. (2014). 행정의 윤리적 과제: 악의 평범성과 책임의 문제. 「한국행정학보」, 48(3): 5-25.

임재홍. (2006). 공무원의 정치적 중립의무 비판-미국 공무원법제와의 비교법적 검토. 「민주법학」, 32: 241-268.

임혜수·이태동. (2017). 민관협력 파트너십과 정책 일관성 영향연구: 뉴욕시와 서울시의 건강도시 정책 비교. 「지방정부연구」, 21(1): 267-290.

장용근. (2006). 예산의 법률주의로의 헌법개정의 타당성과 통제에 대한 검토. 「헌법학연구」, 12(3): 215-255.

장용근. (2013). 예산에 관한 권력분립적 관점에서의 국회와 행정부의 관계의 재정립 및 재정민주주의의 실현방안에 관한 연구. 「제도와 경제」, 7(1): 59-88.

장지원. (2013). 정부부문 부패실태에 관한 연구. 한국행정연구원.

장하준·신장섭. (2003). 한국 금융위기의 기업구조조정에 대한 비판적 평가. 「한국의 경제분석」, 9(3): 255-304.

전병유·김복순. (2005). 노동시장의 양극화와 정책과제: 고용 양극화를 중심으로. 「노동리뷰」, 7: 36-51.

전상근. (2010). 「한국의 과학기술 개발 박정희 대통령의 기술개발 집념: 한 정책입안자의 증언 (개정판)」. 서울: 삶과꿈.

정경환. (2010). 공자의 정치사상에 관한 연구. 「서석사회과학논총」, 3(2): 29-59.

정영태. (2010). 공무원의 정치적 자유에 대한 헌법재판소의 논거와 문제점. 「한국정치연구」, 19(1): 71-100.

정용덕. (1995). 한국의 정부조직 개편. 한국정책학회 기타자료, 1995(3): 214-245.

정용덕. (2001). 「현대 국가의 행정학」. 서울: 법문사.

정원섭. (2002). 정부예산 편성과정의 문제점과 개선방안: 정부간 관계의 측면을 중심으로. 「한국정책연구」, 창간호: 215-231.

정정길. (1988). 경제장관회의와 정책결정. 「행정논총」, 26(2): 370-380.

정정길·이시원·정준금·김재훈·권혁주·문명재·김두래. (2017). 「새 패러다임 행정학」. 서울: 대명출판사.

정종섭. (2005). 국가재정에 관한 국회의 기능 강화 방안에 관한 연구. 연구용역보고서. 국회예산결산특별위원회.

정홍익. (1981). 형식주의의 이론적 분석. 「행정논총」, 19(2): 225-233.

조석준. (1968). 군사혁명정부와 조직개편. 「행정논총」, 6(1): 215-235.

조석준. (1971). 도행정조직 비교연구. 「행정논총」, 9(2): 146-160.

조석준. (1984). 품의제도와 한국행정의 의사결정과정. 「행정논총」, 22(1): 112-125.

조석준. (1992). 「한국행정학」. 서울: 박영사.

조성한·이근주·전영한. (2009). 개방형·공모 직위제도 운영성과 및 발전방안. 한국정책학회 연구보고서.

조영훈. (2002). 현 정부 복지정책의 성격: 신자유주의를 넘었나?. 김연명 (편). 「한국 복지국가 성격논쟁. 1」. (pp. 274-295). 서울: 인간과복지.

조희연. (2007). 「박정희와 개발독재시대: 5.16부터 10.26까지」. 서울: 역사비평사.

주재현. (2009). 행정개혁과 관료제 통제기제에 관한 연구: 노무현 정부의 인사행정개혁을 중심으로. 「행정논총」, 47(4): 49-78.

주재현·한승주. (2015). 공무원의 책임성 딜레마 인지와 대응: 지방자치단체 공무원을 중심으로. 「정부학연구」, 21(3): 1-33.

주재현·한승주·임지혜. (2017). '삶의 양식'과 공무원의 책임성 갈등에 관한 연구: 사회복지전담공무원을 중심으로. 「한국정책학회보」, 26(2): 137-165.

참여정부 국정브리핑. (2009). 「노무현과 참여정부 경제5년」. 서울: 한스미디어.

최무현·조창현. (2007). 여성공무원의 보직차별과 경력개발제도(CDP) 도입 방안에 관한 연구. 「행정논총」, 45(2): 279-308.

최병선·이혁우. (2014). 한국 규제개혁시스템의 혁신방안, 「규제연구」, 23. 한국경제연구원.

최성락·이혜영. (2012). 규제관리시스템 비교연구-영국, 호주, 미국, 캐나다를 중심으로. 규제거버넌스-실증과 논리의 재구성, 2012 한국경제연구원-한국규제학회 공동 학술대회.

최성욱. (2017). 대한민국 정부조직개편 신화의 해체: 반성과 대안1, 국회입법조사처 세미나 발표문(2017. 2. 24).

최순영. (2009). 공무원 보수체계의 개편대안. 「한국행정학보」, 43(4): 209-236.

최순영. (2011). 「개방형임용제도의 성과향상방안」. 한국행정연구원 연구보고서.

최순영. (2013). 경력개발제도의 개선방안. 「한국정책과학학회보」, 17(1): 215－245.

최순영. (2015). 직위분류제 확대와 연계한 공무원 인사관리의 개선방안. 한국행정연구원 연구보고서, 2015－14.

최순영·장지원. (2009). 공무원 전문성 제고를 위한 경력개발제도의 재설계방안. 한국행정연구원 연구보고서, 2009－11.

최유. (2011). 재정헌법의 현안과 전망. 재정법제 Issue Paper 11－15－④. 한국법제연구원.

최일범. (2009). 儒敎의 自我와 修養. 「儒敎思想硏究」, 38: 165－191.

최장집. (2010). 「민주화 이후의 민주주의」. 서울: 후마니타스.

최화인·배수호. (2015). 공직윤리와 충(忠). 「한국행정학보」, 49(3): 1－23.

하미승·권용수·이재은. (2007). 공무원 직종 직급체계의 합리적 개편방안 연구. 「한국인사행정학회보」, 6(2): 163－194.

하종범·이남수. (2015). 국회의 예·결산심의 개선방안. 한국행정연구원.

한국행정연구원. (2001－2016). 「정부부문 부패실태에 관한 연구」.

한승주. (2016). 관료제의 정치적 중립 훼손: 2012년 국가정보원 정치개입 사건 분석. 「행정논총」, 54(1): 103－137.

한승주. (2017). 공무원의 전문가적 정체성과 책임: 일반채용과 경력채용 공무원의 인식 탐색. 「한국조직학회보」, 13(4): 1－32.

한승희·강태혁. (2014). 「한국경제의 고도성장기 정책집행과 거버넌스: 월간경제동향보고회의와 수출진흥확대회의를 중심으로」. 기획재정부, KDI 국제정책대학원.

한형조. (2009). 「왜 동양철학인가」(개정판). 파주: 문학동네.

한형조. (2012). 근사록에 담긴 '학문'의 구상(1장). 「근사록: 덕성에 기반한 공동체, 그 유교적 구상」. 성남: 한국학중앙연구원출판부.

홍성만·이종원. (2009). 숙의거버넌스와 합의형성 제도설계: 시화지역 지속가능발전협의회의 운영사례를 중심으로. 「행정논총」, 47(1): 21－44.

황병태. (2011). 「박정희 패러다임」. 서울: 조선 뉴스프레스.

〈국외 문헌〉

Aberbach, J. D., & Rockman, B. A. (1994). Civil Servants and Policymakers: Neutral or Responsive Competence?. *Governance*, 7(4): 461－469.

Altemeyer, B. (1981). *Right－wing authoritarianism*, Winnipeg, Manitoba, Canada: University of Manitoba Press.

Altemeyer, B. (1988). *Enemies of Freedom: Understanding right－wing authoritarianism.*

San Francisco: Jossey—Bass.

Altemeyer, B. (1996). *The Authoritarian specter*. Cambridge, MAL Harvard University Press.

Arendt. H. (1958). *The Human Condition*. Chicago: University of Chicago Press.

Arendt, H. (2006). 「예루살렘의 아이히만」. 김선욱 (역). 서울: 한길사. *Eichmann in Jerusalem.* New York: Viking. 1963.

Asian Development Bank (ADB). (1999). *Public—Private Partnerships in the Social Sector,* Executive Summary Series of Proceedings No. S07/99, ADB, Manila.

Babatunde, S. O., & Opawole, A. (2012). Critical success factors in public—private partnership (PPP) on infrastructure delivery in Nigeria. *Journal of Facilities Management*, 10(3): 212—225.

Bolton, A., Figueiredo, J., & Lewis, D. (2017). Will federal employees work for a President they disagree with?. Harvard Business Review.

Bovaird, T. (2004). Public—private partnerships: from contested concepts to prevalent practice. *International Review of Administrative Sciences*, 70(2): 199—215.

Bovens, M. (1998). *The Quest for Responsibility: Accountability and Citizenship in Complex Organizations*. Cambridge, UK: Cambridge University Press.

Bowornwathana, B., & Poocharoen, O. O. (2010). Bureaucratic politics and administrative reform: Why politics matters. *Public Organization Review*, 10(4): 303—321.

Bozeman, B. (1993). A Theory of Government 'Red Tape.' *Journal of Public Administration Research and Theory*, 3: 273—303.

Brinkerhoff, D. W., & Brinkerhoff, J. M. (2011). Public—Private Partnerships: Perspectives on Purpose, Publicness, and Good Governance, *Public Administration and Development*, 31: 2—14.

Brinkerhoff, J. M. (2002). Government-Nonprofit Partnership: A Defining Framework, *Public Administration and Development*, 22: 19—30.

Caiden, G. (1984). "Reform and Revitalization in American Bureaucracy." In R. Miewald & M. Steineman(Eds.), *Problems in Administrative Reform*. Chicago: Nelson—Hall.

Caiden, G. (1996). The Concept of Neutrality. In H. Asmerom & E. Reis (eds.), *Democratization and Bureaucratic Neutrality*, pp. 20—44. NY: St.Martin's Press.

Chackerian, R. (1996). Reorganization of State Governments: 1900—1985. *Journal of Public Administration Research and Theory*, 6(1): 25—47.

Choi, B. (2014). Managing Economic Policy and Coordination: A Saga of the Economic Planning Board. In Kwon, H. & Koo, M (Eds.), *The Korean Government and Public Policies in a Development Nexus*. New York: Springer.

Cooper, T. (2013). 「공직 윤리: 책임있는 행정인」. 행정사상과 방법론 연구회 (역). 서울: 조명문화사. *The Responsible Administrator: As Approach to Ethics for the Administrative Role*. San Francisco: Jossey—Bass. 1990.

Downs, A. (1967). *Inside Bureaucracy*. Santa Monica, CA: The Rand Corporation.

Duckitt, J. (1989). Authoritarianism and Group Identification: A New View of an Old Construct. *Political Psychology*, 10(1): 63—84.

Duckitt, J. (1992). Education and Authoritarianism Among English— and Afrikaans—Speaking White South Africans. *The Journal of Social Psychology*, 132(6): 701—708.

Etzioni—Halevy, E. (1990). 「관료제와 민주주의」. 윤재풍 (역). 서울: 대영문화사. *Bureaucracy and Democracy: A Political Dilemma*. London: Routedge & Kegan Paul. 1983.

Finer, H. (1966). Administrative Responsibility in Democratic Government. In P. Woll(ed.), *Public Administration and Policy: Selected Essays*. Haper Torchbooks.

Forrer, J., Kee, J. E., Newcomer, K. E., & Boyer, E. (2010). Public—Private Partnerships and the Public Accountability Question, *Public Administration Review*, 70(3): 475—484.

Friedrich, C. J. (1966). Public Policy and the Nature of Administrative Responsibility. In P. Woll(ed.), *Public Administration and Policy: Selected Essays*. Haper Torchbooks.

Fukuyama, F. (2016). Governance: What Do We Know, and How Do We Know It?. *Annual Review of* Political Science, 19: 89—105.

Golden. M. M. (1992). Exit, Voice, Loyalty, and Neglect: Bureaucratic Responses to Presidential Control During the Reagan Administration. J PART, 2(1): 29—62.

Goodin, R. E., Rein, M., & Moran, M. (2006). The Public and Its Policies. In R. E. Goodwin, M. Rein & M. Moran (Eds.), *The Oxford Handbook of Public Policy*. Oxford: Oxford University Press.

Hall, M. C. (1999). Rethinking Collaboration and Partnership: A Public Policy Perspective, *Journal of Sustainable Tourism*, 7(3): 274—289.

Hall, P. (1993). Policy Paradigms, Social Learning and the State: The Case of Economic Policy Making in Britain. *Comparative Politics*, 25(3): 275—296.

Hannan, M. T., & Freeman, J. (1977). The population ecology of organizations. *American journal of sociology*, 82(5): 929—964.

Heidenheimer, A. J., & Johnston, M. (2002). *Political corruption : concepts & contexts*, Transaction Publishers.

Hodge, G. A., & Greve, C. (2009). PPPs: The Passage of Time Permits A Sober Reflection,

Economic Affairs, Institute of Economic Affairs, March, 2009.

Johnson, P., & Mitchell, I. (2017). The Brexit vote, economics and economic policy. *Oxford Review of Economic Policy*, 33(1): 12−21.

Jung, Y. (2014). Institutional Presidency and National Development. In Kwon, H. & Koo, M (Eds.), *The Korean Government and Public Policies in a Development Nexus*. New York: Springer.

Kernaghan, K. (1986). Political Rights and Political Neutrality: Finding the Balance Point. Canadian Public Administration, 29(4): 639−652.

Kettle, D. F. (1993). *Sharing Power: Public Governance and Private Markets*, Washington, D.C: Brookings.

King, D. (1987). *The New Right: politics, markets and citizenship*. Basingstoke: Macmillan.

Klijin, EH., & Teisman, G. R. (2003). Institutional and Strategic Barriers to Public-Private Partnership: An Analysis of Dutch Cases, *Public Money and Management*, 23(3): 137−146.

Koch, C., & Buser, M. (2003). Emerging Metagovernance as an Institutional Framework for Public Private Partnership Networks in Denmark, *International Journal of Project Management*, 24: 548−556.

Kooiman, J. (2003). *Governing as Governance*. London, UK: Sage.

Lambsdorff, J. G. (2006). "Causes and Consequences of Corruption: What do we know from a cross−section of countries?". In S. Rose−Ackerman (ed.), *International handbook on the economics of corruption*. Edward Elgar: 3−51.

Lane, J. (1987). Implementation, accountability and trust. *European Journal of Political Research*, 15(5): 527−546.

Lawrence, P., & Lorsch, J., (1967), "Differentiation and Integration in Complex Organizations" *Administrative Science Quarterly*, 12: 1−30.

Lee, S., & Han, T. (2006). The Demise of the Korea Inc: Paradigm Shift in Korea's Developmental State. *Journal of Contemporary Asia*, 36(3): 305−324.

Linder, S. H. (1999). Coming to Terms With the Public−Private Partnership, *American Behavioral Scientist*, 43(1): 35−51.

March, J. G., & Olson, J. P. (1983). Organizing political life: What administrative reorganization tells us about government. *American Political Science Review*, 77(02): 281−296.

Meier, K. J. (1980). Executive reorganization of government: Impact on employment and expenditures. *American Journal of Political Science*, 396−412.

Meier, K. J. (1993). Representative bureaucracy: A theoretical and empirical exposition. Research in Public Administration, 2(1): 1−35.

Meyer, J. W., & Rowan, B. (1977). Institutionalized organizations: Formal structure as myth and ceremony. *American journal of sociology*, 83(2): 340−363.

Merton, R. K. (1957). Social Theory and Social Structure. London: The Free Press. Reprinted in J. S. Ott, S. J. Parkes and R. B. Simpson (eds.). *Classic Readings in Organizational Behavior* (3rd edition). Cengage Learning.

Mosca, G. (1939). *The Ruling Class*. NY: McGraw−Hill.

Niskanen, W. A. (1971). *Bureaucracy and Representative Government*. Chicago & New York: Aldine−Atherton.

Osborne, D. (1993). Reinventing Government. *Public Productivity & Management Review*, 16(4): 349−356.

Overeem, P. (2005). The Value of the Dichotomy: Politics, Administration, and the Political Neutrality of Administrators. *Administrative Theory & Praxis*, 27(2): 311−329.

Peters, B. G. (1992). Government reorganization: A theoretical analysis. *International Political Science Review*, 13(2): 199−217.

Peters, B. G. (1995). *The Politics of Bureaucracy*. White Plains. New York: Longman; 양재진. (2003a). 정권교체와 관료제의 정치적 통제에 관한 연구: 국민의 정부를 중심으로. 「한국행정학보」, 37(2): 263−287에서 재인용.

Pettit, P. (1997). *Republicanism: A Theory of Freedom and Government*. Oxford: Oxford University Press.

Pierson, C. (1998). *Beyond the Welfare State: the New Political Economy of Welfare*, Cambridge: Cambridge University Press.

Polenberg, R. (1979). Roosevelt, Carter, and Executive Reorganization: Lessons of the 1930s. *Presidential Studies Quarterly*, 9(1): 35−46.

Pollitt, C. (1984). *Manipulating the Machine: Changing the Pattern of Ministerial Departments, 1960−83*. London: George Allen & Unwi.

Pongsiri, N. (2002). Regulation and Public−Private Partnership, *The International Journal of Public Sector Management*, 15(6): 487−495.

Rainey, H. G., Pandey, S., & Bozeman, B. (1995). Research Note: Public and Private Managers' Perceptions of Red Tape. *Public Administration Review*, 55(6): 567−573.

Richter, J. (2004). Public−private Partnerships for Health: A trend with no alternatives?, *Development*, 47(2): 43−48.

Romzek, B. S., & Dubnick, M. (1987). Accountability in the Public Sector: Lessons from the

Challenger Tragedy. *Public Administration Review*, 47(3): 227−238.

Romzek, B. S., & Dubnick, M. (1994). Issues of Accountability in Flexible Personnel Systems. In. P. Ingraham, P. & B. Romzek(eds.), *New Paradigms for Government: Issues for the Changing Public Service*. San Francisco, CA: Jossey−Bass.

Rose−Ackerman, S. (2006). *International handbook on the economics of corruption*. Edward Elgar.

Rosenau, P. V. (1999). The strengths and weakness of public−private policy partnerships, *American Behavioral Scientist*, 43(2): 10−34.

Samii, R., Wassenhove, L. N. V., & Bhattacharya, S. (2002). An Innovative Public-Private Partnership: New Approach to Development, *World Development*, 30(6): 991−1008.

Shermerhorn, J. R. Jr. (1975). Determinants of inter−organizational co−operation, *Academy of Management Journal*, 18(4): 846−856.

Stoker, G. (1998). Governance as Theory: Five Propositions. *UNESCO*, 17−28.

Svara, J. (2001). The Myth of the Dichotomy: Complementarity of Politics and Administration in the Past and Future of Public Administration. *Public Administration Review*, 61(2): 176−183.

Svara, J. (2006). Complexity in Political−Administrative Relations and the Limits of the Dichotomy Concept. *Administrative Theory & Praxis*, 28(1): 121−139.

Teisman, G. R., & Klijin, EH. (2002). Partnership Arrangements: Governmental Rhetoric or Governance Scheme?, *Public Administration Review*, 62(2): 189−198.

Thompson, D. (1985). The Possibility of Administrative Ethics. Public Administration Review, 45(5): 555−561.

UN Nathan Report. (1954). An Economic Programme for Korean Reconstruction. United Nations Korean Reconstruction Agency.

Weber, M. (1947). *The Theory of Social and Economic Organization*. Translated by A.M. Henderson & Talcott Parsons. NY: Oxford University Press.

Weisband, E., & Franck, T. M. (1975). *Resignation in Protest*. NY: Grossman/Viking.

Williamson, O. E. (1975). *Markets and Hierarchies: Analysis and Antitrust Implications*. New York, NY: The Free Press.

Wilson, W. (1887). The Study of Administration. Political Science Quarterly, 2(2): 197−222.

World Bank. (1997). *Global Development Finance*. World Bank: Washington DC; Chang, H. (1998). Korea: The Misunderstood Crisis. World Development, 26(8): 1555−1561에서 재인용.

Young, I. (2013). 「정치적 책임에 관하여」. 허라금, 김양희, 천수정 (역). 서울: 이후: *Responsibility for Justice*. Oxford University Press. 2011.

〈정부문서〉

감사원. (2012). 감사결과보고서: 기금의 자산운용 등 평가실태.

국민권익위원회. (2009). '09년도 공공기관 청렴도 측정 결과(요약). (검색일, 2017.5.3.)

국민권익위원회. (2010 – 2016), 「국민권익위백서」.

국민권익위원회. (2015). 2015년 공공기관 청렴도 측정 결과. (검색일, 2017.5.3.)

국민권익위원회. (2016a). 2016년도 부패인식도 조사 종합 결과. (검색일, 2017.5.3.)

국민권익위원회. (2016b). 2016년 공공기관 청렴도 측정 결과. (검색일, 2017.5.3.)

국회예산정책처. (2010). 사전예산제도의 도입. 국회예산정책처 내부자료.

국회예산정책처. (2013). 사전예산심의제도 도입방안. 국회예산정책처 내부자료.

국회예산정책처. (2016). 「주요국의 재정제도」.

규제개혁위원회 (1998). 「규제개혁백서」.

규제개혁위원회 (1999). 「규제개혁백서」.

규제개혁위원회 (2000). 「규제개혁백서」.

규제개혁위원회 (2001). 「규제개혁백서」.

규제개혁위원회 (2002). 「규제개혁백서」.

규제개혁위원회 (2003). 「규제개혁백서」.

규제개혁위원회 (2004). 「규제개혁백서」.

규제개혁위원회 (2005). 「규제개혁백서」.

규제개혁위원회 (2006). 「규제개혁백서」.

규제개혁위원회 (2007). 「규제개혁백서」.

규제개혁위원회 (2008). 「규제개혁백서」.

규제개혁위원회 (2009). 「규제개혁백서」.

규제개혁위원회 (2010). 「규제개혁백서」.

규제개혁위원회 (2012). 「규제개혁백서」.

대검찰청. (2001 – 2014). 「범죄분석」.

인사혁신처. (2015). 「인사비전 2045」.

정부혁신지방분권위원회. (2008). 참여정부의 인사개혁. 2003 – 2008.

중앙인사위원회. (2002). 계약직 제도 개선방안에 관한 연구; 장현주. 「지방자치단체의 공직개방성에 관한 연구」. 한국행정연구원 보고서, 2007에서 재인용.

중앙인사위원회. (2006). 조직경쟁력 강화와 공무원 역량제고를 위한 경력개발제도 운영매뉴얼.

통계청. (1999 – 2009). 「한국의 사회지표」.

〈신문기사〉

경향신문. (1961.9.5.). 경제시책 '브리핑' 매 월요일(月曜日) 최고회의(最高會議)서. (검색일, 2017.3.
   27.)

경향신문. (1962.2.17.). 재건모범 부락시찰. (검색일, 2017.3.27.)

경향신문. (1962.2.19.). 허실(1) 브리핑 붐. (검색일, 2017.3.27.)

경향신문. (1962.2.22.). 박의장 민정시찰 마치고 귀경. (검색일, 2017.3.27.)

경향신문. (1963.3.1.). 특별감사반의 민정시찰에 붙인다. (검색일, 2017.4.1.)

경향신문. (1963.4.3.) 새 국가공무원법. (검색일, 2017.4.1.)

경향신문. (1963.5.25.). 합승을 탄 박의장. (검색일, 2017.4.10.)

경향신문. (1963.7.10.). 박의장과 삼남(三南)민정. (검색일, 2017.4.11.)

경향신문. (1963.12.19.). 각료에 듣는다(2) 내무부장관 엄민영씨 지방선거는 돈사정 풀려야.
   (검색일, 2017.4.11.)

경향신문. (1963.12.26.). 각료에 듣는다(7) 보사부장관 박주병씨 새살림을 어떻게. (검색일, 2017.4.
   11.)

경향신문. (1964.1.20.). 생필품을 싸게 공급 박대통령 상공부시찰코 당부. (검색일, 2017.4.21.)

경향신문. (1964.3.6.). 대통령과 보리고개: 첫 민정시찰의 결산. (검색일, 2017.4.21.)

경향신문. (1964.10.5.). 본사 정치·사회·경제부기자 종합좌담회 감사 – 제대로 되었는가. (검색일,
   2017.4.21.)

경향신문. (1965.10.20.). 여적. (검색일, 2017.4.21.)

경향신문. (1966.4.12.). 광주는 마치 축제기분. (검색일, 2017.4.22.)

경향신문. (1966.5.16.). 5.16 5년... '혁명비전'은 어디쯤 와있는가(2) 행정질서. (검색일, 2017.4.22.)

경향신문. (1966.5.30.). 政治核地帶(정치핵지대) (1) 靑瓦臺(청와대). (검색일, 2017.4.20.)

경향신문. (1967.1.7.). 동남아에 인기 끌 인삼 담배. (검색일, 2017.4.22.)

경향신문. (1967.2.8.). 道政(도정) 브리핑도 가지가지. (검색일, 2017.4.22.)

경향신문. (1967.6.28.). 박대통령의 경제학. (검색일, 2017.4.26.)

경향신문. (1967.7.1.). 좌담회: 박대통령의 리더십. (검색일, 2017.4.26.)

경향신문. (1967.8.23.). 심판대에 오른 세제개혁. (검색일, 2017.4.27.)

경향신문. (1968.7.16.). 눈에 안뵈는 제도 고쳐야. (검색일, 2017.4.27.)

경향신문. (1968.8.21.). 보릿고개란 말 없어지듯이 –. (검색일, 2017.4.27.)

경향신문. (1969.1.15.). 농촌에 필요한 일해야 연말에 가서 뛰지않게. (검색일, 2017.4.27.)

경향신문. (1969.6.30.). 전진하는 집념. (검색일, 2017.4.27.)

경향신문. (1969.10.27.). 재무장관 남덕우씨. (검색일, 2017.5.1.)

경향신문. (1970.7.6.). 경부고속도로 개통이 몰고오는 천리길 새바람, 공사중 뿌려진 화제들. (검색일, 2017.5.1.)

경향신문. (1971.2.20.). 농촌 부흥기틀 현지점검. (검색일, 2017.5.1.)

경향신문. (1971.6.26.). 남방차림 브리핑 질겁. (검색일, 2017.5.1.)

경향신문. (1971.7.3.). 전매청에 기발한 인사. (검색일, 2017.5.6.)

경향신문. (1971.7.17.a). 일깨운 서정의 철학: 김총리 초도순시. (검색일, 2017.5.6.)

경향신문. (1971.7.17.b). 두 청장 브리핑 대조적. (검색일, 2017.5.6.)

경향신문. (1972.1.18.). 브리핑 열중하다 임종도 가까스로. (검색일, 2017.5.11.)

경향신문. (1972.2.8.). 자조자립을 위한 정신자원 개발행정을. (검색일, 2017.5.11.)

경향신문. (1972.2.25.). 올바른 설계는 정확한 통계로. (검색일, 2017.5.11.)

경향신문. (1972.3.20.). 제2종합제철 계획 구체화 경제·수출 타당성 검토. (검색일, 2017.5.11.)

경향신문. (1972.4.12.). 산림왕에 2백만원 박대통령이 상금. (검색일, 2017.5.11.)

경향신문. (1972.6.29.). 새 관광제도 정보에 칭찬받아. (검색일, 2017.5.11.)

경향신문. (1974.3.13.). 내무부, 종이절약 시책 따라 브리핑차트 통제. (검색일, 2017.5.17.)

경향신문. (1975.2.1.). 국정 현장점검. (검색일, 2017.5.17.)

경향신문. (1975.2.8.). "우리의 교육이 세계인을 만드는 것이냐" 막연한 '민주시민' 강조 시정돼야. (검색일, 2017.5.17.)

경향신문. (1975.3.18.). 불시방문에 일선서 초긴장. (검색일, 2017.5.17.)

경향신문. (1975.9.27.). 어물어물 식자료(式資料) 추궁에 당황. (검색일, 2017.5.21.)

경향신문. (1976.2.7.). 멍청한 구청장... 주민만 골탕. 시장의 구정확인순시 뒷얘기. (검색일, 2017.5.21.)

경향신문. (1976.7.13.). "농협은 농민에게 이익돌려줘야". (검색일, 2017.5.21.)

경향신문. (1977.1.19.). 브리핑 준비에 세심한 주의. (검색일, 2017.4.23.)

경향신문. (1978.2.4.). 박대통령 14개부처 연두순시 치하·격려에 결의도 만발. (검색일, 2017.4.23.)

경향신문. (1978.2.16.). 중앙공무원교육원 시찰 박대통령 교과목 등 브리핑받아. (검색일, 2017.4.27.)

경향신문. (1978.9.8.). 박대통령, 학생들에게 농촌정착 꿈 심도록. (검색일, 2017.5.11.)

경향신문. (1979.2.6.). "책임은 장관이 진다" 소신껏 '경영'을. (검색일, 2017.5.21.)

경향신문. (1979.2.10.). 점묘: 격려와 일침 속 아이디어도 만발. (검색일, 2017.5.11.)

경향신문. (1979.8.31.). "정부 지원 아끼지 않겠지만 자질구레한 일은 주민 스스로." (검색일,

2017.4.11.)

경향신문. (1980.2.8.). 관례어긴 보고 고집하다 되려 역효. (검색일, 2017.4.23.)

경향신문. (1995.7.4.). 민선 자치시대(3) 주민행정. (검색일, 2017.4.11.)

경향신문. (1998.1.17.). 개편핵심은 공무원 감축/정부조직개편위 공청회. (검색일, 2017.6.16.)

경향신문. (2003.1.23.). 노, 정부조직개편 개혁저항 부처에 경고. (검색일, 2017.6.14.)

경향신문. (2003.3.25.). 아마추어리즘의 실패. (검색일, 2017.6.16.)

경향신문. (2008.4.16.). MB식 낙하산 공공기관 뒤덮나. (검색일, 2017.6.7.)

경향신문. (2013.2.4.). [뉴스플러스] 인수위 vs. 외교부 혈투 누가 이길까? (검색일, 2017.6.16.)

경향신문. (2014.12.2.). [이건의 소방이야기]⑬ 순환보직에 대해 말한다. (검색일, 2017.4.10.)

국민일보. (1992.12.22.). "「신경제」는 자율"(브레인에 듣는다/김영삼개혁: 1). (검색일, 2017.4.10.)

국민일보. (2008.1.13.). 이명박 당선인, 인수위 파견 공무원 간담회. (검색일, 2017.6.7.)

국민일보. (2008.12.16.). 여, 노 정부 출신겨냥, 고위직이 안 움직인다. (검색일, 2017.6.16.)

국민일보. (2009.1.12.). 청와대만 바라보는 과천. (검색일, 2017.6.14.)

국민일보. (2014.4.3.). 내부적 인사 필요성은 있었지만.. 1급들 쇄신 대상에 포함되나 촉각. (검색일, 2017.6.1.)

국민일보. (2016.1.31.). '수저론'이 또 맞았다…최근 세대일수록 학력·계층·직업 세습 고착화 두드러져. (검색일, 2017.4.11.)

내일신문. (2008.11.24.). 고위공무원단제도 폐기되나. (검색일, 2017.4.21.)

내일신문. (2008.12.24.). 이대통령 '좌파는 훼방꾼' 인식 확고. (검색일, 2017.6.1.)

뉴시스. (2008.2.21.). "'Z자형 인사이동', 정부 경쟁력 떨어뜨린다." (검색일, 2017.4.11.)

동아일보. (1962.2.8.). 출마 안하겠다는 송수반. (검색일, 2017.3.27.)

동아일보. (1962.6.8.). 최고회의혁명 1년을 총비판. (검색일, 2017.3.27.)

동아일보. (1963.6.17.). 재건의 모습들. (검색일, 2017.4.1.)

동아일보. (1963.12.13.). 새 각료. 얼굴과 첫마디. (검색일, 2017.4.1.)

동아일보. (1964.6.25.). 환율개정 후의 업자 피해구제. (검색일, 2017.4.10.)

동아일보. (1969.12.20.). 60년대 신어(新語). (검색일, 2017.4.1.)

동아일보. (1970.4.17.). 서울특별시장 양탁식씨 뛰어난 행정수완. (검색일, 2017.4.21.)

동아일보. (1978.12.29.). 새 장관 브리핑에 연휴 체념. (검색일, 2017.5.11.)

동아일보. (1979.1.11.). 정재석 기획원차관 관직 떠난지 4년여만에 컴백. (검색일, 2017.5.11.)

동아일보. (1982.7.20.). 차트행정과 형식주의. (검색일, 2017.3.27.)

동아일보. (2013.10.10.). "폐쇄적 공직임용이 국가부패 키워". (검색일, 2017.4.15.)

동아일보. (2017.2.1.). 트럼프의 '反이민 행정명령', 예외조항 속출로 국내외 혼란 가중. (검색일, 2017.3.5.)

동아일보. (2017.2.20.). 청년－노년층서만 비정규직 급증. (검색일, 2017.4.22.)

매일경제. (1970.3.3.). '인사명수' 관록 또 과시. (검색일, 2017.3.27.)

매일경제. (1970.9.15.). 숫자에 어두운 상공관리. (검색일, 2017.4.11.)

매일경제. (1970.12.21.). 농림장관 김보현씨 빈틈없는 행정솜씨 인정. (검색일, 2017.4.21.)

매일경제. (1971.3.11.). 브리핑에 멍든 건설행정. (검색일, 2017.4.11.)

매일경제. (1971.7.17.). '브리핑 쇼' 연출에 바빠. (검색일, 2017.3.27.)

매일경제. (1973.3.23.). 세정가: 화제모은 승진인사투표. (검색일, 2017.4.21.)

매일경제. (1975.5.21.). 강대호씨 대인관계 좋은 강직형. (검색일, 2017.4.21.)

매일경제. (1977.5.25.). 신봉식 전경련이사 외국어 능통한 학구파. (검색일, 2017.5.11.)

매일경제. (1978.1.25.). 공명(功名)보다 창의력 절실. (검색일, 2017.5.11.)

매일경제. (1978.12.25.). 새해 업무계획 브리핑받아. (검색일, 2017.5.21.)

매일경제. (1979.1.11.). 서석준 판단력 좋고 브리핑 명수. (검색일, 2017.3.27.)

매일경제. (1979.1.15.). 법적 근거·통계자료의 과학성 따져. (검색일, 2017.4.11.)

매일경제. (1979.2.5.). 김재무, 은행순시에 격려로 일관. (검색일, 2017.5.11.)

매일경제. (1979.5.9.). 말뿐인 유통근대화. (검색일, 2017.5.21.)

매일경제. (1979.12.15.). 이규현 언론계출신... 논리정연. (검색일, 2017.5.11.)

매일경제. (2016.1.28.). 공무원 승진후 편한보직 받아 설렁설렁… "이젠 안 통해". (검색일, 2017.5.11.)

문화일보. (2008.4.25.). 고위공직자 직무등급 5단계서 2단계로 축소. (검색일, 2017.5.11.)

문화일보. (2014.5.29.). 유민봉 수석의 過. (검색일, 2017.6.12.)

서울신문. (2003.3.3.). 1급 공무원 대폭물갈이, 차관인사 직후 일괄사표 가능성 제기. (검색일, 2017.6.16.)

서울신문. (2013.12.26.). 무사안일 민원처리 첫 징계 대상에. (검색일, 2017.4.19.)

서울신문. (2014.5.20.). 공무원 채용 '대수술'… 필요할 때마다 수시로 선발. (검색일, 2017.5.11.)

서울신문. (2015.11.17.). [사설] 공직자 잦은 순환보직, 전문성 키우기 어려워. (검색일, 2017.5.17.)

서울신문. (2016.12.22.). [열린세상] 아름다운 '행정혁명'을 준비하자/이창길 세종대 행정학과 교수. (검색일, 2016.5.8.)

서울신문. (2017.2.15.). 아예 구직 포기한 청년… 실업률 0.9%P '슬픈 하락'. (검색일, 2017.4.11.)

세계일보. (1998.1.10.). 우리부처 축소폐지 안됩니다. (검색일, 2017.6.14.)

세계일보. (2010.7.15.). 공무원들 '무사안일주의' 여전. (검색일, 2017.4.23.)

세계일보. (2015.9.14.). [구호에 그친 '공무원 차등 성과금'] 거짓보고만 믿고… 행자부 "나눠먹기 한 곳도 없다". (검색일, 2017.6.11.)

연합뉴스. (2017.1.23.). 블랙리스트 주도세력 '생각하지 마라, 시키는 대로 해라' 지시. (검색일,

2017.6.5.)

조선일보. (2013.7.30.). 60년 악습, 깜깜이 예산편성. "정부가 편성한 예산, 국회서 수정되는 비율 2~3% 불과". (검색일, 2017.6.30.)

조선일보. (2017.2.16.). 2월 실업률 치솟는 까닭… 떨어진 공시족들 대거 실업자 대열에. (검색일, 2017.6.13.)

한겨레. (2008.12.17.). 교과부 국세청 1급 일괄사표 배경/이대통령 '공무원이 움직이지 않는다' 지적하더니/공무원 장악 mb 코드인사 시작. (검색일, 2017.6.14.)

한겨레. (2008.12.22.). 고위 공무원 일괄사표, 역대 정부와 비교해보니. 5, 6공 때 말고는 전례 없어. (검색일, 2017.6.7.)

한겨레. (2008.5.25.). 대통령 한마디에.. 법절차 뿌리째 흔들. (검색일, 2017.6.10.)

한겨레. (2017.2.4.). 미 연방법원 "트럼프 반이민 행정명령 미 전역서 잠정 중단" 급제동. (검색일, 2017.3.5.)

한국경제. (2008.1.12.). 인수위원들도 부처 통합 갈등. (검색일, 2017.8.16.)

한국일보. (2008.2.12.). [편집국에서] 김태동, 이정우 그리고 곽승준. (검색일, 2017.6.14.)

한국일보. (2008.4.28.). 당정 엇박자 이면엔 정책주도권 기싸움. (검색일, 2017.6.16.)

한국일보. (2013.1.20.). 박근혜 복지, 관료저항 넘어서야 성공한다. (검색일, 2017.6.5.)

한국일보. (2016.8.15.). 대통령 한마디에 급선회.. 공직사회 '靑 바라기'도 넘었다. (검색일, 2017.6.16.)

한국일보. (2016.10.12.). 세월호 선언 등 94739명, 문화계 블랙리스트 확인. (검색일, 2017.3.6.)

〈홈페이지〉

대한민국 공무원되기 https://www.injae.go.kr/user/job/recruit.do (검색일, 2017.5.9.)

빅카인즈 https://www.kinds.or.kr (검색일, 2017.5.12.)

인사혁신처 홈페이지 https://www.mpm.go.kr/mpm/info/infoBiz/BizPay/bizPay02/ (검색일, 2017.5.9.)

인사혁신처 정기인사통계 http://www.mpm.go.kr/mpm/info/infoStatistics/hrStatistics/statisticsAnnual/?boardId=bbs_0000000000000037&mode=list&category=&pageIdx= (검색일, 2017.6.14.)

행정자치부(정부조직관리정보시스템) https://org.moi.go.kr (검색일, 2018.1.20.)

행정자치부(정부조직관리정보시스템) https://org.moi.go.kr/org/external/chart/index.jsp (검색일, 2017.6.14.)

한국노동패널 https://www.kli.re.kr/klips/index.do (한국노동패널 1998-2010 자료 검색)
(검색일, 2017.4.30.)

행정전문용어사전. https://www.minwon.go.kr/main?a=AA170WHDicAppNew (검색일, 2017.
6.30.)

e-나라지표 http://www.index.go.kr/potal/stts/idxMain/selectPoSttsIdxSearch.do?idx_cd=1
015 (검색일, 2016.5.15.)

Transparency International https://www.transparency.org/gcb2013 (검색일, 2017.5.1.)

Transparency International https://www.transparency.org/news/feature/corruption_percepti
ons_index_2016 (검색일, 2017.5.1.)

영문요약

Searching for an Effective and
Responsible Government

Kwon, Huck−ju(Editor)

Over the past six decades, Korea (referring to the Republic of Korea unless stated otherwise) has managed to undergo a remarkable transformation. Korea was able to shift its economy from one of the poorest to one of the most affluent economies. Such economic transition has been accompanied with democratization. Since 1987, when the first direct popular election for the Presidency was held, transitions of power have taken place in accordance with democratic procedures. Korea was also able to establish a comprehensive welfare state providing social protection to a majority of its citizens. Such remarkable transformation became a model for developing countries to emulate.

Despite the great success, Korea is faced with new social challenges which demand effective policy responses. For instance, Korea's incidence of old age poverty is the highest among the OECD member countries owing to drastic changes in the family structure and the immature public pension system. In the labor market, job insecurity and low wages pose a great economic threat to the working age population. Social inequality and distributional conflict have risen sharply for the last twenty years since the Asian economic crisis in 1997−98.

In this challenging period of economic and social condition, it is a fundamental imperative that the government play a significant role to bring about social integration and economic security for the citizenry. Contrary to such expectation, it is difficult to say that the Korean government has effectively carried out its work. The government has not been able to steer the economy through the global recession that emanated from 2008. Its response to the MERS (Middle East Respiratory Syndrome) epidemic was well below par. In 2016, during the impeachment process of President Park Geun−hye, it was exposed that political neutrality of Korean bureaucracy, enshrined in article 7.1 in the Constitution, was seriously violated and that public officials efforts to protect its political neutrality were not satisfactory.

What are the underlying reasons for the Korean government to be faced with such serious inadequacy? What happened to the responsibility, transparency and competency of Korean bureaucracy, once highly praised? These are the questions that the present study seek to answer. The contributing authors in this study will also try to elicit policy implications for an effective and responsible government in the future from the perspective of democratic republican principles.

This study is divided into two main parts (Parts 2 and 3) together with an Introduction (Part 1) and Conclusion (Part 4). In Part 2, this study examines the theoretical and normative rationale of governance in the Korean government since the 1990s. In Part 3, this study examines the various dimensions of the public management of bureaucracy. The authors in Part 2 point out that effective governance and political neutrality have been eroded over the past thirty years during the democratic process of power transitions that take place every five years. In terms of governance, the successive governments since 1993 had endeavored to replace the developmental state model of governance with neo−liberal and new public management models, but often resorted back to the old model of governance. Chapter 1 proposes a governance paradigm of democratic republicanism for the future, which emphasizes public responsibility and political neutrality of bureaucracy. In contrast to the authoritarian regime under which bureaucratic autonomy was protected, Chapter 2 argues political neutrality of bureaucracy has been exposed to political power. It will be necessary to emphasize responsibility and transparency as the guiding principles for public officials while at the same time motivate public institutions to work effectively to fight against corruption as Chapter 3 maintains. While Chapter 4 points out that the old habitual practice of hierarchical policy implementation dies hard, an argument entailing that public officials should strive for responsibility in line with Confucian public philosophy is made in Chapter 5.

Part 3 analyses public management in the government and explores possible policy reforms for sustaining an effective government. In terms of governmental organization, Chapter 1 emphasizes that the government, particularly, ministries and implementing agencies, should be organized according to the Constitutional principles. In particular, government ministries should be established in order to fulfil public functions that the Constitution states as government imperatives. Chapter 2 examines the historical experience of personnel management in the Korean government. Although personnel management according to the principle of rank−in−person succeeded in doing an effective job in the era of rapid economic development, it will be necessary to introduce a more encompassing system of rank−in−position in order to meet the demand of the changing environment. Chapter 4 analyses the process of budgetary scrutiny. Despite significant improvement in the fiscal management system, Chapter 4 calls for further reforms such as the introduction of budget legal codes and top−down reviews of the budget in the National Assembly in order to improve the system of checks and balances in the fiscal process. Chapter 5 discusses regulatory reforms that have been in effect since the 1990s and emphasizes the importance of collaboration between public agencies and private entities.

All in all, the authors in this study recognize the progress made over the last three decades after democratization in 1987 to produce significant effects. Not only in terms of politics, but also in terms of public management, there have been significant reforms which have produced lasting effects such as the reform of real—name transaction in banking and performance evaluation reforms. Korea has never been complacent about the need for institutional reform. However, it is now time to seriously reflect on the public norms and ethics in the government. The successful government in the future will require not only effectiveness but also responsibility. In conclusion, this study calls for a democratic and republican approach to governance, which emphasizes public virtue as well as institutional competence.

찾아보기

저자 소개

권혁주

권혁주(權赫周)는 현재 서울대학교 행정대학원 교수로 서울대학교 정치학과를 졸업하고 옥스퍼드 대학교에서 정치학 박사를 취득하였다. 성균관대학교 국정관리대학원 교수와 유엔사회발전연구소 연구조정관을 역임하였고, 한국행정학회가 발행하는 한국행정학보 편집위원장(2015－2016), Global Social Policy(2016－현재) 공동편집위원장을 맡았으며, 서울대학교 아시아개발연구소 부소장으로 재직하고 있다. 저서로는 The Korean Government and Public Policy in a Development Nexus vol. 1 & 2(Springer, 2014, 2017), Transforming the Developmental Welfare State in East Asia(Palgrave, 2005) 등이 있으며, Poverty Reduction and Good Governance(Development and Change, 2014 vol. 45, no. 2), Economic Development and Poverty Reduction in Korea (Development and Change, 2009 vol. 40, no. 4), 정책수단의 정치적 성격(한국행정논집, 2009, 21권 1호), 보편적 복지에 대한 규범론적 분석(한국행정학보, 2012, 46권 2호) 등이 있다.

고길곤

고길곤(高吉坤)은 University of Pittsburgh에서 정책학 박사학위를 취득하고 현재 서울대학교 행정대학원 부교수로 있으며 National University of Singapore 정치학과 조교수로 근무했으며, Asian Journal of Political Science 편집장을 역임하고 있다. 관심분야는 공직윤리, 정책평가, 의사결정 및 계량분석 방법론 등이며, "효율성 분석(문우사)", "통계학의 이해와 활용(2판, 문우사)"을 비롯하여 여러 저서와 논문이 있다.

류 철

류철(柳澈)은 현재 KDI 국제정책대학원 조교수로 근무하며 예산, 조세, 성과분석 등의 과목을 강의하고 있다. 연세대학교(인문학부, 국제학대학원)를 졸업하고 영국 런던정경대학교(LSE)에서 경제학 석사(2 Year MSc in Economics)와 미국 인디애나 대학교에서 행정학 박사(재무행정, 정책분석)를 취득하였다. 주요 연구주제는 부패가 공공재정에 미치는 영향, 예산결정과정, 도시재정, e-governance 등이다. 미국 IUPUI 및 홍콩시립대에서 근무하였다.

박규성

박규성(朴奎晟)은 고려대학교 행정학과를 졸업하고 동 대학원 박사과정을 수료하였다. 최근 논문으로는 "현충시설 기념관의 관리 고도화 방안 연구: 심층면접과 설문조사 분석 결과를 중심으로(한국보훈논총, 2017, 16권 4호)", "국민연금과 공무원연금의 형평성 비교분석: 공적연금개혁이 연금의 수평적 형평성 측면에 미친 영향을 중심으로(공저)(정부학연구, 2014, 20권 3호)" 등이 있다.

배수호

배수호(裵壽鎬)는 노스캐롤라이나대학교(채펄힐)에서 정책학 박사를 취득하였고, 록펠러정부학연구소에서 Research Scientist, 샌프란시스코주립대학교 행정학과에서 조교수를 역임하였다. 현재 성균관대학교 행정학과/국정전문대학원 교수로 재직하고 있다. 최근 저서로는 "산림공유자원관리로서 금송계(禁松契) 연구: 私有와 公有를 넘어서 共有의 지혜로"(집문당, 2018 예정)이 있으며, 주요 논문으로는 "유학(儒學)에서의 공공성 논의"(행정학보, 2014), "Effects of Institutional Arrangements in Water Supply Services in Korea"(Papers in Regional Science, 2015) 등이 있다.

윤견수

윤견수(尹堅秀)는 현재 고려대학교 행정학과 교수로, 고려대학교 행정학과를 졸업하고 고려대학교에서 행정학 박사를 취득하였다. 국립충주대학교(현 교통대학교) 교수 및 한국조직학회와 한국행정이론학회 회장을 역임하였다. 최근의 대표논문으로 "행정학의 영역 찾기: '공직'과 '공직자' 개념의 재발견(한국행정학보, 2011, 45권 1호)", "한국 국가관료제의 3가지 전통(공저)(한국행정학보, 2014, 48권 1호)", "한국 공직문화의 원형: 자리문화(한국행정학보, 2015, 49권 4호)" 등이 있다.

이강구

이강구(李崗求)는 현재 국회예산정책처 예산정책연구관으로 근무하며 국가재정운용계획과 재정수지·국가채무 등 재정건전성 등을 분석하고 있다. 세종대학교(경제무역학과, 일반대학원 경제학과)를 졸업하고 미국 텍사스 A&M 대학교에서 경제학 박사(거시경제, 경제정책)를 취득하였다. 주요 연구주제는 장기재정전망, 재정의 지속가능성 검정, 국내외 재정제도, 통일비용 등 통일한국의 재정연구, 재정DSGE모형 등이다.

이민창

이민창(李敏彰)은 현재 조선대학교 행정복지학부 교수로 조선대학교 행정학과를 졸업하고 서울대학교에서 행정학 박사를 취득하였다. 서울대학교 행정대학원과 서울대학교 환경대학원에서 강의하였으며, 한국거버넌스학회가 발행하는 한국거버넌스학회보 편집위원장(2010-2011), 한국규제학회 연구위원장을 역임하였다. 저서로는 새행정학2.0(공저, 대영문화사, 2014), 공정사회와 갈등관리(공저, 법문사, 2013), 공공갈등과 정책조정 리더십(공저, 법문사, 2011) 등이 있으며, 지방규제개혁 추진: 경쟁은 작동하는가?(규제연구, 2015, 24권 특집호), 중국 전신규제정책 변동과정: 경로의존성을 중심으로(한국비교정부학보 2012, 16권 3호), 의약품리베이트 자율규제의 한계: 제도론적 접근(행정논총, 2011, 49권 1호), 유인, 규범, 신뢰할 만한 공약과 정책갈등: 정책갈등 유형분류를 위한 시론(행정논총, 2010, 48권 4호) 등이 있다.

이수영

이수영(李洙榮)은 현재 서울대학교 행정대학원 교수로 서울대학교 인류학과를 졸업하고 조지아대학교에서 행정학 박사를 취득하였다. 한국외국어대학교 행정학과 교수를 역임하였고, 한국인사행정학회 연구위원장(2018년도)을 맡고 있다. 최근 논문으로는 "Exit, Voice, and Loyalty with Multiple Exit Options: Evidence from the U.S. Federal Workforce"(Journal Of Public Administration Research and Theory, 2015), "공공기관 목표대치현상에 관한 연구: 비정규직의 무기계약직 전환에 관한 논의"(한국행정학보, 2017), "인적 다양성과 조직성과의 선형 및 비선형 관계에 대한 연구: 공기업을 중심으로"(한국행정학보, 2017) 등이 있다.

이창길

이창길(李昌吉)은 현재 세종대학교 행정학과 교수로 서울대 행정대학원을 졸업하고 미국 Cornell University에서 조직행동학 박사학위를 취득하였다. 행정고시에 합격한 후 총무처, 행정자치부 등에서 근무하였고 OECD정부혁신아시아센터 소장을 역임하였다. 한국조직학회 회장을 지냈고 주요 관심분야는 인적자원, 조직이론, 정부개혁 등이다. 주요논문으로는 The International Diffusion of Public Sector Downsizing; Network Emulation and Theory－Driven Learning(2006), 중앙정부의 수평적 정책네트워크 구조분석(2007), 정권초기의 가치지향과 정책우선순위(2010), 관료제와 관료의 탈일체화(2012), 국제개발 NGO와 정부기관 간 협력네트워크의 구조 분석(2015), 공공기관 거버넌스 모형의 탐색적 연구(2017) 등이 있고, 저서로는 인적자원행정론(2016), 대한민국 정부를 바꿔라(2015), 조직학의 주요이론(2011) 등이 있다.

최창용

최창용(崔昌鏞)은 현재 KDI국제정책대학원 공공관리학(MPM) 주임교수로 공공조직관리, 제도 및 거버넌스 개혁, 국제개발협력 관련 과목을 개설하고 있으며, 고려대학교 사회학사, 미시건대학교 공공정책학 석사, 시라큐스대학교 맥스웰스쿨에서 박사학위를 취득하였다. 최근에는 정부신뢰, 사회변동, 개발협력, 북한 문제 등을 연구하고 있으며, 주요 논문으로는 혁신생태계 조성을 위한 정부개혁(2017), 고령화정책 거버넌스 평가(2017), "Everyday Politics in North Korea" in Journal of Asian Studies, "The Dilemmas of Dependency: A Controversial Role of China in North Korea's Economic Transformation" in Asian Survey, "A Semantic Network Analysis of Changes in North Korea's Economic Policy" in Governance: An International Journal of Policy, Administration, and Institutions 등이 있다.

한승주

한승주(韓勝朱)는 현재 명지대학교 행정학과 조교수로 고려대학교에서 행정학 박사학위를 취득하였다(성과급제도에 대한 공무원의 정서적 대응: 근거이론과 Q방법론의 적용). 주요 연구 분야는 공공관리, 관료제, 인사행정 등이며 최근 논문으로 공무원의 전문가적 정체성과 책임(한국조직학회보, 2017, 13권 4호), 관료제의 정치적 중립 훼손(행정논총, 2016, 54권 1호), 공직생활의 소외 유형(한국행정학보, 2014, 28권 4호) 등이 있다.

성공하는 정부를 위한 국정운영: 민주적 공화주의 관점

초판발행   2018년 2월 28일

엮은이   권혁주
펴낸이   안종만

편 집   배근하
기획/마케팅   조성호
표지디자인   권효진
제 작   우인도 · 고철민

펴낸곳   (주) **박영사**
                 서울특별시 종로구 새문안로3길 36, 1601
                 등록 1959. 3. 11. 제300-1959-1호(倫)
전 화   02)733-6771
f a x   02)736-4818
e-mail   pys@pybook.co.kr
homepage   www.pybook.co.kr
ISBN   979-11-303-0555-4   93350

* 본서는 2017년 한국행정연구원의 재원으로 수행된 '성공하는 정부를 위한 국정운영' 연구보고서를
  토대로 작성되었음.

정 가   23,000원